Monika Renz
Zwischen Urangst und Urvertrauen
Therapie früher Störungen über Musik-, Symbol- und
spirituelle Erfahrungen

Monika Renz

Zwischen Urangst und Urvertrauen

Therapie früher Störungen über Musik-, Symbol- und spirituelle Erfahrungen

Mit einem Vorwort von Prof. Dr. med. H.S. Herzka

Junfermann Verlag • Paderborn

© Junfermannsche Verlagsbuchhandlung, Paderborn 1996
Covergestaltung: Petra Friedrich unter Verwendung des Bildes „Die Jungfrau" von
Gustav Klimt

Die vorliegende Arbeit wurde von der Philosophischen Fakultät I der Universität Zürich im Wintersemester 1993/94 auf Antrag von Herrn Professor Dr. med. H. S. Herzka als Dissertation angenommen.

Satz: adrupa Paderborn

Die Deutsche Bibliothek – CIP-Einheitsaufnahme
Renz, Monika:
Zwischen Urangst und Urvertrauen: Therapie früher Störungen über Musik-, Symbol- und spirituelle Erfahrungen/Monika Renz. – Paderborn: Junfermann, 1996
  ISBN 3-87387-263-3
NE: GT

ISBN 3-87387-263-3

Inhaltsverzeichnis

Vorwort

Nach Auffassung der modernen Physik ist das Weltganze – die Erde und das All, Lebewesen und Materie – fortwährend in Entstehung begriffen. Alles wird in jedem Augenblick immer neu geschaffen. In neuer und zeitgemäßer Form wird damit die Erkenntnis antiker Denker bestätigt, daß alles in ständiger Bewegung ist. Jeder Arzt lernt in seiner Grundausbildung, daß sich der menschliche Körper während des gesamten Lebens ständig erneuert, ab- und aufbaut. Die Atmung, Herzschlag und Blutkreislauf oder die Ausscheidungsfunktionen sind nur die am leichtesten wahrzunehmenden Erscheinungen, Ausdruck der Tatsache, daß nicht nur alles Leben Bewegung ist, sondern auch die Materie, deren bewegtes „Innenleben" wir dank der Atomphysik kennengelernt haben.

Dennoch sind die Auffassungen, die wir vom Menschen haben, bis heute oft recht statisch geblieben. Zudem verstehen sie den Menschen häufig isoliert vom Ganzen der Welt und des Kosmos; sie übersehen, daß er zwar durch seine seelisch-geistigen Möglichkeiten einmalig ist, gleichzeitig aber erst zusammen mit der Natur, von der er sich abgrenzt und die er auch selbst ist, ein größeres Ganzes bildet. Noch verwenden wir gedankliche Konzepte seiner Entwicklung, die unter dem Eindruck der Naturwissenschaften des 18. und 19. Jahrhunderts und des ersten Maschinenzeitalters entstanden. Sie postulieren beispielsweise, daß das Leben erst mit der Zeugung oder gar mit der Geburt „richtig" beginnt, daß sich alles was ein Mensch seelisch und geistig ist, mit seinem Tod verflüchtigt und gewissermaßen in nichts auflöst, daß man während der Kindheit erwachsen wird – und dann bis an sein Lebensende mehr oder weniger so bleibt oder daß nur wirklich ist, was man anfassen oder auf einfache Weise wägen und zählen kann. Dabei ist den meisten Menschen und immer mehr Wissenschaftlern klar, daß solche statischen Vorstellungen den Tatsachen längst nicht gerecht werden, im Wesentlichen überholt, und nur noch für ganz umschriebene Fragestellungen mit größter Vorsicht brauchbar sind.

Die Menschheit bewegt sich schon seit Jahrzehnten im Übergang zu einem neuen Zeitalter, einem Zeitalter der Bewegung und des Austausches. Der Aufbruch läßt sich schon recht weit zurückverfolgen. Vorboten waren vor allem die Künstler, unter den Malern beispielsweise die Surrealisten und unter den Dichtern die Dadaisten, aber auch Musiker, Physiker und Philosophen. Heute ist die neue Zeit allenthalben spürbar, auch wenn veraltete Auffassungen noch fortbestehen und machtvolle Interessengruppen immer wieder – teilweise mit vorübergehendem Erfolg – den Lauf der Zeit anzuhalten versuchen. Trotz der Bestrebungen dieser geistigen Restauration, die in wechselnder Rolle in einer politischen, einer wirtschaftlichen, einer fundamentalistischen oder sogenannt wissenschaftlichen Maske aufzutreten beliebt, schreitet die Veränderung der Welt voran. Sichere Anzeichen dafür sind die Verknüpfung aller Teile der Erde durch die Kommunikationssysteme und die Schicksalsgemeinschaft, in der wir den Überlebensfragen der Umweltzerstörung und der Welthungersnot gemeinsam ausgeliefert sind; aber auch die weltweite Völkerwanderung, der internationale Kampf um die Gleichstellung von Frau und Mann und – nicht zuletzt – manche neuen Ansätze für ein dynamischeres Verständnis des Menschen und seiner Entwicklung.

Monika Renz reiht sich mit ihrer Arbeit in die vorderste Linie derjenigen ein, welche die Umrisse eines neuen Menschenbildes skizzieren, eines Konzeptes, welches auf Bewegung und auf Verbundenheit mit dem Kosmos beruht, und gleichzeitig die Besonderheiten des Menschen berücksichtigt. Ihre Inspiration und ihre Gewißheit sind in einem Bereich begründet, der, man möchte sagen „reine", unverkennbare Bewegung ist, mit dem Ganzen der Welt durch gemeinsame Grundgesetze und Phänomene verknüpft und der die Menschheit seit Anbeginn begleitet: in der Musik. Musik ist Bewegung – ohne Bewegung gibt es keine Musik, jede Bewegung hat ihren Klang. Bewegung charakterisiert ihre Erzeugung und ihre Wahrnehmung durch das Hören und seine Organe, sie zeigt sich als Bewegung, wenn sie mit naturwissenschaftlichen Methoden untersucht wird, sie ist aber vor allem Bewegung der Seele, der Gefühle und Gedanken, die sie ausdrückt und wirkungsvoll übermittelt. Auch die menschliche Sprache wirkt tot, wenn sie ihren klanglichen Reichtum verliert und monoton wird; Totenstille ist Folter und bringt den Menschen an den Rand des Irrsinns. Allerdings brauchen der Klang und die Stille einander, denn gegenseitig heben sie sich voneinander ab. Die Melodie entsteht durch den Wechsel von beiden, dadurch, daß es das eine gibt und das andere und den Übergang dazwischen. Aus der Stille kommt der Klang, der in die Stille hinein verklingt.

Musik läßt sich erfassen, aber nicht anfassen. Ja, vom ganzen Spektrum der Klänge und Töne ist ein großer Bereich für den Menschen nicht einmal hörbar. Dennoch hat bewegende Musik eine machtvolle Wirkung. Sie stimmt fröhlich oder traurig, sie stachelt auf und besänftigt, sie macht krank und heilt. Musik ist vielleicht die anerkannteste Wirklichkeit, die obwohl mit materiellen Strukturen verknüpft, selbst nicht von materieller Beschaffenheit ist.

Musik und musiktherapeutische Erfahrungen bilden für die Autorin eine ebenso bewegte und bewegende wie konkrete und genaue Basis, um nach einem neuen Bild vom Menschen, einem Konzept von seinem Werden, auch von seinem Leiden und seiner Heilung Ausschau zu halten. Diese Grundlage ist sowohl mit Musikerfahrungen seit dem Altertum abgesichert, wie auch höchst zeitgemäß für eine bewegte Zeit des Umbruches und des Aufbruches zur neuen Einheit der Welt und zu der damit verbundenen neuen Dimension der Verantwortung des Menschen und der Gesellschaft.

Der Leser wird von der Autorin auf ihre Expedition des Denkens und Empfindens mitgenommen, auf der er vielleicht überraschenden Zusammenhängen und einem neuen Modell der menschlichen Entwicklung begegnet, auf der ihm aber manches auch vertraut vorkommen mag, weil er auch schon so oder ähnlich gefühlt und gedacht hat. An ihm ist es, die Gedanken und Gefühle, die ihn ansprechen aufzunehmen, wirken zu lassen oder sich von dem einen oder anderen Gedankengang zu distanzieren, jedenfalls aber sich seelisch-geistig einzulassen, sich bewegen zu lassen. Das Konzept von Monika Renz beruht auf Bewegung und versteht Entwicklung als einen andauernden Prozeß der Veränderung einer trotzdem konstanten Identität; es sieht den Menschen in seiner Besonderheit und Einmaligkeit, aber ebenso, was ihn mit allen Menschen verbindet; es stellt ihn der Natur und dem Kosmos gegenüber und berücksichtigt, daß er selbst darin eingebunden ist. Eindrückliche Beispiele aus der therapeutischen Arbeit veranschaulichen die theoretischen Ausführungen.

Der großen und ernsthaften Arbeit, die zu diesem Buch führte, ist zu wünschen, daß sie auf das ihr zukommende Interesse einer breiten Leserschaft stößt. Ich hoffe aber auch, daß es zahlreiche Menschen findet, die in einem Fachgebiet der Humanwissenschaften tätig sind, heiße es nun Medizin, Psychologie, Pädagogik oder anders, und daß sie sich anregen und anspornen lassen, in ihrem Wissenschaftsgebiet an einem zeitgemäßen Konzept menschlicher Entwicklung und Heilung zu arbeiten, um immer weniger auf überholte, statische und einengende Entwicklungs- und Heilungsmodelle angewiesen zu sein.

Zürich, Juni 1995
Prof. Dr. med. Heinz Stefan Herzka
Kinder- und Jugendpsychiater

Einleitung

Ein Traum:
Um mich herum ist Prüfungssituation. Mehrere Prüflinge versuchen verzweifelt, ein mathematisches Gleichungssystem mit 9 Unbekannten aufzulösen. Niemandem gelingt es. Ich weiß, ich bin gut in Mathematik und will es für sie versuchen. Alles Rechnen nützt nichts. Ich erkenne nun, daß ich nur 5 Vorgaben habe. Ich bräuchte aber deren 9. Ratlosigkeit. Wir schaffen es nicht. – Plötzlich liegt statt der Rechenaufgabe eine geometrische Darstellung vor mir: Tief unter einer oberen Ebene wird eine untere Ebene sichtbar. Ich weiß: Noch stehe ich auf dem festen Boden der oberen Ebene. Das Gleichungssystem kann erst aufgelöst werden, wenn ich unten stehe. Dort sind die vier fehlenden Vorgaben zu finden. Muß ich ... auf den Grund gehen?

Zugrunde gehen oder auf den Grund gehen?

Der Traum stammt nicht von mir, er kann aber sehr wohl das vorliegende Buch einleiten. Zugrunde gehen oder auf den Grund gehen? So ähnlich lautete die Frage in meiner persönlichen Ausgangslage, als ich, mit immer neuen Krankheiten konfrontiert, über Jahre ratlos nach Hintergründen all dieser Leiden suchte. Die fehlenden Vorgaben waren wirklich auf einer tieferen Ebene verborgen.

In Situationen ohne Vorgaben befinde ich mich auch als Therapeutin in der Begleitung von Menschen, die an Frühstörungen leiden. *Frühstörungen* werden hier ganz einfach begriffen als Krankheiten und Prägungen, deren Anfänge und Ursachen in die frühesten Lebensstadien zurückführen. Sie erscheinen aus der Sicht der oberen Ebene als unheilbar. Alle Hintergründe sind tief verschüttet. Und doch erfahre ich in der Begleitung solcher Menschen immer wieder, daß Wandlung und Heilung genau dort schrittweise möglich werden, wo sich eine untere Ebene erschließt. Therapien, die in solche Tiefen führen, gleichen einem Gang ins vermeintlich Bodenlose. Wer aber „unten" ankommt, stößt nicht ins Leere, sondern auf tragenden Ur-Grund und auf fehlende Vorgaben.

Das vorliegende Buch ist über solche Erfahrungen entstanden. Es wird selbst zum „Abstieg in eine tiefere Ebene": konkret nachvollziehbar anhand zahlreicher Beispiele von Menschen, die den Gang ins Labyrinth wagten; theoretisch im Versuch zu begreifen, welche Themen und Ängste auf diesem Gang angeschaut werden müssen und welche Kräfte dabei frei werden. Das Buch bleibt aber nicht bei Berichten therapeutischer Aufarbeitung stehen. Es wagt, Bezüge herzustellen zur frühen menschlichen Entwicklung. Zahlreiche Leiden werden neu einfühlbar, wenn frühe Entwicklung – außerhalb dessen, was derzeit wissenschaftlich erforschbar ist – als geheimnisvoller Übergang von einem grundsätzlich anderen Zustand in das sinnenhaft körperliche Dasein betrachtet wird. Etwas im Menschen lebt in einem Bereich und kommt aus einem Ort jenseits dessen, was Menschen zu erfassen oder in ihrem Gedächtnis zu speichern vermögen. Der Mensch ist Bürger zweier Welten und ursprünglich im ganz Andern beheimatet!

Wie fühlt es sich an, von dort Abschied zu nehmen und hier anzukommen? In welche Zeit menschlicher Entwicklung fällt dieser Übergang? Wie mag wohl ein Ungeborenes, ein Säugling *selbst*, sein Heranreifen empfinden? Wie fühlt es sich an, in einem Mutterleib drin zu sein? Wie nimmt das Ungeborene akustische Reize wahr? Wie die gesamte Geräuschkulisse rund herum? Wie fühlt sich das Da-Sein an, wenn mit beginnenden Sinneswahrnehmungen schon im Bauchraum der mütterliche Herzschlag und die Mutterstimme erhorcht werden?

Wird die Perspektive des Kindes ins Zentrum gerückt, so erhalten Themen wie die erste Beziehung oder der Erwerb des Realitätsbezuges eine neue Bedeutung. Gibt es Vorformen von Beziehung und Dialog? Wer oder was ist das erste solchermaßen empfundene Gegenüber? Darf man es schon „Mutter" nennen? Kommt das Kind mit der Geburt wirklich in dieser Welt an? Erlebt es nicht viel eher so etwas wie eine innere allmähliche Ankunft in den Gesetzmäßigkeiten des irdischen Daseins? Sind sich Erfahrungen in der frühesten Kindheit und solche in größter Todesnähe – trotz aller Verschiedenheit – ähnlich?

Was aus der Perspektive des Ungeborenen und des Säuglings genau empfunden wird, wird immer unbeschreibbar bleiben. Es ist aber möglich, sich später diesem mutmaßlichen Empfinden von einst über Körperbotschaften und Imaginationen, über Reaktionen auf Klänge und Rhythmen, über Besonderheiten aus grenzensprengenden Therapieverläufen nochmals anzunähern. Ich habe all das, was in Therapien und Träumen von großer Tiefe und in Momenten des persönlichen Ergriffenseins durchbricht, zu beachten versucht. So haben sich mir nicht nur immer neue Fragen gestellt, sondern auch Einsichten im Sinne von Annäherungen erschlossen. Es entstand ein *Modell menschlicher Entwicklung*, das verstanden sein will *als eine Gesamtschau*, die Freud und Leid neu erklären kann. Was sie beschreibt, ist an sich nicht neu, sondern gehört zum geistig religiösen Ahnengut vieler Kulturen. Ähnliches findet sich bildhaft in vielen Mythen und wird in der Psychologie von C.G. Jung und E. Neumann umkreist. Das im westlichen Kulturraum eher Unübliche dieser Schau besteht nur darin, daß sie solchem Urwissen entwicklungspsychologisch und in der Therapie von frühen Störungen eine so große Bedeutung zumißt. Für den durch diesen Kulturraum geprägten Menschen bringt das hier umschriebene Modell tiefgreifende Veränderungen in der Betrachtungsweise mit sich. So erging es auch mir: Im Hinabsteigen zu den Spuren meiner eigenen Frühzeit und im immer neuen Versuch, in der therapeutischen Arbeit andere auf ihrem Gang in solche Tiefen zu begleiten, hat sich meine Sichtweise vom Menschen, von Ursprung und Sinn wie von seiner frühesten Entwicklung verändert. Ich staunte immer wieder darüber, daß selbst Erfahrungen, die wissenschaftlich nicht erklärbar sind, ihre Spuren auf Körper und Seele von Klientinnen und Klienten hinterlassen haben müssen. Heute würde ich von eigentlichen Schichten der frühen Selbst- und Welt-"Erfahrung", von Stufen früher Bewußtwerdung sprechen. Jüngere Empfindungen und entsprechende „Weltbilder" lagern sich über ältere. Zusammen prägen sie die Grundbefindlichkeit eines Menschen, sowohl das Grundgefühl eines Urvertrauens als auch eine permanent wirksame Angstbereitschaft.

Mein persönlicher *Zugang* zu den älteren Schichten von Selbst- und Welterfahrung sind *Klänge, Rhythmen und Melodien.* Dem Ohr fällt innerhalb der menschlichen Entwicklung früher Bedeutung zu als dem Auge. Dem werdenden Menschenkind wird Wesentliches über Schwingungen, über Klänge und Rhythmen, über Atmosphäre und Stimmen vermittelt. Gerade deswegen rührt Musik[1] auch später in der Therapie älteste Seelenschichten an und holt in den Raum des Erlebbaren, was zuvor wortlos, ohne Bild und Gestalt war. Bestimmte Instrumente und ihre Klangfarben, immer wiederkehrende Melodien und Rhythmen lösen häufig ähnliche Reaktionen aus. Und die Bilder, die von verschiedenen Menschen gewählt werden, um solchermaßen Wortloses zu umschreiben, gleichen sich. Kinder, lernbehinderte[2] jugendliche Frauen und Erwachsene thematisieren z. B. ein „Verschlungen-Werden", ein „Fallen", ein „inneres Auftauchen" oder „an Land kommen", „erdrückende Fülle", „gähnende Leere", „Wolkengebilde", „Riesenmaschinen", „große, behütende Hände" oder „ein sehr eigentümliches Licht oder Gelb". Viele mir in der Therapie anvertraute Menschen steigen über Musik, Körpererfahrungen und Bilder nochmals in die je eigene Frühgeschichte ein. Sie kommen dabei an sehr alte existentielle Bedrohungen, körperliche Schmerzen und an Gefühle von Enge, Angst und Verlorenheit nochmals heran. Daneben brechen aber auch urtümliche Lebenslust, Ahnungen tiefen Getragenseins, Gefühle unbeschreibbarer Liebe und so etwas wie „Berufung im Kleinen" durch. In solcher Tiefe wird spürbar, was das eigene Wesen im Innersten ausmacht, angeht oder bedroht. Angenehmes wie Unangenehmes spielen sich ab in einem Bezirk, der als unheimlich, aber auch als heilig oder mystisch bezeichnet wird. Gefühle sind in dieser Tiefe häufig sehr intensiv und doch fast unwirklich oder unglaubwürdig.

Je stärker ich mich mit der Frühgeschichte des einzelnen Menschen befaßte, umso mehr weitete sich mein Blick auch auf die kollektive Ebene aus. Hinter vielen

---

1   Zu meinem Verständnis von Musik vgl. anschließendes Kapitel.

2   Der Ausdruck lernbehindert, wie er innerhalb meines Arbeitsfeldes verwendet wurde, meint lediglich, daß die Betroffenen nicht im üblicherweise erwarteten Ausmaß lernfähig sind. Über Hintergründe von Lernbehinderungen, die mannigfaltig sind, will damit nichts ausgesagt sein.

individuell eingebrachten Symbolen und Bildabfolgen erkannte ich Parallelen zu Märchen und Schöpfungsmythen. Klientinnen berichteten von einer wunderbar grünen Wiese, von zwei ganz speziellen Bäumen, einem grünen Apfel ... und immer wieder von Schlangen und Drachen. Ich begann, Schöpfungsmythen als Bilder aus der individuellen Frühzeit zu lesen, sie aber auch im Sinne „innerer Erlebnisberichte aus einer menschheitsgeschichtlichen Dämmerzeit des Bewußtseins" zu begreifen. Ein allmähliches *inneres Ankommen* bei den eigenen fünf Sinnen, in der realen Welt, im Abfluß der Zeit und in den eigenen Gefühlen kann Thema der urzeitlichen Menschheitsgeschichte sein, aber auch Erfahrung des Kindes im Mutterleib oder des Kranken, der aus einem Koma erwacht! Es gibt Wechselwirkungen zwischen dem wahrnehmenden Menschen und der von ihm wahrgenommenen Umgebung. Wo der heranreifende Organismus oder das werdende Ich zu Differenzierungen fähig ist, erscheint auch das Weltbild entsprechend differenziert. Wo das Eigene dämmert, bleibt auch der Eindruck von Welt und Umgebung diffus. Es gilt aber auch das Umgekehrte: Eine klar ausgestaltete, belebte, ja reizüberflutete Umgebung regt zu immer früher einsetzenden Differenzierungen an.

Nach diesem Modell zeigt sich die Gabe der Differenzierung schon darin, daß ein Organismus um das Eigene besorgt ist, ein Säugling Hunger verspürt, ein Ungeborenes als Eigenes sich bewegt, hört. Selbst die Fähigkeit der Pflanze, sich dem Licht zuzuwenden, zeugt von Differenzierung. In solchen und ähnlichen Entwicklungen wird eine Verlagerung von der Teilhabe am Ganzen *hin zur Organisation im Eigenen* erkannt. Ein biologisches und instinkthaftes Ankommen im Eigenen geht dem viel diskutierten Entwicklungsschritt, die Mutter wahrzunehmen, voraus. Die Aussage ‚Das Ich wird am Du' (vgl. Buber 1962) wird erst zu einem späteren Zeitpunkt der Entwicklung relevant.

Die vorliegende Schau bezeichnet den Prozeß der inneren Ankunft im Eigenen als *Übergang*[3]: aller Eintritt ins Hier und Jetzt, aller Anfang ist Übergang. Aus der Sicht eines Bewußtwerdungsgeschehens begann auch alle Evolution mit einem Übergang vom Ganzen zum Eigenen, vom Einen zur Vielfalt, vom Sinnenjenseitigen zur körperhaft erlebten Realität! Jedem Individuum, aber auch jeder Kultur, jedem Kollektiv liegen außerordentlich prägende *Übergangserfahrungen* zugrunde[4].

Analogien zwischen individuellen und kollektiven Früherfahrungen aufzuzeigen, ist ein wichtiges Anliegen der vorliegenden Arbeit. Über das Nachfühlen eigener *Übergangsnöte* und -prägungen wächst das Verständnis für kollektive

---

3   Wobei der hier gemeinte Übergang nicht identisch ist mit dem Übergang nach Winnicott (vgl. Winnicott 1953, 1984).

4   Vgl. „Die Angst der Tiere und die Angst des Menschen" in Drewermann 1993, S. 309f.

Prägungen und pathogene Kulturentwicklungen. Und umgekehrt! Am deutlichsten tritt die Verknüpfung zwischen Individuellem und Kulturell-Kollektivem zutage in der Frage nach dem, was oder wen einzelne Menschen, respektive Kulturen und Religionen als ihren „Gott" verehren und fürchten. Nach der vorliegenden Schau gibt es Zusammenhänge zwischen Entwicklungsstadien frühesten Werdens und entsprechenden Gottesbildern. Indem hier die frühesten „Erfahrungen" mit sich, mit einem Du und mit der als das Ganze erlebten Umgebung thematisiert werden, steht auch schon die Frage nach den Gottesbildern im Raum. Dabei geht es nicht um theologische oder esoterische Spekulationen! Vielmehr möchte ich aufzeigen, daß der im Werden begriffene Mensch wie auch das im Erkennen begriffene Kollektiv im Laufe ihrer frühen Bewußtwerdung durch verschiedene Stufen gehen und dabei ihre Urumgebung, ihren Urgrund und Ursprung immer neu wahrnehmen. Was später einmal Umwelt heißt, ist in frühen Welterfahrungen ein unfaßbares, in sich begründetes Ganzes. Bilder von Klientinnen und Klienten für ein solchermaßen erahntes Ganzes sind z. B. „Lichtmeer", „allumfassende Kugel", „Muttergöttin mit behütenden Armen" oder „Fruchtbarkeitsfrau". Das Ganze, Eine stand nach diesem Modell am Anfang. Aus ihm löst sich das einzelne mehr und mehr heraus, hebt sich ab und empfindet sich als etwas abgetrennt Eigenes. Damit erfährt es das Ganze als Gegenüber. Bilder aus Therapien für ein solches Urgegenüber sind z. B. „ein heiliger Berg", „ein Dreieck mit einem Auge darin", „Eulenaugen", „ein Drache mit bittenden Augen", „Frau Holle mit furchterregenden Zähnen" oder „ein großes Gesicht mit Bart". Aller gegenständlichen Wahrnehmung gehen wortlose, ja bildlose Urerfahrungen voraus. Sie liegen nicht nur den späteren Welt- und Menschenbildern, sondern auch den Gottesbildern und religiösen Sehnsüchten zugrunde.

„Gott" ist hier der Name nicht für ein überirdisches, fernes Wesen, sondern für das absolut unfaßbare Ganze mit der ihm innewohnenden Dynamik. Aus dem Ganzen, Einen geht der Mensch hervor, dorthin kehrt er mit dem Tod wieder zurück, und in größter Nähe zu diesem Einen begann er, sich selbst zu werden. Entfernteste Ahnungen solchen geistigen Ursprungs, solcher Nähe wie auch solcher Trennung haben sich ihm eingeprägt. Das Ganze, Eine wird in diesem Buch ebenso als Nichts wie als Fülle begriffen; es ist gleichzeitig das apersonal Seiende, Weltumspannende wie ein Urgegenüber oder eine Kraft, die alle Entwicklung vorantreibt. Das Ganze ist „ganz" und letztlich nie zu fassen. Ich spreche in diesem Buch von verschiedenen *Ganzheitserfahrungen als Vorformen von späteren Beziehungen.* Beziehungen im engeren Sinne sind erst bei entsprechend fortgeschrittener Bewußtwerdung und dementsprechender Wahrnehmung möglich. Der Einbezug mutmaßlicher vorausgehender Ganzheitserfahrungen oder Ganzheitseinflüsse in ein Modell menschlicher Entwicklung hat die letztlich religiöse Perspektive dieser

Arbeit geprägt. Fragen nach dem Woher, Wohin und Wozu des menschlichen Lebens gehören zu den hier behandelten Themen.

So alt wie die ältesten Erfahrungen, so alt sind auch die frühesten Prägungen. Das vorliegende Buch fragt auch nach *Folgeerscheinungen* frühester Erfahrungen[5]. Es werden Zusammenhänge zwischen uralten Ängsten, Nöten, Themen und später auftretenden Leidensformen und Prägungen aufgezeigt. So eröffnen sich neue Zugänge zu Krankheitsbildern wie Psychose, spirituelle Krise, Depression, Narzißmus, Sucht, zum Phänomen Gewalt oder zum Gefühl der Sinnlosigkeit des Lebens. Prägungen werden dabei aus dem Zusammenwirken von ursprünglicher Not und dem daraus Gewordenen erklärt. Nicht nur das im Anfang Erlebte, auch die je eigenen Reaktionen, die eigens entwickelten Muster zur Bewältigung frühester Bedrohungen, sind für alle weitere Entwicklung bedeutsam.

Wie es einzelne Menschen gibt, deren Charakter und deren ganzes Leben auf unfaßbare Weise von frühen Nöten und Ängsten geprägt sind, hat auch jede Kultur ihre entwicklungsbedingte Eigenart und ihre vorherrschenden Bewältigungsmuster. Das vorliegende Modell versucht aufzuzeigen, daß dieselben Urnöte, die zu individuellen Frühstörungen führen, unsere ganze westliche Kultur in starkem Maße geprägt haben. Warum herrscht in unserer Welt soviel Zwang zur Normalität, soviel Prestigedenken, soviel Machtgehabe? Warum die einseitige Betonung der Vernunft, des Männlichen, des Menschen in seinem Herrschaftsanspruch über die Schöpfung? Warum die Tabuisierung des Außersinnlichen, des religiösen Ergriffenseins, des Todes und der Todesnähe?

Viele individuelle und kollektive Einseitigkeiten, Prägungen und Krankheitsbilder werden und wurden nach diesem Modell schon im Mutterleib, im Säuglingsalter und im kollektiven Uterusraum einer Kultur angebahnt. Prägungen können nicht nur auf Anlage, noch allein auf Umwelteinflüsse und auch nicht allein auf das Zusammenspiel von Anlage und Umwelt zurückgeführt werden. Wie im eingangs geschilderten Traum reichen die fünf bekannten Vorgaben in vielen Fällen für eine Problemlösung nicht aus. Das auf einer tieferen Ebene der menschlichen

---

5 Wobei es nach dieser Sicht auch Folgeerscheinungen von Einflußgrößen geben muß, welche als solche nicht im Gedächtnis festgehalten oder nicht über die bisherige Gedächtnisforschung nachweisbar sind, obwohl bereits von erstaunlichem Erinnerungsvermögen aus frühester Zeit gesprochen wird (vgl. Rovee-Collier 1995). Viele Phänomene, denen ich und andere im therapeutischen Alltag immer wieder begegne, sind noch nicht erklärbar, legen aber doch den Schluß nahe, daß sich hier „frühes Material" manifestiert (vgl. Petzold 1991/92, 102/103). Damit „früheste Erinnerungen" überhaupt auftauchen, braucht es nach meinen Beobachtungen „zufällige" Begegnungen mit etwas Auslösendem, z. B. ein Stubenwagenstoffmuster, Gesichtszüge eines Menschen, die eine Erinnerung aktivieren, ein Traummotiv, ein „seltsam vertrautes Körpergefühl" (vgl. auch die Bedeutung von assoziativen Bindegliedern bei Rovee-Collier 1995).

Bewußtwerdung Liegende – das im Übergang Entstandene – muß ans Tageslicht treten. Frühstörungen, aber auch pathogene Kulturentwicklungen verweisen nach dem vorliegenden Erklärungsansatz auf den Grenzbereich Mensch – Gott. Sie wurzeln in der einstigen Ausdifferenzierung des Eigenen aus dem Ganzen. Nicht erst die Beziehung zur Mutter oder ersten Bezugsperson, sondern die vorausgehende Urbeziehung zum Ganzen oder zu Gott war und ist dann fundamental gestört! Das selbstverständliche eigene Dasein und Sosein ist schon dem Kind im Mutterleib, dem Säugling und kollektiv betrachtet den Menschen der Frühgeschichte abhanden gekommen. Das ursprüngliche Urvertrauen ins Ganze wurde überschattet durch existenzielle Urängste und wird dies immer neu. Infolge uralter Irritationen entwickelten sich schon in den Anfängen der Bewußtwerdung Fixierungen, Kompensationen und Blockaden. Alle weitere Entwicklung – individuell und kulturell – suchte Bewältigung der angstbesetzten Ausgangslage und tut dies immer neu. Eugen Drewermann spricht von einer allen seelischen Nöten zugrundeliegenden Urangst vor Gott und weist damit in ähnliche Richtung (vgl. u.a. 1987, 27, 40).

Ein Modell will nicht Selbstzweck sein, Therapie nicht einfach „Selbsterfahrungs-Trip"! Jeder Gang ins Labyrinth der eigenen Tiefe wird angetreten in der Hoffnung auf Heilung. So versucht auch dieses Buch, an die Frage heranzuführen, wodurch *Wandlung, Heilung und Neuwerdung* möglich werden. Wie es geschehen kann, daß Menschen zu ihrer Lebenslust zurückfinden, daß Nachreifung auf dem Boden eines neu gefundenen Urvertrauens möglich wird, daß Sinnlosigkeit in neuen Sinn mündet! Die Alternative lautet: „Zugrunde gehen oder den Nöten auf den Grund gehen!"

Die Antworten, welche die vorliegende Arbeit geben will, sind entstanden über Wege des „auf den Grund Gehens". Sie werden in vielen Therapiebeispielen und in den Aufzeichnungen zu meinem eigenen Leben illustriert. Sie sprechen von Menschen, die sich auf ihre Abgründe einließen, den Gang in die Unterwelt immer wieder wagten und sich dabei in großer Tiefe veränderten. Wandlung kann nicht „gemacht" werden. Auch Therapeutinnen und Therapeuten[6] bewirken keine Wunder. Und doch zeigen Modell und Beispiele, daß sich selbst bei Frühstörungen Heilungserfahrungen einstellen, wo immer Menschen sich durch riesige Ängste hindurch auf ihre Abgründe einlassen. Im Bild des eingangs geschilderten Traumes gesprochen, werden Menschen gerade über solche Wege an „die tiefere Ebene" neu

---

6   Um den Sprachfluß des Textes nicht zu hemmen, verzichte ich darauf, überall auf das weibliche und männliche Geschlecht hinzuweisen, wie z. B. durch Wendungen „jedermann/jedefrau". Im Sinne eines kleinen Zeichens wider unsere diesbezügliche sprachliche Einseitigkeit werde ich da und dort von Therapeutin, Ärztin, Klientin etc. sprechen und dabei den Therapeuten, den Arzt, den Klienten mitmeinen.

angeschlossen und offen für Botschaften und heilsame Kräfte aus dieser Schicht. Zentrale Antworten kommen häufig aus tiefem Unbewußten!

Damit schlage ich die Brücke vom Inhalt der vorliegenden Arbeit zu ihrem *Entstehungsprozeß.* Es gehört zu meinen eindrücklichsten Lebenserfahrungen, daß Intuitionen wirklich kamen, als ich mich über lange Zeit ganz meinem Unbewußten und einer größeren Instanz, einem großen Du, anvertraute. Von innen heraus entstanden Fäden, die mich Schritt um Schritt zuerst aus dem Labyrinth des mir selbst unverständlichen Krankseins heraus- und später in die diesem Buch zugrundeliegenden Zusammenhänge einführten. Solche Antworten, obgleich im seelischen Innenraum wahrnehmbar, entstammen nie dem eigenen seelisch geistigen Besitz. Das Wesentliche kann nicht „gemacht" werden. Es fällt uns zu. Es ist ein unerwartetes Geschenk. Und doch ist es gleichzeitig Frucht jahrelanger Auseinandersetzung an der Grenze des Bewußtseins. Tauchen Impulse schließlich aus dem Unbewußten auf, so erscheinen sie dem Bewußtsein neu und fremd. Sie müssen zuerst angenommen und verinnerlicht werden. Erst danach und in neuer Distanz ist es möglich, Einsichten zu formulieren. Intuitionen kennen keine Grenzen von Fachgebieten und keine Normen von Denktraditionen. Sie können uralt oder neu, provokativ oder unauffällig sein. Sie sind, wie sie sind, einfach da, ähnlich einem neugeborenen Kind. Einmal zu Papier gebracht, können Intuitionen mit Literatur verglichen und über zusätzliche Erfahrungen – hier in der Arbeit als Therapeutin – erhärtet werden.

Literatur ganz allgemein spielte im Entstehungsprozeß dieser Arbeit eher eine bestätigende und ermutigende als eine wegweisende Rolle. Die fachüberschreitende Thematik des Buches bringt es mit sich, daß die Palette einschlägiger Literatur sehr breit ist. Wohl wissend, daß es noch viele andere für dieses Thema bedeutsame Autoren gibt, seien nachfolgend einige und ihre Berührungspunkte zum Vorliegenden erwähnt:

❏ A. Tomatis, L. Salk, A.J. DeCaspar und weitere Autoren: Ausführungen zum intrauterinen Hören.

❏ D.N. Stern, M. Papoušek: Der hohe Stellenwert des Archaisch-Musikalischen im präverbalen Dialog. Stern befaßt sich mit der sehr ähnlichen Themenstellung wie das vorliegende Buch: mit dem Innenleben des Säuglings. Er fragt nach dem sich bildenden Selbstempfinden des Menschen und ist damit der hier umschriebenen Qualität des Ich-bezogenen nahe. Stern, basierend auf zahlreichen empirischen Untersuchungen, beschreibt einzelne Entwicklungsschritte und kann sie auch zeitlich genau einordnen. Im Unterschied dazu wagt dieses Modell Aussagen zum voremirischen Bereich und bleibt gerade darin Konstruktion, auf Träumen und Therapieerfahrungen basierend. Es visiert die großen Linien menschlicher Frühentwicklung an. Es fragt nach dem menschlichen Ursprung, nach dem Empfinden des Ungeborenen, des Säuglings und letzteres – im Unterschied zu Stern – nicht nur in den Wachmomenten, sondern auch im Dämmer- und Schlafzustand (vgl. Stern 1985/1992, 63, 331). Somit wird anders erklärt, was einem auftauchenden Selbstempfinden vorausgeht.

❒ G.K. Loos, F. Hegi, W. Strobel, R. Flatischler, B. Nitzschke u.a.: Musik- und Rhythmustherapie, präverbaler Dialog. Weil sich das vorliegende Buch nicht primär mit Musiktherapie befaßt, sondern mit dem, was Musiktherapie und Musikerfahrungen auslösen können, ist diese Literatur für den musiktherapeutisch Interessierten eine wichtige Ergänzung. Bei Loos überdies und ganz speziell: einfühlsamer Umgang mit frühgestörten Patienten.

❒ B. Ebersoll, A. Simon, I. Eibl-Eibesfeld u.a.: Musik in Heilritualen verschiedener Völker.

❒ E.H. Erikson: ‚Urvertrauen versus Urmißtrauen'. Was er gegenüberstellt, wird hier als ein Nacheinander in der frühesten Entwicklung dargelegt. Nach dem vorliegenden Ansatz ist Urvertrauen älter als Urangst und auch bei noch so schwieriger Ausgangslage als Urerfahrung da. Beide, Urvertrauen und Urangst, werden mit zunehmender Differenzierung auf immer bewußtere Weise erlebt und sind als Themen nie abgeschlossen.

❒ E. Neumann: frühe Entwicklung bildhaft mythologisch umschrieben. Damit erfaßt E. Neumann, wie auch das vorliegende Buch, besonders den Bewußtwerdungsaspekt der frühen phylogenetischen und ontogenetischen Entwicklung und nicht ein entwicklungspsychologisches Gesamtspektrum.

❒ St. Grof und Ch. Grof: Außersinnliche Bewußtseinszustände. Deren Einbezug in ein entwicklungspsychologisches Modell erfolgt im vorliegenden Buch allerdings weniger konkretistisch.

❒ E. Drewermann, M. Kassel, H. Wöller: Grenzbereich Theologie/ Tiefenpsychologie. Von Drewermann fließen auch antropologisches Wissen, Ausführungen zu verschiedensten Religionen und Kulturen mit ihren Kulten, ihrer Symbolik, ihren Mythen, Heilritualen und ihrer Kunst ein. Vor allem fand ich mich bei Drewermann bestätigt in bezug auf den religiösen Hintergrund von zahlreichen Störungen und deren Heilung, ferner in der Bedeutung der Urangst. Dieses Modell erklärt aber auf andere Weise, warum Urangst so zentral wirkt und woher sie stammt. Stichworte: früheste Erfahrungen mit der Schwingungsumgebung/Atmosphäre/Musik.

❒ H.S. Herzka, mein Professor und Lehrer: Sein Verständnis vom Kind, der Kinderpsychopathologie und der Kinderpsychotherapie. Wertschätzung des Individuums in Gesundheit und Krankheit. Hervorhebung der Bedeutung des Verhältnisses ‚Raum-Zeit', das in dieser Arbeit über dasjenige von ‚Klang-

Rhythmus' konkret wird. Dialogik als Lebenshaltung im Umgang mit dem Anderen.

- ❏ H. Petzold: Der auf das Grundvertrauen setzende Heilungs- und Therapieansatz. Auch verstand es Prof. Dr. Dr. H. Petzold, in wertvollen Diskussionen treffende Begriffe zu finden, worum es hier geht. In seinen Werken werden Aspekte der frühen Kindheit behandelt, die der vorliegende Erklärungsansatz wenig berücksichtigt, die aber für ein umfassendes Verständnis von menschlicher Entwicklung als Basis für die therapeutische Arbeit unbedingt einbezogen sein wollen.
- ❏ Ch. Scharfetter: Die Unterscheidung zwischen Psychose und spiritueller Krise und damit auch der Wert, den er Zuständen erweiterten Bewußtseins zumißt.
- ❏ E. Fromm: Haben oder Sein als kollektive Prägung.
- ❏ P. Teilhard de Chardin: Schau von Entwicklung als Übergang zu immer höherer Bewußtheit.
- ❏ Zahlreiche Märchen und Mythen, Lieblingsliteratur meiner Kindheit.

Einzelne Literaturbezüge erscheinen im Nachfolgenden meist in Fußnoten. Dies ermöglicht dem fachlich Interessierten Querverbindungen, ohne daß die Lektüre für diejenigen, die primär den Erfahrungsbericht suchen, erschwert würde.

Und nun zur *Übersicht* über das vorliegende Buch:

Im gleich anschließenden Vorspann gebe ich – zum Lesen oder Überspringen – Einblick in mein Verständnis von Musik und meine Arbeitsweise als Musiktherapeutin. In Teil I umreiße ich die Grundannahmen und Begriffe des Modells. Ich versuche, zwei grundsätzlich verschiedenartige Seinsweisen und den Grenzbereich dazwischen zu umkreisen. Auf Teil I aufbauend, beleuchte ich in Teil II die frühe menschliche Entwicklung unter dem Blickwinkel des Überganges. Er ist nach hier vermuteten Stufen der Bewußtwerdung gegliedert, die ihrerseits eine innere Abfolge von Ganzheits-, Welt- und Selbsterfahrungen auslösen. Praxisbeispiele veranschaulichen theoretische Überlegungen. Teil III handelt von den Folgeerscheinungen frühester Erfahrungen, von individuellen Krankheitsbildern und kulturellen Einseitigkeiten, von zugrundeliegenden Nöten und möglichen Bewältigungsmustern. In Teil IV frage ich nach Heilung, Wandlung, Neuwerdung und Sinnfindung. Im Anhang schließlich wird auf meinem persönlichen Hintergrund nochmals konkret, wie sich Übergangsbefindlichkeiten anfühlen.

Das vorliegende Buch ist gleichermaßen Sachbuch und Erlebnisbericht für interessierte Laien als auch eigentliches Modell menschlicher Bewußtseinsentwicklung mit neuen therapeutischen Ansätzen für Fachleute. Mag sein, daß seine

Sprache dem einen oder anderen Leser vorerst fremd ist. Sie folgt der Spur von Träumen und regt zum Träumen an.

Ein Buch ist nie das Werk eines Einzelnen. Verschiedene Menschen haben direkt oder indirekt das Entstehen dieses Buches gefördert. Ihnen allen gilt mein großer *Dank*!

Meinen Eltern und Geschwistern, meinem Mann, meinen Freundinnen, meinen Therapeuten Fritz Hegi, G. Katja Loos und Marc Scotoni, die mir alle auf meinem Heilungs- und Bewußtwerdungsweg auf je eigene Weise beigestanden sind. Meinen Eltern und meinem Mann danke ich auch für die materielle Unterstützung während der Entstehung des Buches.

Frau Dr. Susanne Hürlimann, analytische Psychologin, glaubte als erste Außenstehende an die Brisanz des Themas. Sie, wie auch Dr. Christian Lenggenhager, Psychiater, Dr. Hildegard Weinrich, analytische Psychologin, und Sandra Lutz Hochreutener, Musiktherapeutin, ermutigten mich, das im Entstehen Begriffene unbedingt weiterzuverfolgen. Ihre Anregungen halfen mir, Wesentliches von Unwesentlichem zu unterscheiden.

Ganz besonders danke ich meinem Professor und Doktorvater, Prof. Dr. med. Heinz Stefan Herzka, dessen Vorlesungen mich immer wieder fachlich und menschlich begeisterten. Er bestärkte mich in der Aufzeichnung der hier dargelegten großen Entwicklungslinien und ermutigte mich, auch Tabuisiertes anzusprechen. Durch seine Anregungen wurde das Ganze breiter verankert.

Einen guten Verlag zu finden, ist in der heutigen Zeit für eine unbekannte Autorin fast unmöglich. In der Zeit zwischen Dissertation, Verlagssuche und Buch war mir der fachliche Austausch mit Psychiater und Musiktherapeut Dr. Urs Ruegg besonders wertvoll und richtungweisend. Weihbischof Dr. Paul Vollmar gab mir Sicherheit in der Hervorhebung des Religiösen als innere Erfahrung. Prof. Alfred Schmölz setzte sich noch in seinen letzten Lebensmonaten für die Verbreitung dieses Gedankengutes ein. Meiner Schwester Ursula Renz danke ich für ihre hervorragende sprachliche Überarbeitung der Einleitung. Daß dieses Buch schließlich den Platz im Junfermann Verlag fand, verdanke ich wesentlich der Empfehlung durch Prof. Dr. Dr. Hilarion Petzold. Für seine wachsame Kritik, seine begrifflichen Hinweise und seine Unterstützung danke ich ihm sehr.

Mein größter Dank gilt meiner Mutter, Helen Renz, Dipl.-Psychologin. Alle Genesung und daraus wachsende Vision begann damit, daß sie nie zu hoffen aufhörte. Begeistert vom hier vorliegenden Gedankengut, begann sie, in den von ihr geleiteten Frauengruppen im Grenzgebiet Tiefenpsychologie/Religion mit diesem Modell zu arbeiten. Diskussionen mit ihr trugen wesentlich zur Klärung und Differenzierung bei.

Theorien allein greifen nicht. Ich danke den mir in der Musiktherapie anvertrauten Kindern und Jugendlichen und vielen Erwachsenen sehr, daß sie mir erlaubten, ihre oft schmerzlichen Erfahrungen, ihre Träume und Imaginationen zu publizieren. Dadurch wurden Theorien lebendig. Ich hoffe, daß dieses Buch mit dazu beiträgt, daß sie sich selbst in ihren Fragen und Nöten mehr und tiefer verstehen und in ihrem Umfeld auf größere Resonanz und neues Verständnis stoßen.

Monika Renz

Musik und Musiktherapie

Über Musik haben sich mir Empfindungen und Bilder aus großer Tiefe erschlossen. In meiner musiktherapeutischen Arbeit mit verschiedenen Menschen erlebe ich Ähnliches: Musik bewegt. Gibt es einen Schlüssel zum besseren Verständnis der Sprache Musik und ihrer Wirkungen in der Therapie?

Musik wird hier *als gesamte klangliche und rhythmische Ebene aufgefaßt*. Sie umfaßt die Stille wie den Lärm, das Schweigen, Flüstern, den nicht gewagten Schrei, den Stimmtonfall, Klangfarben, die Satzmelodie, die unhörbar klingende Pflanze, Rhythmen in Körperbewegungen und Sprache (vgl. Kamber 1990). Der Straßenlärm beeinflußt ebenso wie ein Sinfoniekonzert oder ein indischer Râga. Musik kann in Parameter wie Klang, Rhythmus, Melodie, Dynamik, Form aufgeteilt werden, was ein Heraushören des einzelnen ermöglicht (vgl. Hegi 1986). Darüber hinaus ist Musik immer auch ein in sich geschlossenes Ganzes, das – einfach so und undifferenziert – „ist" und wirkt. Für das Verständnis des nachfolgend dargelegten Modells ist es wichtig, Musik als das zu begreifen, als was sie vom Kind – je nach Differenzierungsgrad – wahrgenommen wurde.

Worte sind Bewußtseinsinseln inmitten von Musik. Sie heben sich durch ihre verbale Bedeutung vom klanglichen und rhythmischen Hintergrund ab. Das Wort wird bildlich gesprochen aus der Musik „geboren" und verliert sich wie sein Echo in der Musik. Musik, die Stille inbegriffen, umfängt. Musik ist allgegenwärtig und nimmt gegenüber dem Wort einen grösseren Raum ein. Wie das Unbewußte gegenüber dem Bewußtsein. Als unfaßbare bis unerträgliche Atmosphäre droht die Musik, die Erkenntnis zu überspülen. Verschwindend klein ist das über Worte bewußt Erfahrbare im Vergleich zu dem, was unbewußt in einer Atmosphäre mitschwingt. Jede Schwingung kann als Musik betrachtet werden; alles was schwingt, hat seine „Musik", seinen Klang (vgl. auch Berendt 1985).

Klang und Rhythmus sind Grundelemente der Musik. Materie ist Klang. Vorgänge und Bewegungen sind häufig Rhythmen. Alles Seiende und Räumliche erinnert an die Klangdimension der Musik, das Werdende, Pulsierende, Zeitliche an ihre Rhythmusdimension.

Es ist ein allem Leben und auch der Musik innewohnendes geheimnisvolles Gesetz, wonach „Paare" wie Klang und Rhythmus, Raum und Zeit, Sein und Werden sich gegenseitig bedingen und ergänzen. In ihnen finden Qualitäten zusammen, die gegensätzlich und doch nicht eigentliche Gegensätze sind. Klang und Rhythmus werden zum Paar, weil in ihrer Verschiedenartigkeit zusammengehörend[7]: Rhythmus wird nur hörbar durch Klang, und im Ein- und Ausklingen eines Klanges ist Rhythmus/Puls/Zeit wirksam. Klang ist das eigentlich Akustische, Raumfüllende, das wir über das Ohr oder die Haut wahrnehmen. Rhythmus ist Ausdruck des Zeitlichen und Strukturierten. Um Rhythmus wahrnehmen zu können, brauchen wir ein zumindest ansatzweise vorhandenes Gespür für Zeit und Vergänglichkeit, ein dämmerhaft vorhandenes Gedächtnis.

Innerhalb des musikalischen Ganzen ist Rhythmus die Kraft, die zum Ankommen im irdischen Leben drängt. Sie stellt auf den Boden des Hier und Jetzt. Rhythmus zieht, schlägt (beat), wiegt in den Fluß des Lebens hinein. Demgegenüber läßt Klang die Weite des Kosmos erahnen; Klänge stehen für die Hingabe ans Unendliche. Rhythmus ist Kraft, die bewegt und zugleich Struktur, innerhalb welcher Bewegung geschieht. Klang füllt diese Struktur, der Klang wird bewegt. Ihm geschieht, indem Musik ein- und ausklingt. Klang ist Substanz, Rhythmus zeitliche Gliederung, Ordnung und Bewegung. Nur im *Zusammenwirken von Klang und Rhythmus* entsteht Musik. Klang und Rhythmus haben zumindest im Sinne einer Tendenz ihre eigene Bedeutung und wirken so bereits auf Ungeborene und Säuglinge ein. Im Angenehmen wie im Unangenehmen! (Mehr zu Klang und Rhythmus, vgl. Kap. II, 3.2.2, 3.3.3, 3.3.5, 3.3.11, 3.4.4, 3.5.9.)

Was ein Mensch in der Musik lebt, sucht oder fürchtet, sagt etwas über ihn aus. Im Klang wie im Rhythmus kann er verhaftet bleiben. Wenn ein Mensch übermäßig in klanglichen Sphären lebt, fehlen ihm Bezüge zur Realität des Lebens oder Erdendaseins, zum Boden, zur eigenen Schwere, zum Ich. Die Wirklichkeit wird verschwommen, lustlos, kraftlos, unrealistisch oder bruchstückhaft erfahren. Körperlich zwar gegenwärtig, ist er doch nicht vom pulsierenden Leben durchdrungen.

Wenn Menschen das Rhythmische übermäßig betonen, sind ihnen die Höhenflüge in größere Dimensionen fremd. Das Gespür für hintergründige Lebens- und Sinnzusammenhänge, das Gefühl für ein kosmisches Zuhause ist abhanden gekommen. Der Realitätsbezug bleibt nüchterne Funktion, da Vielfalt, Farbigkeit und Feinheit in der Gefühlswelt fehlen. So erscheint das Leben ein-tönig(!) oder überstrukturiert. Erfülltes Leben braucht beides: Rhythmus und Klang, Zeitliches und Räumliches, Struktur und Gefühl, Wirklichkeit und Begeisterung[8].

---

7   vgl. auch Dialogik, Herzka 1989
8   Warum betrachte ich nur Klang und Rhythmus als Grundelemente der Musik? Wo bleibt der Stellenwert von Melodie, Dynamik und Form (vgl. Hegi 1986)? Die *Melodie* verstehe ich als Zusammensetzung von Klanglichem (Tonmaterial) und Rhythmischem (zeitliche Betonung). Sie ist nie von ähnlich archetypischer Kraft wie Klang und Rhythmus, sondern verkörpert genau das Individuelle. Die *Dynamik* ergibt sich im Zusammenwirken von Klang (Intensität) und Rhythmus (zeitlichem Verlauf, Tempo). Die *Form* ist die konkrete Fassung einer aus Klang und Rhythmus bestehenden Musik. Durch Melodie, Dynamik und Form wird das Zusammenspiel von Klang und Rhythmus auf vielfältige Weise konkret.

Musik ist erste und universale Muttersprache. Klänge und Rhythmen umgeben bereits den Embryo, Musik ist ein Medium frühester Kommunikation. Das Ohr ist ein zentrales Wahrnehmungsorgan des Menschen im Mutterleib. Man kann sich die „Welterfahrung" des Ungeborenen und des Säuglings in Dämmer- und Schlafmomenten als schwingungsmäßige Erfahrung vorstellen. Im Mutter-Kind-Dialog wirkt vorerst nicht das abstrakte Wort, sondern wie es klingt, was mitschwingt und was wortlos in der Luft liegt. Es gibt Vermutungen, wonach die Grundmuster vorsprachlicher Kommunikation in enger Verwandtschaft zu den Grundstrukturen der Musik stehen (vgl. Papoušek, 1994, 13, 128/129, 148)[9].

Was geht im Ungeborenen vor, wenn es sich von einer Klangwelt umfangen erfährt? Was und wie hört es? (Vgl. Tomatis 1981/1987, 54f.) Wie erlebt der Säugling seine Klangkulisse in Dämmerzuständen? Solche Fragen führen in den Grenzbereich des überhaupt Erforschbaren (vgl. Stern 1985/1992, 331). Und doch muß es ein Innenleben und Klangempfinden auch des Kindes im Mutterleib und des Säuglings in Dämmer- und Schlafzuständen geben, Erfahrungen mit Musik in der Therapie legen das auf eindrückliche Weise nahe.

Aufschlußreiche Hinweise für ein archaisches Klangerleben können – nebst Erfahrungen in der Musiktherapie – auch Heilrituale geben. *Der Musik fällt in Riten verschiedenster Völker* (Papua-Neuguinea, Amazonasgebiet, Afrikanische Buschmänner, australische Aborigines u.a.) eine entscheidende Bedeutung zu (vgl. Ebersoll 1985; Simon 1983; Spintge und Droh 1992). *Ebenso in Zeremonien alter Kulturen*: Gemäß Fresken, die ins 4. Jahrtausend v. Chr. datiert werden, setzten ägyptische Priesterärzte im Rahmen der Krankenbehandlung Beschwörungsmusikanten ein. Auf assyrischen Keilschrifttafeln aus Mesopotamien ist festgehalten, daß die medizinische Behandlung eine religiöse Zeremonie mit Heilmaßnahmen verband, wobei heilende Musik zur Bannung böser Geister miteinbezogen wurde. Dem Feuertanz, der sich im 3. Jahrtausend v. Chr. auf dem Balkan entwickelte und schließlich in die Verehrung des Gottes Dionysos (Bacchus) mündete und der Bannung krankmachender Geister diente, ging eine dreitägige Initiation voraus, bei

---

9 Papoušek (1994) schreibt:
   „Man nimmt heute an, daß musikalische und linguistische Wahrnehmungsfähigkeiten auf gemeinsamen Organisationsprinzipien aufbauen .... . Säuglinge bearbeiten melodische Konturen als globale Muster, als „Gestalt". ... In der natürlichen auditiven Umwelt des Säuglings werden die Bedingungen der Gestaltwahrnehmung durch die prototypischen Melodien der mütterlichen Sprechweise optimal erfüllt. Darüber hinaus gewährleisten die Eltern durch langsames Tempo, häufige Wiederholungen mit aufmerksamkeitsmodulierenden Variationen und durch Rückgriff auf wenige kontrastreiche prototypische Konturen basale Voraussetzungen für die integrative Bearbeitung und für erfolgreiches Lernen. ... Die melodischen Konturen segmentieren den Sprachfluß und ermöglichen dem Säugling, globale Grundeinheiten in der Sprache aufzuspüren, wahrzunehmen und zu kategorisieren" (S. 148).

der archaisch-musikalische Elemente sehr bedeutsam waren. Im 2. Jahrtausend v. Chr. wurden in Indien liturgische Gesänge und Hymnen als Anrufung von Indra und Rudra, den Göttern der Heilkunst, als Teil des Behandlungszeremoniells angestimmt (vgl. Spintge et al. 1992, 6).

Trotz unterschiedlicher Rituale fällt auf, daß Musik in verschiedenen Zeitepochen, Regionen, Kontinenten zu ähnlichen Zwecken eingesetzt wurde: Musik scheint bedeutsam zu sein im Kontakt mit oder in der Bannung von Geistern. Musik führt in einen Zustand des Wahnsinns (Enthusiasmus), aber auch in tiefe Entspannung und bewirkt innere Reinigung, Katharsis. Häufig zu Beginn des Rituals eingesetzt, versetzt sie in einen anderen (Bewußtseins-)Zustand. Im einen Fall betrifft dies den Heiler, im anderen den Heilsuchenden. Anschließend findet, oftmals ohne Musik, das Kerngeschehen statt, während dem der Kontakt mit Geistern, einer Gottheit oder anderen Kräften gesucht und erneuert wird. Manchmal erwachsen aus diesem Kontakt konkrete Antworten zum Gesundheitszustand des Betroffenen. Schließlich findet der in Trance Versetzte unter Einwirkung von Musik wieder in den Zustand des Hier und Jetzt zurück. Der Musik fällt demnach die Aufgabe zu, in eine andere Wahrnehmungsweise zu versetzen und wieder in das Alltagsbewußtsein zurückzuführen. In solcher Eigenschaft ist *Musik Brücke zwischen zwei Welten*, Medium des Überganges.

Was liegt näher, als der Musik auch in der frühen menschlichen Entwicklung eine Brückenfunktion beizumessen? Findet auch hier Bewußtseinsveränderung statt? Das Medium Musik führt – eingebunden in entsprechende Riten oder eingebettet in eine therapeutische Beziehung – an früheste Daseinszustände und an das zutiefst Heilsame heran. Große Chance der Musiktherapie!

Musiktherapie[10] arbeitet mit den vielfältigen Wirkungen der Musik und mit den Möglichkeiten, die dieses Medium schafft. Dazu gehören:

❐ fließende Grenze zwischen Musik und Körper,

❐ die Fähigkeit der Musik, Lebenslust auf tiefster Ebene zu mobilisieren, Spannung als auch Entspannung zu erzeugen,

❐ die Fähigkeit der Musik, Unfaßbares wie z. B. unverständliche Ängste in den Raum des Erlebbaren zu holen,

❐ das Erfahren von tiefsten Geborgenheitsgefühlen durch Musik,

❐ heilsame Regressionen in vorsprachliche, unbeschreibbare Dimensionen hinein, die tiefer greifen und älter sind als allfällige Traumata,

---

10 Musiktherapie wird hier als Psychotherapieform betrachtet, weil zur Begleitung seelischer Prozesse eingesetzt. Musiktherapie kann vielleicht, wie andere neuere Therapieformen auch, die Vorstellung darüber, was Psychotherapie beinhaltet, erweitern.

- die Eigenheit der Musik, über große Distanzen hinweg und durch (innere) Mauern hindurch, betroffen und offen zu machen,
- das Spiel mit Raum- und Zeitdimension,
- das Finden von Maß, Strukturen und Realitätsbezügen über Rhythmus,
- der Umgang mit Grenzenlosem wie Lärm, Klang, Stille,
- Lautspiele aller Art und die Erfahrung, daß auch im scheinbar unsinnigen Spiel Sinn liegt,
- das spielerische Erproben des Übergangs vom Vorsprachlichen zum Wort. (Auflistung, vgl. Renz 1991, 5).

Musik ist in der Therapie sowohl über alles im Gespräch und im Raum Mitschwingende als auch ganz konkret – im Instrumentarium – einfach da. Ein Angebot, um Gefühle auszudrücken, zu experimentieren, hin- und herzupendeln zwischen Spannung und Entspannung. Das Unerhörte wird hörbar. Wortloses Kinderleid und unsagbare Kinderfreuden werden fühlbar. Nebensächliches erhält Gewicht. In solcher die Bewußtwerdung fördernden Eigenschaft ergänzen musikalische Prozesse das gesprochene Wort. Sie legen Verborgenes offen, bereiten die Wortfindung vor und vertiefen eine Verarbeitung (vgl. Loos 1986).

Um dem therapeutischen Anspruch gerecht zu werden, muß Musik auf den therapeutischen Prozeß bezogen sein. Wie aber wird Musik zum therapeutischen Medium? Welche Möglichkeiten stehen einer Musiktherapeutin zur Verfügung, um Prozesse mitzusteuern? Wieweit darf sie als Therapeutin auf solche Prozesse überhaupt Einfluß nehmen?

Konkrete Antworten entstehen immer aus der Situation. Die Umstände bestimmen die Reaktion der Therapeutin. Einem aggressiven Jungen schiebt sie die Trommel und nicht die Zither in die Nähe. Wissen und Berufserfahrung kommen ihr zu Hilfe, ausschlaggebend bleibt jedoch die spontane Intuition. Auch der bisherige therapeutische Verlauf und das aktuelle beziehungsmäßige Geschehen werden miteinbezogen in die Überlegung, ob Musik als aktives Spiel oder rezeptiv angeboten wird. So entstehen von meiner Seite Vorschläge für musikalische Erfahrungen wie etwa: „Dialog mit dem Vater" oder „Ausdruck finden für eine Wut, einen unterdrückten Schrei" oder „Anhören eines Wiegenliedes mit zusätzlichem Angebot meiner berührenden Hände". Erwachsene und Kinder begegnen solchen Vorschlägen oft in einer Mischung von Mißtrauen und Faszination. Damit ist der Dialog bereits in Gang: schon die Scheu und schließlich das Abwägen zwischen „will ich oder will ich nicht" sind Bestandteile des die Mündigkeit anvisierenden therapeutischen Prozesses.

In der Therapie mit Erwachsenen arbeite ich häufig in der Kombination von Musik und Symbol, über *Imaginationen zu Musik*[11] oder über das musikalischaktive Re-Inszenieren eines Traumes oder sonstigen Themas. Die Musik löst aus, das Symbol fängt auf und trägt, das Wort benennt und macht verständlich. Die therapeutische Beziehung gibt den Rahmen, die Projektionsfläche, das Übungsfeld als Vorbereitung auf die kommende Realität, das empathische Mitgehen und den Vorschuß im Glauben an heilsame Prozesse. Alle Therapie, auch psychotherapeutisch orientierte Musiktherapie, basiert auf der therapeutischen Beziehung und ihren Eigenheiten (vgl. Petzold 1995, 20/21; Priestley1985; Racker 1968/1978 sowie Renz 1992). Die Musiktherapie bietet mit der Musik nur ein zusätzliches Medium an und stellt die Anforderung an die Therapeutin, das Beziehungsmäßige auch musikalisch zu erfassen. So muß eine Musiktherapeutin beispielsweise fähig sein, sich in eine „primitive musikalische Dialogform" einzulassen (vgl. Nitzschke 1984), selbst „zu regredieren". Ihre ehrfürchtige Haltung gegenüber der nonverbalen Äußerung und ihre innere Scheu vor dem Ungesagten beeinflussen den therapeutischen und musikalischen Prozeß ebenso wie aktive Maßnahmen. Solche Qualitäten schaffen Freiraum für die Eigenwirkung der Klangreise resp. des musikalischen Dialogs.

In der Musiktherapie wird der Körper immer einbezogen. Das will nicht zwingend heißen, daß mit dem Körper gezielt gearbeitet werden muß. Musik berührt immer körperlich, und alles Musizieren entsteht durch Umsetzung über den Körper. So muß nicht nur Musik „gehört" und „gespielt", es muß gleichzeitig auch beachtet werden, was dabei im Körper vorgeht. Dies selbst in Klangreisen, die

---

11 Solche sogenannten Klangreisen beginnen mit einer durch die Therapeutin angeleiteten körperlichen Entspannung, meistens im Liegen. Bisweilen fließen in die Entspannung Bildanregungen ein. Ich lade ein, sich umzuschauen: „Wo befinde ich mich? Wie sieht es hier aus? Tue ich etwas, wenn ja, was? Sind andere Menschen, Lebewesen, wichtige Gegenstände da?" Bildanregungen müssen immer offen, reichhaltig bis gegensätzlich sein, um Manipulationen zu vermeiden. Viele Klangreisen geschehen gänzlich ohne verbale Anregungen. Nach der Entspannung spielt die Therapeutin ein gezielt ausgewähltes Instrument oder mehrere. Die Klientin läßt sich ein auf das, was gerade an Gefühlsqualität, Körperempfindungen und Bildern kommt. Sie ist Zuschauerin ihrer selbst! Wird daraus eine eigentliche aktive Imagination (Begriff stammt von Jung, vgl. Maass 1989, 152f), so hat das Erlebte die Tiefe eines Traumes: Bilder solcher Klangreisen sind nicht „gemacht", sondern „es" geschieht und dies immer unerwartet. Der Unterschied zum Traum besteht darin, daß man dem Geschehen mit seinem Wachbewußtsein folgen, in aktiven Kontakt mit Traumgestalten eintreten und die Reise sogar, falls erwünscht, abbrechen kann.
Häufig finden in Klangreisen wortlose Kommunikation zwischen Klientin und Therapeutin, Übertragungen und Gegenübertragungen statt. Warum drängt es mich jetzt, laut oder leise zu spielen? Warum will ich das Instrument wechseln, die Musizierweise verändern? Warum bekomme ich Kopfschmerzen, werde unerwartet von Müdigkeit überfallen? In der anschließenden Aufarbeitung dessen, was geschehen ist, wird all das mitthematisiert. Häufig zeigen sich erstaunliche Übereinstimmungen. Solche Klangreisen sind nicht nur prozeßauslösend, sondern in sich bereits ein Stück Verarbeitung.

in sphärische Befindlichkeiten führen und wo das „Nicht-Körper-Sein" oder die Schwerelosigkeit zur Körpererfahrung werden!

Wieweit ist in einer Musiktherapie Heilung möglich? Ich glaube, die Möglichkeiten dieser und auch anderer Therapien werden oftmals unter- als auch überschätzt. Musiktherapie kann sehr viel auslösen und zur Verarbeitung beitragen. Ihre Besonderheit liegt genau in den erstaunlich tiefen Wirkungen der Musik. Und doch können Besserungen nicht einfach der Therapie zugeschrieben werden. Schritte zur Heilung werden möglich im Zusammenspiel vieler Faktoren, innerer und äußerer Kräfte. Veränderungen in tiefen Seelenschichten – soweit überhaupt möglich – treten wie von außen an das Ich heran. Plötzlich ergibt sich etwas, worum verschiedene Beteiligte über Jahre gekämpft haben (Herzka, mündliche Information).

Was Musiktherapie ist und was Musik wie bewirkt, läßt sich nicht bis ins letzte in Worte fassen, das Wesentliche liegt im Wortlosen!

Über Erfahrungen mit Musik und über Prozesse zahlreicher Menschen in der Musiktherapie wurde das nachfolgende Modell konkret. Menschliche Entwicklung als fortschreitender Bewußtwerdungsprozeß? Frühe Kindheit als Übergang? Woher – Wohin?

I
Der Mensch - Bürger zweier Welten

1 Grundannahmen und Begriffe

Was/Wo war der Mensch, bevor er Mensch wurde? Steht die Zeugung am Anfang, der Tod am Ende eines Menschendaseins? Oder gibt es etwas in ihm, das dieses Dasein und seine Zeit überdauert? Das vorliegende Modell spricht von einer „ganz anderen", apersonalen, zeitlosen, jenseits sinnlicher Wahrnehmung liegenden Existenzweise als Ort des seelisch/geistigen Ursprungs des Menschen. Sie wird im folgenden als *Ganzheitliche Seinsweise* (vgl. Kap. I, 2) begriffen; als ganz andere, bewußtseinsferne und doch allgegenwärtige „Realität". Etwas im Menschen weiß um einen gänzlich anderen Zustand, von dem er ausgeht und in den er wieder einkehren wird. Aus diesem ganz anderen kommt das Kind nach diesem Modell allmählich in unserer irdischen Welt und Wahrnehmung an. Die Anfänge menschlicher Entwicklung sind von der Nähe zu diesem ganz anderen bestimmt.

Menschliche Entwicklung ist zugleich Individuation und Sozialisation. Das heißt: der Mensch wird sowohl zum unverwechselbar Eigenen als auch zum Mitglied einer Familie und eines Kollektivs, zum Mitgestalter einer Kultur und Zeitepoche. Beide, Individuation und Sozialisation, beginnen damit, daß ein im Werden begriffener Mensch in der menschlichen Daseinsweise, bei seinem Körper, seinen Sinnen und Gefühlen überhaupt erst ankommt. Der Organismus muß sich ent- wickeln; das Gefühl und das Bewußtsein für das Eigene müssen überhaupt erst erwachen. Erst so kann der Mensch als Eigener wahrnehmen und empfinden, reagieren und Botschaften senden.

Die Anwesenheit im Eigenen, das personale, sinnlich-körperhafte Empfinden und Reagieren werden im nachfolgenden als *Ich-bezogene Seinsweise* (vgl. Kap. I, 3) begriffen. Ich-bezogen meint, daß sich alle Wahrnehmung auf ein Ich, einen Körper oder auf Ansätze eines Ichs bezieht, ebenso wie alles Senden von diesem Eigenen ausgeht. Bewußt oder unbewußt nimmt der Mensch normalerweise aus eigener Perspektive – und nicht als Medium – wahr, ebenso wie er als Eigener sendet. Er sieht, hört, riecht, fühlt mit seinem Körper und erlebt sich dabei mehr oder weniger bewußt als ein Ich. Er schützt sich, ißt für sich, bewegt sich, erfüllt seine eigenen Triebe. Sein Körper verkörpert das Eigene. Er hat seine eigene Stimme, seinen Geruch, sein Gehirn. Seine ganze Lebensgestaltung ist bewußt oder unbewußt dadurch geleitet, daß der Mensch ein Eigener und einzelner ist.

Dieses für den westlichen Menschen vermeintlich selbstverständliche Grundgefühl, dieses Bezogen-Sein auf ein Ich oder ein eigenes Zentrum, ist nach diesem Modell nicht die einzig gültige, noch die ursprüngliche Seinsweise. Sie ist vielmehr in sich bereits ein wichtiges Ergebnis der frühen menschlichen Entwicklung. Das Kind wächst in diesen Zustand erst allmählich hinein, und der Sterbende verläßt ihn wieder. Das Kind durchlebt bei seinem Abschied vom ganz anderen und Ankommen im Irdischen, Eigenen bis hin zum Wissen um sich als Ich einen *Übergang* (vgl. Kap. I, 4, ganzes Kap. II und Fußnote S. 18). Der Übergang dauert Jahre. Für den Menschen beginnt er im Mutterleib mit den ersten Differenzierungen. Ich-Bezogenheit und Vorstufen dazu entwickeln sich, längst bevor von einem Ich im eigentlichen Sinne gesprochen werden kann. Der Übergang wird aber erst als abgeschlossen betrachtet, wenn die ich-bezogene Wahrnehmung und der nach dieser Wahrnehmung gültige Realitätsbezug – soweit in einer Kultur verankert – vom Kind übernommen worden ist. Erst wenn sich die neue Wahrnehmung im Wachzustand definitiv durchgesetzt hat, bei uns in der Regel im Schulalter, ist der Übergang beendet. In unserer Kultur weiß jetzt ein Kind: Nacht = dunkel, Gespenst = Märchengestalt.

Übergang meint hier also nicht die Entstehung des Körpers, sondern einen die körperliche Entwicklung begleitenden *inneren* Prozeß, eine Umwandlung, die zu der eben ich-bezogenen Weise, wahrzunehmen und zu senden, führt. Das vorliegende Modell unterteilt den Übergang in verschiedene Stufen von Bewußtwerdung oder Bewußtheit, die ihrerseits das kindliche Erleben immer neu verändern. Wird bei diesem Prozeß vor allem die sich verändernde Wahrnehmung thematisiert, steht auch der Begriff: Wahrnehmungsverschiebung.

Der Übergang wird hier verstanden als Prozeß. Er findet statt in einem *Grenzbereich* (vgl. Kap. I, 5) zwischen ganzheitlicher und ich-bezogener Seinsweise. Auch wenn der Übergang abgeschlossen ist, gehört dieser Grenzbereich nach wie vor zur Erlebniswelt des Menschen. Er lebt bewußtseinsfern ständig mit. In diesen Bereich taucht der Mensch im Schlaf, im Koma, in Grenzerfahrungen von großer Tiefe und im Prozeß des Sterbens wieder ein. Darum sind sich Erfahrungen des Neugeborenen, des erwachsenen Menschen im Grenzbereich und des Sterbenden trotz aller Verschiedenheit insofern ähnlich, als je von der Nähe zum ganz anderen geprägt[1].

Vorstufen von Ich-Bezogenheit erleben auch Tiere, ja sogar Pflanzen. Auch sie reagieren im Interesse des Eigenen, sichtbar im Selbsterhaltungstrieb des Tieres oder im Wachstum der Pflanze. Bei Tieren und Pflanzen ist allerdings der Ausdruck „auf ein eigenes Zentrum bezogen" zutreffender. Der erwachsene Mensch spricht von

---

1 Man beachte z. B. die Ausstrahlung/das innere Leuchten von Menschen in der Vorahnung des Todes.

sich und weiß um sich. Das Tier handelt im Sinne des Eigenen. Die Pflanze zeigt durch ihr Gedeihen oder Darben, daß es auch für sie Wohlbehagen neben Unwohlsein gibt.

Ich-Bezogenheit ist ohne ihre Vorstufen nicht denkbar: sie ist in sich schon eine bedeutsame Errungenschaft der Evolution. Auch im kollektiven Werdeprozeß spricht dieses Modell von einem Übergang und meint damit jene Epochen der Evolution, in denen sich das Bewußtsein für das Eigene und seine Bedrohtheit, für das Materielle und einzelne Gegenstände, für das Ich und seine Realitäten und für die Gesetzmäßigkeiten der Natur allmählich entwickelte. Es ist davon auszugehen, daß dieser phylogenetische Bewußtwerdungsprozeß Jahrmillionen umspannt.

Nach diesem Einblick in grundlegende Annahmen und Begriffe werden nun die verschiedenen Seinsweisen und Zustände in ihren Charakteristiken umkreist. Was kann über sie ausgesagt werden?

2 Ganzheitliche Seinsweise: die totale ungeschiedene Einheit

Der Begriff ganzheitlich ist in unserer Kultur zu einem Schlagwort geworden. Viele sehnen sich nach sogenannt ganzheitlicheren Lebensformen und ganzheitlicher Heilung. Es ist ein Zeichen unserer Zeit, daß wir realisieren, daß uns in unserer Betrachtungs- und Lebensweise etwas Grundlegendes fehlt. Wissen wir jedoch, was ganzheitlich heißt? Ganzheitlichkeit wird im vorliegenden Buch im Sinne einer *Nicht an das Ich und an den Körper gebundenen Seinsweise* verstanden. Sie umschreibt einen letztlich unfaßbaren Zustand, in dem alles eins und ganz ist. Sie bedeutet Teilhabe an einem ganzen Sein. Im absolut Ganzheitlichen gibt es den Menschen nicht als Menschen. Etwas von dem, was in den werdenden Menschen einfließt und zum Menschen gehört(e), ist zwar da und dem Ganzen zugehörig. Der Mensch ist unbewußt immer auch an diese Seinsweise angeschlossen, er ist Bürger auch dieser Welt und ewig Teil des Ganzen. Aber im Ganzheitlichen kann er nicht in eigener Gestalt fühlen, noch in der Absicht des Eigenen wirken. Das absolut Ganzheitliche ist für den Menschen, insofern er Mensch mit eigenem Bewußtsein ist, unzugänglich. Auch wo Menschen ganzheitliche Zustände sogenannt „nach-erleben", „mitfühlen", „integrieren", berühren sie diese immer nur teilweise. Im absolut Ganzheitlichen gibt es nur das Ganze, welches alles umfaßt, alles durchdringt, ja alles *ist*.

Menschen können darum das Ganzheitliche selbst nie bewußt fühlen, aber sie können in begrenztem Maß in eine andere Welt eintauchen und die im Grenzbereich gültige Erlebnisweise er-„fahren". Derartiges geschieht z. B. in der meditativen Versenkung, in halluzinogen-induzierten Erlebnissen, in der geschlechtlichen Vereinigung, in Trancezuständen, in Momenten äußerster Erschütterung oder Ekstase. Auch Träume und Imaginationen führen zuweilen in den Grenzbereich zur ganzheitlichen Erlebnisqualität. Dazu zwei Beispiele: Ein Mann mittleren Alters, in diesem Buch Christoph genannt, erlebt in einer therapeutisch begleiteten Imagination:

> Ort des Geschehens ist ein großer runder Platz, umgeben von einer Stadtmauer oder Ringmauer. Ein weiblicher und ein männlicher Weg führen um die Mitte herum. Im Zentrum befindet sich eine schwarze Kugel, gleichsam eingebettet in ein dreieckig-kubisches Igluzelt. Trotz der Schwärze der Kugel kommt von dorther das Licht.
>
> Das Licht kommt auf mich zu. Sobald ich vom Licht berührt bin, kann ich nicht mehr unterscheiden, ob dieses Etwas Töne sind oder Licht. Gegensätze wie Bewegung und Ruhe, unten und oben, links und rechts, einzelne Farben, verschiedene Sinneswahrnehmungen, vorher-nachher, können nicht mehr als solche wahrgenommen werden.

In späteren Imaginationen zum selben Bild fühle ich keinen Unterschied zwischen Kräften ziehender und stoßender Art. Und das Zentrum, die schwarze Kugel, offenbart sich auf immer neue Weise.

Eine Frau umschreibt wie folgt, was sie während einer 2 Stunden dauernden, pulsartigen Trommelmusik empfand:

Ich bin körperlich so voll, daß ich zugleich ganz leer bin. Alles strömt, pulsiert. Ich fühle mich so voller Leben, daß ich fast wie tot daliege. Es wäre mir kaum mehr möglich, Arme oder Beine zu heben. Ich weiß nicht mehr, ob ich auf dem Bauch oder auf dem Rücken liege, ob die Trommel nun außerhalb meiner selbst oder identisch mit meinem Herz ist, ob sich nun meine Füße oder mein Kopf in der Nähe des Fensters befinden. Es ist weder angenehm noch unangenehm, es *ist* einfach und doch irgendwie gut. Als wäre mein Körper eingeschlafen und ich aber doch ganz bei Bewußtsein.

Diese Imaginationen beschreiben eindrücklich, wie bereits im Grenzbereich Grenzen der Machbarkeit, der Schwerkraft und des eigenen Körpers aufgehoben sein können. Einzelaspekte sind vermischt, Gegensätze verschiedenster Art nicht mehr wahrnehmbar, Gesetze von Ursache und Wirkung ungültig. Die eigene Gestalt, falls überhaupt vorhanden, erscheint verändert. In Träumen, die sich an eine ganzheitliche Welt annähern, sind Stimmungen wichtig. So spürt der Träumer z. B., wie alles in ein feierliches Geschehen oder blaues Licht eingetaucht ist. Ein anderes Mal herrscht Klarsicht oder schwarze Gewitterstimmung. Spannungen und Stimmungen einschließlich menschlicher Befindlichkeiten, sind sphärischer Art und deshalb allgegenwärtig. Demgegenüber sind Formen bereits Eingrenzungen und in dieser Eigenschaft dem Ganzheitlichen weniger nahe. Die räumliche Dimension spielt im Grenzbereich zum Ganzheitlichen die wichtigere Rolle als die zeitliche. Zeit scheint aufgehoben zu sein.

In Träumen von großer Tiefe wird Unmögliches möglich: Menschen fliegen, Verstorbene leben, das Traum-Ich ist aktiv handelnd und zugleich Beobachter außerhalb des Geschehens. Zeitliche Grenzen verwischen sich (vgl. ozeanische Selbstentgrenzung bei Dittrich, Scharfetter 1987, 38). Vergangenes, Gegenwärtiges und Zukünftiges wirken zusammen. Nie gesehene Tiere und Mischwesen aller Art treten auf. Es gibt Träume, die sich spürbar auf zwei Ebenen abspielen, auf einer unteren und einer oberen, einer vordergründigen und einer hintergründigen. Das Traum-Ich ist zugleich in beide Ebenen hineingestellt. Je fremder uns Traumgesetzmäßigkeiten anmuten, umso näher scheint der Traum dem zu kommen, was hier unter „ganzheitlich", respektiv „ganzheitlicher Seinsweise" umkreist wird. Ganzheitlich meint nach diesem Modell nicht nur das Zusammenwirken von Körper, Seele und Geist. Es schließt auch das dem Ich völlig Fremde, *Sinnenjenseitige* ein. Selbst wenn das Ich all seine Möglichkeiten lebt, wahrnimmt und denkt, erfaßt es doch nur einen kleinen Teil des Ganzen. Was es außerhalb der für das Ich gültigen Realitäten in der Ganzheit noch gibt, ist dem Ich unzugänglich, aber doch Teil des Ganzheitlichen. Das Ich kann immer nur in Grenzbereiche zum Ganzheitlichen vordringen!

In meiner therapeutischen Arbeit erfahre ich, daß Menschen, die von Erfahrungen an dieser Grenze berichten, besonders von einem andersartigen Befinden ihrer selbst bewegt sind. Sie formulieren etwa: „Es gibt mich nicht mehr, und doch bin ich da." „Teil der Welt, Teil des Kosmos, aufgelöster Geist." „Ich fühle, was der Baum fühlt, und doch bin ich nicht Baum." „Es ist, als hätte ich einen transzendenten Orgasmus." Sie fühlen sich mit Steinen, Tieren und Geistwesen tief verbunden, und es ist, als wüßten sie – mit Goethes Faust gesprochen –, „was die Welt im Innersten zusammenhält". Und doch genügen Worte nie, um das Gefühlte auch nur annähernd zu beschreiben. Für mich ist diese äußerste Annäherung ans Ganze letztlich ein Staunen über die Größe Gottes. Der Betroffene ist sowohl Mitfeiernder, als auch Mitleidender im ganzen, voll von jener Begeisterung, jener Ruhe, jener Spannung, die dem Ganzen innewohnt. Gefühle aller Art sind so voll, beieinander und ineinander verwoben, daß sie als einzelne gar nicht mehr wahrnehmbar sind.

Genau das verweist auf die Nähe zum wirklich Ganzheitlichen: *alles ist Teil des Ganzen*, Weltumspannenden und Weltgestaltenden. Nichts bleibt außerhalb des Ganzen, nichts tritt als Eigenes hervor. Es gibt kein Empfinden seiner selbst als eigene Person, in eigener Gestalt und Sache. Menschen können, solange sie Mensch sind, das absolut Ganzheitliche nicht aushalten. Das Gefühl, im ganzen aufzugehen, zu versinken und nicht mehr Eigener zu sein, überfordert. Menschen können aus der Perspektive des Grenzbereiches mitschwingen und unbewußt an den Geheimnissen des Ganzen „teilhaben". Aber sie können nie voll fühlen, noch verstehen. Das würde die menschliche Existenz zu sehr gefährden, und dazu wäre das menschliche Bewußtsein zu begrenzt. Selbst Grenzerfahrungen, die immer nur die Perspektive an der Grenze umschreiben, hinterlassen den Eindruck, daß man nicht „darüber" stehen, noch „davon" berichten kann. Das äußerste Geheimnis *ist* einfach und wird als einfach seiend erahnt.

Die tiefere Bedeutung des Wortes ‚ganzheitlich' muß letztlich von Ganzheit abgeleitet werden. Eine Ganzheit muß als das Ganze vorgestellt werden. Menschen und Völker kennen viele Namen für das, was hier Ganzheit genannt wird, Gott, Jahwe, Allah, Mutter Erde, Große Mutter, ungeteiltes Sein, Energie, Licht, stehender Klang, Schwingungsumgebung. Diese Begriffe erfassen zwar etwas von den je eigenen Vorstellungen über Ganzheit, nie aber das, was Ganzheit sein könnte. Den zahlreichen menschlichen Vorstellungen über eine Ganzheit ist gemeinsam, daß eine solche als allumfassend, ganz, ewig wahr, grenzenlos groß und unergründbar erahnt wird. Der Mensch erlebt sich klein im Gegenüber zur Ganzheit. Je nach Kultur scheint er sich eher in ihr geborgen, von ihr getragen oder aber ihr gegenüber sündhaft bis nichtig zu fühlen. Otto (1987, Erstauflage 1917) nennt letzteres „Kreaturgefühl" (S. 10) – das Gefühl der Kreatur, die in ihrem eigenen Nichts versinkt und vergeht gegenüber dem, was über aller Kreatur ist. Er umschreibt dieses Große etwa mit folgenden Qualitäten: Das Numinose, das Schauervolle, das Übermächtige, das Energische, das ganz andere, das Antinomische, das Geheimnisvolle, Wundervolle, Heilige ... (S. 10). Wir tun uns außerordentlich schwer, weit genug zu fassen, was und wie Ganzheit sein könnte. Vor allem ist sie eines: *ganz*. Ganz heißt, daß alles enthalten ist, daß nichts fehlt oder überflüssig ist. Ganz heißt auch *ungeteilt*, vorstellbar z. B. so, daß Gegensätze auf unerklärbare Weise zusammenfallen oder daß gar nicht nach Unterscheidungen gefragt wird. Otto (1987) spricht von der „Kontrast-Harmonie" (S. 36).

In der Annäherung an die Frage, was Ganzheit sei, fällt mir bei vielen Menschen auf, daß sie Begriffe wie ‚Kosmos', ‚das Transzendente', ‚schöpferisches Nichts' (vgl. Schellenbaum 1991, 175) oder ‚ein von Geist durchtränktes All' weniger scheuen als den Ausdruck ‚Gott'. Sie sind auf der Suche nach Spiritualität und Bewußtseinserweiterung, doch dies lieber ohne Beziehung zu Gott und ohne Verbindlichkeit gegenüber der Ganzheit. Sie können im Großen kein Du fühlen noch aushalten! Was ist daran so schwer? Wie im Laufe der vorliegenden Arbeit deutlich werden soll, steckt hinter dem Unbehagen, Gott beim Namen zu nennen, mehr als nur aufgeklärter oder esoterischer Zeitgeist. Diese Not verweist vielmehr darauf, daß die Beziehung Mensch-Ganzheit im Übergang zutiefst irritiert wurde. Wird Ganzheit in oben erwähnte und ähnliche Begriffe gekleidet, so wirkt sie scheinbar weniger bedrohlich. Das Ich muß sich keinem Unbedingten gegenüber verpflichtet oder verantwortlich fühlen. Es empfindet sich freier, nimmt sich aber auch mehr Freiraum für eine unbemerkte Überschätzung seiner selbst (Inflation/Größenwahn) oder zur Verniedlichung dessen, was den Menschen unbedingt angeht. Vor fälligen Entwicklungen und Auseinandersetzungen kann besser ausgewichen werden. Keine Verbindlichkeit heißt auch: keine Berufung, kein übergeordneter Auftrag, keine Relativierung oder Eingrenzung des Ichs und seiner Pläne durch ein äußerstes Gegenüber![2]

Macht die Freiheit der Unverbindlichkeit wirklich glücklicher? Erliegen wir hier nicht einer Selbsttäuschung, die tiefste Erfahrungen und Bedürfnisse im Menschen mißachtet? Wo eine äußerste Bezogenheit auf Gott fehlt, bleibt etwas im Menschen

---

2   Die Gefahr einer Inflation/eines Größenwahnes besteht einerseits tatsächlich überall, wo Menschen dem Ganzen nahe sind (vgl. Kap. II, 3.4.14). Andererseits läßt Inflation und auch die übermäßige Angst vor Inflation darauf schließen, daß die Begegnung mit den Botschaften des Unbedingten – z.B. über Träume – gerade nicht stattgefunden hat. Solche Botschaften sind nämlich in sich immer auch Eingrenzung, weshalb alle so entstandene Berufung auch Bescheidung ist (vgl. Kap. II, 3.3.13).

trotz Suche nach Transzendenzerfahrung letztlich im Kreisen um sich selber gefangen. Vergleichbar mit der Situation eines Kindes, das sich zwar von der Mutter gehalten und getragen fühlt, aber mit ihr keine eigentliche Beziehung aufnehmen kann. Es kann sie nicht als personales Gegenüber empfinden noch sich selbst wirklich personal „gemeint" erfahren.

Ganzheit ist ganz! Sie meint nicht nur das Transzendente des Menschen, sondern bedeutet immer auch Gott als etwas autonom Wirkendes. Sie umfaßt den *pantheistischen und den personalen Aspekt*. Zum Ganzen gehört das Seiende als auch das Werdende, das Bergende und das Hervortretende, das ewig Gewährenlassende nebst dem Rufenden. Jedes Gottesbild umkreist auf seine Weise das Unanschaubare und hebt einen Teil des Ganzen hervor. Wie auch immer Kulturen und Menschen dieses andere benennen, wichtig ist, daß Bilder und Namen dem Wesen des Ganzen und Gegensatzverbindenden möglichst nahekommen. Selbst eine Ganzheit im Ursprung enthält das scheinbar andere, Antinomische oder erst später Werdende bereits in sich, sonst wäre sie nicht ganz! Im Urklang ist der Rhythmus bereits mitgedacht, im Ur-Raum die Zeit, in der Ewigkeit das Vergängliche, in der Mutter der Sohn, im Weiblichen das Männliche, in Gott der Mensch. Nur eine äußerste und zugleich innerste Zusammengehörigkeit polarer Kräfte und unterschiedlicher Elemente macht Ganzheit wirklich ganz. Ganzheitlich bedeutet umfassend in einer uns unvorstellbaren Totalität. Ganzheitliches Sein ist ungeteilte Teilhabe am Ganzen, weil Teil-Sein von Gott.

Selbst *Gutes und Böses sind im ganzen ungeschieden* und existieren darum nicht als eigene Qualitäten. Es wird nicht nach gut oder böse gefragt. Im ganzen des Ursprungs ist aber die Möglichkeit einer späteren Polarisierung und Ausdifferenzierung angelegt. Vielleicht ist ein Urzustand, fühlbar besonders am Beispiel des Zusammengehörens von gut und böse, in irgendwelcher Hinsicht ungelöst und „unerlöst". Gibt es das Ungelöste in Gott oder eine *Urspannung* im Ursprungszustand? Gibt es eine dem Ganzen innewohnende Kraft, die nach Entwicklung und Menschwerdung drängt? ... damit das Geschöpf selbst Schöpfung mitgestalte und zum Gegenüber Gottes werde? Gibt es ein im ganzen angelegtes Streben nach Bewußtwerdung?

> Gott
> Schöpfer aller Dinge
> Du bist nicht
> gut
> Du bist nicht
> schlecht
> Du bist
>
> *Rose Ausländer* (1988)

3 Ich-bezogene Seinsweise:
Als Eigener im Gegenüber zur Umwelt da sein

Von der zeitlos ganzheitlichen Seinsweise hebt sich die ich-bezogene Lebens- und
Erlebnisweise ab. Sie bezeichnet das uns vertraute, körperlich-sinnliche Dasein.
Auch das Sein *im Hier und Jetzt!* Wo der Mensch bewußt oder unbewußt als
Eigener wahrnimmt und reagiert, ist er bereits ich-bezogen. Der Mensch lebt und
erlebt aus der Selbstverständlichkeit heraus, ein Eigener, mit eigenem Zentrum zu
sein. Höchstens momenthaft oder in vorübergehenden Grenzerfahrungen fühlt er
sich eins mit der Welt und anderen Lebewesen. Mediale Fähigkeiten, Träume und
Imaginationen von besonderer Tiefe oder psychotische Grenzzustände sind ersehnte bis gefürchtete Ausnahmebefindlichkeiten und bestätigen gerade, daß das
‚normale' menschliche Empfinden anders, eben eingeschränkter, zentriert und auf
spezielle Weise strukturiert ist. Genau dieses Strukturiert-Sein, das aber noch kein
Bewußtsein im Ich voraussetzt, ist gemeint mit ‚ich-bezogen'.

Ich-Bezogenheit als menschliche Empfindungsbasis ist in der Entwicklung die
Voraussetzung für ein später bewußtes ‚Dasein im Ich'[3]. Damit ich mich als etwas

---

3 Der *Ich-Begriff* wird unterschiedlich definiert. Philosophische Betrachtungen unterscheiden sich
von tiefenpsychologischen. Ich zitiere aus dem Lexikon Dorsch (1982):
„... Das Ich ist nach philosophischer Interpretation 1. das Subjekt aller Wahrnehmungen,
Vorstellungen, Gedanken, Gefühle, Handlungen (= Subjekttheorie, Augustinus, Kant), 2. eine
immaterielle Substanz (= Substanztheorie, Barkeley, Descartes, S. St. Mill), ...
Freud kennzeichnet das Ich als eine Instanz neben dem Über-Ich und dem Es. Diese Instanzen
sind Funktionssysteme, und das Ich stellt ein System von bewußten und unbewußten Funktionen
dar. Das Ich hat dabei die Aufgabe ... der Herstellung einer Beziehung zur Außenwelt, zum
Über-Ich und zum Es. ..." (S. 295).
Im Persönlichkeitsmodell der analytischen Psychologie (C.G. Jung) ist das Ich wahrnehmende,
entscheidende und bewußt handelnde Instanz und als solche Gegenpol zum Selbst. Beide Pole
zusammen bedingen und steuern das Spiel der psychischen Kräfte (vgl. Hark 1988, 71f).
Das *vorliegende Modell* bezieht sich im Ich-Begriff weder auf Freud noch auf Jung, sondern fragt
viel alltäglicher: Was geht dem „Gefühl, ein Ich zu sein", voraus? Wie kommt es, daß das Ich
zum „Subjekt aller Wahrnehmungen" wird (vgl. Subjekttheorie)? In seiner sprachlichen Wurzel
bedeutet „Ich" nach Dorsch (1982) soviel wie „meine Hierheit" (S. 295). Ich frage: wie entsteht
diese Hierheit? Ähnlichkeiten finde ich bei Scharfetter (1994), der die Verbindung zwischen dem
Ich, der Wahrnehmung und dem Bewußtseinszustand herstellt:
„... Wir haben nicht Bewußtsein, sondern wir sind eingeleibtes Bewußtsein. Dieses Bewußtsein
ist in ständigem Fluß. ... Sofern wir wach sind und auf die Alltagsrealität gerichtet, sind wir im
sogenannten Tagesbewußtsein oder Alltagsbewußtsein, in welchem die Kategorien von Raum
und vom linearen Zeitablauf, von Kausalität, von logischen Verknüpfungen gelten. In diesem
Alltagsbewußtsein erleben wir unsere Personhaftigkeit, erleben die temporäre Konstellation von
Eigenschaften und Funktionen, die wir „Ich" nennen. Das Alltagsbewußtsein ist in unserer Kultur
individuell personal und auf das Ego zentriert. Die Orientierung in diesem mittleren Tagesbewußtsein ist, jedenfalls an der Oberfläche unserer Kultur, rational" (S. 16).

Eigenes fühlen kann, muß beispielsweise eine entsprechende Wahrnehmung von der Welt gewährleistet sein. Welt erscheint dem im Ich lebenden Menschen als Um-Welt, nämlich als Welt um das Eigene herum. Und im anderen sieht er selbstverständlich ein Du. Dem solchermaßen ausgereiften Gefühl, ein Ich zu sein, geht – sichtbar in vielen Prozessen – die Entwicklung der Ich-Bezogenheit voraus: Schon beim Kind im Mutterleib, das hört und sich bewegt, kommt ‚die Entwicklung hin zum Eigenen‘ zum Ausdruck. Ebenso ist das Neugeborene, das als Eigenes Hunger fühlt, mit den Ärmchen rudert oder in der eigenen Bedürftigkeit schreit, in diesen Momenten auf ich-bezogene Weise ‚da‘. Dies, obgleich in vielen anderen Momenten innerlich noch im Ganzheitlichen beheimatet. Selbst Tiere und Pflanzen wachsen partiell in diese Daseinsweise hinein. Auch sie sind organisiert durch ein Zentrum in ihnen drin. [4]

Wir sprechen zwar bei Pflanzen und Tieren nicht von einem Ich. Doch gerade dies verdeutlicht, daß ein solches noch nicht einmal ausgereift sein muß, bis die auf ein eigenes Zentrum bezogene Wahrnehmung und Reaktion zu funktionieren beginnt. Wo die Pflanze sich vom Schattenplatz dem Licht entgegenstreckt, ist schon ein Stück Differenzierungsfähigkeit und eine aufs eigene Wohlergehen bezogene Tendenz erkennbar. Dies erst recht beim Tier, das zum Kampf ansetzt. Einzig das Ausmaß des „auf ein eigenes Zentrum bezogenen Fühlens“ und der Grad von dessen Bewußtheit variieren. [5] Unterschiede im Grad von Bewußtheit zwischen Mensch und Tier ändern aber nichts daran, daß Tiere und Pflanzen im evolutiven Prozeß der Verlagerung vom Ganzheitlichen zum Ich-bezogenen mitgemeint sind. Hält man sich vor Augen, wie früh nach diesem Modell die

---

4 Stern (1985/1992) spricht von einem „invarianten Gewahrseinsmuster“ oder einer Organisationsform (S. 20). „Instinktiv verarbeiten wir unsere Erfahrungen so, daß sie zu einer Art einzigartiger, subjektiver Organisation zu gehören scheinen, die wir für gewöhnlich als Selbstempfinden bezeichnen“ (S. 18). Auch nach Stern existieren Selbstempfindungen in präverbaler Form (vgl. S. 18). Mehr noch: Diese greifbare Erfahrungswirklichkeit von Substanz, Handlung, Sinneseindruck, Affekt und Zeit kann durchaus auch bei zahlreichen höheren Tierarten ausgebildet werden. Dadurch wird diese Entwicklungsleistung nicht entwertet (vgl. S. 106/107).

5 Obrist (1988) mißt den Grad an Bewußtheit u.a. an der Fähigkeit des Menschen, sich der eigenen Projektion bewußt zu werden. Er schreibt: „Es kann auch festgestellt werden, ... daß das Durchschauen der Tatsache, daß man projiziert hat, gleichbedeutend mit Bewußtwerdung ist“ (S. 96). In solchem Wissen um die Subjektivität im eigenen Sehen und Erleben tritt nach Obrist der Mensch aus der phylogenetischen Unbewußtheit hervor und verläßt die Stufe archaischen unbewußten Eingefügtseins in die Umwelt, die die magischen Zeitepochen charakterisiert. Biologische Kognitionsforscher haben nach Obrist bei den Schimpansen erstmals nicht mehr nur wie bei den übrigen höheren Tieren unbewußte Zustände beobachtet, sondern auch Anzeichen von so etwas wie Bewußtseinsfunken.
Ich ergänze: Sich der eigenen Projektion bewußt werden, heißt auch, alle Relativität des Ich-Standpunktes zu realisieren.

Entwicklung der Ich-Bezogenheit beginnt, wird klar, daß wichtige, zur eigenen Lebensgeschichte, respektiv zur Kultur- und Menschheitsgeschichte gehörende Erfahrungen gemacht werden, bevor das Ich ausgereift ist, ontogenetisch im Mutterleib und phylogenetisch im Leben der Pflanzen, Tiere, Urmenschen.

Der Sprung vom Ganzen zum Eigenen ist und bleibt Geheimnis. Dazu kann nur gesagt werden, daß die Organisation zum Eigenen immer auch *Abgrenzung* vom Ganzen ist. In dem Ausmaß, wie ein Organismus für sich funktioniert, wie ein Wesen für sich wahrnimmt und als Eigenes sendet, sind sie nicht mehr angeschlossen ans Ganze.

Der Schritt vom Ganzen zum Eigenen ist auch *Selektion.* Das Ganze darf nicht in seinem Ganzheitscharakter wahrgenommen werden, da lebensbedrohlich für das neu gewordene Eigene. Im ewig Vollen, Ganzen gäbe es keinen Freiraum für die Entfaltung zum Eigenen. Die Fülle allen Seins wäre zu intensiv für das Fühlen des Eigenen. Damit das Ich überhaupt zum Ich werden kann, muß also eine neue ich-bezogene Wahrnehmung einsetzen, die nicht dem Ganzen, sondern dem Wohl des Eigenen dient. Diese Verschiebung der Wahrnehmung bewirkt, daß einzelne Aspekte des Ganzen ausgewählt, in den Vordergrund gerückt und als solche überhaupt bewußt werden können, während andere tief unbewußt bleiben. Diese Selektion geht aller späteren Verdrängung voraus. Sie ist auch Tabuisierung, was bedeutet, daß etwas schon gar nicht zur Bewußtwerdung zugelassen wird, da zu bedrohlich für das Ich. So wird im Prozeß der Wahrnehmungsverschiebung das ursprünglich Ganze eingeschränkt, filtriert und in viele Einzelaspekte aufgespalten (Herzton in der intrauterinen Geräuschkulisse, Mutteraugen im Ungewissen, Sterne im Nachthimmel). Das Weltganze wird immer weniger als Ganzes erlebt, sondern als Summe vieler Einzelheiten (Berg, See, Baum, Tier, Sonne, Gewitterwolke ...). Das ewig Unfaßbare oder zu Bedrohliche scheiden aus dem Gesichtsfeld aus, bleiben aber unsichtbar als ‚Realität außerhalb‘ bestehen. So entstehen *Polaritäten.* Helles hebt sich vom Dunkel ab, Wasser von Luft, Bewegtes von Ruhendem, Angenehmes vom Unangenehmen, Gut von Böse. Statt der Einheit im ungeschiedenen Ganzen des Ursprungs, sieht sich mehr und mehr ein Ich einer materiellen und verkraftbaren Umgebung gegenüber.

Ich-Bezogenheit ist nichts willentlich Machbares oder Beeinflußbares, sondern eine Eigenheit, die natürlicherweise zum Menschsein gehört. Sie darf in keiner Weise mit Egoismus gleichgesetzt werden. Ich-bezogen wertet nicht, wie dies bei Worten wie „egozentrisch“ oder „egoistisch“ geschieht. Ich-bezogen meint auch etwas anderes als „subjektiv“. Wer „subjektiv“ sagt, denkt an individuelle Unterschiede und stellt überdies den Gegensatz subjektiv – objektiv in den Raum.

Ich-bezogen umschreibt gerade *das aller menschlichen Wahrnehmung Gemeinsame:* Alle Menschen, die bei Sinnen sind, erkennen Gegenstände, die sich von einem Hintergrund abheben und erleben Luft anders als Wasser.

Die ich-bezogene Empfindungsbasis setzt sich aber nicht bei allen Individuen und in allen Kulturen gleichermaßen ausschließlich durch. Der eine sieht sofort Farben und Formen. Ein anderer ahnt beim Anblick eines Baumes intuitiv um dessen Seele. Mediale Menschen kommunizieren zuweilen mit Verstorbenen. Es gibt Menschen, die vermehrt an einen sechsten Sinn angeschlossen sind und Gemeinschaften, in denen die Nähe zum Ganzheitlichen rituell gepflegt wird. Wo Ich-Bezogenheit weniger ausgeprägt ist, sind Menschen deswegen nicht „krank", Tiere und Pflanzen nicht „minderwertig" und Kulturen nicht „unterentwickelt". Vielmehr stellt sich die Frage, was Realität, Normalität und Gesundheit ist. Sind dies aus menschlicher Warte definierte Werte, in denen ausgesperrt ist, was ein Kollektiv nicht erträgt, noch kennt? Individuelle und kulturelle Unterschiede im Ausmaß, ja im Vorherrschen des ich-bezogenen Empfindens verweisen auf Übergangsprägungen. Dort wurde einst angebahnt, wieviel Nähe zum Ganzen der Einzelne erträgt oder eine Kultur zuläßt. Standen schon die Anfänge des Werdens im Zeichen von Angst und Bedrohung, so wird alle weitere Entwicklung zu Fluch, Flucht und Abwehr!

Ich-Bezogenheit ist Chance wie Begrenzung. Die Chance der Begrenzung! Dank dieser Wahrnehmung erscheint im Blickfeld des Ichs nicht einfach ein Ganzes, sondern eine Vielzahl von Menschen, Lebewesen, Dingen und Möglichkeiten. Diese sind dem menschlichen Bewußtsein zugänglich, während das ganzheitlich Ungeschiedene unbewußt, ja bewußtseinsunfähig bleibt. Lebensaspekte erhalten Gestalt, da sie sich von Hintergründigem abheben. Dank seiner Ich-Bezogenheit kann der Mensch aus eigener Schau erfassen, gewichten, gestalten und in Beziehung treten. Er erhält *Freiheit* und damit auch *Verantwortung.* Wie Adam in der Genesis eröffnen sich ihm Möglichkeiten, Schöpfung mitzugestalten. Er nennt Dinge beim Namen, erkennt Abhängigkeiten (Kind braucht Mutter, Hungernder braucht Nahrung), und er muß sich als Mitschaffender hinterfragen. So wird der Mensch in einen permanenten Entwicklungs- und Bewußtwerdungsprozeß hineingestellt. Genau dieser Prozeß, die sich im Menschengeschlecht durchsetzende Ich-Bezogenheit, wird in Schöpfungsmythen oft bildhaft beschrieben. Dies ist recht augenfällig in Genesis 1-3, aber auch in Texten der indischen Mythologie.[6]

---

6 Zimmer (1972, 42f.) verweist im Kapitel über die Mythologie Vishnus auf die Abenteuer des mächtigen Weisen, Mārkandeya, während der Pause der Nichtmanifestation zwischen der Auflösung und der Wiedererschaffung des Alls. Durch einen wunderbaren und seltsamen Zufall erblickt Mārkandeya Vishnu in einer Reihe archetypischer Umwandlungen: „zuerst in der elementaren Verkleidung des kosmischen Meeres, dann als Riese, der auf dem Wasser ruht,..."

Auch die Tragik einer übermäßig betonten Ich-Bezogenheit und ihrer Folgen kommt in Schöpfungsmythen zum Ausdruck. Der Mensch erfährt sich nicht mehr als Teil des Ganzen und somit auch nicht mehr im ganzen paradiesisch geborgen. Wie der indische Mythos sagt, geschieht ein Unfall. Der Mensch wird von Verzweiflung gepackt. Oder Gott wird jetzt von außen (=durch die Brille der Ich-Bezogenheit) betrachtet und erscheint in furchterregender und verfluchender Gestalt. In der Genesis wird der Garten Eden gar verschlossen und der Baum des Lebens tabuisiert, was heißt, daß die Zugänge zum Ganzheitlichen und dem darin wurzelnden Urvertrauen verschüttet sind. In der Genesis gibt es kein Zurück mehr, noch Zweifel an der neu aufgekommenen Sichtweise. Dies im Unterschied zum in der vorangehenden Fußnote erwähnten Text der indischen Mythologie. Dem Menschen, für den sich die Pforten des Paradieses endgültig geschlossen haben, bleibt nur noch, was er in seiner selektiven Wahrnehmung sieht und mit seiner beschränkten Auffassungsgabe versteht. Er kann nicht anders, als auf den eigenen Fort-Schritt bauen.

Was es bedeutet, die *ganzheitliche Einheit verloren* zu haben, wird gerade heute neu einfühlbar: der westliche Mensch erfährt erst über Umwege und Katastrophen, was er mit seinem Verhalten gegenüber Natur und Kreatur angerichtet hat. Er konnte ja nicht mit den Augen der Natur sehen, noch sich eins fühlen mit darbenden Bäumen, leidenden Tieren und ausgebeuteten Menschen. Er hat in seiner ausgeprägten Ich-Bezogenheit an Zusammenhängen, die dem Ganzen innewohnen, nicht fühlbar teil. Gerade deswegen ist er – im Gegensatz zum Tier – zu maßloser Selbstüberschätzung und rücksichtsloser Ausbeutung fähig! Umweltzerstörung ist Ausdruck der abgebrochenen Beziehung zum Ganzen!

(S. 42). „Allein, eine riesige Gestalt auf der unsterblichen Substanz des Ozeans, halb untergetaucht, halb auf den Wogen flutend, genießt er seinen Schlummer. Da ist keiner, der ihn erblicken, keiner, der ihn begreifen könnte ..." (S. 45). Mârkandeya befindet sich auf seinen Wanderungen durch das Innere von Vishnus Leib. „Aber jetzt geschieht ein Unfall. Im Laufe seiner ziel- und endlosen Spaziergänge entgleitet der handfeste alte Mann (Mârkandeya, Anmerkung der Verfasserin) versehentlich dem Mund des allenthaltenden Gottes (Vishnu, Anmerkung der Verfasserin). Im ungeheuren Schweigen der Nacht schläft Vishnu, mit ein wenig geöffneten Lippen; sein Atem geht mit einem tiefen, klangvollen, rhythmischen Laut. Und der erstaunte Heilige, von des Schläfers Riesenlippe fallend, stürzt kopfüber in das kosmische Meer" (S. 46). ... Mârkandeya erblickt zuerst den schlafenden Riesen gar nicht, „sondern nur das dunkle, sich nach allen Richtungen hin in die sternenlose Nacht ausdehnende, allumfassende Meer. Verzweiflung packt ihn, und er fürchtet für sein Leben. Im nächtlichen Wasser schwimmend, wird er plötzlich nachdenklich, grübelt und beginnt zu zweifeln. ‚Ist es ein Traum? Oder bin ich im Banne einer Illusion? Wahrlich, all dies Befremdliche muß ein Erzeugnis meiner Einbildung sein, denn die Welt, wie ich sie in ihrem harmonischen Lauf beobachtet habe, verdient nicht diese Vernichtung, wie sie nun plötzlich über sie hereinzubrechen scheint. Ich sehe keine Sonne, keinen Mond, ich fühle keinen Wind; alle Berge sind verschwunden und die Erde hat sich aufgelöst. Was ist das für eine Art von Universum, in dem ich mich hier wiederfinde?'" (S. 46)

Wird allerdings der allem Leben zugrundeliegende Selektionsmechanismus bewußt, so haben ganzheitliche Realitäten eine partielle Chance, neben ich-bezogenen gleichwertig und gleichzeitig zu bestehen. Es gibt dann das für das Ich Gültige und daneben etwas, das sich Gott verpflichtet weiß. Wo Menschen die ständige Anwesenheit des ganz anderen ertragen und doch im Hier und Jetzt bleiben, findet eine gegenseitige Befruchtung der beiden Seinsweisen statt. Im Alltag kann Realitätsbewältigung neben Einkehr und Ekstase stehen, Fortschritt neben Naturverbundenheit.

4 ... und dazwischen ein Übergang von großer Bedeutung

Als Bürger zweier Welten ist der Mensch in beiden hier umkreisten Seinsweisen drin. Er ist ebenso Eigener wie Teil des Ganzen, selbst wenn er von letzterem nichts spürt. Bewußtseinsfern trägt er etwas in sich, das ewig an ganzheitlicher Sicht teil hat. Fast ebenso unbewußt wirkt auch die eigene früheste Kindheit, der auf eigene Weise erlebte Übergang vom ganzheitlichen Teil-Sein zum ich-bezogenen Empfinden und Senden, nachhaltig weiter. Dem ganzen Zwischenbereich, wo sich ganzheitliche und ich-bezogene Empfindungsweisen berühren, ja mischen, kommt nach diesem Modell größte Bedeutung zu. Auch für die Frage menschlicher Prägungen und Störungen!

Fachkräfte streiten immer neu darüber, ob der Anlage oder der Umwelt als *Ursache menschlicher Prägung* mehr Gewicht zufalle. Ich bleibe nicht bei dieser Gegenüberstellung stehen, sondern gehe von einem unterschiedlich gelingenden Zusammenwirken dreier Faktoren aus. Neben der individuellen Anlage und den Umwelteinflüssen als solchen kommt der Wahrnehmungsweise im Zeitpunkt der prägenden Ereignisse eine folgenschwere Bedeutung zu. Die drei Größen bestimmen als ein Ganzes, wie sanft oder traumatisch, wie lustvoll oder angstbesetzt etwas erlebt wird. Entscheidend für frühe Prägung und Störung ist die eigene Erfahrung von Übergang!

Beispiele und Konkretisierungen: *Umwelt und Anlage* können je nach Kind besser oder schlechter zusammenpassen. So äußerte einmal eine energisch wirkende Mutter eines verträumten Kindes: „Ich bin wohl die falsche Mutter für mein Kind." Sie fand, wie sie sagte, den Draht nicht zu ihrem Kind. – Die einfühlsame Adoptivmutter eines südamerikanischen Kindes hatte das Gefühl, ihr Kind lebe hier in der falschen Welt.

Zum Zusammenwirken zwischen *Umwelt und Wahrnehmungsweise* ist zu bedenken, daß nicht jede Umwelt dem Umstand, daß ein Kind innerlich noch in einem Grenzbereich zum Ganzheitlichen lebt, gleichermaßen gerecht wird. Über wieviel spontane Einfühlung in Übergangsnöte des Kindes verfügt eine Umgebung? Wie sehr bietet eine Gesellschaft in ihren Normen und Weltanschauungen Raum für die Realität eines vor- und außersinnlichen Zuhauseseins? Wie hektisch und reizüberflutet ist eine Zeit? Schon die Stundenpläne von Kindern sind häufig überbucht. Grenzen zwischen einer förderlichen und einer überfordernden Umgebung sind fließend. Überforderung wirkt sich beim einen Kind lähmend, beim andern übermäßig beschleunigend auf seine Entwicklung aus. Schon das Kind im Mutterleib und der Säugling können in ihrer Aufgabe, in dieser Welt anzukommen, durch eine unwirtliche, reizüberflutete Umwelt überfordert sein. Hierher gehört auch die Frage nach den unbewußten Botschaften, Gefühlen und Spannungen, die dem Kind übermittelt werden. Schon im Mutterleib hört das Kind. Und doch braucht es seine Zeit, um sich im verbal vermittelten Realitätsverständnis der Erwachsenen zurechtzufinden. So ist anzunehmen, daß das Kind anfänglich wohl hört, aber atmosphärische, schwingungsmäßige, „musikalische" Botschaften besser versteht als ausgesprochene. Es spürt das im Stimmtonfall mitklingende Wohl- oder Unbehagen, das im Körperpanzer des Mutterleibes Eingefrorene, oder das, was in einer Familienstube ist und doch nicht sein darf.

Zum Zusammenwirken von *Anlage/Umwelt und Wahrnehmungsweise* gehören auch Beobachtungen, daß sich die gleiche, schlimme Erfahrung mit einer vergleichbaren Umwelt unterschiedlich auswirkt. Das Stichwort Anlage genügt nicht, um solche Unterschiede zu erklären. Es muß die Frage nach dem dazumaligen kindlichen Empfinden gestellt werden. Eine Therapie kann vielleicht Näheres dazu zutage fördern:

> Eine Frau, die um ihre großen Defiziterfahrungen als Säugling wußte (schwer narzißtische Mutter und längere Kinderheimaufenthalte als Säugling und Kleinkind), fragte sich, warum sie dennoch soviel Urvertrauen habe. Sie habe nur selten Angst, keine Probleme mit Hunger und Verdauung, selten Schlafprobleme. Spätere Erfahrungen in der Schule schienen sie viel nachhaltiger geprägt zu haben. In Klangreisen bekam diese Frau Antwort auf ihre Frage: Mehrmals tauchte, einem Engel ähnlich, eine Lichterscheinung auf. Wo diese war, da fühlte sie sich einfach daheim. Das Kinderheim und die Mutter waren neben diesem Licht-Einfluß gleichsam „da und doch nicht da". Offenbar hat diese Frau ihren Übergang langsam durchlebt und sich in ihrer Säuglingszeit häufig „im ganz anderen" geborgen erfahren.[7]

Worauf aber ist es zurückzuführen, daß ein Kind seinen Übergang schnell durchlebt oder langsam? Nicht nur Umwelteinflüsse – wie bisher skizziert –, auch die Anlage spielt eine bedeutsame Rolle. Lebenslust wie auch Sehnsucht nach dem ganz anderen können anlagebedingt mehr oder weniger groß sein. Wie leicht oder wie schwer tut sich ein Kind im Übergang? Kinder können anlagebedingt unterschiedlich ,aufgeweckt' oder ,intelligent' sein. Ist gerade manch sogenannt intelligentes Kind früher als andere im Hier und Jetzt anwesend? Begreift es schneller? Durchläuft es somit den Übergang von innen heraus rascher? Ist das ein Merkmal dessen, was wir als Intelligenz bezeichnen? Das schnell im Hier und Jetzt ankommende Kind ist in seiner frühesten Zeit vermehrt gefährdet und von der Umwelt abhängig, da nicht mehr im ganz anderen geborgen. Es ist Gefühlen wie Ohnmacht, Angst und Überforderung früher und somit totaler ausgesetzt. Sind also bestimmte (auf solche Weise intelligente) Kinder besonders anfällig für frühe Störungen?

---

7 Auch Frauen, die als Kind oder in der Kriegsgefangenschaft vergewaltigt wurden, berichten in der Therapie, daß die Nähe eines sonderbaren Lichtes/einer Lichtgestalt half, das Schlimme überhaupt durchzustehen. Sie seien momenthaft wie da und doch nicht da gewesen.

Eine ähnliche frühe Empfindsamkeit für Umwelteinflüsse vermute ich bei musikalisch-sensiblen Kindern. Sie sind aufgrund ihrer Anlage in der Übergangszeit besonders gefährdet, da früher, ausgeprägter hellhörig für das zu Laute, das Atmosphärische, für im Stimmtonfall übermittelte Doppelbotschaften. Meine bisherigen Erfahrungen als Therapeutin bestärken mich in der Vermutung, daß Menschen mit frühen Störungen häufig „intelligent" und/oder musikalisch sensibel sind.

Was ist Anlage, was bereits frühe Prägung oder Störung? Auch in dieser Frage bin ich vorsichtig und erkenne viel Gewordenes hinter sogenannt Angeborenem. Dies zeigt sich im therapeutischen Prozeß darin, daß Menschen plötzlich spüren, daß sie eigentlich gar nicht so sind, wie man von ihnen immer sagte und wie zu sein sie selbst geglaubt hatten. Klientinnen fragen sich z. B.: „Bin ich wirklich lernbehindert oder wäre ich normal intelligent?" „Bin ich faul oder doch eifrig", „schreckhaft oder ruhig", „launenhaft oder ausgeglichen", „ordnungsliebend oder chaotisch", „sportlich, körperlich stark, gesund oder krankheitsanfällig", „Zärtlichkeit suchend oder ablehnend"? Begabungen wie Musikalität, Kreativität, Sensibilität, Angriffigkeit, geistige Flexibilität oder ein extrem gutes Gedächtnis sind nicht immer anlagebedingt, sondern können auch kompensatorisch aus einer frühen Not heraus entwickelt worden sein. Ich erlebe oft, wie Klientinnen und Klienten über sich selbst staunen, wenn im Verlauf einer Therapie ihre frühe Not zutage tritt und damit auch die Erkenntnis, wie viel sie selbst aus sich und ihrer Prägung gemacht haben. Sie haben sich im wahrsten Sinne des Wortes entwickelt, das heißt, sich durch den Erwerb von Kompetenzen aus alter Verwicklung befreit!

Auch gegenteilige Einsichten stellen sich häufig ein: Klientinnen erschrecken, wenn sie realisieren, wieviel Gaben und Freuden offenbar in der frühesten Kindheit verlorengingen. Gaben, die sie nie oder nicht mehr als zu sich selbst gehörig bezeichnet hätten, fallen ihnen im therapeutischen Prozeß als das Ureigenste wieder zu. Mirjam, übermäßig lärmempfindlich, fand zu ihrer Musikalität zurück. Bettina wurde wieder kreativ und feinfühlig. Vera entdeckte sich als zutiefst geistig begabte Frau, nachdem sie über Jahre unfähig gewesen war, Bücher zu lesen. Pia, die scheinbar Lebensmüde, findet immer wieder zu ihrer Lebenslust zurück. Frühe Prägungen wirken so total und ursprünglich, daß Folgeerscheinungen als Teil der persönlichen Anlage betrachtet werden. Dies gilt für Blockaden ebenso wie für forcierte Entwicklungen. Ähnlich tief wurzeln Süchte, Narzißmus und Schwierigkeiten im Realitätsbezug. Was im Anfang geschieht, wird ‚eingemeißelt'.

In jedem Einzelfall gilt es zu fragen: Was ist Anlage, was Prägung? Wie war die Umwelt tatsächlich und wie die Art und Weise, sie damals wahrzunehmen? Wie sehr finden Anlage, Umwelt, frühe Prägung und Entwicklung zusammen mit dem, was einem Menschen vielleicht von innen heraus, vom Schicksal oder Gott her

‚zugedacht' ist? Welche Prägungen dürfen, können und wollen – z. B. durch einen therapeutisch begleiteten Prozeß – überhaupt bewußt und verändert werden?

Schließlich muß speziell bedacht werden, daß *Umwelt nicht einfach nur Umwelt ist*: Tier, Mensch, Luft.[8] In dem, was zur Umwelt gehört, schwingt ein kollektives Erbe von Jahrmillionen mit. Jeder einzelne Mensch tritt in ein Kollektiv ein, welches Wegstrecken im evolutionären Prozeß bereits hinter sich und kulturelle Eigenheiten schon entwickelt hat. Der westliche Mensch durchläuft seinen Übergang allein schon aufgrund seiner Kulturvorgaben anders als der östliche. Sozialisation heißt immer auch Eintritt in das Kulturspezifische. Während der Einzelne seinen eigenen Übergang durchlebt, übernimmt er auch Spuren aus dem kollektiven Übergangsgeschehen.

Schon längst bevor der Mensch mit eigenem Bewußtsein und Willen seine Entwicklung mitbestimmen kann, sind tiefgreifende Bahnen angelegt. Frühe Prägung kann sich nur in ebensolcher Tiefe wandeln, wie sie einst angebahnt wurde: im Grenzbereich Mensch-Gott. Das vorliegende Buch will aber nicht nur aufzeigen, durch welche Tiefendimensionen Heilungswege führen und wie schwer solche Veränderungen sind, sondern auch, daß sie überhaupt möglich sind!

---

8 Bronfenbrenner (1981) unterscheidet zwischen verschiedenen Umweltsystemen, die alle die menschliche Entwicklung beeinflussen, aber auch vom Individuum beeinflußt oder gestaltet werden. Zu diesen Umweltsystemen gehören nicht nur unmittelbare Lebensbereiche (wie Elternhaus, Schule, Wohnquartier), mit denen das Kind im direkten Kontakt steht. Auch indirekte Einflüsse sind wichtig. So die Interaktionen und Spannungen zwischen diesen Lebensbereichen (z.B. Lehrer-Eltern-Verhältnis), ferner Einflüsse, die die direkten Bezugspersonen des Kindes prägen (z.B. Arbeitswelt der Eltern) und schließlich Werte und Gegebenheiten der Gesellschaft und Kultur.
Was nach dem vorliegenden Modell zu den wichtigen Umwelteinflüssen gehören könnte, wird in Kap. II, 3.4.11 nachvollziehbar.

5 Grenzbereich und Grenzerfahrungen

Der Grenzbereich zum ganz anderen existiert nicht nur für das Kind. Er ist vielmehr eine *ständige Realität außerhalb* dessen, was Erwachsene normalerweise wahr- und für wahr nehmen. Grenzen zwischen ganzheitlicher und ich-bezogener Daseinsweise verwischen sich im Schlaf, im Koma und in Erschütterungen von großer Tiefe.

Besonders bedeutsam ist der äußerste Grenzbereich. In ihm wurden frühe Prägungen angebahnt, in ihm lassen sie sich auch wieder relativieren, korrigieren. Dieser äußerste Grenzbereich ist tief unbewußt und gehört zu dem, was der Mensch in seinem alltäglichen Bewußtsein normalerweise nicht erträgt. Das dem Ganzheitlichen Hautnahe, das Numinose, das „fast Ewige"[9], Grenzenlose, Volle, Monotone! Im Sinne von Annäherungen wird in diesem Bezirk aber auch etwas von einem grenzenlosen Glück, einer wunderbaren Fülle, einem Quell ewiger Erneuerung, einer ewigen Heimat oder einer Urruhe erahnt. Hier sind tiefste belebende, beseelende Kräfte und älteste apersonale Liebeserfahrungen verborgen. Darum ist der äußerste Grenzbereich nicht nur in jeder Hinsicht grenzensprengend, sondern auch verheißungsvoll für alle Heilungsprozesse.

In der sogenannten *Grenzerfahrung* bricht der äußerste Grenzbereich, obwohl normalerweise tief unbewußt, bruchstückhaft ins Bewußtsein des Menschen ein. Grenzerfahrungen führen an die Grenze zur ganzheitlichen Erlebnisqualität zurück. Sie machen dem Menschen ein Stück dieses äußerst Geheimnisvollen zugänglich, und zwar in der Regel soviel oder sowenig, wie gerade noch verkraftbar ist. Und weil im Lichte des auch nur vage erahnten Ganzheitlichen alles andere relativiert erscheint, stellen Grenzerfahrungen die zuvor gültigen Werte, Gesetzmäßigkeiten und Vorstellungen häufig in Frage.

Jede Grenzerfahrung führt auf eigene Weise an die Grenze. Einmal steht der *emotionale Aspekt*, das völlige sich Loslassen ins Unbekannte, das Erfahren neuen Getragenseins und neuer Lebenslust durch existentielle Ängste hindurch im Vordergrund. Loslassen – Aushalten – Neuwerden! Ein andermal ist der *geistige Aspekt* zentraler. Der Betroffene erfährt eine Bewußtseinserweiterung. Die normale menschliche Wahrnehmungsbasis – nach welcher ganzheitlich = total unbewußt und ich-bezogen = vorherrschend ist – wird bei teilweisem Bewußtsein erschüttert. Die alltäglichen Wahrnehmungsbegrenzungen werden gesprengt. Einzelne Ich-Funktionen setzen aus. Inhalte aus der Tiefe des Unbewußten, aus dem Grenzbereich zum Ganzheitlichen brechen unvermittelt ins Bewußtsein ein. Gerade darum

---

9   Man versuche das Ewige zu Ende zu denken oder das Grenzenlose zu fassen!

werden solche Grenzerfahrungen zum einschneidenden Erlebnis. Ich denke z. B. ans Aufwachen nach längerer Bewußtlosigkeit, an ein Delirium, eine Psychose, Erfahrungen in Todesnähe, an Depressionen und Regressionen von tiefer Art. Der Grund, auf dem das Ich steht, seine ich-bezogene Art zu leben, zu denken, wahrzunehmen, wird erschüttert. Es stellen sich Fragen wie: „Was gilt, trägt, stimmt noch? Was hält der eigenen Verwirrung stand?" Eine Neu-Orientierung wird zur schwierigen Aufgabe.

Weil das ganze Gebäude des Ichs mit seinen Abgrenzungen und Absicherungen im äußersten Grenzbereich einzustürzen droht, ist ein Mensch nur in größter Not bereit und fähig, sich in eine Grenzerfahrung hinein loszulassen. Die Angst, total ohnmächtig (= ohne die Macht-, Abwehr-, Steuerungs- und Antriebsmöglichkeiten des Ichs) zu sein, ist riesengroß. Ebenso existentiell ist die Angst, sich selber nicht mehr als ein Ich zu erfahren und den Realitätsbezug zu verlieren, die Angst vor der Psychose. Viele Menschen haben das Gefühl, eine Psychose sei eine irreversible Änderung in der Geistesverfassung des Menschen. Dabei gibt es gerade innerhalb der neueren Schizophrenieforschung Autoren, die manche Psychose (nur) *als Verlust des Realitätsbezuges* betrachten. Lempp (1984) formuliert eingangs seines Buches:

> ... es werden die seelisch und geistig abnormen Zustände auf ein entscheidendes Kriterium zurückgeführt und daran gemessen, nämlich auf den Störungsgrad der Beziehung zur gemeinsam erlebten Realität... (S. 11).[10]

In der bei Lempp hervorgehobenen „gemeinsam erlebten Realität" erkenne ich nicht nur das Bewußtsein um den Alltag und seine Normen, sondern auch das allem menschlichen Erleben gemeinsame ich-bezogene Wahrnehmen. Ich erlebte Menschen, bei denen sich die Psychose vor allem darin zeigte, daß sie sich im Alltag nicht mehr zurechtfanden (z.B. Fahrgäste im Bus dauernd belästigten, wie verrückt herumtelephonierten), aber auch solche, deren psychotischer Zustand als Unschärfe zwischen ich-bezogener und ganzheitlicher Realität begriffen werden muß:

> Anna wähnte eine Zeitlang ihre Hand als magisch. Eine Handbewegung konnte vermeintlich die Welt aus den Angeln heben, weshalb sie sich vor der eigenen Hand ängstigte und diese in Bandagen einwickelte. Gleichzeitig verschoben sich für Anna die Größenverhältnisse vieler Gegenstände: Das Zimmer wurde zur Szenerie des Weltalls, und vor der Trommel fürchtete sie sich wie vor einem riesigen Lastwagen. War sie wütend, so sah sie gleich alle anderen gegen sich gerichtet. Meistens nahm Anna ihre verzerrte Wahrnehmung als solche wahr und litt daran.

---

10 Lempp (1984) spricht von einer Reaktionsform, „die bei jedem Menschen im Bereich des Möglichen liegt, auch dort, wo wir noch lange nicht von Krankheit sprechen. Die Behandlungskriterien engen sich auf diese Weise auf den Leidensdruck des Patienten und seiner Umgebung ein" (S. 11).

Wie viele andere psychotische Menschen verfügte Anna aber auch über eine enorme Sensibilität. Sie nahm meine Stimmung auf, bevor ich sie selbst wahrnahm. In seltenen Fällen sprach sie sogar von der Anwesenheit des ‚ganz Anderen'.

Anna war für mich wie nochmals im Grenzbereich beider Wahrnehmungen drin: Ein Ich ist deutlich da, sichtbar in der Angst um sich, aber auch im Umstand, daß die wahnhafte Macht auf ihr Eigenes bezogen ist. *Sie* hat vermeintlich die Kraft. Soviel zum ich-bezogenen Anteil ihres Empfindens. Demgegenüber wird ihre Nähe zum Ganzheitlichen sichtbar in ihrer Sensibilität und nachvollziehbar im Wahn, in welchem Anna ihre eigene Größe mit derjenigen des Numinosen verwechselt. Sie hat nicht den Wahn, ein Baum oder ein Auto zu sein, sondern numinose Kräfte zu besitzen. Diese Unschärfe hat etwas zu tun mit dem Grenzbereich ‚Mensch-Gott'. Es gelingt ihr nicht, zwischen ich-bezogener und ganzheitlicher Realität, zwischen Ich und Nicht-Ich zu trennen. Aus eigener Wut wird das böse Fremde, und aus der Nähe zum großen Anderen das überhöhte Eigene.

Den ich-bezogenen Realitätsbezug zu verlieren, kommt einer *Regression,* häufig aber gleichzeitig einem *Vordringen* in die Erlebnisqualität gleich, wie sie den Grenzbereich charakterisiert. In diesem Bereich befanden sich – allerdings tief unbewußt – das Ungeborene, der Säugling oder in traumatischen Situationen noch einmal das Kleinkind. Manche Psychose kann darum als Regression bezeichnet werden, und zwar in einem Zustand, in dem die ich-bezogene Empfindung erst im Entstehen (Zeit im Mutterleib und als Säugling) oder am sich Stabilisieren (Klein-kind- bis Kindergartenzeit) war. So wird auch verständlich, daß manchmal gerade in psychotischen Zuständen ungeschminkte Säuglings- und Kleinkindrealitäten wie Hospitalisierung oder Mißhandlung nicht mehr abgewehrt werden können. Auch Lempp spricht von Regression.

Und doch wird man vielen psychotischen Zuständen nicht gerecht, wenn man in ihnen nicht auch Bewußtseinserweiterung erkennt. Gerade dort, wo die ich-be-zogene Empfindungsbasis ins Wanken gerät, wird mit ihr auch der Selektions-mechanismus durchbrochen, welcher einst im Prozeß der Ich-Werdung und in der Anpassung an die Kultur entstand. Die Sicht fürs Ganze erweitert sich.

Ob Regression oder Vordringen: entscheidend für das Verkraften des Einbruches ist eine tragfähige Ich-Struktur und ebenso die Fähigkeit der Umwelt, mit psychotischen Zuständen umzugehen.

Scharfetter (1994) unterscheidet zwischen psychotischer und spiritueller Krise. Die beiden Zustände sind als im Grunde verschieden zu betrachten, muten aber äußerlich ähnlich an. Er benutzt als Unterscheidungskriterien für Krisen:

Inhalt   (profan, existentiell, religiös/spirituell)

Auslöser   (profan, existentiell, religiös/spirituell)

Ausmaß   (profan, existentiell, religiös/spirituell)

der Störung / Dysfunktionalität (mündliche Information).[11]

11 Worum geht es in der psychotischen Krise, worum in der spirituellen, religiösen, mystischen

Das vorliegende Modell kann zur Frage psychotischer Zustände insofern etwas beitragen, als die totale Angst vor einer Erschütterung des ich-bezogenen Daseins und Empfindens einerseits neu verständlich, andererseits relativiert wird. Wo einfühlbar wird, wie fundamental verschieden die beiden Daseinsweisen sind, wird auch faßbar, welche Fertigkeiten und Fähigkeiten dem Menschen in je eigenem Krankheitsbild wieder abhanden kommen können. Soviel zum Verständnis der Angst.

Weil aber nach diesem Modell ein geistiger Ursprung im Ganzheitlichen liegt, fällt ein Mensch bei einem Verlust seiner Ich-Bezogenheit nicht „aus der Welt heraus", sondern nur in die Nähe des ursprünglichen Einheitszustandes zurück. Er gewinnt sogar das im Übergang verlorene Heimatgefühl wieder und erhält die Chance, dieses später stückweise in sein neu geordnetes Bewußtsein zu integrieren. Er ahnt künftig, wonach etwas im Menschen sich ein Leben lang sehnt. Dies zur Relativierung der Angst.

In äußerste Grenzzustände werden oft genau jene Menschen getrieben, deren unbewußte Sehnsucht nach ganzheitlicher Geborgenheit unstillbar groß ist. Keine krankhaften Menschen also, sondern Menschen, die im Grunde genommen etwas darüber auszusagen hätten, was in unserer Gesellschaft und ihrem Weltverständnis fehlt. Menschen außerdem, die den Übergang aus je eigenen Gründen traumatisch erlebt haben und nicht imstande sind, auf der damals errichteten Basis stabil zu stehen. Auf brüchigem Urgrund erlebt sich ein Betroffener in seinem ganzen Sein als hinfällig. Sein Ich ist im Grunde genommen ein Not-Ich (Begriff, vgl. Kap. II, 4.2). Auf solcher Basis läßt sich überleben, aber nicht leben. Ein Not-Ich kämpft mit all seinen Kräften um seine Existenz, selbst dort, wo es von außen betrachtet gar nicht bedroht ist. Das heißt, es kämpft in tiefstem Grunde gegen immense in die Umwelt hineinprojizierte Ängste. Ein Not-Ich muß zuerst zu einer neuen Basis

---

Krise? Jacobowitz (1994, S. 88) gibt zur Differentialdiagnose zwischen diesen beiden Krisen u.a. folgende Stichworte:

psychotische Krise	*spirituelle Krise*
Überleben/Bestand des Ich, Wert, Rang, Bedeutung, Macht, Einfluß	Durchbruch zur Verankerung in ‚höherem' transpersonalem Bewußtsein
Beziehung, Überwindung von Einsamkeit, körperliche Gesundheit/Integrität Schuld und Sünde	Loslassen von Verhaftung am Tageswachbewußtsein, Befreiung Erleuchtung

Wahn	Ich	Welt	Unio
negativ	Bedrohung	Zerstörung	Erlösung
positiv	Überhöhung	Erneuerung	

finden, um als Ich stehen zu können. Fundamente statt Gerüste! Es muß nochmals in den Grenzbereich zum Ganzheitlichen zurückkehren in der Hoffnung auf heilsame *Relativierung der Angst*. Der Grenzgang bietet ihm die Chance, nun einen bekömmlicheren Übergang ins ich-bezogene Leben zu erfahren.

Grenzerfahrungen sind kompromißlos und gerade deshalb *nicht harmlos*. Mit ihnen darf nicht leichtsinnig gespielt werden! Vor dem äußersten Grenzbereich steht bildhaft gesprochen ein Tor, auf dessen einen Seite ein Ich mit entsprechenden Handlungskompetenzen und Denkmöglichkeiten steht, während auf der anderen Seite nichts vom alt Vertrauten mehr vorhanden ist. „Hier mußt Du Deine Gestalt loslassen!", hörte eine meiner Klientinnen im Traum. Viele im Laufe des Lebens gewonnene Einsichten, erworbene Fertigkeiten, sogar grundlegende Persönlichkeitsmerkmale müssen vor dem Tor losgelassen werden. Solche sind z. B. Berufskompetenz, Denkfähigkeit, spezielle Begabungen, Bedürfnisse sich abzusichern, zu besitzen, etwas zu gelten, Wertmaßstäbe, Schönheit, sogenannte Unkompliziertheit. Sie zählen nichts mehr angesichts des Todes, der Bewußtlosigkeit, der Depression oder der umfassenden Verwirrung, genauer gesagt angesicht der hinter dem Tor liegenden großen Nähe zum ganzheitlichen Einssein. Menschen in der Grenzerfahrung sinken, bildlich gesprochen, in die Unterwelt ab, ohne zu wissen, ob und wie sie wieder auftauchen. Wie die Göttin Inanna nach einem sumerischen Mythos auf ihrem Weg zu Ereshkigal an den Toren zur Unterwelt sämtliche göttlichen Attribute abgeben muß (Brinton Perera 1985, 12), muß am Eingang zum äußersten Grenzbereich meist genau das, woran das Ich hing, losgelassen werden.[12] Dies gilt je nach Situation sogar für das dem Menschen kostbarste Gut: für das Empfinden, ein Ich zu sein.

Doch gerade weil Eingrenzungen, Absicherungen und Vorbehalte aufgegeben werden müssen, können Grenzerfahrungen wie sonst nichts einen Menschen und sein Leben verwandeln. Sie sind oftmals die einzige Chance, wirklich neu anzufangen. Sie können in einer Tiefe heilen, die willentlich nicht erreichbar ist. Der große Stellenwert, welcher der Grenzerfahrung in Heilungs- und Reifungsprozessen des Menschen zukommt, wird verständlich, wenn wir die ich-bezogene Einseitigkeit der abendländischen Kultur bedenken.

Grenzerfahrungen sind immer anders als erwartet. So kann ein Zustand, den man zuvor aufs Äußerste fürchtete, plötzlich höchst angenehm erfahren werden. Eine Frau, die fürchtete, daß ihr Loslassen ins Nichts münde, erfuhr sich stattdessen wie in einem atmosphärischen Springbrunnen aufgehoben und von Leben erfüllt. Eine andere, die sich bereits im Drachenschlund untergehen oder durch eine

---

12 Vgl. auch den Bibeltext Markus 10, 17-31, vom reichen Jüngling und der Nachfolge und vom Kamel und dem Nadelöhr.

Maschine zerstückelt sah, fühlte sich gleich darauf von der großen Erdmutter getragen und sanft umgeben. Der Grenzgänger wird zwar vor dem Tor und im Durchgang aufs höchste verwirrt und in seiner persönlichen Würde oft gänzlich erniedrigt, doch das alles nur, um zu erfahren, daß er eigentlich Teil eines großen Ganzen ist. Wesentliches scheint sich bei der geistigen Dimension der Grenzerfahrung im Kopfbereich abzuspielen: Es kann sich anfühlen, als wäre der Kopf von einem Schuß getroffen, als hätte man eine Gehirnerschütterung oder als würde sich der Kopf in tausend Teile zersplittern. Doch ohne Zerstückelung keine Wandlung! Der Betroffene stößt im Grenzbereich auf neuen Grund und findet zu neuer Begründung im eigenen Sein. Und er taucht, wenn die Zeit reif ist, wieder aus dem Urgrund auf.

Abstieg und Aufgang sind nie identisch! Der Weg hinunter war traumatisch, bildlich gesprochen ein Sprung in den Brunnen wie im Märchen von Frau Holle (vgl. Grimm 1984, Band I) oder ein Verschlungenwerden vom Fisch, wie im Buch Jona (Bibel, Jona 2). Der Aufstieg, sofern von innen geleitet (!), wird zum natürlichen Eintritt ins Leben. Das Tor der Frau Holle überschüttet mit Gold, der Fisch speit Jona über sicherem Grund aus.

Trotz bereits durchlebten Grenzerfahrungen verliert der äußerste Grenzbereich nie seinen ehrfurchtsgebietenden Charakter. Die Angst am Tor stellt sich jedesmal neu ein. Frühere Grenzerfahrungen vermitteln jedoch die Einsicht und Gelassenheit, daß Angst nicht das letzte ist, daß der aufgelöste Zustand schön sein kann und daß das Ich zur gegebenen Zeit wieder auftaucht. So wird es möglich, in Gesetzmäßigkeiten von „Stirb und Werde" einzuwilligen und sogar das eigene Leben stückweise in den Rhythmus von Tod und Wiedergeburt hineinzugeben.

Was verändert sich im Leben eines Menschen durch eine Grenzerfahrung? Energien konstellieren sich neu. Übertriebene Abwehr verwandelt sich in Kraft. Abgespaltene Wut findet Kanäle. Traurigkeit wird zur Sehnsucht und zur Antriebsfeder für ein künftiges Engagement. Zwanghafte Lebenseinschränkungen können sich lockern, weil das Not-Ich stückweise zum Ich wird. Ganzheitliche Urgeborgenheit wird neu berührt und Angst dadurch relativiert. Eine neue Vertrauensbasis im Eigenen macht offener für Welt und Du. Und nicht zuletzt kann die lustvolle Motivation, eigentlich nicht sterben, sondern leben zu wollen, nur hier im Grenzbereich abgeholt werden. Geschenke aus der Unterwelt!

Ganzheit und ihr Grenzbereich erschöpfen sich nie. Keiner ist je „angelangt". Jeder bedarf an je eigenem Ort seiner Korrekturen. Nicht immer heißt das Thema: Relativierung der Angst! Wer den Grenzbereich mit zuviel Leichtsinn betritt, kehrt mit neuer Ehrfurcht zurück. Was Ganzheit ist, wird immer nur aus dem je persönlichen Blickwinkel des Grenzgängers erlebt. Dem einen drängt sich die Ahnung einer kosmischen Ordnung oder das Gefühl eines umfassenden Geliebtseins auf, einem anderen das Erleben einer außersinnlichen Realität, einem dritten die vorsichtigere Selbsteinschätzung nach dem erlebten Gefühlschaos, für den vierten ist die Wucht des ewig zu Großen nachhaltig.

Grenzerfahrungen sind auch im nachhinein äußerst schwer verkraftbar. Das im äußersten Grenzbereich Erlebte kann im Extremfall kaum mehr mit dem Grundgefühl, ein Ich zu sein, vereinbart werden. Und es besteht die Gefahr, daß ein psychotischer Zustand anhält oder daß Grenzgänger nur schwer wieder ins Leben mit den üblichen Wahrnehmungsbeschränkungen einwilligen. Unsere Realität erscheint ihnen sinnlos angesichts der ganz anderen Dimension, die sich ihnen eröffnet hatte. Es fehlt an verlockenden, konkreten Möglichkeiten, um das Erlebte zu integrieren. Die Gesellschaft, ja selbst Kirchen, bieten Menschen mit ungewohnten Ganzheitserfahrungen kaum Integrationshilfe an. Das Erlebte bleibt unbeschreibbar und für die Umwelt nicht nachvollziehbar. Nicht nur das Numinose und sein Grenzbereich sind in unserem Leben tabuisiert. Auch Menschen in solchen Grenzerfahrungen erleben sich in dem für sie wichtig Gewordenen ein Stück weit mittabuisiert! Darum werden Grenzerfahrungen zur Herausforderung an die Umgebung und die ganze patriarchale Kultur: Gottesbilder und Wertmaßstäbe wollen erschüttert und verändert werden. Es liegt im Wesen der Grenzerfahrung, daß sie Wandlung will. Wandlung kann aber nur gelingen, wo ein Mensch gerade in dem, was in ihm neu geworden ist, in seiner Umwelt Räume erlaubten Seins vorfindet. Ansonsten besteht die Gefahr, daß ein Betroffener unter dem Einfluß der Umgebung in alte Gefühle und Verhaltensweisen zurückfällt. Nicht selten konstelliert sich dann ein zweiter Anlaß (Krankheit, Unfall...) als nochmalige Aufforderung, sich dem äußersten Grenzbereich zuzuwenden. Bleibt in der Umgebung auch jetzt alles beim Alten, so können sich manche Betroffene nicht mehr zurechtfinden. „Es" ist in ihnen nicht mehr motiviert, gesund oder normal denkfähig zu werden. Ein süchtiges, behindertes oder krankes Leben wird dem gesunden Lebenskampf vorgezogen, weil so zumindest die Nähe zum Ganzheitlichem erhalten bleibt. Die Fähigkeit der Umgebung, sich selbst betreffen und wandeln zu lassen, ja Verlorenes ins Leben hineinzulieben, ist lebenswichtig und macht das scheinbar Unmögliche möglich!

6 Mirjam: „Ich will nicht leben – ich will nicht sterben – ich will im Paradies sein."[13]

Ein eindrücklicher Bericht aus dem Grenzbereich stammt von Mirjam. Mirjam ist heute eine lernbehinderte Jugendliche. Vor ihrem Autounfall und der dabei entstandenen Hirnquetschung war sie ein normal begabtes, intelligentes Schulkind. Mirjam war nach dem Unfall längere Zeit bewußtlos. Es war fraglich, ob sie je ins Leben zurückkehren würde. Mirjam ist wieder „da", und doch ist sie nicht „da". Sie leidet sehr unter Vergeßlichkeit und mangelnder Lebenslust. Darauf angesprochen, meint Mirjam: „Wenn die Leute im Spital nur einigermaßen geahnt hätten, daß alles viel zu laut war! Sagen konnte ich nichts, ich war ja auch nicht eigentlich da, aber gelitten habe ich. Sie hätten es merken müssen." Hat Mirjam nach ihrem Autounfall und dem lang andauernden Koma einen unsanften zweiten Übergang, einen eigentlichen Realitätsschock erlebt? Ist sie heute lernbehindert, weil in Angst erstarrt und weil etwas in ihr noch immer im paradiesischen Grenzbereich zum ganz anderen verweilt? Ihr Erzählen über ihre Erfahrungen erschütterte mich sehr:

„Der Unfall geschah, als ich die Straße überqueren wollte. Vor dem Unfall war ich wütend. Nach dem Unfall war ich längere Zeit weg. Ich erinnere mich, daß ich im Spital kurz erwachte und betete, daß ich nicht sterben müsse. Dann war ich wieder weg.
Irgendwann erwachte ich im Spital. Am Anfang sah ich etwas, das weit weg schien. Eine Holzhütte mit einem Strohdach im Paradies. Drei oder fünf Bäume standen davor. Es gab einen Fluß voller Seerosen und eine Wiese mit schönen Blumen. Insekten, Bienen, Schmetterlinge und Vögel flogen umher. Es gab einen Mann und eine Frau, Adam und Eva. Es gab keine Berge, nur sanfte Hügel. Vor dem Fluß setzte sich Eva nieder. Adam war zuerst nicht da. Vielleicht war er hinter der Hütte. Plötzlich erschien er und setzte sich oberhalb von Eva am Flußrand hin. Ich sah in die Hütte hinein, eine Türe gab es nicht."
Plötzlich schien mir der Gesichtsausdruck von Mirjam traurig zu sein. Sie erzählte mir etwas vom Spital. Ich unterbrach sie instinktiv mit den Worten: „Du rennst weg." Sie antwortete: „Ich weiß nicht." Ich insistierte: „Doch, du weißt, du hast Angst." Mirjam nickte mir betroffen zu und sagte: „Ja, ich habe große Angst." Sie schien den Tränen nahe. Anschließend fuhr sie mit der Schilderung ihrer Paradieserfahrung fort:
„Vögel und Bienen flogen zu Adam und Eva, ohne sie zu stechen. Die Vögel zwitscherten ganz leise. Es war eine wunderschöne Ruhe. Adam und Eva liebten alle Tiere, alles war so richtig schön. Engelsmelodien kamen von weither, ich fragte mich, woher diese Musik komme. Es war Mozarts[14] kleine Nachtmusik. Das wurde mir offenbar im Spital vorgespielt. Mit dieser Musik holten sie mich ins Leben hinein. Als ich erwachte, hatte ich fast keinen Atem. Auch heute noch habe ich oft Atemnot. Ich habe große Angst vor dem Sterben. Ich würde oft gerne weinen und

---

13 Alle in diesem Buch erwähnten Namen sind abgeändert.
14 Tomatis (1987) machte, abgesehen von der je eigenen Mutterstimme, mit Mozartmusik die besten Erfahrungen, um Menschen den Klang des Lebens über ein Horchtraining neu erfahren zu lassen (vgl. Tomatis S. 30, 78, 192).

bringe es nicht fertig. So wie es dort war (im Paradies), wünschte ich mir die Wirklichkeit, und ich bin jeweils richtig enttäuscht und traurig über das, was ich vorfinde.

Ich brauche heute Menschen, die nicht laut mit mir sprechen, sondern so leise und sanft, wie damals die Stimmung war. Wenn jemand laut mit mir spricht, erschrecke ich unmittelbar. Damals war es plötzlich laut. Von dem Moment an, da ich die Augen öffnete, ja schon vorher, herrschte immer schrecklicher Lärm um mich herum. Jeder Streß heute erinnert mich an diesen Moment des Aufwachens. Als ich erwachte, sah ich einen Menschen im gegenüberliegenden Bett liegen. Er war umgeben von vielen Leuten. Beim Erwachen spürte ich auch, wie die Wärme von mir wich. Noch heute ist mir oft kalt. Ich will nicht sterben, ich will aber auch nicht leben, ich will im Paradies sein.

Ich hatte lange Zeit im Spital nichts gegessen. Oft bin ich auch heute noch in einer anderen Welt. Ich fühle mich nicht verstanden. Im Spital mußte ich wieder schreiben, gehen, essen lernen, und heute ist mir alles zuviel. Ich habe zu nichts mehr Lust, aber zum Sterben habe ich noch weniger Lust als zum Leben. Davor habe ich Angst!"

Wir sprachen eine Weile über Mirjams Erfahrung und über ihr heutiges Befinden. Als ich einmal das Wort „Gott" in irgendeinem Zusammenhang in den Mund nahm, unterbrach sie mich erschreckt und sagte:

„Ein Licht sah ich auch. Es war ganz hell und tat in den Augen weh. Zugleich aber war es wohlig und wohltuend. Dieses Licht war es, das die Wärme gab. Unmittelbar nachdem es von mir ging, fror ich. Dieses Licht sehe ich heute noch oft. Dann kriege ich Angst. Es schüttelt mich jedesmal fast."

Mirjam kommt seit ihrem Unfall in zweifacher Hinsicht mit der Welt nicht mehr zurecht: zum einen kann sie nicht verstehen, was im Koma mit ihr vorging. Von der meisten Zeit weiß sie überhaupt nichts. Und doch schien in diesem Zustand etwas Unbegreifliches, Unverkraftbares, Gottähnliches da gewesen zu sein. Mirjam wünschte sich oft, ihren damaligen Zustand zu verstehen, und doch weiß gerade sie, die dem Unfaßbaren einmal so nahe war, daß dieses ewig überfordert. Zum andern kann Mirjam aber auch die Menschen um sich herum in ihrem hektischen Verhalten und in ihren Wertsetzungen nicht verstehen. Mirjam ist seit dem für sie unverkraftbaren „Erlebnis" mit dem sogenannt *anderen* selbst eine andere: anderes ist für sie wesentlich, alles ist hier zu laut. Sie litt und leidet aufgrund ihrer überwältigenden Erfahrung wohl ein Leben lang an Sehnsucht, Unverstandensein und Einsamkeit.

Bezeichnenderweise entstanden Mirjams Bilder, ihr ureigenes Paradies, kurz vor dem Aufwachen. Bilder und Träume stellen sich erst ein, wenn Differenzierungen (Farben, Formen, Gegenstände...) bereits wieder möglich sind, also in einer gewissen Nähe zum Wachbewußtsein. Mitten im Ganzheitlichen und seinem äußersten Grenzbereich drin kann nichts angeschaut werden („es tat den Augen weh!"). Alles ist voll, ganz, ewig seiend. Menschen im Koma haben möglicherweise am Ganzheitlichen teil. Gerade dann bleibt ihnen diese Erfahrung absolut unbewußt. War es Fülle oder Leere, ein Ganzes oder ein Nichts? Mirjam sagt nur: „unbeschreibbar, zeitlos, ... und dieses Licht".

66

Schon *vor* dem sichtbaren Erwachen kommen Menschen allmählich wieder zurück. Die ich-bezogene Empfindungsbasis beginnt sich noch im unbewußten Zustand wieder einzustellen. Vom Schlafbewußtsein zum Traumbewußtsein zum Tagbewußtsein! Noch unbewußt, aber bereits im Abschied vom Ganzheitlichen begriffen, wird etwas von diesem annäherungsweise „erfahren". Genau an der Schwelle, wo nicht mehr einfach das Ganze, Volle, Ewige im Raum steht, sondern daneben auch spurenhaft eine zweite, sich abhebende Qualität, ist etwas von der ersteren „erfahrbar". So wird auch verständlich, daß Bilder wie das Paradies[15], immer sowohl das Wunderbare thematisieren wie auch den schmerzlichen Abschied, Sündenfall oder Unfall, wie im indischen Mythos dargestellt (Kap. I, 3). Beide Qualitäten werden eingefangen: die ewige Heimat und ihr Entschwinden, die zeitlose Ruhe und ihre Vergänglichkeit. Das paradiesische Glück, das jetzt angeschaut werden kann, ist genau darum im Begriff, verlorenzugehen. Oder umgekehrt: Im Moment, da die ganzheitliche Fülle sich entleert und Bewegung in den Frieden der Ureinheit kommt, wird etwas von der ganzheitlichen Qualität erfahren und gespeichert. Es wird ins Leben mitgenommen als Inbegriff aller Sehnsucht!

Mirjam erlaubte mir, ihr Erlebnis zu veröffentlichen. Es freute sie sogar und sie sagte: „Vielleicht bin ich doch nicht allein mit dieser Erfahrung. Ich fühle mich auf dieser Welt oft einsam und verloren. Ich bin hier nie ganz zu Hause." Meine Kontakte zu Mirjam sind mittlerweile umständehalber abgebrochen. Bisweilen denke ich an sie und frage mich, wieweit es ihr wohl gelingen wird, nochmals in den „sauren Apfel unserer Realität" zu beißen, neue „schlangenhafte Lebenslust" zu erfahren und sich in ihrer Grenzerfahrung verstanden zu fühlen. Ich wünsche ihr von Herzen, daß sich ihre äußere Realität und ihre innere Erfahrung gegenseitig annähern können und danke ihr an dieser Stelle für das Zeugnis „ihres" Paradieses. Sie hat mir und bestimmt auch vielen Lesern damit viel geschenkt.

---

15 An dieser Stelle wird die Funktion archetypischer Bilder deutlich. Damit wird nicht die Spitalrealität beschrieben. Diese wird höchstens wie hier die Mozartmusik in die Traumbilder eingebaut. Die Paradiesesbilder stehen für eine *innere*, unsagbare Erfahrung. Im Ringen um Bewußtwerdung darüber, was im Grenzbereich empfunden wird, entstehen Bilder längst bevor Worte und Begriffe möglich sind. Erstaunlich, wie ein Primarschulkind total unbewußt zu so „klassischen" Bildern findet!

II
Aller Anfang ist Übergang

Stufe	Was geschieht?	Erfahrung im Medium Musik
Einheitswirklichkeit Ur-Zustand	ganzheitlich ewig, teilhabend Im Kern seit ewig drin	uneingrenzbarer Klang jenseits von Rhythmus- und Zeiterfahrung
Runde Dynamik Uroboros		Ein hinter allem Werden wirksames Streben drängt ins Leben,
Übergang 1. Stufe Schwelle / das entschwindende Ganzheitliche	Ich-Ansätze lösen sich heraus. Im Abschied begriffen wird etwas vom Ganzen erfahren. Urvertrauen	– im Einklang sein – „stehender" Klang – sphärischer Klang älteste Musik*erfahrung*
2. Stufe Bekömmliches Drin-Sein	Ich-Ansätze erfahren sich drin. Umfangen sein Zwei-Einheit mit der Schwingungsumgebung. Urkraft des Bergenden und Urkraft des Hervortretenden. Urvertrauen	– Drin-Sein im Großen Klang. Klang-Raum – großer Puls – Rhythmus *im* Bauchraum – Stimme des Großen Mütterlichen – Rhythmus/Zeit wirken unscheinbar im Klang drin
3. Stufe ambivalentes Drin-Sein	Ich-Ansätze unterscheiden zwischen Eigenem und Anderem, zwischen angenehm und unangenehm. Aber Umwelt wird noch nicht in Bestandteile zerlegt. = Eigenes in ambivalenter Schwingungsumgebung drin = bekömmlich bis bedrohlich = Neben Urvertrauen auch Urangst	– der ambivalente Klang: Fülle (Lärm) Leere (Monotonie) Chaos – Rhythmus als Halt – Mutterstimme als Halt – dazwischen das Bekömmliche wie bisher
4. Stufe Ankunft im Ich	Vom Ganzen zum Konkreten. Das Gefühl für das Drin-Sein verliert sich. Konkrete Umwelt wird wahrgenommen: Eltern, Geschwister, Gegenstände. Lebenslust Vom Vertrauen zum Vertrauten Von der Urangst zum Bewältigungsmuster	Rhythmus + Melodie Vom Raum zur Zeit, Rhythmus als neue Orientierung und Lebenslust Identifikation mit Melodie/ Stimme als das Individuelle Musik: von der Aura zur Kommunikation
Nach dem Übergang Ich oder Not-Ich versus Unbewußtes	Der Realitätsbezug bleibt stabil. Abspaltung des Unbewußten v. Bewußtsein Erstarkung des Ichs Wirksamwerden von Bewältigungsmustern Einseitigkeiten, Tabus	Verständigung über d. Wort; Musik wird reduziert auf Kunst, Technik, Tonkunst. Musikstrukturen und -formen Einseitigkeit: Zeit gegenüber Raum Rhythmus gegenüber Klang
Bewußtes Leiden Von der Ich-Werdung zur Ganzwerdung	Erstarktes Ich, Leiden am Abgespaltenen, neue Zuwendung z. Ganzheitl. Annäherung bewußt/unbewußt (z.B. über Psychotherapie). Annäherung an das Kind, das man war.	Neuentdeckung der Musik als vorverbales Medium (z.B. in der Musiktherapie). Hereinholen des Sphärischen, Atonalen, Spirituellen in die zeitgenössische Musik
Visionen Ziel-Zustand Dialogik	Gegensatzvereinigung Ingetration und Liebe statt Macht Versöhnung zwischen den Urkräften	Raum *und* Zeit Musik als Schwingungsumgebung *und* als Gestaltungsmittel

als Übergang: Übersicht I

Selbsterfahrung/Ganzheitserfahrung		Bilder, Farben, Metaphern
seiend, Urordnung, innewohnende Grundspannung, Unerfahrbar, gegensatzlos, ungeschieden *Zustand*		bildlos, unbewußt Gold, rund
das Runde öffnet sich.		Runde Dynamik Uroboros
Fülle, Glück, Ordnung, Bestimmung, erlaubtes Sein. Bezogen und bezugslos. Belebende, beseelende Urenergie Erfahrung von Zustand Ganzheitserfahrung A		Paradies, ewige Heimat, Ruhe, friedliche Stimmung, blaues Licht, Farbe ohne Form, gelb, violett, Apfel, Schlange, Lichtstrahl
Urbeziehung : Ganzheit – werdendes Eigenes Urgeborgenheit, Zweieinheit, Umfangensein Innen = Außen. Alle Erfahrung besteht darin, „drin" zu sein. „Du bist grundsätzlich geliebt, genährt, behütet." konkreter werdender Zustand Ganzheitserfahrung B		nährender Mutterschoß Große Mutter + Sohn Himmelskuppel, Urraum Schwarzmondgöttin, Mutter Erde das friedliche Paar das unblutige Mahl Biß in den Apfel unverteufeltes Schwarz Schlange und Baum
Urbeziehung: Ganzheit – Eigenes Das Große wird als ambivalentes Gegenüber *und* als Umfangung erfahren. Das werdende Ich und Urenergien sind bekömmlich drin bis gefangen drin. Das realistisch-Ambivalente versus das grundsätzlich Böse. Bekömmlich neben Ohnmacht und Mangel unausweichlicher Zustand Ganzheitserfahrung C		ambivalente Gr. Mutter Das Verschlingende und das Eingeklemmte. Drache, Elephant, Wolf im Guten wie im Bedrohl. Bedrohliche Masse Grauen – grau schwarz und blutrot Chaos / das verlorene Paradies Fluch und verfluchte Erde Augen
Vom Sein zum Weg. Vom Dunkel zum Licht. Von der Urbeziehung zu personalen Beziehungen. Getrennte Erfahrung von: Sich / Mutter, Valter, Welt / Ganzheit Vom Zustand zum linear-kausalen Empfinden. Aus Ganzheitserfahrungen werden Gottesbilder		*Zum Geschehen:* Geburt, Sprung, Fall, Spirale, Drachenkampf *Bilder des Eigenen:* Schlange, Löwe, Echse; weiß, grün *Zur Beziehung z. Anderen:* Augen, Bund, Abraham als Urbild v. Individuation und Berufung Teufel und Hexe Gott des Aufbruchs
Das Ich in Selbstbewußtsein, Selbstaufblähung u. Begrenztheit definiert sich u. seinen Ursprung über die Geschichte. Vielfältiges Leiden wird nicht begriffen	Keine direkte Ganzheitserfahrung möglich das Tabuisierte	der Held Kampf und Sieg Gott im Himmel Teufel in der Hölle Gott, der Ich-Stärke fördert / der nichtexistente Gott
süchtig, nicht ganz, gesund neben krank, gefühlsarm, einseitig „Gegenüberstörung"	Hinter allen Tabus die tabuisierte Ganzheit	Der Gott der Nötigung und Heimsuchung Suche nach d. Verlorenen
Sinn-Suche Vom Leiden zur Hoffnung	Gott als Energie, Hl. Geist, Sinnstifter. Gott sucht Wohnung beim Menschen Jesus der Schamane	Umkehr, Jungfrau Sophia, Engel, Phönix, Vogel zentrierende Spinne
Ich-bezogenes *und* Ganzheitliches Friede – Versöhnung – Erlösung – Heil – das endzeitliche Fest Mensch als Teil *und* Gegenüber des Ganzen. „Dem Suchenden kommt Gott entgegen!" Christus als innere Wirklichkeit		Hl. Hochzeit, göttl. Kind, erlöste Mahlgemeinschaft, neuer Bund, das Zuhause für alle, Mandala, Ellipse, Spinnennetz

Die vorangehende Tabelle faßt Theorien und Erfahrungen, wie sie in den Teilen II bis IV dieses Buches beschrieben werden, stichwortartig zusammen. Sie stellt Stufen der Bewußtwerdung und die ihnen entsprechenden thematischen Schwerpunkte und Merkmale dar, wie sie sich mir in der therapeutischen Arbeit immer wieder zeigen. Wenn ich wage, von Stufen der Bewußtwerdung zu sprechen, möchte ich nicht den Eindruck von eigentlichen Entwicklungsphasen erwecken. Differenzierungen, wie hier in einem größeren Ablauf skizziert, werden von jedem Kind in je eigener Weise, zu eigenem Zeitpunkt, in eigenem Umfeld und in der jeweiligen Kultur durchlaufen. Sie sind auch nicht – wie ein Phasenmodell nahelegen würde – nach einer Zeitspanne einfach abgeschlossen.

Auch in der therapeutischen Praxis darf eine Übersicht nicht dazu verleiten, in Schemen und Schablonen zu denken oder mit voraussehbaren Entwicklungsverläufen zu rechnen. Alles, was vom Unbewußten ausgeht, ist primär unvernünftig, unfaßbar und dem je eigenen inneren Gesetz gehorchend. Die Tabelle dient den nach Weitblick suchenden Lesern und Leserinnen als Orientierung (vgl. auch Tabelle am Ende von Abschnitt II).

2 Die Ausgangslage: Einheitswirklichkeit

2.1 „In Deinem Kern gab es Dich seit eh und je"

Wer den Begriff des Ganzen in der hier aufgezeigten Konsequenz ernst nimmt, wird unweigerlich zur Folgerung kommen, daß der Mensch in seinem Ursprung im Ganzen angelegt ist und auch nach dem Tod aus dem Ganzen nicht herausfallen kann. Je mehr sich diese innere Gewißheit in mir selbst festigte und je mehr sie auch in mein therapeutisches Arbeiten einfloß, umso klarer wurde mir, wie unabdingbar sie als eigener innerer Boden und als äußerster Therapieimpuls ist.

Jeder Mensch existiert in dem, was teilhat am Ganzen seit eh und je und auf ewig. Erste und letzte Realität aller Geschöpfe ist eine Einheitswirklichkeit[1] mit/in/innerhalb der Ganzheit. Im Kern des eigenen Wesens hat der Mensch Anteil an Gott und ist doch nie identisch mit diesem ewig Größeren. Den Ausdruck *Kern*, respektiv *Wesenskern*, habe ich gewählt aufgrund von zwei auf meinem eigenen Bewußtwerdungsweg zentralen Träumen:

> Es geht, das spüre ich im Traum, um meinen Ursprung. Ich höre den hochdeutsch gesprochenen Satz: „In Deinem Kern gab es Dich seit eh und je." Dazu sehe ich das Bild einer seltsamen Kugel, die zugleich groß und winzig klein ist. Die Größe spielt offenbar keine Rolle und ist unfaßbar. In der Kugel ist Bewegung, auch erkenne ich jetzt eine Verteilung von weiß und schwarz, die mich an Yin und Yang erinnert. Die Kugel ist selbst leuchtendes schwarz-weißes Licht und doch kein Licht, eine schwarz-weiße Materie und doch keine Materie. Das Schwarze und Weiße drehen sich. Eine „bewegte Polarität"!

Lange Zeit später tauchte dasselbe Bild wieder auf:

> Dieselbe hell-dunkle Kugel wie damals, aber es ist, als wäre ich selbst die Kugel und als würde ich mich von Kopf bis Fuß kugelig fühlen. Nicht mehr die eigene Materie, sondern vereint mit anderen Menschen, Tieren und Pflanzen! Alles ist ein formloses Ganzes und zugleich „mein Ganzes", „mein Kern". Dazu höre ich die Worte: *„Im Anfang warst du eben ganz".* So, wie sich diese Kugel immer schneller dreht, werde ich deutlich zu einem Teil der Kugel und spüre mir gegenüber ein formloses Vis-à-vis. Noch sind wir untrennbar verbunden, eins, ganz, rund, doch die bevorstehende Trennung ist spürbar.
> Noch Wochen nach diesem Traum fühle ich in der Nähe des Brustbeines einen deutlichen Schmerz.[2]

---

1   Neumann (1985) spricht von einer ursprünglichen Einheitswirklichkeit, wo die polarisierte Erfahrung der Welt mit ihrer Subjekt-Objekt-Trennung noch nicht vorhanden ist (vgl. S. 11) und von Einheitswirklichkeit im Sinne einer Realität, die vor der Teilung in Körper und Psyche, Außen und Innen vorhanden ist (vgl. S. 19). Die hier gemeinte Einheitswirklichkeit spricht darüber hinaus noch einen möglichen jenseitigen Zustand an.

2   Dies scheint ein spezieller Schmerzpunkt zu sein, den auch viele Klientinnen und Klienten öfters fühlen im Zusammenhang mit Sehnsucht, Hunger, „nicht mehr ganz sein". Ein Kind meinte

Diese Träume hinterließen in mir eine Ahnung, daß der Mensch ebenso im ganzen geborgen ist wie im Spannungsvollen mit ihm verbunden. Und nach diesen Träumen schien mir klar, daß ein unsterblicher Wesenskern nicht nur „gut", sondern vor allem dunkel und hell vereinend sein muß. Was genau diesen Kern ausmacht, ist nie faßbar. Er ist nicht das Ich, und doch gehört er dem menschlichen Wesen als etwas Zentrales, Unbewußtes an. Die Kirchenlehre spricht von der „unsterblichen Seele", C.G. Jung hat den Begriff des „Selbst"[3] eingeführt und diesen immer wieder neu umschrieben.

Die Grundgegebenheit kernhafter Teilhabe nötigt sich verschiedenen Menschen und Kulturen in je eigener Konsequenz auf. Für manche kommt diese Vorstellung im Glauben an die Reinkarnation zum Ausdruck. Für mich ist offen, ob ein einzelner Wesenskern mehrmals menschliche Gestalt annimmt. Es ist durchaus vorstellbar. Es kann aber auch sein, daß ein einzelner Mensch ohne „persönliche Vorleben", einfach aufgrund seiner ewigen kernhaften Anwesenheit im ganzheitlichen Sein und an Schicksalen früherer Zeiten teilgehabt hat. Viel wichtiger als die Frage nach Reinkarnation scheint mir eine andere Konsequenz: Die Vorstellung eines ewigen Wesenskernes schließt aus, daß alles bis ins letzte durch die Umwelt machbar und bestimmbar ist. Wesentliches des Menschen ist gleichsam von Gott gedacht oder in der Ureinheit angelegt. Es wird durch die Umwelt geprägt und findet mehr oder weniger Raum zur Entfaltung, doch in seinem Wesentlichen läßt es sich weder über Erziehung, noch über Normen einer Kultur oder Gebote einer Zeit diktieren. Das je eigene Geheimnis? Mit der Annahme eines Wesenskernes erhält das Individuum den Auftrag, diesen zu entfalten. Sein eigenes Leben leben heißt, so betrachtet, „immer wesentlicher werden".

2.2 Alles ist drin und vorbehaltlos angenommen

In der Vorstellung, daß der Mensch im Kern am Ganzen teil hat, liegt nicht nur Auftrag, sondern auch Befreiung. Im Anfang ist nicht das Nichts, noch der Zufall, noch allein die Zeugung. Das Leben ist letztlich nicht grundlos, noch sinnlos,

---

einmal, auf diesen Punkt tippend: „Ich habe hier ein Loch!"

3 Das Selbst ist Mittelpunkt oder Zentrum der Persönlichkeit, anordnende, steuernde, symbolgestaltende Instanz, zentraler Archetypus von besonderer Numinosität. Der tiefenpsychologische Begriff des Selbst ist ein Konstrukt und verweist auf bewußtseinstranszendente Beziehungsmöglichkeiten mit Gott und dem Kosmos, mit Kristallen und Tieren, mit dem Sein und allem Seienden. Die Anfänge unseres seelischen Lebens scheinen unentwirrbar aus diesem Punkte zu entspringen, und alle höchsten und letzten Ziele scheinen auf ihn hinzulaufen (Hark 1988, 150-152). Das Selbst nach Jung ist nicht identisch mit demjenigen nach Stern (1985/1992, 18).

sondern eingebettet in ein größeres, hintergründig wirksames Ganzes. Und es gibt einen Ort, wo der Einzelne auch in all seinem Ungenügen und Leid drin, zuhause und angenommen ist.

Ein wunderbares Bild, eine geeignete Metapher, um ein letztes Drin-Sein zu erahnen, ist seit jeher die Kugel oder das Runde. Aus dem Runden kann man nicht herausfallen, sondern ist nur stets auf neue Weise wieder drin (vgl. Walter 1984, 7). Etwas Rundes ist in sich geschlossen, es gibt kein Davor und kein Danach. Rund beschreibt eine Seinsqualität, die nicht linear, d.h. ohne Zeit, ohne Anfang und Ende und ohne Kausalität ist. Rund oder kugelig ist Bild für eine ganzheitliche Geborgenheit, in welcher alles Leben beheimatet ist. Linear ist demgegenüber Bild für alles, was einmal ins Zeitliche hineindrängt oder drängen wird. Linear ist der Weg des Ichs, welches sich aus dem Runden heraus und in etwas Neues hinein entwickelt. Die Ellipse schließlich ist Bild für dieses Neue, auch Zukünftige. Sie hat zwei Zentren. Bild für eine sowohl die runde als auch die lineare Seinsqualität einfangende Größe. Die Ellipse kann die später einmal wichtige Gleichwertigkeit polarer Kräfte zum Ausdruck bringen.

Gäbe es nur das Lineare, entstünde nie das Gefühl des vorbehaltlosen Angenommenseins. Im Linearen stehen, ob ausgesprochen oder nicht, Bedingungen im Raum: man muß gescheit, produktiv, schön sein, um gut zu sein. Und was der Umgebung oder dem Kollektiv unbequem ist, wird zu dem, dessen sich der Mensch schämt. Man ist zu langsam, zu sensibel, zu genial, zu dick! Im Runden wird demgegenüber nicht differenziert und nicht nach ich-bezogenen Maßstäben beurteilt. Das Ganzheitliche ist jenseits von Gut und Böse und älter als alles Tun. Sich auf dieses Sein als Ursprung allen Lebens einzulassen, bedeutet, sich von Grund auf und nicht erst in der Folge von Leistungen und Verdiensten angenommen zu wissen. Der Mensch ist in seinem Wesentlichen seit eh und je, für alle Zeiten und ohne Wenn und Aber „drin". Das vorbehaltlose Angenommensein darf nicht, wie in einer Leistungsgesellschaft üblich, erst Folge von guten Leistungen sein. Voraussetzung dazu ist Mutterboden, auf dem der Eifer zu arbeiten, der Mut sich zu entfalten und das Bedürfnis, sich anderen zuzuwenden, überhaupt erst entstehen kann. Auf diesem emotionalen Boden verankert, muß der Mensch nicht zwanghaft um Anerkennung, Macht und Besitz ringen, weil er auch ohne diese Werte bereits angenommen ist. Die emotionale Basis des vorbehaltlosen Angenommenseins ermöglicht es ihm, interessiert an Welt und Mensch und zugleich sich selbst zu sein.

Das innere Wissen um ein vorbehaltloses Angenommensein und um einen im ganzen angelegten Wesenskern verschiebt Schwerpunkte in der Erziehung. Das Kind wird als Ganzes zum Geschenk wie auch zur Zumutung. Verdienste der Eltern und Schuldgefühle können sich mancherorts relativieren. Fragen an Erzieher lauten nicht primär: „war das Kind erwünscht?" als vielmehr: Konnten die ersten Bezugspersonen ihm übermitteln: „Du bist grundsätzlich, d.h. von deinem Ur-grund, von Gott, vom Ganzen her, angenommen und liebenswert, auch wenn du mich jetzt überforderst." Elterliche Grundhaltung des Vertrauens und der Hellhö-rigkeit für das je Individuelle statt bemühtes Befolgen von Erziehungsrezepten! Auch unerwünschte und unbequeme Kinder sind im ganzen von Grund auf angenommen.

Das quälende Gefühl, im eigenen Dasein und Sosein nicht in Ordnung zu sein, taucht nur dort auf, wo die Verbindung zur Ganzheit und ihren Botschaften abgebrochen ist. Eine in der Selbstentfremdung unserer Kultur leider häufige Realität!

Selbst dann ist es möglich und nie zu spät, zur Gewißheit, letztlich im ganzen drin zu sein, zurückzukehren. Jedem Menschen ist mitten in seiner Zerrissenheit die erlösende Verheißung gegeben: Er kann, biblisch gesprochen, „die Gotteskind-schaft" annehmen. Mehr noch: wenn wirklich im ganzen kein Geschöpf verloren ist, ist es gar nicht anders möglich, als daß diese Gefühlsqualität spätestens an der äußersten Grenze durchbricht. Glauben wir daran?

2.3 Esther: „Niemand geht verloren, auch mein toter Hamster nicht"

Esther war Lehrtochter im 1. Lehrjahr, als ihre Einzeltherapie begann. Ihr Arbeitsplatz war aufgrund immer neuer psychosomatischer Leiden gefährdet.

Esthers psychosomatische Reaktionen hatten sich gleichsam automatisiert. Bald dieses, bald jenes „wurde ihr krank". Nichts verletzte sie so sehr wie der Vorwurf, sie sei selber schuld, sie produziere ihre Krankheiten selber. Es war nicht eigentlich Esther, welche produzierte, sondern eine verselbständigte Instanz in ihr. Diese benannte Esther bisweilen mit „ES".

Esthers Krankheiten und Unfälle eskalierten. Das Ausmaß wurde für Esthers Familie und für die berufliche Umgebung untragbar. Sie riskierte (oder provozierte?), hinausgeworfen zu werden. Ging es genau um dieses Thema? Auch Esther hatte genug vom ewigen Krankwerden. Ich sagte: „Nicht du, Esther, produzierst Krankheiten, aber jemand in dir. Diesem ES traue ich jetzt zu, daß es dein Krankwerden etwas steuern kann. Bringe die Symptome mehr in die Therapie" (derzeit Hustenanfälle, Beinbeschwerden und psychoreaktive, anfallartige Symptome, die aussahen, als habe Esther vorübergehend ihr Bewußtsein verloren). „Hier sind sie wichtig und haben uns beiden etwas zu sagen. Wir werden sehr fein auf deinen Körper hören lernen. Aber zu Hause und beim Arbeitsplatz geht das nicht. Sonst fliegst du dort hinaus."

Esthers „ES" schien die Ernsthaftigkeit meiner Worte verstanden zu haben. Ihre Beschwerden ließen sich in der kommenden Zeit tatsächlich ein bißchen steuern. In der Therapie traten sie stärker auf, im Alltag schwächer. Eine existentielle Angst vor dem Tod trat innerhalb der Therapie zunehmend in den Vordergrund. Esther schien innerlich dauernd zu fallen, durchstochen zu werden, überall herauszufliegen und zu ersticken. Die seelischen Erstickungsnöte wurden im Körper ausgetragen: in Esther atmete es einfach nicht.

In einer entscheidenden Stunde, als Esther wieder einmal nicht atmete, massiere ich sie, ohne viel zu überlegen, hinten am Kopf, am Übergang zum Hals. Esther fühlte sich, als wäre sie in einer Röhre drin. Geburtskanal? Ihr Gesicht wurde bleich. Sie war aufgefordert, genau in die Schmerzen hineinzuatmen. Ich versicherte Esther, daß sie im Moment nicht allein sei und daß sie *niemals aus der Welt herausfallen* könne. Genau dies wollte sie immer wieder hören: Ein Herausfallen sei trotz schwieriger Geburt[4] und trotz noch so problematischen Verhaltens gar nicht möglich. Schließlich – es bleibt offen weshalb – begann es sich in Esther zu entspannen. Sie schlief ein, den Kopf in meinen Händen. War sie in dieser Stunde in ihre Geburtsnot und dahinter in die tragende Befindlichkeit vor aller Zeit zurückgekehrt?

Einige Wochen später häuften sich Esthers psychosomatische Reaktionen auch außerhalb der Therapie wieder. Es tat mit ihr! In der Therapie mußte sie fast die ganze Stunde nur husten. Einmal erinnerte sie sich, während sie hustete, unvermittelt an einen sterbenden Mann. Sie erzählte dann von ihm, wie er aussah, woran er litt. Beim Erzählen wurde sie in ihren Gefühlen plötzlich selbst zu diesem Mann, sah Maschinen über sich, Infusionen am Arm. Es folgen Auszüge aus Therapieprotokollen und Kommentaren dazu:

Wieder ein Hustenanfall. Kampf ums Überleben? Auf der Suche nach der ureigenen, verlorenen Lebenslust? Ich spüre, daß Esther diesen Schritt allein machen muß. In ihr selbst muß sich die Überlebenskraft mobilisieren. Diese kann ich ihr nicht leihen, auch wenn ich bei ihr bin und sie begleite. Ich teile Esther diese meine Eindrücke mit. Sie wirkt betroffen. Erneuter Hustenanfall. Nach einer längeren Pause preßt sie hervor: „Ich habe Angst vor der Ungewißheit. *Angst, ich wäre drüben ganz allein.*" Mit „drüben" meint sie zweifellos den Zustand jenseits der Todesgrenze. Esthers Todesangst ist damit zum ersten Mal konkreter geworden: eine Angst vor umfassender Verlorenheit.

Ich bin beeindruckt über diese Worte und schweife kurze Momente ab. Noch nie zuvor stand so deutlich im Raum, wie verloren sich etwas in Esther erlebt. Jeder Hintergrund, jedes Begründet-Sein in etwas Dahinterliegendem fehlt. Auf sich allein gestellt und zu nichts Rechtem fähig, muß sie sich wirklich als „gottverlassen" erleben. Angst vor dem Nichts bei gleichzeitiger Erfahrung, selber „ein Nichts" zu sein.

Esthers nächster Hustenanfall mit großen Erstickungsnöten holt mich wieder ins Hier und Jetzt. Was tun? Esther muß den entscheidenden Schritt allein schaffen. Noch nie spürte ich das so deutlich wie jetzt. Und doch, wie kann ich sie in ihrer Not begleiten? Jetzt schaut mich Esther an. Will sie meine Gedanken hören? Ohne viel zu überlegen, sage ich: „Weißt du, es gibt einen tieferen Boden als das Leiden. Dieser ist rund. Niemand, kein Mensch, keine Pflanze, kein Verstorbener kann je aus diesem herausfallen".

Esther schaut mich groß an. Zu meinem Erstaunen hören ihre Anfälle augenblicklich auf. „Es beruhigt sich da drinnen", meint sie. Und sie murmelt vor sich hin: „Niemand, niemand kann herausfallen, also auch nicht mein verstorbener Hamster, nicht Onkel Karl... ist denn niemand verloren?" Wir unterhalten uns eine Weile über unsere Vorstellungen. Dann fragt sie: „Wo bin ich denn, wenn ich Anfälle habe? Da bin ich doch wirklich verloren?!" Esther fühlt in sich hinein, sie weiß die Antwort selber: „Dann bin ich wie dazwischen, zu verkrampft, zu sehr in Angst, um zu merken, daß man nicht herausfallen kann."

---

4 Zum Schutz von Esther und ihrer Familie sind hier keine anamnestische Einzelheiten erwähnt.

Das vorbehaltlose Drin-Sein ist älter als alle Angst. Es greift tiefer als Todesäng-ste, da vor aller Zeitlichkeit schon da. Esther ist kein Einzelfall. Es *gibt* die „runde Seinsqualität", die trägt. Äußere Nöte werden oft geradezu entwickelt, um an dieses Gefühl neu angeschlossen zu werden. Dabei genügt eine einzige Korrekturerfah-rung in der Regel nicht. 20 mal, 50 mal wollen Menschen in ihrer Not abgeholt und vom tragenden Grund aufgefangen werden, bis Antworten als eigenes Grund-gefühl abrufbar sind.

Esthers direkte Umwelt hatte nicht Geduld und Vertrauen, noch die nötige Infrastruktur, um zu warten, bis „es" sich in Esther anhaltend beruhigte. Solches Begleiten, Zuschauen müssen und Mit-Aushalten erfordert auch auf der Seite der Angehörigen viel seelische Kraft und innere Autonomie. Man möchte lieber Prozesse abkürzen, endlich das Ende einer Krankheit absehen. Über Symptom-bekämpfung sollte der Leidende baldmöglichst einigermaßen funktionstüchtig werden. Das will hier nicht als Vorwurf an Bezugspersonen verstanden werden. Den Menschen in der nächsten Umgebung eines Kranken fehlt auch die gesell-schaftliche Unterstützung. Es mangelt an einer entsprechenden im Kollektiv verankerten Philosophie!

Esther bringt trotz aller Rückschläge immer neu den Mut auf, aus dem Leid heraus aufzustehen. Zu Recht weist sie den Vorwurf zurück, sie selbst sei an allem schuld. Wer sich sogar in so tiefer Prägung schuldig fühlt, erlebt sich doppelt nichtig und zu Boden gedrückt. Der Ausdruck Zumutung wird der Situation gerechter: Prägungen aus frühester Kindheit sind älter als das Ich und wurzeln tiefer, als was ein Ich wollen kann und verantworten muß. In der Zumutung liegt die Herausfor-derung zum Mut, etwas aus der Not zu machen, statt zu resignieren.

Auch das Schicksal – ja Gott – kann zur Zumutung werden!

2.4 Ganzheit im Ursprung: Urordnung statt Urchaos

Vorbehaltloses Angenommensein ist nur im Ganzen möglich. Menschen sind nie fähig, ein Kind, einen Partner, ja sich selbst ganz zu meinen. Selbst Mutterliebe ist immer begrenzt. Erlaubtes Sein muß darum als Ganzheits- und nicht als Mutter- oder Vatererfahrung begriffen werden! Menschen können anderen nur ihr eigenes Urvertrauen ins Ganze übermitteln. Doch letztlich ist es nicht die Bezugsperson, sondern die Ganzheit, welche ganz an- und aufnimmt.

Ganzheitserfahrungen (so nenne ich Erfahrungen, die der Mensch im Laufe seiner Bewußtseinsentwicklung mit dem Ganzen macht) nehmen in diesem Buch einen entscheidenden Stellenwert ein. Älter als alle Differenzierung, älter auch als die Beziehung zur Mutter, zum Vater ist eine apersonale Beziehung zum Ganzen. Auch diese früheste Beziehung und Bezogenheit auf ein Ganzes wandeln sich im Laufe der Entwicklung. Mit jeder weiteren Differenzierung des heranreifenden Ichs wird das Ganze neu erfahren! Und durch diese immer andere Erlebnisqualität erhält die Ganzheit jedesmal ein neues Gesicht.

Tiefe Erfahrungen hinterlassen im Menschen ihre Spuren, auch wenn sie älter als das sind oder außerhalb dessen, was über das Gedächtnis erfaßt werden kann. Selbst das letztlich den Menschen überdauernde Ganzheitliche ist als Botschaft irgendwo da und abrufbar. Verinnerlichte Ganzheitserfahrungen aus der Frühzeit der eigenen Entwicklung leben nach diesem Modell im Menschen fort und werden von jüngeren Ganzheitserfahrungen überlagert. Es kommt zu eigentlichen Seelenschichten, die viel später, z. B. in der therapeutischen Arbeit mit frühgestörten Menschen, aktiviert werden können. Ich wage darüber hinaus, auch von analogen *Ganzheitserfahrungen in der Frühzeit einer Kulturentwicklung* zu sprechen und habe dabei den geistigen Aspekt, den Bewußtwerdungsprozeß des Menschen vor Augen. So wie sich im Evolutionsprozeß das Bewußtsein für das Eigene erst allmählich heranbildete, muß auch kollektiv von einem sich stetig wandelnden Gesicht und Charakter des Ganzen gesprochen werden. Nach diesem Modell gibt es – großzügig betrachtet – sogar eine in der Entwicklung begründete Abfolge von Ganzheitserfahrungen. Individuell wie kollektiv, weil in beiden Entwicklungen ein Übergang von der Teilhabe am Ganzen zum immer bewußteren Dasein im Ich erkenntlich ist.

Aus verschiedenen Ganzheitserfahrungen entstehen im Laufe der menschlichen Entwicklung verschiedene *Gottesbilder.* Gottesbilder spiegeln, wie Menschen sich in der Welt fühlen oder fühlten. Sie sind geprägt von der jeweiligen Religion und Kultur, von klimatischen und vielen anderen Bedingungen, vom Geist der Zeit, welcher sie entstammen. In sich verändernden Gottesbildern einer Kultur kommen kollektive Entwicklungen zum Ausdruck. Himmel wird im Zeitalter der Mondfahrten anders erlebt als im alten Ägypten. Eine Agrarkultur ist in anderer Weise mit der Mutter Erde verbunden als ein Betonzeitalter. Doch damit erschöpft sich die Aussagekraft von Gottesbildern nicht. Gottesbilder sagen auch etwas darüber aus, wie der Mensch sein eigenes frühestes Dasein erlebte. Ist Gott für ihn einfach der unbeschreiblich Große oder das Nichts? Sieht er ihn im Bild einer behütenden Muttergöttin, einer bedrohlichen Naturgottheit oder eines richtenden Vatergottes? Glaubt er an einen Schöpfer, seine Ordnung und seinen Geist oder ist er geprägt vom Bild einer durch Zufall entstandenen Welt? Gottesbilder erlauben Rückschlüsse auf Ur-Befindlichkeiten der Menschen, auf ihr Grundgefühl, erlaubt oder grundlos verboten zu sein. Das Geheimnis der Ganzheit selbst wird darin kaum enthüllt.

Ganzheit im Ursprung muß als das einfach Seiende, Ungeschiedene erahnt werden. Noch bevor der Mensch zu eigentlichen Erfahrungen fähig ist (weil noch nichts Eigenes da ist, das ‚erfährt'), ist etwas von ihm im ganzen drin, teilhabend am absolut Unfaßbaren, weder Männlichen noch Weiblichen. Die Teilhabe am Ganzen ist ein erster und letzter *Zustand* und als solcher, wenn auch unfaßbar, da. Erlaubtes und in Gott selbst begründetes Sein!

Dieser Zustand von Ganzheit ist älter als jedes Gefühl von Chaos und Finsternis. Chaos und Dunkelheit verdichten sich in vielen Schöpfungsmythen als Bilder für den Ursprung[5]. Doch das Chaos und die Finsternis sind genau genommen Bilder des Überganges, Beschreibungen späterer Erfahrungen, wenn Ansätze von etwas Ich-bezogenem bereits am Werden sind. Sie stellen nicht den Urzustand dar, sondern einen Zwischenzustand der Umwandlung, bildlich gesprochen denjenigen des Ur-„Sprunges"! Ich-Ansätze steigen aus dem Chaos empor, und Funken von ich-bezogenem Bewußtsein erhellen das, was jetzt als Finsternis erlebt wird. Aus der Perspektive des Ich-bezogenen erscheint der Urgrund chaotisch, ein Urge-schehen ist in Finsternis gehüllt. Doch über das Wesen einer Ganzheit oder des Urgrundes ist damit nichts ausgesagt: eine ganzheitliche Ureinheit ist niemals chaotisch, sondern in sich begründet. Und sie ist weder hell noch dunkel, sondern gegensatzlos. Sie steht im Zeichen von *ichfernen* Gesetzmäßigkeiten und einer entsprechenden *Urordnung*. Wie ist das zu verstehen?

Das Gegenteil von Zufall ist Ordnung. Ein Leben, das nicht zufällig ist, kann nicht anders, als in einer verborgenen, hinter den Dingen liegenden Ordnung gründen. Zum Wesen des Ganzen scheint eine eigene Ordnung zu gehören. Wie können sich Menschen eine ichferne Ordnung vorstellen? Manchem hilft hier die moderne Physik oder Mathematik, z. B. die Chaostheorie (vgl. u.a. Walter 1992, 21f). Mir persönlich hilft die Vorstellung, Ganzheit sei Klang oder klingendes All (Berendt 1985), um etwas von einer solch verborgenen Ordnung zu erahnen. Klang *wirkt* zuweilen chaotisch, man denke nur an eine Geräuschkulisse entlang einer Straße oder an atonale Kompositionen. Dennoch *ist* Klang nie chaotisch. Töne haben ihre Obertöne, die von verschiedenen Lebewesen unterschiedlich wahrgenommen werden. Töne und Obertöne stehen in einfachen Zahlenverhält-

---

5 Lissner und Rauchwetter (1982) schreiben: Der griechische Schöpfungsmythos, wie Hesiod ihn aufzeichnete, „beginnt mit dem Chaos, das ursprünglich auch als göttlicher Name verstanden wurde und aus dem Gaia, die Erde, entstand" (S. 192).
Nach Hetmann (1986) berichtet der Schöpfungsmythos der Sumerer: AN war der Erstgeborene des Urmeeres. ER war der obere Himmel, das Firmament, aber nicht die Luft, die über die Erde hinstreicht. ER vereinigte sich mit der Erde und zeugte Elil, den Gott der Luft. „Zu dieser Zeit war noch Dunkelheit und Elil, die Luft, war eingesperrt zwischen der dunklen Decke des Himmels, einem Nachthimmel ohne Sternen, und der Oberfläche der Erde" (S. 59).

nissen zueinander, die anderen Verhältnissen (Planetenabstände, Körperproportionen, goldener Schnitt ...) entsprechen[6]. Derart erstaunliche Übereinstimmungen schließen Zufall und Chaos als Erklärung aus. Menschliche Vorstellungen müssen vielmehr offen sein für ichferne Ordnungen, das heißt für Gesetzmäßigkeiten des Lebens, die sich dem Auge entziehen und das Verstehen übersteigen, die aber heute teilweise über technische Hilfsmittel einsichtig werden (vgl. Walter 1992, 13).

Es charakterisiert den Ursprungszustand[7], daß etwas vom Menschen, hier Wesenskern genannt, an einer solch ichfernen, kosmischen Ordnung teil hat. Schließt man auf eine analoge seelische Grundbefindlichkeit als letzte Wirklichkeit im Menschen, so lautet diese: *„Ich bin in der Ordnung drin und also selbst in meinem Wesentlichen in Ordnung."*

---

6   nach Keppler, dargestellt in Kayser (1964) und in Hegi (1986, 71f)
7   auch Endzustand und letzte Realität

3 Der Übergang: Stufen der Bewußtwerdung und entsprechende Themen

3.1 ...eine runde Dynamik wird geheimnisvoll ausgelöst

Wie kommt Bewegung ins Ewige? Was löst was aus? Wie kommt ein Prozeß überhaupt ins Rollen? Ein Urknall, ein Unfall, ein Wunder, ein Schöpfungsakt oder einfach eine Zeugung?

Wie es zur Ich-Werdung und zum ich-bezogenen Bewußtsein kommt, bleibt Geheimnis. Nach dem indischen Mythos hat der Gott Schiwa Nataraja als Herr des Tanzes ein pulsierendes Tönen (!) durch die unbelebte Materie gesandt und diese so zum Leben erweckt. Tanzend hat er die Welt erschaffen, tanzend zerstört er sie, um sie erneut zu erschaffen (vgl. Spintge et al. 1992, 3). Ich gehe davon aus, daß hinter allem Werden eine *im ganzen angelegte Kraft* wirksam ist. Sie kann nicht einfach dem künftigen Eigenen, dem Menschen, zugeordnet werden, sie ist mehr. Sie wird wie ein von innen kommender Lebensimpuls, als Energie und Motivation, die genau das je eigene Leben leben will, erfahren, aber auch wie eine von außen einbrechende Kraft. Innen und außen sind wie eins. In äußersten Traumbildern wird diese Kraft z. B. sekundenhaft geschaut als ein Hauch, ein Blitz, ein Lichtstrahl, herabfallende Feuerzungen oder eine enorm prozeßauslösende Schlange. Die Kraft wird gehört wie ein Schuß oder eine Stimme. Heutige Traumbilder wählen selbst technische Motive wie z. B. eine superschnelle rote Untergrundbahn. Eine Klientin träumte, sie werde im höchsten Wolkenkratzer der Welt von einem Lift enorm schnell durch alle Stockwerke hinauf und durch das Dach hindurch ins All befördert. Die im Ganzen angelegte Kraft wird hier erkenntlich im Rasanten, blitzartig ,in Schuß Bringenden' und Überdimensionierten des Traummotives. Diese Kraft oder dieser Geist können am ehesten „erkannt" werden in dem, was sie bewirken: Plötzlich hat etwas angefangen zu werden, wird Energie kinetisch! Etwas total Neues wurde ausgelöst. Auf einmal ergibt etwas Sinn! Das zutiefst Belebende, Begeisternde ist in seiner Unbedingtheit ins Leben eingebrochen!

Wie es zu Beginn eines neuen Lebens dazu kommt, daß ein Eigenes entsteht, wie sich äußere Impulse mit innerem Geschehen verbinden, bleibt undurchschaubar. Gerade darum braucht der Mensch Symbole, Bilder, Metaphern, um sich einzelnen Aspekten dieses Geheimnisses anzunähern. In diesem Modell wird der unverstehbare Anfang neuen Lebens, wie in der nachfolgenden Auflistung, als ,*runde Dynamik*' dargestellt.

Selbstverständlich erhebt diese Auflistung von Gedanken keinen Anspruch auf Vollständigkeit. Ich bin mir bewußt, daß ich damit versuche, etwas in Wort und Bild einzufangen, was letztlich gar nicht eingefangen werden kann. Aspekte, die hier nebeneinander dargestellt sind und nacheinander gelesen werden, ereignen sich vielleicht gleichzeitig.

Wie aus dieser Darstellung hervorgeht, bedingen sich verschiedene Aspekte gegenseitig. Gerade darum wird wie „beim Huhn und dem Ei" niemals klar, was zuerst war. Eine runde Dynamik ist etwas in sich Geschlossenes, darstellbar als Uroboros, Bild einer sich in den Schwanz beißenden Schlange. Im Bild des Uroboros sind Kräfte, die später als Einzelne auftreten, noch ungeschieden. Darum wird der Uroboros nicht nur als Schlange, sondern gelegentlich auch als ein oder zwei Drachen, als langhalsiger Vogel oder deren zwei abgebildet (vgl. Herder

Lexikon Symbole). Der Uroboros ist Symbol der Unendlichkeit, der ewigen Wiederkehr, des Abstieges des Geistes in die physische Welt und seiner Rückkehr. Nach Neumann (1974) ist er das Symbol des psychischen Anfangszustandes. Und „als Symbol des gegensatzenthaltenden Ursprungs ist er das ‚Große Runde'" (S. 33).

Mit der runden Dynamik wird aber nicht nur das in sich Geschlossene, sondern auch das sich Öffnende thematisiert. Zeit und Zukunft beginnen zu werden. Ein hinter aller Entwicklung stehendes Drängen nach Leben wird wirksam. Eine männliche Geistkraft? Es ist eine wesentliche Annahme dieses Modells, daß weibliche *und* männliche Urkräfte von allem Anfang an wirksam sind, auch wenn letztere vorerst unsichtbar sind, nämlich im Weiblichen drin.

Schließlich kommt im Bild der runden Dynamik zum Ausdruck, daß der Anfang des Eigenen wie der Tod einer vollständigen Umwandlung gleichkommt. Als müßte man, symbolisch gesprochen, durch 7 Pforten oder Themen hindurch, die die Unterwelt von der oberen trennen. Der sumerische Mythos von Inanna und Ereshkigal spricht von 7 solchen trennenden Toren oder Pforten (Brinton Perera 1985). Die Zahl 7 wird nicht von ungefähr gewählt. Neumann (1974) spricht von 7 Aspekten oder Erscheinungsformen des Großen Weiblichen und den ihnen entsprechenden alten Unterweltsvorstellungen. Die Zahl 7 (oder auch 21) verweist auf die matriarchale Mondmythologie (Osiris' Unterwelt hat sieben Hallen, im Ischtar-Text ist die 7 vervielfacht). Die Zahl 12 verweist demgegenüber auf die spätere, patriarchale Mythologie der Sonne mit ihrer Psychologie des Tages und des männlichen Bewußtseins (Neumann 1974, 158). 7 Tore oder 7 Erscheinungsformen müssen als mindestens 7 Aspekte desselben Geschehens, hier des beginnenden Überganges betrachtet werden. 7 ist u.a. Zahl der Fülle, der Vollendung, der Vollständigkeit und Totalität. 7 trennende Tore zwischen Ober- und Unterwelt, nach diesem Modell zwischen ich-bezogener Bewußtheit und ganzheitlichem Sein, legen nahe, daß man an solcher Grenze einer ‚siebenfachen = totalen Wandlung' unterworfen ist. Runde Dynamik! „Rund" heißt: alles beginnt gleichzeitig und im Ungeschiedenen, was Menschen höchstens im Nacheinander von Einzelaspekten zu fassen vermögen. Und obwohl rund, so doch „Dynamik", weil etwas vom Ewig-Seienden des Ganzheitlichen anfängt, als Eigenes zu werden, zu leben. Jetzt mündet das Runde in das Spiralförmige, Lineare. *Zeit beginnt wirksam zu werden,* darum ist es fortan auch eher möglich, Entwicklung als kontinuierlichen Ablauf zu betrachten. Das im Ur-Sprung Ausgelöste beginnt, sich zu entwickeln.

Ich folge im Kommenden einem Entwicklungsfaden, der manchen im Empirischen beheimateten Entwicklungspsychologen vorerst befremden mag. Von den Anfängen des hier postulierten Überganges ist nichts zu beweisen. Wesentliche der nachfolgend beschriebenen Zustände fallen in Bereiche, die sich bisher der Forschung entzogen[8], was aber nicht heißt, daß es sie nicht gibt. So wage ich, Übergang als frühkindliche Realität zu begreifen, ein Versuch, etwas vom kindlichen Empfinden auszudrücken, das sich dem Auge des Erwachsenen, auch Beobachtenden normalerweise entzieht. Es geht im ganzen Buch um die Grenzen zum ich-fernen, auch Gott-nahen Bereich. Nur wo selbst dieser Grenzbereich, unter welchem Namen auch immer, als entwicklungspsychologische Realität angeschaut wird, leuchtet ein, daß gerade in ihm – wie zahlreiche Berichte bezeugen – Heilung und Wandlung geschieht.

Im Hinübergehen vom Ganzheitlichen zum Ich-Bezogenen verändert sich die Wahrnehmung von sich als Eigenes, von der Welt und der Ganzheit. Ich nenne dies *Wahrnehmungsverschiebung* und folge einem sich wie von innen aufdrängenden Faden: Ich gliedere den Übergang in *Stufen der Bewußtwerdung*. Dabei stütze ich mich auf Therapieerfahrungen und Träume aus großer Tiefe, wohl wissend, daß sie nur ein Nacherleben aus der Warte des nunmehr ausgewachsenen Ichs beinhalten. Solche Stufen sind:

- im Abschied begriffen wird Ganzheitliches annäherungsweise erfahren, Schwellenerfahrung (vgl. Kap. II, 3.2)
- Umfangen-Sein vom behütenden Großen, bekömmliches ‚Drin-Sein‘, auch Zustand des Inmitten (vgl. Kap. II, 3.3)
- Urerfahrung von Angst und das ambivalente ‚Drin-Sein‘ (vgl. Kap. II, 3.4)
- Ankunft im Ich, das Wahrnehmen von mehr und mehr Einzelheiten anstelle des großen Ganzen (vgl. Kap. II, 3.5).

Ich verzichte weitgehend auf Altersangaben, da die Art und Weise des Wahrnehmens und Empfindens – ob dem Ganzheitlichen näher oder vermehrt ich-bezogen – nicht nur vom Alter abhängt. Stufen sind keine Phasen: Individuelle und selbst durch eine Kultur vorgezeichnete Schwankungen sind groß. Es ist der einzelnen Bezugsperson überlassen, sich selbst und ihr Kind in den folgenden Ausführungen da und dort wiederzufinden, sich in die großen Linien früher Bewußtwerdung einzufühlen und eigene Fragen zu stellen zu dem, was im kindlichen Empfinden hinter den Kulissen geschehen mag.

---

8 Stern (1985/1992) schreibt: „Wir wissen fast nichts über die Fähigkeit des Säuglings, während der Zustände hoher Aktivierung bei verzweifeltem Hunger oder der sehr niedrigen Aktivierungszustände, wenn er satt und schläfrig ist, äußere Reize aufzunehmen oder sich auf irgendwelche Wahrnehmungsvorgänge zu konzentrieren. Die heutigen experimentellen Methoden haben uns keinen Einblick in diese Zustände gewährt" (S. 331). Ich ergänze: Wohl noch weniger erforschbar sind intrauterine Befindlichkeiten oder die Annahme von einem Ursprung im ganzen.

3.2 An der Schwelle

3.2.1 Das entschwindende Ganzheitliche – Grundannahme, Seelenbilder, Gottesbilder

Aller Anfang ist auch Abschied. Mit den ersten Funken ich-bezogenen Empfindens, mit beginnender Bewußtwerdung, verflüchtigt sich das Ganzheitliche. Sobald sich das Eigene konstelliert, sobald auch nur ansatzweise im Interesse des Eigenen wahrgenommen wird, ist es, als verschließe sich die Türe aufs Ganze hin. Wo auch nur spurenhaft differenzierend erlebt wird, ist das Ganze nicht mehr ganz. Kaum beginnt tief unbewußt ein eigenes Leben, ein Weg in die Zeitlichkeit, ist der Zustand im ewig Seienden beendet. Sobald ‚erfahren' wird, ist das Unerfahrbare entschwunden. Wo Gefühle möglich sind, ist das allzu Intensive oder Leere weg.

Themen des äußersten Grenzbereiches! Der äußerste Grenzbereich wird nach diesem Modell erstmals zu Beginn aller Bewußtwerdung[9] betreten, ontogenetisch vermutlich mit den Anfängen im Mutterleib. Abschied nehmend vom absolut Ungeschiedenen, Ganzen, wird etwas davon mitgenommen ins zukünftig Eigene. Was vorher Zustand war, wird jetzt zur Erfahrung, wenn auch noch so tief unbewußt. An der Schwelle fließt etwas von der Kraft des Ganzen ins Eigene hinüber und ist dort ‚erfahrbar'. Etwas vom entschwindenden Ganzheitlichen ist, wie bei Mirjams Paradieseserfahrung, vorübergehend da. Inhalt der ältesten, tief unbewußten Seelenschicht im Menschen, der *Ganzheitserfahrung A* (vgl. Tabelle eingangs Kap. II).

Erinnerungsspuren aus dem äußersten Genzbereich erhalten viel später in Träumen, Körperempfindungen (z. B. Wärme/Kälte) und in Symbolen Gestalt. So gibt es *spezifische Bilder*, die genau die Themen des Schwellenzustandes zum Ausdruck bringen. Nachfolgend sind einige aufgezählt, denen ich im therapeutischen Begleiten öfters begegnet bin. Sie alle entstanden bei Klangreisen zu speziellen Instrumenten, die bald von der Klientin, bald von mir nach bestimmten Kriterien ausgewählt wurden (vgl. Kap. II, 3.2.2). Stets wird, wie bei der Paradieserfahrung von Mirjam, sowohl das Wunderbare wie auch der Abschied thematisiert:

❐ Das Bild eines *Gartens* mit Bäumen und Früchten. Eine Fülle von Möglichkeiten und Köstlichkeiten. Der Einzelne darf nehmen, soviel er will. Das „Haben" spielt keine Rolle. Gerade darum kann man soviel haben, wie man will. Wesentlich ist die friedliche bis liebliche Stimmung. Sie macht den Garten zum Paradies.

---

9 vgl. auch Ausdruck „begann nachzudenken" im indischen Schöpfungsmythos, ausgeführt in Kap. I, 3

Lebewesen *sind* einfach. Die Früchte, speziell Äpfel oder etwas Apfelähnliches, verlocken zum Anbeißen, womit auch der Eintritt ins neue Leben angekündigt ist.

❑ Bild vom *frischgedeckten Bett* in der entferntesten Ecke eines Schlosses, in dem man in einen tiefen Schlaf versinkt[10]. Im Märchen von Dornröschen fällt sogar das ganze Schloß in einen hundertjährigen Schlaf. *Zeitlosigkeit!*
Plötzlich schlägt die Uhr, es ist kurz vor zwölf, oder die hundert Jahre sind vorbei. Zeit will wieder wirksam sein.

❑ Das Sehen von einzelnen, uneingegrenzten, noch nicht in Formen gestalteten *Farben.* Einfach Farbe! Vor allem blau, violett, gelb, manchmal rot oder „schwarz, das aus dem Licht kommt". Die Bedeutung der einzelnen Farben kann wesentlich sein. So fühlte Bettina z. B. im Violett mehrfach eine heilige, fast verbotene und etwas Angst auslösende Stimmung. Ein Kollege von mir sah rot als Energie oder Kraftfeld. Farben ohne Form stehen gleichsam für eine Vielfalt ungestalteter Möglichkeiten, die im Ganzheitlichen noch auf Abruf warten. Farben drücken eine „wunderbare Intensität" aus, z. B. „blau als das ewig Kosmische", „rot als Kraftfeld, als geballte Ladung oder als Blitz" und „violett als Meer von Gefühlen oder als das Heilige". *Das Potentielle des Ursprungs wird fühlbar.*
Das Verlassen der Nähe zum Ganzheitlichen kommt zum Ausdruck in Farbübergängen, im Auftauchen der Farbe grün oder in den Polaritäten gelb-schwarz und hell-dunkel. Grün lagert sich z. B. über das Violette. Eine grüne Schlange bringt Bewegung ein. Ein grüner Apfel fällt in die Bildfläche. Oder das Bild teilt sich plötzlich in eine gelbe und eine schwarze Hälfte.

❑ Über das Gefühl eines Chaos im Kopf stellt sich das Bild eines *Lichtmeeres* ein. Es ist, als wäre das Gehirn in 1000 *Lichtfunken* aufgesplittert. Licht ist immer auch Ton, das Lichtmeer ähnlich einem *stehenden Klang.* Mit einem „stehenden Klang" ist ein sozusagen unwirklicher, gleichbleibender, weder an- noch abschwellender Klang gemeint. Potentielle Energie! Ein statisches Kraftfeld. Ein stehender Klang ist noch nicht durch Rhythmus bewegt, sondern einfach seiende und klingende Luftmasse. Klang und Licht können dasselbe sein.
Zum stehenden Klang ein Ausschnitt aus einer Imagination von Christoph: „Nachdem ich das Zentrum als fast unerträglich intensiven Schall mit Schall-wellen empfand, hören die Wellen plötzlich auf, sich zu bewegen. Alles wird statisch, wirkt einfach seiend: Ich höre (!) die Wellen nicht mehr. Es wird wahnsinnig (!) ruhig, ohne daß aber die zuvor erlebte Intensität abnimmt. Die

---

10 Vgl. Das Wasser des Lebens in Grimm (1984, Band II), Dornröschen in Grimm (1984, Band I) und Grallegende (Jung, E. & v. Franz 1980, 74).

Intensität ist neu. Nun ist es, als würde jemand etwas sagen, doch die Stimme ballt sich richtig auf. Sie wird zu einem stehenden Klang. Der Klang ist sehr angenehm. Ganz feine Schwingungen verschiedenster Art sind wahrnehmbar, sie dehnen sich aber nicht aus. Ich kann den Klang immer genauer hören, er *ist*. Nun ist es, als würde ich selber zu aufgelösten Schwingungen, die zum Klang gehören."

Das Verlassen solcher Erlebnisse wird dadurch eingeleitet, daß Bewegung wahrgenommen wird. Schwingungen, Rhythmus, ein An- und Abschwellen des Klanges. Im Lichtmeer tauchen z. B. Blitze oder Lichtschlangen auf, es entsteht Bewegungslust im Eigenen.

☐ Bilder eines *sphärischen Geschehens*. Betroffene sehen ein Wolkentreiben, das plötzlich nur noch seiende Luft ist. Die Luft erinnert beim genaueren Hinfühlen z. B. an einen Springbrunnen mit lauter kleinen Wasser- oder Lichtteilchen. Wesentlich ist das eigene Gefühl, schwerelos, atmosphärisch anwesend zu sein. Im Zeitlupentempo werden z. B. eigene Körpermassen aufgelöst, Farben voneinander getrennt, Regenbogen entstehen. Höhepunkt solcher Erlebnisse sind häufig Momente, in denen „jede Bewegung stillsteht" oder „Farben brachliegen".

Der Abschied kann ähnlich wie oben erwähnt sein. Der Springbrunnen fließt wieder.

☐ Bild einer *blauen Aura*. Die Aura leuchtet in der Dunkelheit. Oder es ist, als wäre die Luft blau. Die Aura ist wesentlich Stimmung. Nicht der Raum an sich ist blau, sondern die Stimmung. Die Atmosphäre um die Erdkugel kann blau erscheinen. Kerzenlichter oder Kirchenräume sind plötzlich blau. Manchmal wird das Blau wie das Heilige fast gescheut. Andere Male fühlen sich Betroffene im Blau drin, aufgelöst. Weggänge vgl. oben. Mit dem Ausgang entschwindet das Gefühl des Blauen.

☐ Bilder des *ewig Runden*. Rund ist nicht nur Metapher für den ganzheitlichen Zustand, rund kann auch ein Gefühl in Imaginationen sein. So sind z. B. quadratische Räume rund. Oder Personen und Dinge, zuweilen sogar die eigene Person, erscheinen kugelig.

☐ Bild einer *Licht- oder Tontreppe* oder einer *wunderbaren Sternanordnung* (ausgelöst z. B. durch Monochordklänge, die die Obertöne wie eine Leiter erscheinen lassen). Wesentlich ist, daß sich dabei Gegensätze wie oben und unten, rechts und links, vor und zurück auflösen können. Die Treppe ist Verbindung von Himmel und Erde und zugleich ein Stück All (vgl. hierzu das Bild der Himmelsleiter in der Bibel, Genesis 28, 12-13).

☐ Bild eines *Festes* mit ausgelassener, glückseliger Stimmung, die alles Irdische übersteigt. Überirdische Verbundenheiten sind spürbar. Weihnachten findet statt. Fülle ist nicht einfach Rausch. In diesem Stadium, im Unterschied zum Endzeitlichen, ist das Fest noch tief unbewußt.

Ausgänge sind z. B. die sich verlierende Stimmung oder Tore, die aus dem Festareal hinausführen.

❏ Bilder und Gefühle der *ewigen Heimat.*

❏ Die *Ruhe* eines tiefen Friedens. Alles steht still, alles ist in der seienden Ordnung drin, alles ruht, die Materie, der Stein, der Klang. Schwere und Leichtigkeit in einem!

Ausgänge aus dem Gefühl der Ruhe sind häufig darin angezeigt, daß diese plötzlich zu heilig oder zu unheimlich empfunden wird. Oder der Klang lebt, hat eine Seele, der Stein beginnt zu atmen.

❏ Gefühle der *Wärme und Weichheit,* die einfach sind. Wohlbehagen! Licht kann als Wärme und Stimmung, als weich empfunden werden. Mit beginnendem Abschied stellt sich Kälte ein, so auch in zahlreichen vorerwähnten Erfahrungen. Kälte wird besonders am Ende eines Monochordspieles empfunden.

Daß all diesen Bildern und Körperempfindungen etwas Numinoses innewohnt, liegt auf der Hand. Dieses wird als solches im Erzählen selten erkannt. Das Erzählte ist einfach fremd. Umso mehr werden diese Menschen von Staunen ergriffen, wenn auch in dieser Dimension Erfahrung und Worte zusammenfinden.

Seelenbilder sind in dieser Tiefe immer auch *Gottesbilder,* Träume dieser Art religiöse Erfahrungen. Alles Sein ist primär *Zustand.* Biblische, apokryphe und gnostische Texte nehmen diesen Seinszustand auf in Worten und Bildern wie:

❏ Ruhe: Bei Gott allein kommt meine Seele zur Ruhe (Psalm 62). Tod als Schlaf (Lazarus, Johannes 11, 11-13).

❏ Urordnung: Sieh doch zum Himmel hinauf und zähl die Sterne (Genesis 15, 5). Hast du je dem Morgen geboten, dem Frührot seinen Ort bestimmt (Hiob 38, 12). Diese Ordnung ist für Jesus verbindlicher als Sabbatgesetze.

❏ Wahrheit: Gott als äußerster Bezugspunkt von Wahrheit (Johannes 7, 14-30) und als innewohnendes Gesetz. Alpha und Omega.

❏ Fülle: Gott als das Leben in Fülle (Johannes 10, 10). Hochzeit, zu der alle geladen sind.

❏ Königreich: Bewußtseinszustand einer unergründlichen Einheit, die jeglicher Dualität vorausgeht (Thomasevangelium 22. Logion, in van Ruysbeek und Messing 1993). Van Ruysbeek et al. nennen das Königreich in Anlehnung an den Mystiker Jakob Böhme „Ungrund", was das Alles und das Nichts, Ungrund und Grund aller Wesen umfaßt (vgl. S. 19).

3.2.2 Musikerfahrungen an der Grenze: Jenseits von Zeit und Individuum

Musik-, Körper- und Bilderfahrung, akustische, emotionale, taktile und optische Ebene greifen ineinander über. Welche Musikerfahrungen führen an die Grenze zum Ganzheitlichen? Es sind dies vor allem *Klangerfahrungen*. Menschen können sich – vorab hörenderweise und in sehr entspanntem Zustand – von Klängen so tief berühren lassen, daß sich ihr Empfinden für Grenzen, Eingrenzung und Abgrenzung auflöst. Klänge scheinen dann sozusagen ewig, stehend, einfach seiend, sphärisch zu sein. Sie sind so intensiv und zugleich so ruhig, daß sie „weder voll noch leer" sind. Es gibt keinerlei Angstgefühle mehr, auch wenn sich diese Klangerfahrung oft erst nach dem Durchstehen von äußersten Ängsten einstellt. Im Zustand des äußersten Grenzbereiches drin, verflüchtigt sich jede Angst; gerade das zeichnet diesen Zustand aus. Klänge „fühlen" sich dann paradiesisch an, mögen sie objektiv betrachtet noch so chaotisch sein. Das Durcheinander der Töne ist angenehm, friedlich, sphärisch. Das Ich ist im *Einklang* mit der Musik. Es wird fast erfahrbar, daß die ganze Welt Klang ist. Zeit und Rhythmus, selbst wenn objektiv da, werden nicht mehr empfunden, zumindest nicht mehr linear. Man kann im Extremfall Rhythmen weder zählen noch nachklopfen noch verstandesmäßig begreifen. Das Denken im üblichen Sinn ist wie ausgeschaltet. Rhythmen sind allenfalls erfahrbar als Qualitäten: 7-er Rhythmen lösen ein anderes Gefühl oder ein anderes Bild aus als 4-er Rhythmen, aber zählenderweise könnte man diesen Unterschied nicht erfassen. Gerade weil die Zeit ausgeschaltet scheint, wird Ewigkeit momenthaft erfahrbar. Ebenso sind Melodien, bestimmte Instrumente und sonstige musikalische Einzelheiten unwichtig, sie tauchen in den Grundklang des Seins ein.

Die Erfahrung dieser äußersten Grenzschicht heißt *Klang – Raum – Sein – Ganzheit*. Sie ist weder an Lautstärke noch an Stille gebunden, da das innere Loslassen wesentlich darüber bestimmt, ob lauter Klang als Lärm oder als angenehme Intensität und ob Stille als Monotonie oder als behaglich gewährender Raum empfunden wird. Doch sie ist jenseits aller Hektik, jenseits von allem Geschehen. Wo Lautstärke nicht primär Klang ist, sondern „Betrieb", „Umtrieb" und wo Lautstärke als solche empfunden wird, reißt sie aus der Ur-Ruhe und aus dem Frieden des ganz anderen gerade heraus.

Instrumente, die über Klangreisen solche Befindlichkeiten jenseits von Zeit und Begrenzung auslösen können, sind nach meinen Erfahrungen, z. B. die Klangschale, das Monochord, manchmal auch der Gong, das Didgeridoo oder elektronisch erzeugte, sphärisch wirkende Klänge. Doch auch Schamanenrituale mit Trommelmusik, Rasselmusik und/oder speziellen Gesängen können in solche Tiefen führen (vgl. Ebersoll 1985, aber auch Gerber 1980, 34 oder Simon 1983). Gerade dann sind sie heilsam.

Loos setzt das Monochord in Beziehung zur ersten Schwangerschaftszeit, die Trommel zur zweiten, in der der mütterliche Herzschlag wahrgenommen wird, und den Gong zur dritten und letzten Schwangerschaftsphase, die u.a. auch eine unangenehme, nicht vorhersagbare Wandlung einschließt. Die Klangschale führt in transpersonale Bereiche. (Mündliche Information; vgl. aber auch Strobel 1988, 119-139.) Meine Beobachtungen bestätigen tendenziell diese Zuordnung. Doch naheliegender als eine zeitliche Betrachtung ist für mich die themenspezifische. Übergang wird sehr individuell erfahren, Zeiträume ebenfalls. So bleibt auch der Zeitpunkt des inneren Paradies-Verlustes im Bereich des Individuellen. Nach diesem Modell wesentliche Themen, die durch Musik ausgelöst werden können und auf frühe Entwicklung hinweisen, sind: „jenseits von Zeit und Individuum" – „frühe Geborgenheitserfahrungen" (vgl. Kap. II, 3.3) – „Klangfülle, -leere oder Chaos als Aufforderung zur Wandlung" (vgl. Kap. II, 3.4) – „die Lust, ich-bezogen zu leben" (vgl. Kap. II, 3.5). Dieselben Instrumente, die ins Zeitlose hinein versetzen können, rütteln auch an jenen schwierigen Erfahrungen, die als Blockaden dem Gefühl der ersehnten Einheitswirklichkeit im Wege stehen.

Damit Musik Ganzheitliches erahnen läßt, muß sie von gewisser Kontinuität sein. Das Monotone, manchmal sogar das immer gleichermaßen Chaotische, eignet sich, um das verarbeitende Denken auszuschalten, um zu verwirren, zu langweilen. Es bewirkt Entspannung und ermöglicht den Zugang zu Schichten, in denen Zuhörende nur noch fühlen und „sind". Sie nehmen wahr, wie etwas gerade ist, ohne zu fragen, was das zu bedeuten hat. Musik muß aber auch das Persönliche übersteigen, um Ahnungen eines Größeren, Ewigen spürbar zu machen. Therapeuten und Therapeutinnen, Musiker und Musikerinnen müssen selbst fähig sein, während des Spiels nicht nur bei sich und dem konkreten Gegenüber zu sein, sondern sich ahnenderweise auf ein größeres Ganzes einzulassen.

Das eigentlich Entscheidende allerdings ist die innere Wahrnehmung desjenigen, der die Musik aufnimmt, seine (momentane) Bereitschaft und Fähigkeit, loszulassen und sich an die Grenze versetzen zu lassen. Ansonsten geschieht nichts. Musik hat keine zwingende Wirkung und ist insofern nicht vergleichbar mit einem Medikament oder einer Droge. Läßt sich der Einzelne aber auf die Tiefenwirkungen der Musik ein, so wird er an seine eigenen Themen und längst vergangenen Übergangserfahrungen herangeführt. Bei großer innerer Durchlässigkeit kann selbst das Vogelgezwitscher im Wald, die Stille eines Kirchen- oder Meditationsraumes, das Eintauchen in die Nachtruhe im Bett zur allumfassenden Musik werden.

3.2.3 Urvertrauen, Urahnungen des Glücks

An der Schwelle sind nicht nur Erfahrungen, sondern auch Gefühle im eigentlichen Sinn erstmals möglich. Was zuvor einfach war, wird jetzt – tief unbewußt – gefühlt. Die im ganzen gültige Erlaubnis, einfach sein zu dürfen, wird zur eigenen emotionalen Wirklichkeit, die Ausgangslage im ganzen zum je eigenen verinnerlichten Urvertrauen. In der Urordnung drin zu sein wird zur Erfahrung, selbst im wesentlichen in Ordnung zu sein. Und obwohl das Ganze noch frei vom Gegensatz gut-böse ist, wird diese Urerfahrung im Laufe der Entwicklung mit dem Gefühl des Angenehmen, Guten in Verbindung gebracht.

Die an der Grenze erfahrbare Befindlichkeit läßt sich vielleicht als ,*weder bezogen noch bezugslos*' umschreiben, was gleichbedeutend ist mit ,sowohl bezogen als auch bezugslos'. Es geht noch nicht um eigentliche Beziehung und Bezogenheit. Noch immer wird kein personales Gegenüber erkannt. Ein Ich ist noch nicht da, das fähig wäre, in Beziehung zu treten. Das Dasein ist aber auch nicht bezugslos, noch zufällig oder chaotisch. Vielmehr wird die ganzheitliche Ordnung irgendwie gespürt und hinterläßt das Vertrauen, wohl eingebettet zu sein in die Fäden des Schicksals. Alles *ist einfach*, ohne eigentliche Beziehungen, aber in den Bezügen des Ganzen angelegt! Zur Ordnung des Ganzen gehört auch der Sinn des werdenden Eigenen. In dieser Tiefe wurzelt das Gefühl, sinnvoll und zu Wesentlichem gedacht zu sein.

Im Einklang mit dieser Seelenschicht hat der Mensch wie die Goldmarie im Märchen von Frau Holle (Grimm 1984, Band I) Zugang zur Ordnung der Natur und der Dinge. Er versteht die Sprache der Brote, der Äpfel, der Tiere. Eins mit sich, ist er auch eins mit dem Ganzen, der Welt, den Mit-Geschöpfen. Gesättigt, genährt, glücklich, weil ans Ganze angeschlossen! Die großen Worte, die aus dieser Stufe der Bewußtwerdung fließen, heißen *Ordnung, friedliche Stimmung* und *selbstverständliches Sein*. Ferner Vorahnungen von *Sinn*, vom je eigenen Platz und der je eigenen Bedeutung. Alles hat im ganzen seine Aufgabe.

Doch ohne Leid ist keine Freude spürbar. Allein schon die Vorahnung, daß dieses Grundglück entschwinden kann und wird, ja damit schon vorbei ist, bereitet Schmerz. An der Schwelle nimmt das Zeitliche Abschied vom Ewigen. Erste Polaritäten und zweierlei Seinsqualitäten stehen künftig im Raum.

Urahnungen des Glücks sind Göttergaben, die durch das ganze Leben begleiten und in denen eine Grundbefindlichkeit aus dem äußersten Grenzbereich anklingt. Der damalige glückselige Zustand ist zugleich von ewiger Dauer und doch real längst vorbei. Lichtblitze dieser Urerfahrung sind als solche plötzlich da, unverständlich und manchmal fast unvernünftig. Innere Quellen von unbegründbarer Freude, Zufriedenheit, Zuversicht und Lebenslust, innere Erfahrungen von „Einssein mit sich und dem je Wesentlichen"! Unerwartet empfinden sich Menschen „einfach so" gut, schön, in Ordnung. In Therapien erlebe ich nicht selten, daß unerwartetes Lachen und Weinen beisammen sind. Die Betroffenen haben keine Ahnung, warum sie lachen. Es ist ihnen einfach so zumute. Ein sekundenlanges Glück! Ein Augenblick intensiver Hoffnung! Und dies vielleicht inmitten einer äußerst schwierigen Situation. Seelische Grundbefindlichkeiten haben selten einen kausalen Grund, sie sind nicht gemacht, sie *sind*. Urahnungen des Glücks tauchen in Gewißheiten auf wie:

- ❏ aufgehoben zu sein;
- ❏ „dabei" zu sein, am inneren Faden der eigenen Entwicklung zu sein, (bildlich gesprochen am Faden der göttlichen Spinnerin);
- ❏ in einer großen, kosmischen Ordnung drin zu sein und irgendwie selbst – trotz aller begangener Fehler – in Ordnung zu sein. Schön zu sein;
- ❏ trotz aller Gespaltenheit auf Ganzwerdung und Heilwerdung angelegt und trotz aller innerer Makel unverwüstlich zu sein;
- ❏ begründet zu sein: Grund und Boden unter sich zu fühlen, als auch mit Grund da zu sein = nicht zufällig sein;
- ❏ kostbarer Teil des Ganzen zu sein, eine fürs Ganze wichtige Aufgabe auch im Kleinen zu erfüllen;
- ❏ einfach „sein" zu dürfen, ohne sich die Existenzberechtigung von außen holen oder durch Leistungen verdienen zu müssen;
- ❏ angeschlossen zu sein an Kräfte aus der Tiefe, Lebenslust trotz aller Widerwärtigkeiten zu verspüren;
- ❏ Vertrauen zu haben mitten in Stirb- und Werdeprozessen, zu spüren, daß nichts Wesentliches verlorengehen kann;
- ❏ eine große Ordnung und damit Sinn inmitten scheinbarer Sinnlosigkeit zu erahnen.

Jeder Mensch erlebt Urahnungen des Glücks auf seine je eigene Weise: Ein sonniger Tag, eine schöne Naturlandschaft, ein Kinderlachen, ein eindrücklicher Traum, ein Blick in eine wunderbare Baumkrone bringen Licht ins Dunkel. Urahnungen kommen von innen. Sie können weder durch gut gemeintes Reden noch durch fromme Sprüche vermittelt werden. Am ehesten gewährt das eigene Vertrauen der Therapeutin, ihre eigene Zuversicht dem Heilungsuchenden Raum, damit seine je eigenen Gewißheiten aufleuchten. In Therapien kann das richtige, ehrliche Wort im richtigen Moment und aus großer (eigener) Tiefe gesagt, Wunder bewirken.

Urahnungen des Glücks haben den Charakter von etwas zutiefst Religiösem, weil solche Ahnungen und Antworten genau jener Dimension entstammen, welche alle religio anstrebt. Zuweilen brechen tiefe Antworten über Träume oder im künstlerischen Gestalten ins Bewußtsein ein. Das Ich wird davon bewegt, ergriffen, erschüttert. Zwei Traumbeispiele erläutern diesen religiösen Charakter. Beide Träumerinnen erlebten das Geträumte mitten in Zeiten der Not als irgendwie heilig, heilmachend:

Ich sehe in den großen, von intensiv blauem Licht durchtränkten Raum hinein. Ich spüre darin die Anwesenheit einer Frau, es könnte für mich eine Priesterin sein. In der Mitte des Raumes ist das Licht besonders hell. Es fällt auf einen quadratischen Platz. Ich spüre meine Aufgabe: Ich muß einen für mich heiligen Schrein in die Mitte dieses Raumes an seinen ursprünglichen Platz zurückstellen. Ich tue dies. Nachher trete ich etwas zurück und fühle: Es – alles ist gut so. Eine unsäglich glückselige, friedliche Stimmung geht von diesem Raum aus.

Ich befinde mich auf einem großen, runden Kirchenplatz. In der Mitte steht eine erhöhte, ebenfalls runde Empore. Es findet ein Buß- und Umkehrgottesdienst im Zusammenhang mit unserer Umweltzerstörung statt. Große Menschenmassen nehmen am Gottesdienst teil. Sie sind für eine Umkehr bereit. Doch fehlt im Gottesdienst die Musik. Dem Organisten ist es nicht möglich zu spielen. Ich spüre meine Aufgabe und habe zuerst Angst. Jetzt höre ich den schattenhaft auf der Empore wahrgenommenen Priester zu mir sprechen: Tue (nur) das, was du zutiefst kannst. Diese Worte sind gleichbedeutend mit: Sei die, die du zutiefst bist. Ich soll und darf die vier Gottesdienstlieder auf einem Flügel begleiten, was ich seit meiner frühen Kindheit einfach kann. Alle Gottesdienstteilnehmer und -teilnehmerinnen erhalten als Aufgabe, einfach sie selbst zu sein. Eine Frau schmückt dabei den Platz mit Blumen, eine andere hört einfach zu. Jetzt geschieht das Unglaubliche: die Wandlung in diesem Umkehrgottesdienst besteht darin, daß eine Stimmung des Seins eingekehrt ist. So endet der Gottesdienst – selbst im scheinbar aussichtslosen Thema Umweltzerstörung – mit einem Osterlied. Zeichen der Neuwerdung! – Dieser eigene Traum begleitet mich seit Jahren als beglückende Botschaft.

3.2.4 Die Gaben der Ganzheit werden dem Menschen in die Wiege gelegt. Patengeschenke?

Urahnungen des Glücks sind wie Patengeschenke der Ganzheit, die dem Menschen in die Wiege gelegt worden sind. Von solchen Patengeschenken spricht das Grimm-Märchen „Dornröschen" (Grimm 1984, Band I).[11] Darin wird erzählt, daß weise Frauen das neugeborene Königskind bei der Tauffeier mit ihren Segenssprüchen beschenken. Sie wünschen Tugend, Schönheit, Reichtum, überhaupt alles, was auf der Welt zu wünschen ist. Nur eine Fee durfte nicht eingeladen werden, sie wünscht dem Kind den Tod. Wer sind diese weisen Frauen?

V. Franz (1980, 28) erkennt im Motiv der vergessenen Fee oder Patin das Motiv der vergessenen Göttin. Der Schweizer Mundartausdruck für die Taufpaten (Gotte und Götti) verweist in dieselbe Richtung. Paten haben Schutzfunktion und über-

---

11 Vgl. auch Märchen: „Die drei goldenen Haare des Greises Allesweiß", Slawische Märchen erzählt von Sirovatka u. Luzik 1977.

nehmen Verantwortung, wo die Eltern aus irgendwelchen Gründen nicht zu genügen vermögen. Ähnlich können „Patengeschenke der Ganzheit" vorgestellt werden. Sie beinhalten das, was Eltern nie umfaßend vermitteln können, sei es das Urvertrauen, die Atmosphäre des Einfach Guten oder einen Lebensauftrag. Die im Märchen erwähnten Gaben wie Tugend, Schönheit, Reichtum können verstanden werden als eigene Urahnung, in ganzheitlicher Schau schön, reich, tugendhaft zu sein.

Doch auch das, was dem Kind zur schicksalshaften Not wird, was seinen Tod bringt, ist mit in die Wiege gelegt. Was in der elterlichen (patriarchalen) Ordnung der 12 keinen Platz hat, aber trotzdem zum Ganzen gehört, kommt im Fluch der 13. Fee zum Ausdruck. Ebenso das, was aus ich-bezogener Schau nie akzeptiert werden kann (das Spinnen, das Sterben)! Im Moment der Taufe, das heißt hier im Übergang vom Namenlosen, Unfaßbaren zum Benenn- und Erkennbaren, scheidet das 13. aus. Es kann nicht ins Bewußtsein der 12 integriert werden. 12 wird mit dem solaren, 13 mit dem lunaren Bewußtsein in Verbindung gebracht. Das 13. ist gleichsam das Unbegreifliche, Übermäßige, Ich-Uebersteigende, vielleicht auch Heilige, das durch die Polarisierung der Gegensätze im Übergang zum Bösen wird. Aufgrund dieser Dynamik steht es für das Tabuisierte, Nicht-Eingeladene. Diese Kraft löst, wenn die Zeit reif ist (im Märchen im 15. Altersjahr), Entwicklung aus und holt das Ich aus seinem beschränkten, ich-bezogenen Denken wieder heraus. Das 13. im Menschen treibt in Grenzerfahrungen. Es verheißt Tod, meint aber nicht das absolute Ende, sondern nur Relativierung des Ich-Bezogenen. Auf dem Hintergrund der ganzheitlichen Ureinheit gibt es keinen Tod. Bild für eine solche Grenzerfahrung ins Zeitlose ist im Märchen der hundertjährige Schlaf.

Nebst Urahnungen des Glücks und nebst Leidvollem gehört auch eine fast abhanden gekommene Sehnsucht zum Erbe des äußersten Grenzbereichs. Zu entfernt, um sich je zu erinnern und zugeschüttet vom Grau des Alltags, sehnt sich doch etwas im Menschen lebenslänglich nach dem damals erahnten ganzheitlichen Sein. In Therapien finden viele Menschen wieder zu ihren ureigenen Visionen und Hoffnungen. Jener Keim in ihnen, der nie ganz zu glauben aufgehört hat, kommt zum Tragen, wird bewußt, nimmt sogar konkrete Gestalt an.

Patengeschenke, oder die Gaben einer Ganzheit, bilden ein Ganzes. Nicht nur willkommene Wesenszüge sind „gute" Geschenke. Im Ganzen liegt auch das je eigene Geheimnis, der je eigene Auftrag. Darum muß jeder in seinem je eigenen Mensch-Sein sich immer wieder fragen: Was möchte durch mich verwirklicht, geliebt, über Bord geworfen oder in anderen Menschen ausgelöst werden? Bei solchem Sinnieren tauchen in mir Therapieszenen mit verzweifelten Jugendlichen und Außenseitern unserer Gesellschaft auf. Auch ihr Dasein hat seine Hintergründe und damit seinen Sinn. Ganzheit als letzte Wirklichkeit anzunehmen, bedeutet, daran glauben, daß jedem Menschen wunderbare Gaben und Gnaden, aber auch Schicksalshärte und Zumutungen als göttliche Patengeschenke mitgegeben sind.

3.2.5 Bettina: „Realität ist hart, der Apfel schmeckt sauer"

Bettina, eine junge Erwachsene, berührte wie Mirjam ‚ihre' innere Paradieseserfahrung, allerdings nicht im Zusammenhang mit einem Unfall, sondern als Teil eines Heilungsprozesses.

Bettina kam bereits seit zwei Jahren zu mir in die Musiktherapie. Ihr Leiden wurde am Anfang als „Lernbehinderung von großem Ausmaß" diagnostiziert. Sie war damals meist überhaupt nicht fähig, Gespräche wahrzunehmen oder einfachste Anweisungen wie „Bring mir den Bleistift" auszuführen. In einer dramatischen Gratwanderung begleitete ich sie in einem musiktherapeutischen Prozeß zurück zu dem Punkt, wo sie durch schreckliche Ängste hindurch „auf Grund", auf Urvertrauen, stieß. Ich veröffentliche hier Passagen aus dem therapeutischen Geschehen in der Hoffnung, daß diese vom Leser nicht einfach als Anschauungs-„Material" gewertet werden. Dahinter steckt unsägliches menschliches Leiden, das in behutsame Hände fallen möchte.

Bettina lehrte mich, ganz ihren Kräften und ihren Wegweisern zu vertrauen. Ihre Vorlieben, ihre Körpersignale, ihre Blockaden bestimmten den Weg. Schon von allem Anfang an tanzte sie leidenschaftlich gerne. Ihre Bewegungen waren dabei so differenziert, daß ich bald einmal das Gefühl hatte, Bettinas Lernbehinderung sei in Wirklichkeit eine riesengroße Angst, das Leben zu wagen. Auch ihre Art zu musizieren war ganz speziell: sie verliebte sich geradezu in verschiedene Musikinstrumente, in die Mundharmonika oder in die Melodica. Beim Musizieren erschien mir ihr Gesichtsausdruck verändert, sie war anwesend und ansprechbar. Wußte ich gewöhnlich nicht, was in Bettina vorging, weil sie mir wie eine bleiche Wand erschien, trat sie mir in der Musik als neue Persönlichkeit gegenüber. Musik schien sie zu verstehen, zu spüren, Worte dagegen prallten ab. Weder Bettinas traurige Krankengeschichte noch ärztliche Diagnosen konnten mich abbringen vom Gefühl, daß an dieser Lernbehinderung etwas ‚faul' sei.

Bettinas Geburt war schwierig gewesen. Die Mutter hatte das Fruchtwasser viel zu früh verloren. Sehr bald nach der Geburt wurden abweichende Entwicklungen beobachtet. Mit 6 Jahren kam Bettina in eine erste musiktherapeutische Behandlung. Als 17jährige litt sie an Magersucht. Als sie bei mir in Therapie war, wurde neben ihrer Lernbehinderung auch ihr Wunsch, eine starke Frau zu sein, immer zentraler. Sie entwickelte zudem eine neue Sensibilität für ihren Körper. Über musikalische Schwingungen, die sie körperlich spürte, erlebte sie sich an ihrer Haut berührt. Es dauerte Monate, bis sie, in ihren eigenen Worten gesprochen, fühlen konnte: „Jetzt bin ich mir (und meinem Körper) ganz nahe" oder aber „Jetzt bin ich weit weg von mir." Sie spürte körperhaft, daß dies zwei unterschiedliche Zustände waren, der eine dumpf und sogenannt lernbehindert, der andere wach, aber auch schreckhaft. Ähnlich entwickelte sie auch eine sehr feine Beziehung zu den verschiedensten Instrumenten: Der Gong wurde zum Instrument ihrer starken Frau, dem Teil, der nach ihren eigenen Worten, „nie lernbehindert war". Stundenlang suchte sie den Kontakt mit diesem starken Wesen. Sie näherte sich dem Gong, spürte die Angst vor der Nähe und entfernte sich wieder, genau entsprechend ihrem neu erwachten Körpergefühl.

Manchmal mußte ich Bettina mit ihren Blockaden hart konfrontieren, ihr spiegelbildlich zeigen, wie weit weg von sich sie mir im Moment schien, wie bleich sie im Gesicht war, wie unansprechbar für Worte und sogar für musikalische Reize. In solchen Momenten erschrak Bettina und realisierte: „Ich habe Angst." Ihre Angst erhielt viele Namen: Angst, nicht in Ordnung zu sein, Angst, kaputtzugehen oder an ihrem Zustand selber schuld zu sein.... Jede Angst bedrohte sie total. Doch nicht nur von innen, auch von außen zogen sich Kreise immer enger um ein traumatisches Übergangsgeschehen herum.

Mit der Angst konfrontiert:
Bettina hatte zur Zeit einen Freund. Er war es wohl, der das Element Lebenslust in die Szene brachte. Ein Mensch, ein junger Mann, der sie liebte! Bettinas Angst wurde allgegenwärtig und allumfassend. Derzeit zeigte sie sich als Angst, sie sei schwanger. Wohl hundertmal pro Stunde hätte man ihr versichern sollen, daß dies nicht möglich sei, nachdem sie sich kürzlich zur Verhütung eine Dreimonatsspritze habe geben lassen und überdies ja nicht mit ihrem Freund geschlafen habe. Ich durfte nicht in dieses Spiel einsteigen.

Natürlich fragte ich mich, warum genau diese Angst und warum in derart psychotischer Weise! Wurden ihre Grenzen einst massiv durchbrochen? Oder hatte sie aufgrund ihrer traumatischen Geburt gar keine wirklichen Grenzen um sich aufgebaut? Fragen blieben offen. Einzige Orientierung für ihren weiteren Weg blieb ihre Angst und ihre Unfähigkeit, sich abzugrenzen, einzugrenzen, Grenzen überhaupt wahrzunehmen und sich innerhalb eigener Grenzen geschützt zu fühlen. Hinter ihrer Angst erkannte ich, daß Bettina *überhaupt kein Vertrauen* besaß, nicht in den Arzt, nicht in meine verbalen Versicherungen, überhaupt in niemanden, kein Vertrauen ins Leben oder eine größere Lebensbasis. Ich versuchte mit ihr, die Angst zu umkreisen, indem ich mir diese möglichst formhaft und körpernah beschreiben ließ. Einmal fragte ich sie:

„Stell dir mal vor, du wärst jetzt schwanger. Wie fühlt sich das an? Was geschieht?" Sie sagt stockend: „Naß, kalt – jetzt plötzlich nicht mehr naß. Das Baby im Bauch fühlt sich unwohl." Bettina unterbricht und wälzt sich auf dem Boden herum. Dann fährt sie fort: „Jetzt schlägt es regelmäßig. Ich werde zusammengehauen." Sie zittert, nießt, krümmt sich. Der Schweiß steht ihr im Gesicht. Trotzdem erzählt sie weiter: „Ich habe Angst, ich gehe kaputt. Das Baby in mir geht kaputt. Alles ist wie tot." Darauf angesprochen, daß sie bald von sich als ich, bald von einem Baby geredet habe, weiß sie klar: *„Ich bin auch das Baby!"*

Der äußere Zustand von Bettina spitzt sich in dieser Phase zu. Bettina schwankt zwischen Suizidgefahr und Psychose. Von ihrer Umgebung wird sie in ihrem Zustand kaum mehr ausgehalten, man erwägt eine Einweisung in eine Klinik. Ich selbst erlebe mich in der Spannung zwischen Angst und Vertrauen, entscheide mich aber trotz allem für die Hoffnung.

Kann Urangst sich in Urvertrauen wandeln?

Bettina kommt, ich bitte sie, sich zu setzen. Wir nehmen uns Zeit, damit sie sich in ihrem Körper spüren kann. Heute sagt sie „Der Bauchraum schmerzt". Gleich darauf: „Bin ich also doch schwanger?" Ich denke leise für mich: Geht Bettina schwanger mit sich selbst?

Bettina ist in ihrer Angst blockiert und formuliert selber: „Heute bin ich nicht lernbehindert und dumpf, heute habe ich Angst!" Sie spielt auf die zwei Lebensweisen an, von denen wir früher gesprochen hatten. Unvermittelt sage ich: Es gibt nicht nur zwei Zustände, es gibt deren drei! Das interessiert Bettina. Gemeinsam konkretisieren wir, was diese drei Zustände beinhalten:

a) Die Lernbehinderung beschreibt Bettina: „Dann ist man leer und fühlt nichts. Dann geht es einem besser."

b) „Wenn die Lernbehinderung wegfällt, spürt man Angst."

c) Zum Umkreisen der dritten Möglichkeit muß ich sie allmählich verlocken. Sie heißt: Vertrauen ist größer als Angst.

Bettina scheint tief berührt. Wir umschreiben, was Vertrauen in ihrem Leben bedeuten kann. Sie meint: „Vertrauen, daß das, was andere sagen, stimmt." Oder „Vertrauen, daß ich nicht so daneben bin." Und ganz vorsichtig ergänzt sie: „Oder vertrauen, daß ich geliebt bin." Ich lasse Bettina ihre Impulse im Körper lokalisieren. Wo spürt sie auch nur ansatzweise Vertrauen? Sie sagt: „Es ist zugeschüttet. Hier im Bauch. Da ist auch der Schmerz." Wieder heftige Angstblockade mit der Frage: „Bin ich schwanger?" Ich dränge vorwärts, umschiffe diese Angst. Stattdessen frage ich: „Welche Farbe hat dein Vertrauen, welche Form? Siehst du etwas innerlich?"

Bettina sieht vor sich in großer Entfernung eine gelbe Fläche, aber unter einer riesigen schwarzen Angstmasse verschüttet. Sie versucht, näher zu gehen. Es gelingt ihr nicht, weil eine „graue Bauchwand" (!) dazwischen sei. – Wiederum heftiger Angstschub, begleitet von Schüttelfrost, Ekel und Brechreizen.

Ich setze mich hinter Bettina und berühre ihren Rücken, damit sie den Ort ihrer Rück-Bindung körperlich spürt. Ich weiß nicht, warum ich das mache, es kommt einfach so. Für einen Moment hellt sich ihre Düsterkeit auf. Das gelbe Vertrauen rückt näher. – Nächster Angstschub, wiederum die graue Bauchwand. – Ich verlocke Bettina zur Neugierde darüber, was die Berührung am Rücken bedeuten könnte. „Für mich ist da im Rücken so etwas wie eine hintere Nabelschnur. Sie geht zu etwas Größerem und auch zum Leben." „Hm", höre ich und ein leises Atmen. Über meine Hände spüre ich, daß sich etwas in Bettinas Rückenmuskulatur gelöst hat.

Eine Weile sind wir still, bis ich frage: „Wo bist du jetzt?" Sie sagt: „Ich bin durch die Wand hindurch und sehe den lieben Gott." „Wie sieht er aus?" frage ich. „Ein Mann mit Bart, er steht vor mir. Jetzt bin ich in einem Garten mit Bäumen, summenden Insekten und vielen Blumen. Es ist sehr friedlich hier."

Ich selbst bin in diesem Moment so überwältigt vom Auftauchen dieses zuvor nie angesprochenen Bildes. Mir kommen Tränen und ich bitte sie: „Erzähl nochmals, erzähl weiter..." Bettina erzählt und erzählt: immer wieder derselbe Garten, einmal mit diesen, ein ander Mal mit jenen Bäumen und Blumen, und immer die friedliche Stimmung. Ihr eigenes Erzählen scheint ihr körperlich gut zu tun. Immer noch mit meinen Händen am Rücken, spüre ich, daß sie sich entspannt. Dann frage ich: „Gibt es etwas hier, was besonders wichtig ist?" „Ja", sagt sie, „zwei bestimmte Bäume und der liebe Gott ist irgendwie in der Luft".

Erneute Blockade und Angstanfall mit der Frage: „Bin ich schwanger?" Ich bitte Bettina, tief in jene Stelle hineinzuspüren, wo sie meine Hände wahrnimmt. Was macht die Angst mit ihr? „Ich komme mir vor, wie wenn ich nicht mehr atmen könnte. Ich habe keinen Platz." Bettina weint. Dann sieht sie wieder den Garten. Ich treibe vorwärts in Anbetracht ihrer Angst. Bettina weint bitterlich, ich zittere. *Ich komme mir vor wie im Paradies bei Adam und Eva"*, sagt sie plötzlich stotternd und dann halb wirr: *„Dann hat sie – habe ich – in den Apfel gebissen – dann ist alles plötzlich kaputt – verfault – alles ist plötzlich lernbehindert – überall Angst. Seit da ist alles nicht mehr gut."* Sie weint noch stärker.

„Wie alt warst du, als dies geschah?" frage ich, „ein paar Wochen zum Beispiel?" „Alles zugleich. Es geschah mehrmals. Bei der Geburt, nach ein paar Wochen, mit 17 (Zeit ihrer Magersucht) und vor zwei Jahren" (Therapiebeginn bei mir). Wiederum Blockade.

Der saure Apfel: Realität ist hart

Bettina fragt, ob sie sich hinlegen dürfe. Natürlich. Ich frage wiederum: „Was siehst du jetzt?" „Immer noch den Apfel, nur den Apfel." (Bettina muß durch ihre Imaginationen wegen ihrer sonst starken Lernbehinderung viel straffer mit Fragen geführt werden als üblich. Wenn mir eine wesentliche Aussage oder Frage gelingt, wiederholt sie diese oft bis zu 10 mal als Zeichen, daß das genau ihrem unformulierbaren Gefühl entspricht. Nicht selten gehörten solche Sätze von da an zu ihrem Wortschatz, nach dem Motto: was gefühlt ist, bleibt, stimmt.) Jetzt muß ich Bettina beim Bild verweilend behalten, damit sie nicht einfach, wie sie selber sagt, „innerlich wegrennt und nichts mehr sieht, hört". „Was will der Apfel von dir? Mußt du etwas tun?" Antwort: „Hineinbeißen, ja hineinbeißen, aber ich kann einfach nicht, ich will nicht!"

Es herrscht äußerste Spannung im Raum. Meine Hände am Bauch von Bettina nehme ich weg. Jetzt meine nächste Idee: Wie würde sie sich hinlegen, wenn sie geboren würde? Bettina legt sich auf den Boden, die Beine angehoben. Ich halte ihre Füße am Rist. Es folgt ein schrecklicher Schüttelkrampf. Ich sage ganz leise: „Ich bin da, es ist gut so, laß einfach zu." Nach einer Weile bringt Bettina die Worte hervor: „Es geht nicht, ich kann nicht in den Apfel beißen."

Nach einer längeren Stille frage ich sie: „Möchtest du wissen, was der Apfel für mich bedeutet?" „Ja", sie nickt sehr interessiert. Farbe schießt sogleich in ihr Gesicht, wie immer, wenn sie etwas wirklich wissen will. Sie schaut „begierig" zu mir. Ich antworte: „Für mich heißt er: Ich will leben." Darauf reagiert Bettina. Sie wirkt betroffen. „Ja", meint sie, „auch mein Apfel ist grün wie der Frühling. Er sagt zu mir, er heiße Leben." Ich fahre fort: „Wenn Du hineinbeißt, so heißt das: Ich will leben." Bettina ist wieder blockiert, alle Bilder sind weg, die Angst hat sie in Besitz genommen.

Ich beginne, wiederum ohne zu wissen weshalb, Bettinas Beine sanft zu bewegen und ihre Füße zu streicheln. In diesem Moment sieht Bettina eine kleine goldene Schlange, wie sie gerade aus dem Apfel herauskommt, sich dreht und ringelt. Bald ist Bettina voller Freude, dann wieder von schrecklicher Angst gepackt. Die Schlange könnte sie vergiften. Auch hier Mißtrauen. Bettina krümmt sich vor Schmerz und weint.

Ich sage: „Willst du die Schlange fragen, ob sie dich wirklich vergiften will?" Bettina kann nicht. Ich streichle Bettina am Rist einfach weiter. Bettina meint: „Frag du die Schlange." Ich sage: „Die Schlange will, daß du lebst und Lust hast am Leben." Ich spüre, daß mein Streicheln bewirkt hat, daß sie die Schlange sieht. Nun findet Bettina eigene Worte: *„Die Schlange will, daß ich kämpfe und eine starke Frau bin."*

Kämpfen heißt für Bettina im Moment, Musik machen. Bettina beginnt, sich am Boden herumzuwälzen in einer Mischung von Schmerz und Lust. „Ich häute mich", meint sie. Ich beginne zu singen, ich möchte sie zum Musizieren (kämpfen) verlocken. „Jetzt bist du plötzlich neben der Schlange", meint Bettina. Dabei sieht sie mich an. Auch sie erhebt sich langsam und spielt auf dem Gong. „Die Schlange will, daß ich eine starke Frau bin", ruft sie dazu. Der Therapieraum ist gefüllt mit einer ganz neuen Kraft!

Lange Zeit musizieren wir, Bettina am Gong und ich am Klavier. Zwischendurch stockt Bettina, die Angst ist wieder da und sie ist ihrer Blockade nahe. Dann wieder beginnt sie zu tanzen und zu singen. Sie bricht ab, hat Angst, tanzt und hat Freude etc. Ich spiele einfach kontinuierlich weiter. Zeichen dafür, daß etwas weitergeht. Plötzlich unterbricht mich Bettina und sagt: „Realität ist hart, der Apfel schmeckt sauer." Dabei weint sie. Ihre gegenwärtige Realität ist wahrlich sehr hart. Und trotzdem hat Bettina gerade in diesen 1½ Stunden zu ihrer Freude gefunden. „Tanzen war schön", meint sie. „Ja", ergänze ich, „wenn du tanzen kannst, ist selbst die Realität schön". „Ja", meint sie betroffen.

Wir verbringen eine Weile damit, um in ihrem jetzigen Leben all das zu suchen, was intensiv schön ist. Tanzen ist schön, geküßt werden ist schön, essen ist schön... also ist das Leben auch ein bißchen schön.

Nochmals frage ich: „Siehst du die Schlange und den Garten noch?" „Ja", antwortet Bettina, „die Schlange ist sehr zufrieden, weil ich getanzt habe. Sie liegt da und ruht sich aus. Und die Wand ist jetzt weniger schlimm. Immer noch sehe ich das gelbe Vertrauen, es ist ein bißchen näher gerückt."

Wir schließen die Stunde ab und suchen das in die Realität hineinzunehmen, was mitgenommen sein will.

Diese eineinhalb Stunden waren für mich selbst überwältigend. Ich war dankbar und zugleich besorgt, ob Bettina solche Durchbrüche verkrafte. Am nächsten Tag erfuhr ich von ihren Betreuern, daß sie besser geschlafen habe als in den Nächten zuvor und ihnen anwesender und ruhiger erscheine. War der Tiefpunkt ihrer Krise erreicht? Überschritten?

3.2.6 Der Abschied gelingt nicht immer

Nicht nur für Bettina ist der Apfel des Lebens sauer und die Realität hart. Nicht nur sie sehnt sich ausgeprägt nach dem ganz Anderen, im Grenzbereich erahnten Ganzheitlichen.

Der Umstand, daß ein Ankommen in dieser Welt auch Abschied von einer ersten Heimat bedeutet, kann neu erklären, daß nicht alle Menschen den Weg ins Leben wirklich finden! Manche verlassen unsere Welt bereits im Mutterleib, andere unerwartet nach der Geburt. Kinder kehren in ihre alte Heimat zurück.

Gruen (1988) deutet den frühen Kindstod als „Vorzeitiges Sich-Verabschieden" des Kindes. Kindstod entsteht nach ihm aus dem Zusammenwirken von neurophysiologischen, psychischen und sozialen Faktoren. Elterliches Verhalten, z. B. nicht wahrgenommene Wut, Abspaltungstendenzen, unbewußte Ablehnung des Kindes, kann den plötzlichen Kindstod begünstigen. Betroffene Eltern haben sich gegen diese Theorie gewehrt, weil in ihr die Gefahr steckt, den Eltern die Schuld zuzuweisen. Eine ähnliche und doch andere Erklärung als Gruen gibt dieses Modell: Nicht nur die Ankunft, sondern wesentlich der Abschied ist das Problem. Umweltbedingungen können ihn erschweren, doch auch *in sich* ist dieser Schritt schwierig. Und manchen Menschen fallen Abschiede von Grund auf schwerer als anderen. Dies gilt ganz besonders für den hier gemeinten Abschied von der ganzheitlichen Ureinheit.

3.3 Das bekömmliche Drin-Sein

3.3.1 Hin- und Herpendeln zwischen beiden Seinsweisen

Die Verlagerung vom Ganzheitlichen zum Ich-Bezogenen geschieht nach diesem Ansatz allmählich und in einem Prozeß ständigen Vor und Zurücks. Der Säugling „taucht auf", erscheint aufgeweckt, als wäre das kleine Persönchen „da". Dann wieder dämmert er vor sich hin oder schläft. Im Dämmerzustand ist die Welterfahrung eine andere als im Wachbewußtsein, das Kind verweilt dämmernderweise in größerer Nähe zum Ganzheitlichen. Im Schlaf ist je nach Schlafphase anzunehmen, daß Kinder und selbst Erwachsene wieder in den Grenzbereich zum Ganzheitlichen eintauchen. Der kindliche Übergang muß als abwechselndes Auftauchen und Absinken begriffen werden. Die Zeitspannen ganzheitlicher Teilhabe nehmen mit fortschreitender Entwicklung ab, jene des ich-bezogenen Wachseins zu.[12]

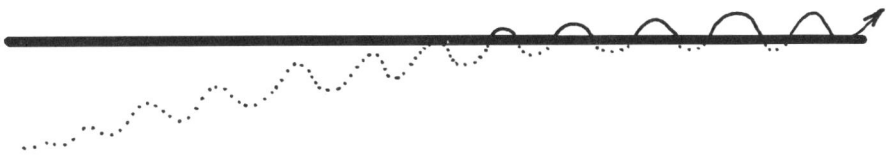

---

12 Neumann verwendet für den Ich-Werdungsprozeß das Bild der auftauchenden Insel im Meer: Das Ich wird „erst für kurze, dann für längere Zeit inselhaft bewußt" (1985, 12).
Stern (1985/1992) spricht vom Erlebnis des „auftauchenden Selbst" (S. 23, S. 61f), fragt aber nicht danach, ob dieses in den Dämmer- und Schlafzuständen wieder „absinkt", sondern nimmt allein die *wache Inaktivität* des Säuglings als Basis seiner Aussagen. Die wache Inaktivität ist für ihn das Zeit-Fenster, durch das hindurch den Neugeborenen Fragen und aus ihren Aktivitäten (Kopfwenden, Saugen, Blicken) Antworten abgelesen werden können (vgl. S. 63, S. 324). Nach Stern nimmt der Säugling seine Umwelt aktiv, ja sogar begierig, in sich auf. Von Reizschranke, wie Freud (1920) gesprochen hat, darf nicht die Rede sein, resp.: „Wenn eine Reizschranke existiert, dann sinkt ... ihre Schwelle zeitweise gegen Null ab ..." (Stern 1992, 324).
So ähnlich wird die Säuglingsbefindlichkeit im vorliegenden Modell erklärt: Nicht Reizschranke – wohl aber ein Hin- und Herpendeln zwischen zwei sehr verschiedenen Zuständen.

Eine solche Verschiebung zu einer immer ausgeprägteren ich-bezogenen Präsenz geschieht allmählich, und doch gibt es innerhalb dieses Prozesses Augen-Blicke des jähen Erwachens. Dies sind Momente, die erschrecken oder faszinieren können. Momente einer neuen Wahrnehmung, die von einer Sekunde zur anderen alles verändern: Die mütterliche Stimme wird irgendwann zum ersten Mal als das Vertraute empfunden, körperliche Schwere zum ersten Mal erlebt. Dem Säugling erscheint ein Gesicht plötzlich fremd. Das Kleinkind entdeckt unerwartet, daß Wege nicht einfach grau sind. Steinchen und Blumen am Wegrand werden zum interessanten Spielzeug. Heiß tut weh und wird plötzlich gefährlich etc. Es liegt im Wesen einer neuen Wahrnehmung, daß sie im Grunde genommen eine Erkenntnis des Augenblicks ist. Selbst Erwachsene können eines Tages voller Erstaunen oder Schreck realisieren: Da war ja schon immer dieser Baum, warum bemerke ich seine Schönheit erst jetzt (vgl. S. 311). So ähnlich muß es einem Kind in seinen neuen Wahrnehmungen und im unerwarteten Wechsel von Umgebung, Bezugspersonen oder Rhythmen (Tagesrhythmen, Eßrhythmen, Schlafrhythmen...) ergehen. Jähes Erwachen löst sowohl Neugierde als auch Angst aus.

3.3.2   Grundannahme: Urgeborgenheit – bevor Abhängigkeit von der Umwelt empfunden wird

Auf das älteste, als Einheitswirklichkeit bezeichnete Dasein folgt ‚das bekömmliche Drin-Sein im Großen', ein Zustand des Inmitten. Ich-Ansätze sind bereits so weit zur Differenzierung fähig, daß sie instinkthaft zwischen dem Eigenen und dem Ganzen unterscheiden. Doch sie vermögen Umwelt noch nicht in einzelne Bestandteile zu zerlegen. Umwelt ist das umfangend Große. Das Eigene ist in diese Umhüllung eingebettet und von ihr *getragen, behütet, geborgen* und *genährt*. Es wird einfach so, ohne wahrnehmbares eigenes Hinzutun, versorgt. Es ist symbiotisch eins, fast eins mit dem Großen, doch nicht mehr völlig an ihm teilhabend. Aus der einstigen Ureinheit ist eine *Zwei-Einheit* geworden. Die im äußersten Grenzbereich aufgefangenen Ahnungen von der Einheitswirklichkeit sind dem Gefühl gewichen, in etwas Größerem drin zu sein. Dieser Zustand ist, obwohl immer noch tief unbewußt, bereits bewußtseinsnäher als derjenige zuvor.

Ein Drin-Sein im umfangend Großen hat vorerst *ausschließlich bekömmlichen* Charakter. Dies, weil das Kind noch so stark im ganz anderen beheimatet ist, daß es sich von dort her genährt erfährt. Negative Einflüsse wie z. B. mütterliche Depressionen während der Schwangerschaft sind zwar Teil dieser Umwelterfahrung, werden aber nicht als solche registriert! Die Abhängigkeit von der Umwelt wird noch nicht gespürt. Ebenso wenig die eigene Bedrängnis, Bedürftigkeit, vielleicht sogar Anomalie. Selbst der Tod bedeutet noch Rückkehr und wird in großer Verbundenheit zum Ganzheitlichen hingenommen.

Natürlich erfährt jedes Kind diesen Zustand in eigener Dauer, zu eigenem Zeitpunkt und in eigenem Hin- und Herpendeln! Es bleibt offen und individuell verschieden, wann und wie oft der einzelne Embryo/Fötus/Säugling im Gefühl des bekömmlichen Drin-Seins dämmert und wie häufig seine Ich-Ansätze bereits zwiespältig empfinden und Angst signalisieren. Bei heutigen Kindern unserer Kultur ist das bekömmliche Drin-Sein primär in der frühen intrauterinen Zeit anzusiedeln. Es kann sich – je nach Anlage, Erfahrungen und Umwelt – auch über die Geburt hinaus erstrecken, und es stellt sich häufig trotz dazwischen liegenden Angsterfahrungen wieder ein. Säuglinge versinken neben großen Turbulenzen immer wieder in Schlaf. Wenn Säuglinge tief glücklich zu sein scheinen und doch nicht ganz da sind, sind sie innerlich nochmals in der Nähe des ganz anderen, entweder im Schwellenbereich oder im bekömmlichen Drin-Sein. Doch es gibt auch Kinder, bei denen aus ihren späteren Reaktionen und Krankheitssymptomen geschlossen werden muß, daß sie bereits intrauterin größte Ängste durchgestanden und also – zumindest vorübergehend – das bekömmliche Drin-Sein bereits damals verlassen haben mußten. Die Erfahrung von Übergang ist individuell! Das eine Kind scheint schon bald nach der Geburt vieles gegenständlich wahrzunehmen, signalisiert häufig Hunger/Schmerzen/Angst und ist darum absolut auf eine einfühlsame Umgebung angewiesen. Ein anderes träumt noch Monate, bisweilen gar Jahre, vor sich hin. Und selbst beim träumenden Kind können Dämmerzustände ebenso als Flucht wie als wirkliches Angeschlossensein ans ganz andere interpretiert werden.

Auch das Kollektiv mit seinen Eigenheiten und Anreizen kann den Übergangsprozeß beschleunigen oder verlangsamen. Eine klar ausgestaltete, belebte, ja reizüberflutete Umgebung regt zu immer früher einsetzenden Differenzierungen an. Im Sinne einer Tendenz ist anzunehmen, daß der Übergang und die Verschiebung der Wahrnehmung immer früher beginnen und sich immer rascher vollziehen: Die Welterfahrung heutiger Kleinkinder kann durchaus vergleichbar sein mit derjenigen von ausgewachsenen Menschen aus vorgeschichtlicher Zeit. Gerade dann sind Mythen in ihrem Entstehen neu verständlich: Sie sind Ausdruck menschlicher Befindlichkeit im Übergang. Von Erwachsenen ursprünglich erzählt und festgehalten und an Erwachsene gerichtet, werden sie heute speziell von Kindern unmittelbar verstanden.

Wo Übergang immer früher einsetzt und sich immer rascher vollzieht, beginnt auch die Abhängigkeit von der Umwelt und die Anfälligkeit für Störungen immer früher! Das bedeutet: eine kinderverträgliche Umwelt und eine einfühlsame Erziehung werden gerade in frühen Phasen kindlicher Entwicklung immer wichtiger. Das heißt aber auch: Das Schwergewicht seelischer Nöte verlagert sich immer mehr in Richtung Frühstörungen! Glücklicherweise gibt es auch Anzeichen für eine säuglingsfreundliche Atmosphäre und Betreuung: Rooming-in, Snugli, Babymassage, intuitive Handhabung der Stillzeiten, neue Vätergeneration etc. [13]

3.3.3 Umwelt als Schwingungsumgebung und Musik

Das umfangend Große wird hier physikalisch als *Schwingungsumgebung* begriffen. Ein Kind – gleichgültig ob intra- oder extrauterin – ist von Schwingungen umgeben. Es lebt in Schwingungen, bildlich gesprochen in einem ,*musikalischen Uterusraum*', drin. Längst bevor es Gegenstände und Personen erkennt, ist es für Schwingungen empfänglich. Materie und alles Leben ist letztlich Schwingung. So ist es auch möglich, daß alles schwingungsmäßig erfahrbar ist, bevor im Detail erkannt. Die Schwingungsumgebung, wie sie in diesem Modell begriffen wird, umfaßt sämtliche Einflüsse, die noch nicht als solche, d.h. differenziert, wahrgenommen werden. Gegenstände und Personen, die bereits erkannt werden, gehören, obgleich immer noch Schwingung, nicht mehr zur Schwingungsumgebung, da primär konkret, gegenständlich und bewußtseinsnah registriert. Der Begriff Schwingungsumgebung meint hier also das *unbewußt Umfangende*, das *atmosphärisch und energetisch Wirksame*. Als solches geht es jeder konkreten Erfahrung voraus. Was von außen betrachtet „Bauchwand", „Fruchtwasser", „Stimmungen

---

13 Die Annahme eines immer früher einsetzenden Differenzierungsprozesses könnte auch zur Klärung beitragen in der Frage: Kann der Säugling differenzieren oder lebt er in einer Einheitswirklichkeit?
Stern (1985/1992) verneint die These der Undifferenziertheit und widerlegt die traditionellen psychoanalytischen Ansätze (S. 72f). Zahlreiche Untersuchungen weisen eindrücklich darauf hin, daß bereits Neugeborene und Säuglinge zu erstaunlichen Differenzierungen fähig sind. Um nur einige Beispiele zu nennen: Neugeborene können die Milch ihrer Mutter von derjenigen einer anderen Mutter unterscheiden (MacFarlane 1975). Ähnliches gilt für die Stimme der Mutter (vgl. DeCasper & Fifer 1980). Auch zeigen Säuglinge schon bald besonderes Interesse für das menschliche Gesicht im Unterschied zu anderen Mustern (vgl. Stern 1992, 64, 97). Zwei bis drei Tage alte Säuglinge können sogar Lächeln, Stirnrunzeln und Überraschung im Gesichtsausdruck eines lebendigen Interaktionspartners unterscheiden (vgl. Stern 1992, 97).
Das vorliegende Modell stellt solche und ähnliche Ergebnisse nicht in Frage, wenn es, auf eigene Weise, von Zuständen fern aller Differenzierung spricht. Diese wollen als *neben* (Schlafmomente neben Wachmomenten) und *vor* (intrauterin statt nachgeburtlich) der einer Beobachtung zugänglichen ,wachen Inaktivität des Säuglings' begriffen werden. Die immer früher einsetzende Wahrnehmungsverschiebung, wie sie hier postuliert wird, würde sich dann so auswirken, daß sich manches ins Intrauterine hinein verlagert hat, was früher dem Säugling zugeschrieben wurde.

von Mutter und Vater", „Großeltern", „Hektik einer Gesellschaft" etc. heißt, fließt für das werdende Ich vorerst ins schwingungsmäßig Umfangende ein. Umwelt bedeutet solange Schwingungsumgebung, als das Kind im Mutterleib, der Säugling selbst nur dämmernd anwesend ist.

Schwingungen sind Musik, eine Schwingungsumgebung ist Musik im weitesten Sinne des Wortes. Übergang geschieht wesentlich über das Medium Musik! Mit zunehmender Präsenz im Ich-Bezogenen wird Musik anders wahrgenommen. So meine These aufgrund zahlreicher Therapieerfahrungen: In dieser Stufe der Bewußtwerdung, im bekömmlichen Drin-Sein, hat ein minimales Gespür für Rhythmus und Zeit eingesetzt. Dies bewirkt, daß der Grundklang allen Seins ein- und auszuklingen beginnt. Er wird irdischer, lebensnaher. Noch immer wird hauptsächlich Klang und Raum, Klang-Raum, empfunden, doch verändert der Klang seinen Charakter. Er ist nicht mehr das seiende Ganze, sondern wird zur großen Hülle, zum bergenden Uterusraum, zum Urraum/Uhrraum, der Puls zum darin tickenden, verläßlichen Etwas. Der Klang entfaltet sich in großen Zeit-Räumen. Etwas Eigenes ist spurenhaft im großen Klang, in der Masse von Schwingungen drin spürbar. Es empfindet diesen Klang nicht mehr als „stehend" oder ewig, sondern eingebettet in ein unscheinbares Anschwellen und Abschwellen. Im Ein- und Ausklingen ist Rhythmus wirksam. Doch Rhythmus ist noch nicht dominant und nicht als eigene zeitliche Kraft wahrnehmbar. So klein die Ich-Ansätze, so anfangshaft ist die Empfindung für Rhythmus und Zeit. Das Rhythmuserleben, das seinerseits ein minimales Gedächtnis, ein vorhandenes Gespür für vorher und nachher voraussetzt, ist erst im Werden. Darum erscheint Rhythmus erst unmerklich im Klang drin, als dem Klang zugehörig. Das werdende Eigene erfährt sich im Klang geborgen und wird von der darin wirksamen Kraft des Rhythmus angeregt, gewiegt, belebt.

Die Begriffe Klang und Rhythmus werden im Alltag weniger klar gegeneinander abgegrenzt. Selbst Musiktherapeutinnen sprechen zuweilen von Rhythmus als Synonym für paradiesische Geborgenheit oder verweisen auf das hohe Regressionsangebot des Rhythmus (Loos 1986, 109, und andere Therapeutinnen, mündliche Informationen). In dieser Formulierung bleibt für mich unbeachtet, daß Rhythmus nur durch den Klang überhaupt hörbar wird.[14] Es kommt nicht zum

---

14 Rhythmus ohne Klang ist annäherungsweise vorstellbar als totenstille zeitliche Ordnungsidee. Struktur ohne Substanz, die geregelt werden will. Man kann sich eine Zugfahrt im Gegenüber eines Teenagers mit perfekt isoliertem Walkman ausdenken: Der Kopf des Teenagers bewegt sich im immerselben Rhythmus (oder Puls), ohne daß man mithören kann, weshalb. Sähe man den Walkman nicht, man griffe sich an den Kopf. – Das Gegenteil, Klänge ohne (wahrnehmbare) Rhythmen/Zeit/Regelung ist ebenso unnatürlich: ein nie endender Preßluftbohrer, ein andauernder Summton, endlose Stille! Und selbst diese Geräusche enthalten Rhythmen (in Form von

Ausdruck, daß nicht die Zeitmarkierungen selber (z. B. Trommelschläge), sondern die Zeit-Räume dazwischen, Raum gewähren. Nicht der Rhythmusaspekt einer Musik, sondern ihr Klangaspekt vermittelt Raumgefühle und Geborgenheit. Klang und nicht Rhythmus umfängt. Der mehr oder weniger intensive Klang entscheidet darüber, wie sanft sich diese Hülle und wie weich sich diese Ur-Höhle anfühlt. Rhythmus ist – in diesem Stadium – auf andere Weise wichtig: er läßt an- und abschwellen. Ins Ewige kommt das Pulsierende hinein (vgl. indischer Mythos, Abschnitt I, 3). Das Eingebettetsein des Klanges in die Gliederung eines Pulses gibt dem Gefühl des Umfangen-Seins den Charakter des Konstanten, Verläßlichen, Vergänglichen und zugleich immer Wiederkehrenden, Lebenden. Nicht Rhythmus, sondern das ausgewogene, sanft lebendige Zusammenwirken des großen Klanges mit dem werdenden Rhythmus holt Ahnungen von uteriner Geborgenheit aus dem Unbewußten hervor! Und weil im Zustand des Drin-Seins im Mütterlichen das Empfinden für Rhythmus und Zeit sich noch so in den Anfängen befindet, wird dieses zusammenwirkende musikalische Ganze noch wesentlich als Klang empfunden.

Auch wo das im Mutterleib heranreifende Kind schon auf die Mutterstimme reagiert, ist Rhythmus beteiligt. Die Stimme ist wie die Melodie Verbindung zwischen Klanglichem (Tonmaterial) und Rhythmischem (Zeiterfahrung, Betonungen). Rhythmus ist auch hier wirksam, wird aber anfänglich nicht als eigene Qualität wahrgenommen. In der Mutterstimme wird noch nicht das Individuelle erkannt. Viel eher – so meine These – wird diese Urmelodie vorerst als ‚Stimme des großen Mütterlichen' empfunden. Dieses trägt, ‚liebt', tröstet und wichtig: ist einfach da!

3.3.4 Ganzheit als nährend mütterliche Umfangung

Das ursprünglich Ganze wird in der Stufe des bekömmlichen Drin-Seins zum umfangend Großen, und Ich-Ansätze werden zum Kleinen, Eigenen. Wo das Ganze umfängt, sind die Ich-Ansätze enthalten, im Umfangenden drin. Hier steht erstmals eine für alle weitere Entwicklung wesentliche Polarität im Raum: *winzig klein – riesengroß, enthalten – umfangend, hervortretend – bergend*. Noch gibt es in diesem Verhältnis weder Ängste noch Machtprobleme, da das Eigene im ganz Anderen geborgen ist. Die Ich-Ansätze erfahren diese Zweieinheit als ein friedlichsymbiotisches Zusammengehören. Sie stehen in einer Frühform von Beziehung zu

---

kleinsten Schwingungen und ihren Perioden), nur sind diese nicht als solche hörbar. Das Gefühl von „stehenden Klängen" ist höchstens Annäherung ans Ganzheitliche.

Ganzheit oder Gott. Es gibt bereits so etwas wie einen schwingungsmäßigen Austausch, ein selbstverständliches Fließen zwischen Werdendem und Umhüllendem, eine gegenseitig organische Anpassung zwischen Mutter und Kind. Sogar phylogenetisch kann von Anpassung der Organismen an immer komplexer werdende Lebensumstände gesprochen werden, denke man z. B. an die Ohrentwicklung. Tomatis (1987) begreift selbst diese organische Anpassung als „Kommunikation" (S. 103f).

Mythologisch gesprochen beginnt jetzt die Beziehung zwischen der Großen Mutter und dem Sohn, wobei der Ausdruck ‚Beziehung' viel zu bewußt ist für das hier gemeinte symbiotische Zusammenleben. Von der Großen Mutter wird gesagt, daß sie alles Leben gebärt und die sterblichen Überreste gütig wieder in sich aufnimmt. Sie nährt, trägt, spendet Geborgenheit. In ihrem todbringenden Aspekt wird sie später als bedrohlich und verschlingend gefürchtet. Wer ist eine solchermaßen *Große Mutter?*

Für mich ist die Große Mutter einerseits vorstellbar als Schwingungsumgebung. Als solche wurde sie vom Kind und vor Urzeiten von ausgewachsenen Menschen *real* erlebt, als das Umfangende schlechthin. Sie verkörpert Ganzheit in ihrem bergenden und nährenden Charakter. Im mythologischen Motiv der Großen Mutter nehmen an sich bildlose Erinnerungsspuren aus frühester Zeit Gestalt an. Andererseits ist die Große Mutter mehr, als was vom einzelnen Menschen konkret erfahren werden kann. Sie ist Inbegriff einer bestimmten, nämlich bergenden Energie des Ganzen und tritt in dieser Eigenschaft bereits in Gegensatz zu einer anderen. Ursprünglich ungeschieden, eins, wirken in diesem Stadium auch die Energien des Ganzen in verschiedenen Tendenzen.[15] Es ist, als stünden hinter aller Ich-Werdung auch entsprechende energetische Kräfte: Die Energie, die hervorruft und zeugt, neben derjenigen, die umfängt, nährt und beseelt. Ich-Werdung wird in dieser Schau weder rein zufällig, noch nur materiell begriffen. Die Urkräfte, die Leben auslösen und hintergründig begleiten, sind im ganzen, in Gott angelegt. Und gerade weil die Große Mutter nicht nur Symbol für das persönlich Erfahrene ist, sondern auch Gefäß einer Urenergie, wird sie auch in unserer Zeit und Kultur auf immer neue Weise lebendig. Das Energetische drängt nach Gestaltung.

Das Drin-Sein im bergend Mütterlichen will als zweite wesentliche Ganzheitserfahrung begriffen werden, als *Ganzheitserfahrung B* (vgl. Übersicht D). Sie steht für eine friedlich aufeinander abgestimmte Dualität von Mutter(-leib) und Kind, phylogenetisch von Schöpfung und Geschöpf, Natur und Kreatur. In dieser Symbiose erfährt sich das werdende Ich – phylogenetisch das mit zunehmendem Bewußtsein ausgestattete Tier/der Urmensch – genährt, behütet, geborgen. Gebor-

---

15 Im phylogenetischen Übergang wurden sie hier vielleicht erstmals in ihrer Polarität manifest.

genheit im eigentlichen Sinne ist erst jetzt möglich, wo ein Umfangendes vage erahnt wird und ein Drin-Sein dadurch körperhafter, konkreter empfunden wird.

3.3.5 Das Männliche im Weiblichen drin – eine bildhafte Analogie

Es ist weder Zufall, noch typisch patriarchalische, noch feministische Wertung, wenn alles Umfangende als weiblich, alles Enthaltene – später Heraustretende – als männlich charakterisiert werden. Vielmehr ist dies eine in der Natur begründete Zuordnung, die sich auch andernorts wiederfindet. In der Eigenschaft, bergend und umfangend zu sein, erinnert Ganzheit an das Weibliche. Die Mutter umfängt das werdende Kind, das Weibliche umfängt im Geschlechtsakt das Männliche. Das weibliche Prinzip in Frau und Mann empfängt, umfängt und trägt aus. Diese unbewußte Nähe des Weiblichen zum Großen, Umfangenden führt dazu, daß ein Drin-Sein im Großen mit einem Drin-Sein im Weiblichen in Verbindung gebracht wird.

Dies entspricht wohl nicht dem, was ein Kind/der Urmensch in seinem frühen Drin-Seins erlebt(e), doch es will als bildhafte Wirklichkeit wahr sein. Analogien wie das Weibliche oder das mütterliche Gefäß entstehen erst in späteren Phasen des Übergangs, wenn das Ich in symbolischen Bezügen lebt und sich somit in Bildern ausdrücken kann.[16] Dann jedoch sind sie die beste Annäherung an das einmal Erlebte.

Ähnliches gilt für das Bild des Helden, welches für das im Werden begriffene Eigene und dann für das heldenhaft hervortretende Ich steht. Das Ich wird aus späterer Sicht mit dem Männlichen in Verbindung gebracht. Im Bild des Helden kommt sein Kampf um Befreiung aus dem ursprünglichen Enthaltensein zum

---

16 Der Kulturphilosoph Gebser (entnommen aus Teichmann 1992) unterscheidet innerhalb der Menschheitsgeschichte verschiedene Entwicklungsphasen, deren Spuren sich auch heute noch in jedem Menschen als Strukturen abgeschichtet haben. Die heutige, ... rationale Kultur ist zielgerichtet und basiert auf dem hellen Tagbewußtsein. Die davorliegende mythische Struktur ist bildhaft, geleitet von den großen sich in Traumbildern und Mythen niederschlagenden Urbildern. Sie entspricht unserem heutigen Traumbewußtsein und ist historisch der vorgriechischen Epoche zuzuordnen. Die noch ältere magische Struktur ist auf Kraftströme ausgerichtet, Bildinhalte fehlen. Sie entspricht unserem heutigen Schlafbewußtsein. Historisch reicht sie ins Steinzeitalter zurück, von dem es ethnologisch erforschte Reste auch in unserem Jahrhundert noch gibt. Magische Naturheilpraktiken wie Regenmachen deuten auf die unmittelbare Verbindung von Kraftzentren im Menschen und in der Natur hin (vgl. S. 252).
Was Gebser phylogenetisch zu umschreiben versucht, ist hier auch Bestandteil des je persönlich erlebten Überganges. Vom Schlafbewußtsein – zum Traumbewußtsein – zum Tagbewußtsein. Oder anders formuliert: vom Bildlosen – zum Bildhaften und Analogen – zum Rationalen.

Ausdruck. Am männlichen Körper wird die Fähigkeit, sich aufzurichten, angriffig zu werden, sichtbar. Die Entwicklung des Ichs und des ich-bezogenen Bewußtseins geschieht bei Mann und Frau symbolisch im Zeichen des Männlichen. Das symbolisch Männliche ist es, welches sich später einmal aus dem Gefühl des Drin-Seins, aus dem Bergend-Weiblichen, Unbewußten herausentwickelt.

Das symbolisch Männliche erschöpft sich aber nicht im Ich oder dem Bild des Helden. Auch das in aller Ich-Werdung mitwirkende Streben nach Gestalt und Leben, jene Energie des Ganzen, welche Entwicklung (mit-)auslöst und vorantreibt, steht innerhalb dieser Analogie im Zeichen des Männlichen. So wie es eine Energie des Bergenden gibt, so auch jene des Hervortretens, Hervorbringens, Hervorrufens. Obrist (1990) spricht auf seine Weise von derselben Zuordnung. Er schreibt von einigen wenigen Grundformen oder Bedeutungskategorien innerhalb der Vielfalt der Archetypen: „So gibt es z. B. einen Archetypus des Bergenden und einen des Hinaustretens in die Ungeborgenheit (auch Archetypus des Weiblichen und Männlichen genannt)" (S. 53).

Wie diese zwei Energien, auch Urkräfte genannt, auf den Menschen einwirken, wie sie ganz konkret erfahren werden, kann über Musik nachvollzogen werden. Klang ist eine Urerfahrung des bergend Weiblichen. Klang ist Substanz, Sein; Materie klingt. Klänge stehen für die Hingabe an das Unendliche, öffnen Räume, machen weit und schließen an eine Fülle möglichen Seins an. Rhythmus ist Urerfahrung der anderen, symbolisch männlichen Kraft. Dies entgegen einer immer wieder assoziierten Verbindung zwischen Rhythmus und weiblichem Menstruationszyklus. Rhythmus selber darf nicht mit dem Wesen von Stirb und Werde verwechselt werden! Dem Rhythmus, dem Zyklus, wohnt das *Prinzip* von Stirb und Werde oder der *Impuls* zum immer neuen Werden inne. Doch das, was wirklich stirbt (ausklingt), wieder wird (einklingt) und doch gleichsam unsterblich ist (unhörbar immer schwingt), ist Klang oder das Sein. Der Rhythmus macht, mit dem Klang wird gemacht! Rhythmus bewegt (schickt auf den Weg), Klang wird bewegt. Rhythmus bietet zeitliche Struktur an, Klang wird strukturiert. Gerade am Rhythmus kann das Wesen und Wirken der männlichen Urkraft erkannt werden: Rhythmus bringt Leben und Bewegung ins einfach Seiende, das Vergängliche ins Ewige, Regelung in die klangliche Substanz. Er führt aus der ganzheitlichen Urordnung hinaus und in eine neue Ordnung, nämlich diejenige der Zeit hinein. Rhythmus ist die Kraft, die zum Ankommen ins irdische Leben drängt. Rhythmen ziehen, peitschen, saugen, wiegen in den Fluß des Lebendigen hinein. Wesen und Aufgabe der urmännlichen Energie des Ganzen! Trotz diesen von allem Anfang an geradezu mächtigen Wirkens wird diese zweite Kraft aber vorerst nicht als eigene wahrgenommen. Sie steht noch im Zeichen des Enthaltenen, sie befruchtet im Innern des Urweiblichen drin und wird erst später zum Heraustretenden, Eigenen.

3.3.6 Die friedliche „Paar-Einheit": Göttin und Sohn, Großmutter und unverteufelter Teufel

Ur-Bilder eines symbiotisch aufeinander Bezogenseins sind uns aus Mythos und Ritus, aus Bibel, Märchen und Traum bekannt. Über Analogien wie bergend/nährend = weiblich, enthaltend und hervortretend = männlich wird eine Urerfahrung auf verschiedenste Weise immer neu thematisiert. Dabei geht es immer um Gegensatzpaare, die genau als solche begriffen werden wollen. Sie verweisen auf ein Werden oder sich Wandeln *des einen im anderen drin*, auf ein bekömmliches Zusammenwirken zweier gegensätzlicher Kräfte, auf irrationale Zugehörigkeit des Einen zum anderen. Um nur einige zu nennen: Göttin und Ähre, Erdreich und Pflanzen, Rose und Dorn, Hirt und Herde, Weide und Lämmer, Baum und Schlange.... Immer gibt es dabei das Große, Nährende, Hütende, Seiende und das Kleine, Dynamischere, welches dem Großen zugehört. Eine Zweieinheit von Umfangendem und Enthaltenem. Je Ausdruck von Erinnerungsspuren aus der Urzeit des bekömmlichen Drin-Seins im Großen!

Manches Symbol-Paar spricht tendenziell stärker die real erlebte Zwei-Einheit zwischen der Ganzheit und dem werdenden Ich an: Hirt-Herde, Weide-Lämmer, Erdreich-Pflanzen. Andere betonen mehr den energetischen Aspekt, die für diese Frühphase typische Verbindung zwischen dem bergend Weiblichen und dem noch darin enthaltenen Männlichen. Es sind dies: Muttergöttin und Sohn-(Gemahl), Priesterin und Inspiration, Göttin und Ähre, Große Mutter und die in Dionysos verkörperte transpersonal männliche Geistkraft (vgl. Neumann 1974, 79f)[17]. Wieder andere wie Baum und Schlange, Weinstock und Rebe/Traube, Rose und Dorn erscheinen unter beiden Aspekten.

Ein besonders aussagekräftiges Bild für die noch friedlich aneinander gebundenen Urkräfte ist die Großmutter und der so gar nicht im Teuflischen wirksame Teufel. Dazu ein Märchen aus dem slavischen Sprachraum:

„Von den drei goldenen Haaren des Greises Allesweiß" (Sirovatka et al. 1977). Dieses Märchen ist sehr wohl vergleichbar mit dem Grimm Märchen: „Der Teufel mit den drei goldenen Haaren" (Band I). Doch das äußerst Bedrohliche wird in der slavischen Version viel positiver dargestellt. Kein Räuber, sondern die Patin vertauscht die Briefe. Der Märchenheld muß nicht zum Teufel und seiner Ellermutter, welche im Sorgestuhl sitzt, gehen, sondern zum Greis Allesweiß und seiner Mutter, welche sich zugleich als die schicksalsbestimmende Patin des Jünglings selbst entpuppt. Der Greis Allesweiß ist selbst Sonnenball und nimmt drei Gestalten an. Am Morgen ist er Knabe, am Mittag Mann und am Abend Greis. In jeder Nacht birgt seine Mutter, die Schicksalsgöttin, seinen goldenen Kopf in ihrem Schoß, während er den Schlaf seiner Erneuerung schläft. Sie hütet und behütet, nimmt auch den ratsuchenden Jüngling in ihre sorgende Obhut. Der Greis weiß, wie

---

17 Hier ist jener Teil des Dionysischen gemeint, der noch nicht umgeschlagen hat in den negativen Pol des Wahnsinns.

verdorrtes Leben neu lebendig werden kann. Er wird als gute Seele beschrieben, sofern er selbst nicht allzu hungrig ist. Er erhebt sich am Morgen vom Schoß seiner Mutter wie der Wind, ist bewegt und neu belebt.

Dieses *Paar* ist im Märchen äußerster Punkt der Grenzerfahrung des Helden und als solcher *Ort ewiger Erneuerung*. Sie nimmt das Sterbende gütig in sich auf und entläßt es wieder freimütig, er verkörpert den Impuls des immer neu ins Leben Eintretenden, selbst im Wandel Begriffen. Sie hütet, beseelt, er beflügelt und löst Wandlung aus. In dieser je eigenen und sich ergänzenden Wesensart wirken die beiden auch auf den hilfesuchenden Märchenhelden ein. Das Paar ist in sich eine geheimnisvolle Verknüpfung zwischen dem Urweiblichen und dem Urmännlichen! Quelle allen Lebens! Ort, wo bergendes Sein und hervortretendes Werden noch unverwünscht zusammen liegen!

Genauso wollen hier die Energien des Ganzen verstanden werden. Ein Paar, das älter ist als alle Verhexung und Verteufelung. Die beiden *sind* einfach, und Erneuerung geschieht selbstverständlich. Weder Mutter noch Sohn müssen besonders agieren noch reagieren. In diesem einfach seienden und sich ewig erneuernden Charakter erinnert dieses Paar an das Pflanzenreich. Stirb und Werde geschieht auch im Pflanzenreich einfach so, ohne spezielle Anstrengung, ohne Wut, ohne Wegbereitung zur Rache, ohne geforderte Dankbarkeit. Dieses einfach Seiende und immer neu Werdende der vegetativen Ebene trägt der Mensch als Bestandteil des behüteten, bekömmlichen Drin-Seins in sich. Menschen begegnen dieser Urerfahrung etwa in Träumen vom ewigen Grün, vom Grab und dem Auferstandenen, vom Rosenkönig und seinem unblutigen Mahl. Unblutig heißt hier: älter als alle Erfahrung von Gewalt, von Not, welche zum Agieren und Reagieren drängt. Noch ist nichts blutrünstig geworden. Es wird noch nicht gekämpft, geschlachtet, und wo geopfert wird, hat das Opfern einen anderen Stellenwert. Die Frage nach der Macht stellt sich hier (noch) nicht! Das Männliche, obgleich unscheinbar im Weiblichen drin wirkend, ist noch so ans Weibliche angeschlossen, daß sich jede Frage nach Macht erübrigt. Was der Mutter gehört, gehört auch dem Sohn. Dasselbe gilt für die Ich-Ansätze im Mütterlichen drin. Zweieinheit ist immer auch *Ein*heit. Das Paar wird in der Wahrnehmung dieser frühen Phase zum Einen; das werdende Ich erlebt sich und die hinter aller Ich-Werdung mitwirkende männliche Urkraft als ans große Mütterliche angeschlossen. Es erfährt „Drin-Sein", „Behütet-Sein", „in ihrem Dienst sein". Damit ist ein Zustand angesprochen, aber noch nicht die eigene Befindlichkeit als Partner des symbiotischen Ganzen. In einem Traumbild ausgedrückt, erfährt es „Höhle", aber nicht „*ich* bin in der Höhle drin". Genau deshalb erscheint und erschien dieser Zustand – ungeachtet aller realer Bedrohung – bekömmlich: das Eigene ist nie wirklich bedroht, sondern dem Großen zugehörig, welches alle Bedrohung überdauert! Im eigenen Sterben „überlebt es" als Teil des unvergänglich großen Mütterlichen. Es hat teil an ihrer Unsterblichkeit. Und im Geboren-Werden ist es noch nicht „sich", sondern ihr zugewandt, Teil ihrer Erneuerungsfähigkeit.

Die Erfahrung dieser symbiotischen Einheit darf aber nicht darüber hinweg-täuschen, daß im Grunde genommen ein Paar am Wirken ist. Mutter *und* Kind, Natur *und* Kreatur, weibliche *und* männliche Energien des Ganzen. Nur so ist die „Paar-Einheit" bergend und hervortretend, empfangend und zeugend zugleich. Das Bergende gebiert nicht einfach aus sich heraus, obgleich in frühen Stufen mensch-licher Bewußtwerdung so wahrgenommen. Die Große Mutter allein wäre weder lebensspendend noch fruchtbar. Die männliche Urkraft wirkt unsichtbar im weib-lich Bergenden drin. Sie will als solche beachtet und geachtet sein, und zwar im unscheinbar enthaltenen Zustand ebenso wie später, wo alles Heraustreten offen-sichtlich wird/geworden ist.

Fehlt diese Achtung, wird schon jetzt – im Stadium des Ungeborenen, phylo-genetisch des Tieres, Urmenschen, Steinzeitmenschen – eine spätere Entzweiung der Partner, ein Kampf bis hin zum Patriarchat geradezu vorprogrammiert!

3.3.7 Gottesbilder, die vom behüteten Drin-Sein künden

Erinnerungsspuren aus dem bekömmlichen Drin-Sein werden im späteren my-thisch-bildhaften Erleben zu entsprechenden Gottesbildern verarbeitet. Die in Kap. II, 3.2.1 erläuterten Gottesbilder verwiesen auf einen absolut unfaßbaren, ungeschiedenen Urzustand ewigen Seins. Hier zu umschreibende Ahnungen von Gott sind bereits recht konkret und vielfältig. Ich unterteile im Nachfolgenden in zwei Aspekte:

1) Gottesbilder bringen zum Ausdruck, wie sich der Mensch in dieser Bewußt-seinsstufe im ganzen geborgen, „bekömmlich drin" erfuhr/erfährt. Solche sind u.a.:
❑ Ein göttlicher Urgrund, welcher trägt und nährt. Die ewig grünenden Weiden.
❑ Bilder vom Großen Weiblichen und später von der Großen Mutter. Das Königreich des Vaters, das einer Frau gleicht (vgl. Thomasevangelium, Logion 97, entnommen aus van Ruysbeek et al. 1993). Lobpreisung und Verehrung rund um das Geheimnis der Fruchtbarkeit. Fruchtbarkeitsgöttinnen.
❑ Muttergottheiten, denen Menschen, Tiere und Pfanzen zugeordnet sind. Mutter Erde. Das friedliche Zusammenleben verschiedener Tiere als paradiesisches Sein.
❑ Der hehre, große, großartige Gott (Hiob 38, 1-41).
❑ Der raumschaffende Gott. Wohnen, Schutz finden, leben dürfen im Haus des Herrn (Psalmen 4, 5, 27). [18]

❑ Der nährende Gott und die wunderbare Speisung. Das Brot[19], das nicht alle wird. Die Mahlgemeinschaft, vorerst allerdings nur als tief unbewußte Verbundenheit.

❑ Der bergende und barmherzige (hebräisch = mutterschößige) Gott, der alle und alles aufnimmt, ohne nach gut und böse zu fragen. Gott als Mutter, die das Kind nicht vergißt (Jesaia 49, 15-16). Die tröstende, heilende, erhörende Gottheit. „Birg mich im Schatten Deiner Flügel" (Psalm 17).

❑ Der sanftmütige und beruhigende Gott. Gott, der den Sturm besänftigt (Markus 4, 35-41). Gott, der im Säuseln des Windes daherkommt (Elias, 1 Könige 19, 20).

❑ Die Schutzmantelmadonna oder Maria mit ihrem Kind, die aber gefühlsmäßig die Gestalt der Mutter Jesu übersteigt. Das naturnahe Umfeld des göttlichen Kindes mit Stall und Hirten.

❑ Der Schoß der Großen Mutter, die Hand Gottes, als Ort der Rückkehr und des Neuwerdens. Geheimnis von Tod und Auferstehung. Bilder von Überleben auf dem Wasser (Mose im Binsenkörbchen, Noah in der Arche).

❑ Der gute Hirte im Gegensatz zum Taglöhner.

Jesu Leben und ganze Botschaft wollen im Grunde nichts anderes, als den Menschen an diese Erfahrung des grundsätzlich bekömmlichen Drin-Seins rückbinden. *Alle* sind geliebt. Die Wunder- und Heilungsberichte Jesu sind auf dem Hintergrund dieses Modells verständlich als ein Zurückfinden/Zurückgeführtwerden zu dieser Urerfahrung des Menschen.

2) Gottesbilder aus dem behüteten Drin-Sein beinhalten aber mehr als das individuelle Geborgensein in Gott. Gott selbst erscheint bisweilen als „geteilt", als Paar, als Zwei-Einheit. Ausdruck der bereits polar wirkenden Urkräfte! Es sind dies Gottesbilder, die auf eine beginnende tief unbewußte Dynamik und Beziehung in Gott selbst hinweisen:

❑ Gott als Seiender und Werdender.

❑ Weinstock und Reben (Johannes 15, 1-17).

❑ Der bergende und der hervortretende Aspekt Gottes: Mutter-Kind, Vater-Sohn. Fruchtbarkeit in Gott selbst.

---

18 Hillmann (1981) verweist auf die jüdische Mystik von Zimzum: Gott, allgegenwärtig und allmächtig, war überall. Er füllte das Universum mit seinem Sein. Wie konnte dann die Schöpfung vor sich gehen? Nicht durch Ausstrahlung, indem Gott aus sich selbst ausströmte, denn da war kein Raum; und wäre Raum gewesen, dann bedeutete das eine Unvollkommenheit Gottes, eine leere Stelle, wo ER nicht war. Darum mußte Gott schöpfen, indem er sich zurückzog. Durch Selbst-Kontraktion, Selbst-Konzentration erschuf er das Nicht-Er, das andere.

19 Im Unterschied zum Brot ist der Fisch nicht gleichermaßen der vegetativen Ebene zuzuordnen.

❏ Jesu Beziehung zum Vater. Vater (Mutter) und Sohn sind eins. Was dem Vater gehört, gehört auch dem Sohn. Jesus als Tür zum Vater (Johannes 10, 7-10).

❏ Im Anfang war das Wort und das Wort war bei Gott, und das Wort war Gott (Johannes 1, 1).

❏ Dürckheim (1979/1985) spricht von der Dreieinheit Fülle (= Vater, Schöpfer) – Gesetz (= Sohn, Wort, Logos) – Einheit (= Einssein von Vater und Sohn) (S. 72).

❏ Im Geheimnis der Dreifaltigkeit wird die Beziehung zwischen Vater und Sohn in der Gestalt des Hl. Geistes thematisiert und bisweilen dargestellt im Taubensymbol (vgl. Taufe Jesu, Lukas 3, 21-22; Markus 1, 11f; Matthäus 3, 16f). [20]

Der Zusammenhang zwischen diesen beiden Gottesbild-Aspekten ergibt sich einerseits aus dem frühen Empfinden der Menschen: Was an sich selbst erlebt wurde (Zwei-Einheit), wurde auch in Gott gesehen. Andererseits gilt auch das Umgekehrte: das in Gott selbst Ausgelöste (zweierlei Urkräfte) wurde im Menschen und seinem Erleben konkret. Darum ist Gottes Sohn beides: Teil der Zwei-Einheit in Gott *und* Menschensohn, Logos/Wort *und* Fleisch. (Das Wort ist Fleisch geworden, Johannes 1, 14.)

Vielen Frauen fällt es schwer, sich in Bildern von Vater und Sohn wiederzufinden. Der Zugang wird leichter im Wissen um die Symbolaussage: das Ich-bezogene, das Hervortretende ist „Sohn". Das Umfangende ist (wäre!) „Mutter". Unter dem Einfluß des Patriarchats erhielt die mütterliche Gottheit väterliche Züge. Damit sich Menschen von heute nicht nur in ihrer Urerfahrung, sondern auch in ihrem Kulturgut wiederfinden können, dürfen die Bilder des Männlich-Behütenden keinesfalls wegfallen. Doch sie wollen wieder in ihrem ursprünglich mütterlichen Charakter erkannt, ja gefühlt und durch neue, auch weibliche Bilder ergänzt werden. Ob mütterlich oder väterlich, die wesentliche Aussage dieser Gottesbilder liegt darin, daß sich der Mensch „drin", genährt, getragen, behütet, beschirmt weiß.

3.3.8 Urvertrauen, Frühform des Geliebtseins und entsprechende Seelenbilder

Die Erfahrung des bekömmlichen Drin-Seins schlägt sich in der menschlichen Seele als Urvertrauen, geliebt zu sein, nieder. Es ist, als würde die sanfte Umhüllung

---

20 Schroer (1992) schreibt: „Das Taufgeschehen offenbart, daß Jesus der Mensch ist, in dem/auf dem die Weisheit/der Geist Ruhe findet. Als Symbol der Sophia, als Botschaft von ihrer Liebe und als Zeichen ihrer Gegenwart in Jesus, kommt die Taube der ‚Göttin' Sophia/des Pneuma" (S. 18/19).

das werdende Eigene ,lieben'. Und umgekehrt! Auch das werdende Ich ist dem Großen Mütterlichen zugewandt. Obwohl der Ausdruck Liebe wiederum zu bewußt ist für den in dieser Stufe stattfindenden Austausch, erinnert der friedliche Charakter dieses Gebens und Nehmens an Liebe. Als gäbe es über allem und unter allem eine liebevolle Hand oder Atmosphäre. Ich spreche hier von einer „Frühform der Liebe und des Geliebtseins". Diese ist allumfassend und alldurchtränkend. Das heißt: es geht nicht um Mutterliebe, sondern um Gottes Liebe und nicht um kindliche Liebe, sondern um eine allen Geschöpfen innewohnende Weise des Bezogenseins! Diese Frühform von Liebe ist wie die noch ältere Erfahrung des „in Ordnung Seins" nicht an Leistungen, Begabungen oder Besitz gebunden. Sie gilt jedem und erreicht, in biblischen Bildern gesprochen, auch Aussätzige, Dirnen und Zöllner. Sie ist Boden für die spätere, immer bewußter werdende Liebesfähigkeit.

Urahnungen der umfassenden Liebe sind – wie Urahnungen des Glücks – Göttergaben. Die Erfahrung behütet, geborgen, geliebt und bekömmlich drin zu sein, wird und wurde verinnerlicht und gehört wie das noch ältere ,In-Ordnung-Sein' zur Quelle des menschlichen Urvertrauens. Ähnlich wie Erfahrungen zum Paradiesischen können auch diese Erinnerungsspuren in Träumen und Imaginationen heutiger Menschen aufleuchten. So entstehen Gewißheiten wie:

❐ geborgen und geliebt zu sein
❐ trotz aller Last und eigener Problematik getragen zu sein
❐ geschützt zu sein, unter einem guten Stern zu stehen
❐ genährt, gesättigt, an den Lebenspuls angeschlossen zu sein
❐ in vieler Hinsicht fruchtbar zu sein.

Urahnungen des Geliebtseins kommen in Therapien zum Ausdruck in Bildern wie: „Da ist eine Hand, die mich schützt." „Ich komme mir vor wie das kleine Geißlein im Märchen, das im tickenden U(h)rraum Schutz findet" (vgl. Grimm 1984, Band I). Oder „in meiner äußersten Not war es, als sei ein Engel dagewesen". Verschiedene Menschen haben mir berichtet, wie sie in schwierigsten Kindheitssituationen überlebten, weil sie sich der Liebe einer Person oder der Nähe einer göttlichen Gestalt gewiß waren. Immer wieder treffe ich etwa folgende Bilder und Erfahrungen an:

❐ Das Bild eines bergenden *Mutterschoßes, Mutterhauses,* einer *großen Hand.* Eine Mutterfigur muß nicht einmal körperhaft gesehen werden, ihr Schoß allein oder die im Traum gehörte Gewißheit der Beschützung genügen. Etwas Kostbares ist durch einen *Schutzmantel,* Schirm oder Hut beschützt, beschirmt, ,behütet'. Eine Frau erfuhr ein solches Behütetsein im übergroßen Mantel ihres Vaters.

❐ *Höhlenbilder* aller Art. Höhlen, die vor wilden Tieren, ungemütlichen klimatischen Bedingungen oder bösen Menschen schützen, aber auch Bilder von

Uterushöhlen aller Art. Ein Kind träumte einmal von der Achselhöhle seines Vaters, die so groß war, daß man sich darunter verbergen konnte.

❏ Das Bild einer *unerschöpflichen Wasserquelle*. Das Wasser kann zum *Lebenswasser, zur Wassermutter, zum großen Teich*[21] werden. Die Wasserquelle versiegt nie, alle können trinken soviel sie mögen. Zuweilen spendet sie sogar Milch. Das Wasser wird als friedlich plätschernd, angenehm benebelnd erfahren. Orientierungen sind im Wassergefühl unnötig. Die eigene Schwerelosigkeit wird als angenehm geschildert (Erinnerung an das vorgeburtliche Leben im Fruchtwasser?).

Weggänge aus diesem tragenden Gefühl sind verschieden: Das Wasser kanalisiert[22] sich, es entstehen Flüsse[23] und daneben Ufer, Land, Straßen. Allenfalls bleiben genau zwei Bächlein (Erinnerung an zwei Mutterbrüste?). Oder ein kleines Schiffchen schaukelt auf dem (im!) Meer.

❏ Genährt zu sein, ohne essen zu müssen, kann in Extremfällen ganz real, am eigenen Leib, erfahren werden. Der Zustand kann mehrere Tage andauern und wird als „genährt von einer Himmelsspeise" beschrieben, was nichts zu tun hat mit Verweigerung.

❏ Bilder oder das Spüren der Anwesenheit eines *Schutzengels*, bisweilen der Hand einer Bezugsperson.[24]

Eine Klientin berichtete, daß sie als Kind wütend geworden sei, wenn ihr gesagt wurde, sie habe ihren Großvater nie gekannt, da vor ihrer Geburt gestorben. Schon als Kind hatte sie sich zur Wehr gesetzt und behauptet, sie sei ihrem Großvater im Sessellift zwischen Himmel und Erde begegnet, als er gegangen und sie gekommen sei. Von diesem Großvater träumte sie nun als Erwachsene: er war ihre große Schutzgestalt. Ihr Engel?

❏ Bild von der Himmelskuppel und vom Glücksstern. Noch im Mittelalter war der Himmel für die Menschen eine beschirmende Kuppel. Noch heute träumen Menschen vom Himmelsgewölbe, das schützend über ihnen mitwandert. Sterne und leuchtende Kometen werden wie der Bethlehemstern zum Wegführer.

---

21 Neumann (1985) schreibt:
„Erst wenn man die Symbolik des uroborischen Zustandes des Enthaltenseins im Runden richtig interpretiert, versteht man, warum die Bezeichnung ‚Autismus' für diese Phase unzuständig ist. Der Bezogenheits- und Eroscharakter der Urbeziehung drückt sich – dem vor-ichhaften Zustand entsprechend – kosmisch und welthaft transpersonal und noch nicht personal aus. Deswegen heißen die Symbole der Vorzeit unter anderem Paradies und Urheimat, Rundes, Meer oder Teich" (S. 16).

22 vgl. Märchen von Imap Ukua (Gebert 1989, 144)

23 vgl. auch Bibel, Genesis, 2, 10-14

24 Im früher umkreisten äußersten Grenzzustand wurden Licht und Wärme als Erfahrungen beschrieben, demgegenüber geht es jetzt eher um eigentliche Gestalten, Lichtgestalten, Engel.

Andere fühlen wie das Sterntalermädchen (Grimm 1984, Band III): Die Sterne fallen ihnen in den Schoß. Wo die reale Kleidung fehlt, wird über das größere Ganze Schutz erfahren.

☐ Die *Mutter Erde* kann als Gestalt oder als schwarzer, fruchtbarer, verläßlicher Erdboden erfahren werden.

☐ Bilder der *zweiten Mutter,* auch *Großmutter.* Die gute Große Mutter taucht in Träumen und Märchen gerade dort auf, wo das irdisch Mütterliche nicht genügt oder sehr ambivalent erfahren wird. Sie nährt, gewährt oder liebt zuwenig und wird darin zur „Stiefmutter". Kompensatorisch taucht ein Urbild der Mütterlichkeit auf, welches dort nährt, wo Nahrung vermißt wird und dort liebt, wo es an Liebe mangelt. Märchen sprechen davon, daß die verstorbene Mutter etwas Kostbares hinterläßt, das eine Mutter-Aufgabe erfüllt. (Vgl. Aschenputtel in Grimm 1984, Band I.) Im Märchen von *Frau Holle* (Grimm 1984, Band I) kommt die Große Mutter mit ihrem unteren Reich zu Hilfe, wo die obere Welt unerträglich wird. Oder es findet sich eine *Kuh,* respektiv eine *Ziege,* die sich beim Weiden anbietet, das verstoßene Kind zu ernähren (Einäuglein, Zweiäuglein, Dreiäuglein in Grimm 1984, Band II und die tönende Linde in Slavische Märchen, Sirovatka et al. 1977).

Ein Beispiel aus der Therapie mit einem 9½ jährigen Mädchen: Brigitte inszenierte über mehrere Wochen immer dasselbe Puppenspiel: Das Kind fand nie den Heimweg. Einmal irrte es im Wald umher, ein andermal verirrte es sich in einem Warenhaus, immer stand es verzweifelt vor demselben Problem. Da kam ich einmal auf den Gedanken, während ihres Puppenspiels Monochord zu spielen, und zwar ohne, daß ich dies Brigitte mitteilte. Da ich mich beim Spielen hinter einem Vorhang befand, das Monochord leise tönte und Brigitte nicht reagierte, war kaum anzunehmen, daß sie mich in meinem Vorhaben bemerkt hatte. In dieser Stunde fand das Kind im Puppenspiel erstmals den Heimweg. Die Mutter war zwar nicht zu Hause,[25] doch in der Stube saß die Großmutter auf dem Schaukelstuhl.

Zeugnisse von umfassender Glückseligkeit sind oft Mischungen beider Urerfahrungen: Einheitswirklichkeit (A) und bekömmliches Drin-Sein (B). Unterscheidungen sind höchstens tendenziell möglich: Das Absichtlose, Friedliche, das In-Ordnung-Sein ist der Ganzheitserfahrung A zuzuordnen; das Geliebt-, Genährt-, Geborgen- und Fruchtbarsein verweisen auf Ganzheitserfahrung B. Ersteres war der Zustand des Seins schlechthin, das zweite ist Erfahrung eines „Inmitten".

Beide Qualitäten zusammen bilden den Boden für das menschliche Urvertrauen. Aus ersterer wachsen Vertrauensgefühle ins Ganze. Letzteres hinterläßt das Grundgefühl des Guten trotz ansatzweise vorhandener Not. Die Ahnung um ein

---

25 Dies kann ebenso gut Bild für eine Situation ohne „mütterlichen Schutz" sein wie Ausdruck der real abwesenden Mutter.

gewisses Böse oder um einen Mangel spielt schon insofern mit, als Liebe, Schutz und Nahrung überhaupt erwünscht und benötigt werden.

3.3.9 Erlösung vom Bösen geschieht durch Rückkehr ins verinnerlichte bekömmliche Drin-Sein

Kein späteres menschliches Versagen kann die älteste Liebeserfahrung wegradieren, höchstens verschütten. Auf sie kann darum auch inmitten eines noch so großen Leides, inmitten von eigener Boshaftigkeit und scheinbarem Verfluchtsein zurückgegriffen werden. Weil dieser unerschütterliche Boden menschlicher Urerfahrung existiert, ist Umkehr möglich und als äußere wie innere Realität erfahrbar. Im Loslassen wird der Mensch aufgenommen von der einst gütig erfahrenen Großen Mutter, welche auch wieder bereitwillig in neues Leben hinein entläßt. Ähnlich der Mutter Erde, welche im Herbst die Überreste der Pflanzen aufnimmt, neuen Humus bereitet und alles Leben im Frühling wieder aufkeimen läßt! Ihr Schoß als bergendes Element ist Gefäß der Wandlung. Darin ist ihr Sohn, der selbst die Wandlung verkörpert und zum erneuten Hervortreten bewegt, zu finden. Unsere Angst vor dem Sog einer Regression ist meistens zu groß; am Grund des Mütterlichen angelangt, drängen Lebensimpulse von selbst wieder hinaus.

Stirb und Werde geschieht durch ein Loslassen in diese früh angelegte Seelenschicht hinein. Dabei wird erfahren, daß das Mütterlich-Schwingungsmäßige trotz allem später Gewordenen immer noch gleich sanft umhüllt. Fixierungen, Verhexungen, Entzweiungen können losgelassen werden. Das Große Weibliche erhält seinen ursprünglich liebevoll bergenden Charakter wieder, das Männliche kann im Zeichen neuer Lebenslust auferstehen. Wo vorher Angst war, bricht Vertrauen durch, wo Antriebskräfte fehlten, erwacht neue Angriffigkeit, und aus dem eigenen Bösen wird wertneutrale Kraft oder erlöste Liebe. Selbst die Energien des Ganzen, das Urweibliche und das Urmännliche können vom Ursprung her miteinander versöhnt werden.

Die in den christlichen Konfessionen bedeutsame Gnade, die Taufe oder Vergebung sprechen im Grunde genommen diesen Vorgang an: Leid, das erlitten und zugefügt worden ist und Leid, in welches das Kind ungewollt einfach hineinwächst, wird losgelassen in eine größere, durchtragende, ewig währende Mütterlichkeit hinein. Das Gewordene wird losgelassen auf dem Hintergrund der Zusicherung, daß genau durch die Rückkehr in den Mutterschoß Tod und Auferstehung möglich sind. Dazu ein Traumausschnitt einer jungen Frau:

120

Ich kauere im fruchtbarsten Teil des Gartens meiner Mutter. Etwas veranlaßt mich, böse zu werden. Ich spüre meine eigene Bosheit, die mich in Bann hält. Ich bin in ihr gefangen wie hinter fünf dicken Glasscheiben. Sie macht mir jedes liebevolle Reagieren unmöglich. Da höre ich eine allmächtige Traumstimme sprechen: ‚Dein Böses beruht auf dem Leid, das dir als Kind angetan worden ist.' Ich kann körperlich spüren, wie etwas, das ich als Kind erfahren habe, mich immer wieder einholt und böse werden läßt. Ich werde tief traurig und schaue auf den Gartenboden. Da sehe ich ins Gesicht meiner Mutter, sie hat unsäglich liebe Augen.[26] Es sind ihre Augen und doch nicht ihre Augen. Sie schauen mich einfach an. Nach jedem bösen Impuls meinerseits bleiben sie einfach lieb. Dies stundenlang, bis sich eine Scheibe nach der anderen auflöst. Da ist die Mutter wieder verschwunden, und ich sehe, befreit von allen Scheiben, die vielen Gemüsesorten hier im Garten. Nun kann ich für viele Menschen kochen und an alle verteilen, soviel sie wollen (= wirklich in der Liebe sein).

3.3.10 Aline: „Die Erdmutter tröstet mich, auch wenn ich noch so böse bin."

Aline, eine junge Frau, kam seit einiger Zeit zu mir in Therapie. Sie litt an psychosomatischen Krankheiten, z. B. an einer plötzlich auftauchenden halbseitigen Lähmung. Sie wußte nicht, weshalb die Lähmung kam und weshalb sie später wieder ging. Medizinisch war wenig zu machen. Ebenso verlor sie unvermittelt für kurze Zeit die Erinnerung und hatte ihr selbst unverständliche Gedächtnislücken. Sie vergaß alle Träume, und tagsüber lebte sie in ständiger Angst.

Als besonders beschämend bezeichnete Aline ihre zeitweilige Bosartigkeit. Sie sei immer böse, auch wenn die anderen, z. B. ihre Mutter, lieb seien. Und manchmal meinte sie, Menschen seien doch letztlich bösartige Geschöpfe. In der Frage, was sie konkret mache, wenn sie böse sei, antwortete sie: „Ich bin wütend, ich denke schlecht, ich hasse mich. Ich bin böse, wenn ich nicht länger krank sein will, wenn ich meinen eigenen Weg gehe, wenn ich nicht so bin, wie die anderen mich haben wollen. Ich bin böse gegen meine Schwester und in dauernder Wut gegen meinen Chef." Manchmal meinte sie: „Ich habe so etwas wie einen Aussatz, ich *bin* einfach böse."

Noch bevor Aline ihre verborgenen Leidenshintergründe umkreiste, berührte sie auf ihre Weise das ‚Große Gute'. Dies begann allmählich. Aline hörte gerne Musik, am liebsten, wenn ich auf dem Klavier das Lied „Abendstille überall" spielte. Dann meinte sie: „Es wird so still in mir, fast friedlich." Ein anderes Mal sagte sie: „Wenn mir nichts mehr möglich ist, wenn ich nicht einmal mehr weiß, was ich soeben sagen wollte, dann ist mir immer noch möglich, Musik zu hören."

Einmal kommt Aline und sagt: „Ich habe keine aktuellen Sorgen, abgesehen davon, daß ich so böse bin." Ich entgegne provokativ: „Hinter deinem Bösen sind Gründe, Kindergefühle, Erfahrungen." Aline hört, nimmt auf, ihr wird schlecht im Bauch. Sie wiederholt meine Worte und spürt nach, ob sie diese erträgt. ‚Ja", meint sie. Was ihr dazu ganz spontan in den Sinn komme, frage ich. Sie stottert halb verwirrt: „früher... komisches Gefühl im Bauch... Klopfen irgendwo... Traurigkeit, Beengnis, Dunkel... ich verstehe nichts, alles ist böse... ich bin ganz klein." Aline ist kreidebleich. Nach einer Weile sagt sie: „Jetzt ist mir wieder genau so wie vor der Lähmung.

---

26 Die (Große) Mutter mit lieben Augen ist Bild für die Verbindung Mutter-Sohn. Im Großen und in der Liebe kommt das Bergende, im Verbindlichen des Blickes, der bewegt und meint, kommt das Hervortretende zum Ausdruck. Augen vgl. Kap. II, 3.4.20.

Damals kippte es plötzlich um in mir." Ich lobe sie, daß sie die Erinnerung und Annäherung an diesen Zustand zuläßt. Ob dies wohl mit Hilfe meiner Gegenwart auszuhalten sei, frage ich. Aline bejaht. Mir selber wird nun heiß, und ich merke, daß alles Weitere zuviel wäre. Ich lenke ab, lade Aline ein, das für sich zu wünschen, was ihr gut tue. Möchte sie Musik machen, hören, oder wünscht sie Berührung? Zu meinem Erstaunen meint Aline: „Ich habe kein Gefühl für Berührung. Ich weiß nicht, was das innerlich ist. Aber ich will es ausprobieren." Sie legt sich hin. Vorsichtig, und immer im Kontakt mit ihr und ihren Rückmeldungen, berühre ich sie. Zuerst an den Händen, dann am Kopf. Aline liebt es, berührt zu werden. Sie *fühlt* die Berührung, Wärme, Schauer, Kontakt! Doch plötzlich stößt mich Aline weg und meint: „Ich bin viel zu böse. Du darfst mich nicht berühren, sonst wirst du auch noch angesteckt." Ist Böse-Sein ansteckend? Aline versinkt wieder in einen halbanwesenden Zustand. Was soll ich machen? Ich weiß nicht warum, ich berühre Aline nochmals am Kopf. Genau ihre sogenannte Bösartigkeit will ich berühren und singe dazu das Schweizer Kinderlied: „Heile, heile Säge, drei Tag Räge, drei Tag Schnee, tuet's dä Aline nüme weh." Ich wiederhole das Lied immer neu. Farbe kommt in Alines Gesicht. Und nach einer Weile sagt sie: „Das ist so, wie wenn es eine Erdmutter gibt, die alles verwandelt. Böses wird plötzlich gut. Die Erdmutter tröstet mich, auch wenn ich noch so böse bin." – Ich bin sprachlos. Ist Aline in dieser Stunde auf den tragenden Grund des großen Mütterlichen gestoßen? Wir schauen uns noch eine Weile an, schließen dann die Stunde ab mit der Erinnerung an den Segen der guten Erdmutter.

Auch in der folgenden Stunde taucht die innere Erdmutter mitten in der Not auf. Aline vernimmt in sich das tröstliche Kinderlied. Dabei ist ihr, als liege sie auf dem Boden der Erdmutter und umgeben von deren großen Armen. Jetzt ist Aline wieder vom Gefühl besessen, böse zu sein. Ich lasse sie abwechselnd folgende Worte sprechen: „Ich bin böse, ich bin nicht böse... ich bin böse, ich bin nicht böse." Dabei soll sie möglichst den Kontakt zur Erdmutter behalten. Aline spürt diesen Worten nach und ergänzt unvermittelt: „Wenn ich von der Erdmutter geliebt bin, dann bin sogar *ich* lieb."

Kurze Zeit nach der soeben geschilderten Erfahrung kam Aline wieder mit der festen Überzeugung, einfach böse zu sein. Sie wühlte in meinen Kasperlefiguren herum, zeigte auf den Teufel und meinte: „Der da treibt sein Spielchen mit mir. Ich will gar nicht böse sein, aber ich *bin* es. Es redet mir immer böse über andere." Eine Selbsterkenntnis? Ein Leiden am eigenen Getrieben-Sein vom Bösen? Ungelebte Lebenslust?

Unvermittelt erinnere ich mich an eine Heimfahrt im Auto mit Aline am Steuer: Aline gab Gas, beschleunigte schnell, fuhr zielsicher und energisch. Auf mein Erstaunen angesprochen, sagte sie, sie fahre immer so. Diese Fahrt ließ mich schon damals aufhorchen: Ist die kranke Aline in Wirklichkeit eine Frau mit sehr viel Energie?

Ich erinnere nun Aline an die damalige Fahrt und frage sie, wo ihre Kraft derzeit sei? „Verschwunden", meint sie nur achselzuckend. „Ich bin keine Powerfrau, das meinst du nur." Ich bohre weiter: Ob sie gerne mit Kasperle spiele? Ob sie überhaupt gerne spiele? Aline zögert, dann sagt sie in schroffem Tonfall, sie liebe das Theaterspiel, aber nicht jetzt, dazu sei sie zu müde. Ich antworte provokativ: „Entweder kannst du mit deiner Kraft lustvoll spielen, etwas machen, daraus arbeiten, inspiriert schreiben... oder sie treibt ihr Spielchen mit dir." Ich warte Alines Reaktion gar nicht ab, sondern gehe ans Klavier und spiele ein Stück, das den Namen „Tanz mit dem Teufel" trägt. Ein Stil von ganz anderer Art als Aline mich je spielen hörte. Dazu bewege ich mich, mache Mimik und schaue sie an. Aline lacht. Ich fordere sie zum Mitmachen auf. Instrumente, Tücher, Anreize sind genug da. Tatsächlich – ich traue meinen Augen und Ohren nicht: Aline beginnt zu tanzen, rhythmisch zu reden, zu spotten und mit lärmenden Rasseln zu spielen. Powerfrau live! Oder die Erlaubnis, noch einmal einfach Kind sein zu dürfen. Gefangene, noch ungesteuerte Lebensenergie wird noch im Mutterschoß drin frei. Es spinnt uns! So würden Zuschauer in ihrer Moral denken. Doch genau darum scheint es zu gehen. Aline meint am Ende der Stunde: „Ich war ja richtig unvernünftig, ich habe mich völlig vergessen. Ach, wie war das schön." Hat Aline im Spiel eine Alternative zur bösen Zunge gefunden?

In der folgenden Woche kommt Aline und meint verschmitzt: „Es wirkt: Die Powerfrau tut. Und die Erdmutter findet es gut."

Aline tauchte später wieder in lange Zeiten der Krise ein. Als sie den Text dieses Kapitels las, sagte sie: „Das bin ich, ja, ich erinnere mich. Und doch hört sich alles wie ein Wunder an. Bin das wirklich ich?"

Erlösende Erfahrungen wollen viele Male durchlebt werden, bis sie als neue innere Wirklichkeit abrufbar sind.

3.3.11 Musikerfahrungen zum bekömmlichen Drin-Sein

Der Übergang geschieht nach diesem Modell wesentlich über ein sich veränderndes Musikerleben. Das akustische Ganze, welches das heranreifende Kind umgibt, nimmt im Laufe der frühesten Entwicklung immer neue Bedeutungen an. Mit zunehmender Ich-Bezogenheit wechselt das musikalische Erleben vom ausschließlich Klanglichen, Zeitlosen zum Musikerleben im landläufigen Sinn: als Zusammenwirken von Klängen, Rhythmen, Melodien, Dynamik, Form.[27] Spezifische Musikerfahrungen können später das in einzelnen Übergangsstadien Erlebte neu lebendig werden lassen.

Musikerfahrungen, die besonders das einstige bekömmliche Drin-Sein aktivieren, sind nach meinen Erfahrungen Klänge, in welche frühestes Rhythmus- und Zeitempfinden miteinfließt. Beispielsweise Klangreisen, die das Gefühl von einem großen Puls und dem sich darin entfaltenden Klang geben. Eingebettet in die ewig rhythmische Wiederkehr kann sich das Eigene nochmals im Schoß der Großen Mutter tragen lassen. Herzschlag der Großen Mutter! Das Zeitempfinden ist eingeschränkt, unwichtig, man wird höchstens in die Zeit hineingewiegt. *Rhythmus im Klang drin*, Herzschlag *im* Bauchraum, frühe Ahnungen von Individuellem im Grenzenlosen drin!

Instrumente und Musikweisen, die Ahnungen eines Drin-Seins im Großen auslösen können, sind z. B. der sanft pulsierend gespielte Gong, der Surdo oder die ebenso gespielte Trommel, ferner Rituale in Kreisform mit einem Puls in der Mitte. Hier ordne ich auch den 6/8 Rhythmus ein, der häufig in Wiegenliedern und Hirtenmusik auftaucht (vgl. Loos 1986, 105). Nennenswert sind ferner Hirten-

---

27 Vgl. die fünf Teilgebiete der Musikimprovisation bei Hegi (1986).

weisen, Klänge von Horn, Alphorn, Didgeridoo, (Pan-)Flötenmusik, Mozartmusik,[28] Glucks Reigen seliger Geister aus Orpheus und Euridike.

Wichtig ist immer auch jene Musik, die der Klientin und der Therapeutin persönlich nahesteht. Ein Instrument, das sich viele meiner Klientinnen für Klangreisen wünschen, ist eine weich klingende, pentatonisch gestimmte Steal Drum. Und von erstaunlicher Wirkung sind immer auch meine eigenen, in meiner Krankheitszeit entstandenen Klavierstücke.

Speziell erwähnen möchte ich die Bedeutung von Liedern und Stimmen. Sie lehnen sich häufig an die uralte Muttererfahrung an. Je nach persönlicher Vorliebe sind es eher Wiegenlieder, Kinderlieder, Heimatlieder, Weihnachtslieder, Osterlieder oder die wohlmeinende Stimme der Frau Holle auf einer Kinderschallplatte. Lieder und Stimmen reaktivieren nicht primär Erfahrungen vom großen Klang, sondern – so meine Interpretation – von der Stimme des Großen Mütterlichen.[29] Als würde man – mit Bonhoeffer – nochmals hören: Von guten Mächten wunderbar geborgen!

3.3.12 Bettina: „Ich liege auf der Liebe einer Großen Mutter"

Urgefühle des Geliebtseins sind nirgends so verschüttet, daß nicht Spuren davon aktiviert und erstmals bewußt werden könnten. Dies lehrte mich Bettina. Im Kapitel II, 3.2.5 wurde bereits von ihr berichtet. Schon in der darauffolgenden Stunde wagt sie einen neuen grundlegenden Vertrauensschritt:

Wieder sieht Bettina imaginierend sogleich die grauschwarze Bauchwand. Sie muß, wie sie sagt, das *dahinterliegende Vertrauen holen gehen.* Das Vertrauen ist nach wie vor gelb. Doch vorerst rückt die Wand näher, wirkt kalt, und plötzlich ist alles um Bettina herum Wand.
Bettina will, wiederum total blockiert, die Imagination abbrechen und fragt unzählige Male: „Darf ich jetzt gehen oder weglaufen?" Ich muß sie mit Festigkeit und Schlauheit immer wieder ins Geschehen hereinholen. (Angesichts von Bettinas großer Angst finde ich es wichtiger, sie durch

---

28 Liegt vielleicht ein Grund für die immer wieder genannte große Wirkung der Mozartmusik im eigenen Urvertrauen Mozarts? Wenn ich folgenden Ausschnitt aus Mozarts Briefen (1988) auf mich wirken lasse, so meine ich fast, in Mozart sei die Todesangst überwunden. Schon in jungen Jahren schreibt er:
„Ich lege mich nie zu Bett, ohne zu bedenken, daß ich vielleicht den anderen Tag nicht mehr sein werde. Und es wird doch kein Mensch von allen, die mich kennen, sagen können, daß ich im Umgang mürrisch oder traurig wäre. Und für diese Glückseligkeit danke ich alle Tage meinem Schöpfer und wünsche sie von Herzen jedem meiner Mitmenschen" (S. 374).

29 Ist hier vielleicht auch die Bedeutung der gefilterten Mutterstimme bei Tomatis (Tomatis 1987, 29-32, 192) einzuordnen?

ihre Widerstände hindurchzuführen, statt diesen Raum zu gewähren.) Jetzt frage ich Bettina, ob ich sie berühren soll. Sie antwortet: „Ja, dort wo die Rückbindung ist am Rücken." Kaum spürt sie meine Hände, so stellt sich ein sehr intensives *Violett* als inneres Bild ein, reine Farbe.

Dann ist Bettina wieder in der schwarz-grauen Wand drin und beschreibt diese als Karton. Bettina weiß plötzlich: „Ich muß das Violett befreien." Doch immer noch steckt sie im Zustand des Grauen (auch des Grauens!) drin. „Das Wasser ging verloren!", sagt sie mit fast lebloser Stimme. – Ich denke an das früh verlorene Fruchtwasser!

Eine Weile lang herrscht Totenstille, Erstarrung. Ich verändere die Szene, indem ich Bettina vorschlage, sich wie ein Kind im Mutterleib hinzulegen. Kaum in dieser Stellung, sieht Bettina in der grauen Wand einen Punkt. „Der Punkt ist ein Dreieck, ich muß dorthin." „Wie kommst du dorthin?", frage ich. Sie weiß nicht wie und scheint wieder aufzugeben. Die Szene wechselt viele Male zwischen Angst und Vertrauen. „Jetzt sehe ich meine Mutter. Ich habe Angst vor ihr. Sie ist der Karton. Natürlich, ihre Bauchwand war die Wand." Ich staune über Bettinas Kombinationsfähigkeit! Bettina bleibt eine Weile im Grauen drin. Hält sie dies aus? Ich fühle eine Spannung in mir. Bettina sagt tonlos: „Es stockt."

Ich merke, daß jede Berührung an einer neuen Körperstelle einen neuen Impuls auslöst. So berühre ich sanft ihre Stirne. Da sieht Bettina intensives Grün, saftig, leuchtend mit gelb vermischt. Im Gelb ist das Vertrauen, im Grün steckt heute der Schlangenimpuls, der ins Leben lockt.

Doch die Hoffnung hält nicht lange an – erneute Blockade. Bettina ist verzweifelt. Was sie wohl machen müsse, wenn sie schwanger sei und ob sie nicht doch schwanger sei? Erfahrungsgemäß hat es in solchen Momenten keinen Sinn, mit ihr darüber zu sprechen. Ich habe vielmehr das Gefühl, Bettina müsse durch ihre innere Wand hindurchkommen. Ich warte ab. Doch nichts geschieht. Nur Grau, Grauen und nochmals grau. Jetzt fühlt sie nicht einmal mehr grau. Nichts ist da. Die Spannung in mir wächst. Meine Berührung an Bettinas Stirn scheint nicht mehr richtig zu sein.

Schließlich, ohne viel zu überlegen, zeichne ich ihr ein Kreuz auf die Stirn. Bettina ist schon wieder am Imaginieren, sie sieht intensiv violette Farbe. Das Violett wird fast unerträglich. Sie sagt: „Violett ist wie Geschlechtsverkehr, aber ein anderer... einer mit etwas anderem." Dabei zittert sie und äußert Angst. Angst, im Geschlechtsverkehr kaputtzugehen, überwältigt zu werden und Angst, im Trockenen zu liegen.[30]

Nach einer Weile des Drin-Seins im intensiven Violett, schaut mich Bettina plötzlich verlockend an. „Wie ein kleines verschmitztes Kind", denke ich. Ein Schlangenimpuls! Sie zieht die Decken über sich, wickelt sich ein und erlebt sich als *geschützt*. (Demgegenüber fühlt sie sich zur Zeit nicht vor einer Schwangerschaft geschützt.) Dasselbe Wort wählt sie nun für ihr Wohlbehagen. Muß Bettina den grundsätzlich vermißten Schutz im Bereich des guten Mütterlichen holen? Ein Schutz vor dem Violetten?

Bettina befreit sich aus den Decken und will Schlange sein. So spielt sie lustvoll auf der Melodica. „Ich bin eine schwache Schlange und möchte stärker werden", meint sie. Das Ende der Therapiestunde naht. Bettina verläßt den Raum und kommt nochmals zurück. Sie setzt sich ans Klavier und spielt, was ich noch nie zuvor von ihr hörte: *Großer Gott wir loben Dich.*[31]

---

30 Auch in den späteren Stunden fällt auf, daß Bettina immer bei der violetten Farbe Angst hat. Einmal denke ich für mich: „Bedeutet violett für sie Geschlechtsverkehr mit dem Numinosen?" Meine Ahnung scheint recht zu bekommen: Violett wird zunehmend als „heilige Stimmung" bezeichnet. „In dieser Stimmung mischt sich alles" – und genau das ist zur Zeit beängstigend. Seltsam: Violett ängstigt Bettina und trotzdem muß sie nach eigenen Worten „das Violett aus dem Grauen befreien." Bettina meint dazu: „Violett lebt wenigstens, das ist besser als das Nichts."

Ich bin beeindruckt. Meine Gedanken kreisen noch eine Weile um dieses Geschehen. Bettina hat vordergründig Angst vor geschlechtlicher Berührung, Angst in ihren Genitalien verletzt zu werden, Angst vor Operationen, vor Abtreibung etc. Ich muß erkennen, daß dahinter mangelnder Schutz überhaupt ist. Als wäre Bettina damals ohne umgebendes Fruchtwasser Gott selbst gleichsam nackt ausgesetzt gewesen. „Geschlechtsverkehr, aber ein anderer!" Bettinas bisheriger Schutz vor dieser totalen Angst war ihre Lernbehinderung, doch der Preis dafür hoch. Jetzt kommt mir Bettina vor, als wäre sie nochmals im Grenzbereich zwischen Ganzheitlichem und Ich-bezogenem drin. Nochmals der damaligen Situation voll und ganz ausgesetzt, doch mit der Chance, neue Wege der Abgrenzung zu finden! Bettina braucht dringend die Erfahrung, daß man sich vor der Nähe des Numinosen auch auf andere Weise schützen kann. So z. B. über den Weg ins Leben hinein mit der eigenen schützenden ich-bezogenen Wahrnehmung. Führt sie ihr innerer Faden genau dahin?

In den nächsten Stunden setzt sich Bettinas Erfahrung rund um das Thema neues Leben, neue Realität fort. Erstmals sieht sie „grün und türkis auf violettem Hintergrund". Nicht mehr alles ist violett, Formen heben sich bereits vom Violetten ab. Ich horche auf. Erfahrungsgemäß messe ich diesen Farbkombinationen, dieser Entwicklung in Farbe und Form, eine spezielle Bedeutung zu (vgl. Kap. II, 3.2.1).
Auch das gelbe Vertrauen wird jetzt intensiver und kraftvoller erlebt. Die Wand verwandelt sich mehr und mehr in ein „Brett vor dem Kopf" (Bettinas Formulierung!). Sie, die im Alltag wahrlich zehn Bretter vor dem Kopf hat, entdeckt, daß diese eigentlich aus dem Weg geräumt werden könnten. Nur, da ist noch die Angst. So einfach geht das nicht. Doch immerhin, die Lernbehinderung scheint Bettina jetzt deutlich im Wege zu stehen. Bettina will durch das Brett hindurch etwas holen gehen, von dem sie nicht weiß, was es ist. Der grüne Apfel und ein wunderschöner Vogel begleiten sie durch diese Brettarbeit hindurch.
Bettinas Angst ist nach wie vor groß. Angst vor Abtreibung. Angst vor einem Riß im Bauch, weil sie befruchtet sei etc. Bemerkenswert ist aber ein Unterschied: Hatte sie bisher vorab Angst, sie könnte schwanger sein oder werden, so ist sie jetzt zunehmend besetzt vom Gefühl, wirklich schwanger zu sein. Ihre Phantasien machen mit dem Kind alles mögliche. Auf die symbolische Ebene übertragen, bedeutet dies, daß Bettina „angebissen hat". Sie ist auch das Kind, wie sie selber sagt. Mit sich selbst schwanger, drängt etwas in ihr neu ins Leben hinein, durch den schwierigen Grenzbereich hindurch. Doch die Hoffnung auf der symbolischen Ebene ändert vorderhand nichts an der schwierigen realen Situation. Vor einer Einweisung in die Klinik konnte bis anhin abgesehen werden. Sie wird von ihrem sozialen Netz getragen.

Nächste Stunde:
Bettina scheint abwesend zu sein. Aus der bisherigen Arbeit mit ihr weiß ich, daß dies für Bettina Zeichen von besonders großer Angst sein kann. Bettina bestätigt das. Sie sagt: „Ja, ich bin wie noch nicht ganz auf die Erde gekommen. Ich würde lieber im Himmel oder weit weg sein." Eine Weile bleibt alles ruhig. Dann schaut mich Bettina an. ‚Möchtest du etwas hören?' denke ich, sage

---

31 Bettina spielte schon zu Beginn unserer Therapie gerne auf eigene Weise Klavier.

126

dann aber klar: „Ich hole dich nicht herab. Du mußt schon selber auf die Welt kommen wollen. Ist die Welt, in der du gerade jetzt lebst, derart schön, daß du nicht zu uns kommen willst?" Bettina wirkt erschrocken. „Nein", sagt sie, „schön ist es nicht. Eher wie ein Brett vor dem Kopf. Doch jetzt sehe ich wieder den Apfel vor mir" – offenbar will etwas in ihr doch ins Leben einsteigen. Ich frage betroffen: „Was ist in unserer Welt so schlimm?" Sie meint: „Alles ist schwarz, einfach schwarz. Dies ist die Angst." Bettina liegt am Boden und sieht in sich hinein. Sicherlich 15 Minuten bleibt alles einfach schwarz. Bild ihrer jetzigen Situation wie auch ihrer Blockade überhaupt! Ich ermuntere sie zur Geduld: „Es ist stark von dir, diese Angst auszuhalten. Es wird sich schon einmal ändern."

Dann sieht sie erneut violett und darauf grüne Punkte oder Wölklein. „Jetzt bin ich im Wasser. Mich friert", sagt sie. Auf meine Frage, wo sie denn liege, meint sie: *„Ich liege nicht im Meer, sondern in einem Sack. Über mir ist Wasser und unter mir ist Grund. Der Grund besteht aus etwas Besonderem."* Verlegenes Schweigen! Ich denke an intrauterine Befindlichkeit. Ist sie auf Grund gestoßen? Geht es also nicht mehr weiter hinunter? Ich bin neugierig: Was meint das Wort Grund?

„Diesen Boden kann man nicht machen. Er ist nicht künstlich. In ihm hat es Liebe und solches Zeugs. Der Boden ist grau und grün." Welches Zeugs? frage ich.

„Es hat ganz große Liebe. Da sind Dreiecke und Vierecke im Boden. Ich spüre sie unter mir. *Es ist, als läge ich auf der Erde.* Die Erde ist lieb. *Auf der Liebe der Erde! So wie auf einer ganz großen Mutter.* Nicht meine Mutter, nein, eine unsichtbare Mutter. Es ist schön, sehr schön." Und ganz verschämt und leise ergänzt Bettina: *„Ich bin geliebt."*

Ich bin sprachlos über das, was Bettina formuliert, fühlt, erlebt! Darf sie in diesem Moment zurückkehren in ihr ursprüngliches Gefühl vom Geliebtsein durch das ewig Mütterliche? Hat Bettina damit vielleicht auch zu ihrem Urgefühl des Geschütztseins gefunden?

Wie verhext! Genau jetzt läutet das Telephon, obwohl ich im Sekretariat „besetzt" gemeldet habe. Wiederholt sich genau jetzt etwas, was schon einmal geschah? Wurde Bettina schon einmal jäh aus der Liebe der Großen Mutter herausgerissen?

„Die beiden Bäume im Garten"

Bettina sagt nur: „Schade!"

Nach einer Weile fährt sie fort: „Jetzt ist es grün-blau. Ein Baum mit blauen Beeren steht vor mir. Heidelbeeren. Der Baum gefällt mir. Ich möchte Beeren essen!" (Noch wenige Therapiestunden zuvor wollte sie den Apfel nicht essen!) – „Jetzt plötzlich friert es mich wieder. Ich reiße Beeren ab, sie sind süß und gut. Der Baum steht mitten in einer Wiese. Er hat *große Augen* und schaut mich intensiv an. Er ist zufrieden mit mir, weil ich gegessen habe. Und weil er mich anschauen durfte und mit mir reden konnte. Doch jetzt friert mich wieder. Komisch, die Beeren sagen, ich solle kämpfen und in die Angst hineinschauen."

Wie angekündigt, so geschieht es: Schon steckt Bettina in ihrer Angst drin. Sie unterbricht und scheint blockiert: „Was soll ich denn mit dem Baby im Bauch machen?" – Früchte zu essen, bewirkt offenbar, daß das Baby in den Bauch kommt. Bettina will auf die Toilette: „Ich muß es rauskriegen. Ich will nicht. Mich friert es." Ich sage: „Du frierst. Sag mal, gibt es außer dem Baum noch etwas in deinem Bild, weswegen du frierst?"

„Ja, vis-à-vis steht noch ein Baum. Er ist weniger groß und schön als der erste. Der Baum ist weinrot. Wirklich rot wie Wein." – Bettina ist müde. Ich schlage ihr vor, sich von den beiden Bäumen zu verabschieden und ihnen einen Namen zu geben. Sie ist erfreut darüber. Der blaue Baum heißt „Sommerbaum" und er wünscht ihr Gesundheit (auch Gesundheit ohne Bretter vor dem Kopf). Der weinrote Baum heißt „Winterbaum". Er wünscht ihr, daß sie einst wieder zu ihm zurückkehren würde. Traurig meint sie dazu: „Ich muß eben weggehen von ihm, das will er auch."

Einmal mehr bleibt mir nur das Staunen. Woher kennt Bettina die tiefere Bedeutung der beiden Bäume im Paradies? Ich frage mich, ob sie den Genesistext, wie er ihr vielleicht im Unterricht erzählt wurde, überhaupt je rational verstanden hat? Wohl kaum. Und doch, Bettina versteht über ihre eigenen Bilder: Der zuerst im Zentrum stehende Baum mit Heidelbeeren ist Bild für die ins diesseitige Leben drängende Kraft. Die Kostprobe von diesem Baum bewirkt die Erkenntnis von gut und böse (das Ungeschiedene scheidet sich). Sie ermöglicht Bewußtwerdung (Leben ohne Bretter vor dem Kopf!). Sie bewirkt aber auch, daß man gesund und gerne im Diesseits lebt. Wer davon ißt, geht bildlich gesprochen „mit dem Leben schwanger", und zwar im Angenehmen wie im Unangenehmen. Angenehm ist für Bettina die Lebenslust im Tanzen, im Musizieren, im Geliebtwerden. Doch zutiefst unangenehm ist für sie der Abschied vom Ganzheitlichen. Sie friert schon, bevor sich ihr der zweite Baum, von dem es sich vorläufig zu verabschieden gilt, überhaupt zeigt (vgl. auch Mirjam, Kap. I, 6). Der zweite Baum, auch Baum des Lebens genannt, ist Symbol für die Teilhabe am Ganzheitlichen, Ewigen.

Daß der werdende Mensch nicht gleichzeitig vom Baum der Erkenntnis *und* vom Baum des Lebens kosten kann, veranschaulicht Bettina auch: Das Numinose, Violette in eigener „Nacktheit"[32] aushalten zu müssen, macht fast psychotisch! So bleibt nur, was der Winterbaum Bettina wünscht: nämlich die Einwilligung in den Abschied im Wissen, daß Rückkehr einmal erlaubt, ja sogar erwünscht ist. Rückkehr findet nicht nur im Tod statt. Auch das einmal erstarkte Ich wird aufgefordert, Ganzheitliches stückweise zu integrieren.

> Bettina sagt zum Schluß: „Jetzt gehe ich weg von den Bäumen. Komisch, die blauen Beeren kann ich mitnehmen, doch vom Winterbaum wegzugehen, fällt mir schwer. Zum Glück weiß ich, daß ich einmal heimkehren darf. Doch da beginnt die Straße."[33]

Einige Wochen später wickelte sich Bettina noch einmal in Decken ein und legte sich auf den Boden. Wie das erste Mal fühlte sie sich geschützt und wohlig. Sie äußerte:

> „Ich bin getragen von etwas anderem als von meinen Eltern. Das, was mich trägt, trägt eigentlich auch meine Eltern. Es ist wie ein fliegender Teppich oder ein Lichtschimmer, der mich an Jesus erinnert. Die Erde trägt mich wie eine Mutter."

---

32 Nackt muß hier übersetzt werden mit nichtig, anfangshaft und verweist auf die Ich-Ansätze im Anfang!
33 Die Straße ist Bild des Weges, des Kulturhaften und verweist auf die sich durchsetzende Ich-Bezogenheit.

3.3.13 „Ins Leben gerufen"

Wer würde schon das behagliche Drin-Sein im Mütterlichen verlassen und sich für eine weitere Entwicklung entscheiden, wenn nicht gleichzeitig etwas da wäre, das Entwicklung nach wie vor zutiefst will. Eine Lebenslust und Antriebskraft, die zugleich von außen wie von innen bewegt! Es ist auch die Lust, die Äpfel oder Heidelbeeren vom Baum der Erkenntnis essen will, auf daß der Mensch dereinst erkenne, was gut und böse ist. Eine Sehnsucht nach Bewußtwerdung?

Diese urtümliche Kraft, die schon in der runden Dynamik wirkte, wird immer wieder erfahren. Sie ist innerster Impuls zum Leben mit all seinen Chancen. Drang nach Ich-Bezogenheit und Vereinzelung! Sie ist außerdem erfahrbar als ein Hingezogensein zu etwas Größerem, welches das werdende Individuum ins Leben ruft. Ich möchte diese Erfahrung mit dem Gefühl des „Berufen-Seins" in Verbindung bringen, wohlwissend, daß dieser Begriff für viele Ohren elitär klingt und viel zu bewußt ist für das, was in den Anfängen der Entwicklung angelegt wird.

Warum Berufung? In Therapien erlebe ich immer wieder, daß zentrale Lebensaufträge, ja Verheißungen dem Menschen erst über einen Gang in große Tiefe zukommen. Das Gefühl, gerufen und für die je eigenen Aufgaben wesentlich zu sein, führt in tiefste Erlebnisschichten zurück, wurde demnach dort angebahnt. Ferner scheint es einen Zusammenhang zwischen Berufung und der Lebenslust schlechthin zu geben: Nie so sehr wie dort, wo Menschen Berufung auch im Kleinen[34] erfahren, leben und arbeiten sie in unerschöpflicher Lust, Antriebskraft und Ausdauer. Und schließlich erfahre ich in Therapien mit verschiedenen Klientinnen immer wieder, daß Regressionen nicht enden, bis den Betroffenen das Geschenk einer Verheißung zuteil wird. Lebenslust kommt nicht aus sich allein auf. Und Liebe allein genügt ebenfalls nicht. Doch Verheißungen, Berufungen, auch im noch so Kleinen, bewirken, daß die ganze Energie plötzlich da ist. Was Menschen in Regressionen hilft, was ihnen tiefste Lebenslust und Antriebskraft gibt, ist als Energie auch schon am Anfang des menschlichen Werdens da! Es wird in der Regression nur reaktiviert und auf bewußterer Ebene nochmals erfahren.

---

34 Wird von Berufung gesprochen, kommt gleich die Reaktion: Größenwahn, Inflation. Berufung muß in der Tat so nahe beim Ganzen abgeholt werden, daß eine große Gefahr der inflationären Handhabung besteht. Doch soll aus lauter Angst vor Inflation der heilende Impuls, die je eigene Wichtigkeit zu erkennen, übergangen werden? Es gibt auch die Berufung im ganz Konkreten, wenn unscheinbare Aufgaben wie Mutter eines behinderten Kindes, Schwester oder Hilfspfleger als von innen kommend, erfahren werden. Berufung hat im Kern etwas zu tun mit ehrfürchtigem Hören. Sie ist ebenso Aufwertung des Eigenen wie Eingrenzung im sich selbst Zugedachten.

Schon im Werden des Ungeborenen, des Säuglings, muß es also etwas geben, was zutiefst motiviert. Archetypus des Hervortretenden! In folgender Imagination einer Frau hat diese Kraft die Gestalt eines Lichtstrahls:

„Ich bin so groß und ovalrund wie ein Ei und werde im sanften Meere gewiegt. Das Meer ist die große Mutter. Gleichzeitig bin ich von so etwas wie einem großen Vater beleuchtet. Er ist der große Sonnenstrahl, kommt von rechts oben und fühlt sich wie ein Scheinwerfer an. Als wüßte er, was kommen wird, beginnt er, mich immer stärker zu beleuchten. Will er etwas von mir? Bewegung kommt ins Ganze. Zum Erschrecken! Der Scheinwerfer löst mich aus dem bergenden Meer heraus, alles beginnt sich zu drehen. Er führt mich weg und beleuchtet meine Bahn. Ich bin fast so groß wie ein Baby. Doch da kommt als erstes ganz viel Dreck auf mich zu, Dreck von bösen Menschen. Ich werde unaufhörlich angeschossen und verliere die Orientierung. Obwohl ich weiß, daß der Scheinwerfer immer noch scheint, sehe ich ihn nicht. Das Meer tobt in großen Wellen. Ich kriege Angst."

Mit diesem Schlußbild vom entgegenkommenden Dreck, der vieles zuschüttet, ist das nächste Kapitel bereits eingeleitet.

3.4 Das ambivalente Drin-Sein

3.4.1 Erste Grundannahme: Unangenehmes Drin-Sein hebt sich von angenehmem ab

Die Wahrnehmungsverschiebung schreitet fort. Die *Präsenz im Ich-bezogenen und im eigenen Körper wird größer.* Von der ganzheitlichen Einheitswirklichkeit geht immer mehr verloren.

Eine dritte wesentliche Etappe in dieser Verlagerung wird hier als ‚ambivalentes Drin-Sein' bezeichnet. Umwelt kann immer noch nicht in Einzelfaktoren differenziert werden und hat darum nach wie vor die Bedeutung des großen Umfangenden. Aller Zustand ist noch ein Drin-Sein. In der Schwingungsumgebung drin verstärkt sich aber die Präsenz im Eigenen. Das werdende Ich lebt zunehmend bewußtseinsnäher. Impulse, die bestrebt sind, für das eigene Wohlbefinden zu sorgen, werden zunehmend als solche ausgelebt. Der Säugling trinkt, saugt, lächelt, schreit in einem immer bewußter werdenden Gefühl für eigene Bedürfnisse. Dies bedeutet: es wird mehr und mehr zwischen angenehm und unangenehm unterschieden und letzteres wird immer weniger einfach hingenommen! Das Drin-Sein und das Umfangende verlieren ihren ausschließlich bekömmlichen Charakter, alles Leben wird ambivalent. Dies wiederum kann kaum einfach so ausgehalten werden, Spaltungen bahnen sich an und es ist, als würde das Kind vor dem Unangenehmen fliehen: friedliches Schlafen des Säuglings geht über in Unruhe, in Anklammerungsreflex, in geöffnete Augen mit bereits anwesendem Blick. Muß bereits so etwas wie Angst vermieden werden?!

Die Differenzierung zwischen angenehm und unangenehm beginnt nach diesem Ansatz bereits intrauterin, verliert sich aber auch immer wieder. Das Kind pendelt noch als Säugling zwischen den verschiedenen Urerfahrungen und Zuständen hin und her. Erkennbar werden erste Tendenzen zur Unterscheidung zwischen angenehm und unangenehm z. B. darin, daß das Ungeborene zunehmend auf vibroakustische Reize reagiert oder selektiv hört. Je stärker es den mütterlichen Herzschlag oder die Mutterstimme aus der Klangwelt heraushört, umso weniger sind diese einfach dem Klang als Ganzes untergeordnet. Der Umstand, daß es den mütterlichen Herzschlag bevorzugt hört, wird hier nicht nur im Sinne einer Vorliebe interpretiert. Gerade wo angenommen werden muß, daß eine intrauterine Klangwelt irgendwann bedrohlich empfunden wird, ist selektives Hören und die Eindämmung des Klanges durch einen sich mehr und mehr durchsetzenden Puls verständlich. Ebenso die Orientierung an der Mutterstimme! Zuvor als Stimme des Großen Mütterlichen interpretiert, wird sie nun immer stärker zum erkennbaren

Etwas im ganzen drin. In dieser Eigenschaft gibt sie Halt inmitten einer chaotischen uterinen Klangwelt.

Der phylogenetische Entwicklungsprozeß mag in gewissem Sinne ähnlich verlaufen sein: Immer mehr Menschen haben im Laufe der Evolution ihren Kampf gegen Natur und Tier zunehmend als solchen wahrgenommen und gestaltet. Sie konnten sich nicht mehr einfach im eigenen Werden und Sterben als von der Natur behütet erfahren. Die im Erkennen begriffene Menschheit erlebte sich in ihrer Existenz bald genährt, geliebt, bald bedroht, und sie begann, sich vorzusehen.

Nachfolgend versuche ich, mich in die Veränderungen, die mit diesem plötzlichen Einbruch, mit dem Verlust des grundsätzlich Bekömmlichen einhergehen, einzufühlen. Was mag dieser Wechsel für das heranreifende Kind bedeuten?

3.4.2 Der Fall in die Ungeborgenheit oder: plötzlich ist die Todesangst erwacht

Wo die eigene Lebenslust ins Bewußtseinsnähere rückt, erwacht auch so etwas wie Todesangst.[35] Irgendwann und immer wieder ist das werdende Ich so stark im ich-bezogenen Empfinden drin, daß es daran festzuhalten beginnt und diese neue Daseinsweise nicht mehr einfach so verlieren mag. Augenblicke mit plötzlich anderer Daseinsqualität!

Dem unmittelbaren Charakter aller neuen Wahrnehmung entsprechend, gleichen Momente der stärkeren Präsenz im Eigenen einem „Fall aus der Urgeborgenheit heraus". Unfall, Sündenfall! Je stärker im Eigenen drin, umso weniger ist das werdende Ich ans Ganze angeschlossen. Umso stärker ist es auf das Eigene zurückgeworfen! Dies hat verschiedene Konsequenzen:

Zum einen erfährt es erstmals *Mangel*, weil stärker vom Ganzen abgenabelt. Das Umfangende nährt nicht mehr über die wirkliche Nahrung hinaus. Das Eigene ist nicht mehr angeschlossen ans Glück, das einfach ist, an die Liebe, die einfach liebt und an den Boden, der einfach trägt. Dieser Mangel fühlt sich an wie ein *Fall in die Wirklichkeit und körperliche Begrenztheit,* mythologisch gesprochen wie ein Verbot. Von der Fülle des Ganzen darf nicht mehr gepflückt werden. Im Verbot nimmt sich Gott als Allnährender gleichsam selbst zurück (vgl. Genesis 2, 17).

Zum anderen wird das Umfangende zunehmend als fremd erfahren, bald tragend, bald bedrohlich. Es wird zum Nicht-Ich, zum *Gegenüber*, zum Du und hinterläßt als solches *Ein-Drücke*. Der Begriff Eindruck könnte dem sehr nahe

---

35 Ich wähle diesen Ausdruck, wenn auch einmal mehr viel zu bewußt für das, was ein Ungeborenes, ein Säugling erlebt.

kommen, was ursprünglich beim Wahrnehmen eines bedrohlichen Umfeldes tatsächlich erlebt wurde: körperlich wahrnehmbarer Druck bei zunehmend sich entwickelndem Tast- und Gehörsinn! Etwas Fremdes, anderes wirkt auf das Eigene ein. Älteste Eindrücke sind in der Konsequenz dieses Modells im Austausch mit dem Umfangenden entstanden. Man stelle sich diese Situation vor: obwohl schon Gegenüber, umfängt das Große noch, da noch nicht in Details zerlegbar. Was hier entsteht, ist eine Ahnung vom Riesengroßen, *Numinosen*, vom Du ohne Grenzen – im Angenehmen wie im Unangenehmen! Demgegenüber ist die eigene Anfänglichkeit, Nichtigkeit und Ohnmacht geradezu niederschmetternd. Auf das Eigene zurückgeworfen, stehen erstmals Ohnmacht und Nichtigkeit – in der Genesis als Nacktheit ausgedrückt – im Raum. Unangenehme Erfahrungen sind schicksalshaft bedrohlich und werden nach Möglichkeit vermieden. Hier bahnt sich bereits so etwas wie Abspaltung an: ursprüngliche Bedrohungen werden künftig von aller Bewußtwerdung ausgeschlossen. Es ist, als würde das werdende Ich instinktiv spüren, wie wenig es dazu beitragen kann, daß es ihm gut geht. Vorahnung von Ohnmacht!

Konkret kann das Ungeborene den eng gewordenen Mutterleib nicht verlassen. Der Säugling kann – trotz Schreien – der verwünschten Atmosphäre um sich herum nicht ausweichen. In Hunger, Schmerz, Liebesmangel ist er absolut auf die Hilfe anderer angewiesen. Das Kleinkind ist total wehrlos, wo es körperlich, seelisch oder geistig vereinnahmt, „vergewaltigt" wird. Ebenso war der Urmensch angesichts einbrechender Kälte, anhaltender Dürre, Naturkatastrophen etc. dem Umfangenden um sich herum weitgehend ausgeliefert.

Ohnmacht wird bei Grof (1991) vor allem mit der ausweglosen Situation unmittelbar vor der biologischen Geburt in Verbindung gebracht (vgl. Matrix 2, 110/111). Die ersten chemischen Signale und Muskelkontraktionen beenden das gute Drin-Sein und künden die bevorstehende Geburt an, doch ist die Cervix noch geschlossen und darum ein Ausweg nicht in Sicht. Diese ganz reale Ausweglosigkeit ist nach Grof sehr gravierend. Zahlreiche spätere Ängste und entsprechende Krankheiten knüpfen nach seiner These an dieses relativ kurze Urerlebnis an. (Vgl. Grof 1991, 111, 113f.) Hier dagegen ist die Rede nicht nur von biologischem Gefangensein als Ursprung früher Prägung. Gefangensein wird hier zusätzlich als psychische Erfahrung interpretiert. Im ambivalenten Klang, in der zuweilen bedrohlich erlebten Masse der Schwingungsumgebung oder im Schmerz der eigenen Darmstörung drin zu sein, ist auch eine Form von Unausweichlichkeit. Das eigene Unvermögen, Umwelt in Einzelfaktoren zu zerlegen und so zu verstehen, macht ebenfalls ohnmächtig!

Die stärkere Präsenz im Eigenen bewirkt, daß *Not von einem Moment auf den anderen als solche erfahren wird:* gleichgültig, welchen Namen sie real trage. Die

Angstbereitschaft ist erwacht. Der Fall in die Ungeborgenheit kann einem äußersten Schrecken im Erleben des ankommenden Menschen gleichkommen! Er ist kein einmaliges Erlebnis, sondern wiederholt sich, wenn immer innerlich am Punkt des jähen Erwachens angelangt.

Dennoch wird er nicht für alle Menschen und alle Kulturen zum gleichermaßen einschneidenden Ereignis. Dies, weil der Zeitpunkt der Ankunft im bewußtseinsnäheren Zustand individuellen und kollektiven Schwankungen unterliegt und weil die Bedingungen der Umgebung in diesen entscheidenden Momenten günstiger oder ungünstiger sein können. Nie so sehr wie in diesen Momenten ist der Säugling, intrauterin der Fötus, so *angewiesen auf eine einfühlsame, behutsame Umgebung.* Die Qualitäten „Mutter", „Vater", „Spitalatmosphäre" etc. erhalten eine große Bedeutung, obgleich noch nicht als solche erkannt! Im phylogenetischen Prozeß wurden Faktoren wie Klima, äußere Feinde, Kargheit der Natur absolut zentral.

So wird auch erklärbar, warum sich vergleichbare Umweltbedingungen (z. B. familiäre Spannungen während der Schwangerschaft, schwierige Geburt, Verlassenheit des Säuglings) unterschiedlich auswirken; warum das real Schlimme im einen Fall zum Erlebnis existenzieller Not, im anderen zum einigermaßen erträglichen Unglück wird. Die Frage nach der Qualität der Umgebung stellt sich eben nur in den Momenten der Ankunft im Ich (und später in den Zeitspannen des Daseins im Ich). Doch in diesen Momenten des Erwachens sind Umwelteinflüsse – obwohl unerkannt – sehr wichtig: sie bestimmen, wie das Umfangende, wie das Ganze, ja wie Gott erlebt wird. Wer wie Adam und Eva die eigene Ausgangslage bedrohlich erlebt, kann gar nicht anders als Gott selbst fürchten! Die Auswirkungen frühen Bedrohtseins sind so total, weil im subjektiven Erleben die *Gefahr noch nicht einzelnen Realitäten zugeordnet* werden kann. *Das Ganze schlechthin erscheint jetzt bedrohlich.* Das Urvertrauen ins grundsätzlich Gute ist nicht mehr frei zugänglich. Mit der Urbedrohung wird auch aller Zustand davor von einer künftigen Bewußtwerdung ausgeschlossen. Inhalte des später zutiefst Tabuisierten! An die Stelle von grenzenlosem Glück und Behütetsein tritt Ambivalenz: Urangst neben Urvertrauen. Selbst die Urangst ist in ihrer ursprünglichen Gestalt unfaßbar. Sie wirkt hintergründig, sie bewegt, treibt an, treibt um. Urangst wird als zweite Grundbefindlichkeit und Entwicklungsvorgabe ins Leben hinein mitgenommen. Und wo Urangst zur unbewußten Triebfeder künftiger Eltern und ihrer Kultur wurde, fließt sie wiederum ein in die Schwingungsumgebung der kommenden Kinder, ein verhängnisvoller Mechanismus, der sich tatsächlich anfühlen muß wie eine Erbsünde.

3.4.3 Ganzheit als ambivalente Macht

Welches auch immer die einzelnen Ursachen sein mögen, Zustände und Erlebnisweisen haben noch den Charakter des Totalen, und die Noterfahrung wird in diesem Stadium der Wahrnehmung, auf dieser Stufe der Bewußtwerdung, mit dem Ganzen in Verbindung gebracht. Das Ganze der Schwingungsumgebung wird ambivalent, gewaltig bis gewalttätig erlebt. Gott erhält zwiespältigen Charakter, er ist bald angenehm, bald gefährlich, bringt Segen wie Fluch. Die Große Mutter wird ebenso verschlingend wie lebensspendend, aushungernd wie nährend erlebt. Ein bald allmächtig-Gutes, bald allmächtig-Schlimmes steht dem ohnmächtig Eigenen gegenüber. So früh bereits entzündet sich in der menschlichen und menschheitsgeschichtlichen Entwicklung die *Frage nach der Macht*. So alt ist die Not, sich in etwas mütterlich Umfangendem gefangen zu fühlen und ihm wehrlos ausgeliefert zu sein! Das Drin-Sein in einer ambivalenten und machtvollen Schwingungsumgebung wird hier als dritte wesentliche Ganzheitserfahrung, in der Übersicht I als *Ganzheitserfahrung C* begriffen.

Die Erfahrung einer allmächtig ambivalenten Ganzheit verändert auch die Art und Weise des Wirkens der beiden Urkräfte: Das umhüllend Urweibliche erhält den Charakter des Launenhaften; bald erscheint es gewährend, bald aushungernd, versteinernd, verschlingend. Das Urmännliche, das sich im Moment nicht als Kraft des Hervortretens durchsetzen kann, wird zum Eingeklemmten, in den Klauen des Urmütterlichen Festgehaltenen. Kräfte sind gestaut, die Urlust, die Entwicklung vorantreiben möchte, erscheint verflucht. Geballte Ladung, die künftig unter des Teufels Tarnkappe im Menschen untergründig wirksam werden kann! Eros, der Gott der Liebe, wird dazu verdammt, niederträchtige Pfeile auszusenden, Venus sperrt ihren Sohn allein in die abgelegene Kammer ihres Hauses ein (vgl. Märchen von Amor und Psyche, in Neumann 1971, 50). Die friedliche Symbiose zwischen Mutter und Sohn wird zum Spannungsverhältnis, ihre Verbindung furchtbar statt fruchtbar. In Bildern eines anderen Märchens ausgedrückt, ist der Brunnen, aus dem sonst Wein quoll, trocken und der Baum, der einst goldene Äpfel trug, treibt nicht einmal mehr Blätter (vgl. Märchen vom Teufel mit den drei goldenen Haaren, Grimm 1984, Band I).

Und so wie das gesamte Wirken dieses Paares schon im vorangehenden Stadium nur dem umfangend Mütterlichen zugeschrieben wurde, wird das Weibliche auch jetzt als Ursache allen Übels empfunden. Später wirksame Projektionen, die sich auf diese Erfahrung beziehen, werden vorwiegend das Weibliche treffen. Ihm wird künftig der Beigeschmack des Unheimlichen anhaften.

In Mythen und Märchen ist die zwiespältige Bedeutung der Großen Mutter längst bekannt. Sie wird uns als gütige Frau Holle ebenso wie als Frau mit den furchterregenden Zähnen geschildert, als hilfreiche und zugleich zornentbrannte Baba Jaga. Bis dahin kaum formuliert ist hingegen der Umstand, daß die archetypische Gestalt der Urmutter auch Bild für eine individuelle Erfahrung des Menschen im Übergang ist! Der Mensch im Übergang erfährt und erfuhr sich plötzlich *real* bald zutiefst geborgen, genährt und belebt, bald in seiner ganzen Existenz ausgesetzt und/oder bedroht. Und was im Moment einfach *ist* und im Unbewußten angelegt wird, verdichtet sich später in analogen Bildern.

Umgeben von einem ambivalenten Ganzen, *erhält auch das eigene Drin-Sein*, das Sich-Selbst-Werden *ambivalenten Charakter*. Nach wie vor ist „Innen analog zum Außen" und umgekehrt. „Es ist gut" heißt „ich bin gut" und „mir geht es gut". Umgekehrt bedeutet „ich bin bedroht und mir geht es schlecht" auch „ich bin schlecht" und „das Ganze ist schlecht". Es gibt in diesem Stadium der Wahrnehmung nur das rundum Gute neben dem rundum Schlechten. Beides ist grundlos, einfach so da. Zeitgefühl, Rhythmusempfinden und Gedächtnis sind immer noch nicht sehr weit entwickelt, weshalb Befindlichkeiten noch weitgehend Ewigkeitscharakter haben. Sie sind, wie sie sind, total und grundlos, was später zu ,grundsätzlich' verarbeitet wird. Was jetzt geschieht, ist schicksalhaft prägend.

Dabei gilt die Regel: Je früher das Ungeborene/der Säugling Ambivalenzen wahrnimmt, umso früher beginnt das Angewiesen-Sein auf die reale Umwelt. Umso totaler und unausweichlicher sind auch die Erfahrungen von Not und eigener Ambivalenz, denn die Diskrepanz zwischen dem, was wahrgenommen wird und dem, was aus eigener Kraft verändert oder der Umwelt mitgeteilt werden kann, ist dann besonders groß. Die Erfahrung der eigenen Anfänglichkeit, Nichtigkeit und Ohnmacht ist besonders stark. Schicksal vieler aufgeweckter, intelligenter und/oder musikalisch sensibler Kinder! Schicksal auch von Kulturen, in denen das Bewußtsein früh oder jäh erwachte!

3.4.4 Musikerfahrung des Ambivalenten: Klangfülle, Klangleere und Chaos als Aufforderung zur Wandlung

Mit zunehmend ich-bezogener Präsenz erscheint der Klang mehr und mehr in der Position des Gegenübers! Das Eigene reagiert sensibler und verletzbarer. Klang, ursprünglich das Gegensatzlose, dann das Geborgenheitsspendende, wird zum traumatischen Zuviel und/oder Zuwenig. Musikerfahrungen dieser Stufe heißen *Klangfülle* neben *Klangleere* und *Chaos*. Das Klangspektrum reicht vom grenzenlosen Lärm bis zur Monotonie der Totenstille. Gerade über Klänge und Schwingungen wurde Urangst einst ausgelöst: im Mutterleib und im erweiterten Uterusraum von Familienstube und sozialem Netzwerk. Der Uterusraum bestand und besteht aus Klang! Noch bevor der Mensch atmet, ist er im Klang drin.

So erstaunt nicht, daß gerade Musik, im speziellen extreme Klänge auch später in der Musiktherapie Ur-Ambivalenzen in den Raum des Erlebbaren holen. Noch einmal fühlen sich Klientinnen in einer unausweichlichen Klangnot drin. Gleichgültig ob Fülle, Leere oder Chaos, der Mensch wird zurückversetzt in ein Empfinden von absoluter Abhängigkeit vom großen Umfangenden. Ohnmacht steht neben Allmacht! Nackte Schutzlosigkeit inmitten von ausufernder klanglicher Intensität! Über lautstarke Klänge empfand Bettina ihr „Durcheinander im Kopf". Im Klang drin fühlte Vera ihr „Hirngespinst". Anna versank bei intensiven Klängen in Felsspalten. Auch Christoph erfuhr in seinen Imaginationsreisen, daß gerade über Klangintensität das Numinose des Ganzheitlichen bedrohlich erscheint:

> Mehrmals sah er sich einem Klang gegenüber. Eine Leinwand trennte ihn vorerst vom Klang, was aber bedeutete, daß er auch das von ihm geliebte Zentrum nicht sehen konnte. Deshalb wurde die Leinwand weggeschoben. Christoph beschreibt: „Nun schwillt der Klang an. Ich sehe die schwarze Kugel. Die Wellen sind an der Grenze des Erträglichen. *Der Klang ist so stark, daß es mich fast wegbläst.* Ich muß brüllen, um meinen Begleiter akustisch zu erreichen. Dieser meint nur: ‚Wenn man das Zentrum sehen will, gehören diese Wellen dazu. Doch man kann selbstgemachte Bilder dazwischen stellen wie die Leinwand mit den Bildern vorher. Oder man kann auch die Wirklichkeit dazwischen stellen. Die Wellen, die du spürst, gehen durch alles hindurch – die Welt, die Materie, die Menschen. Doch gewöhnlich bemerkt man sie nicht. Sie kommen vom Zentrum her.' "

Klänge meinen hier weder einen bestimmten Dur- oder Mollakkord, noch die Disharmonie eines Freejazzstückes. Klang ist vielmehr das, was wir überhaupt hören, ja selbst vieles, was wir nicht mehr hören, weil unser Hörvermögen zu begrenzt ist.

Dieses akustische Ganze verändert sich im Erleben des werdenden Menschen mit der Wahrnehmungsverschiebung. Es wird jetzt ambivalent bis sehr bedrohlich erfahren. Die Klang- und Geräuschkulisse, die nach heutigen Anschauungen bereits im Mutterleib alles andere als leise ist, dürfte zunehmend intensiv, lautstark und hautnah erlebt werden. Der Zustand des Einsseins und bekömmlichen Drin-Seins – der daneben auch da ist – geht immer wieder über in eine Bedrohtheit inmitten eines allanwesenden Klanges, extrauterin inmitten der Schwingungsumgebung. Ein unausweichlicher Druck, der nach Veränderung und Wandlung ruft? Ein Heraufbeschwören der physischen Geburt oder – extrauterin – der Geburt des Ichs? In der Musiktherapie wird Wandlung häufig durch Klangfülle oder Chaos eingeleitet. Intensive bis bedrohliche Klangerfahrungen stehen für das Unvermeidliche, das zum Durchgang, Durchbruch und Aufbruch – auch im positiven Sinne – drängt.

Wie sehr Klang gefürchtet werden kann, lehrte mich Manuel:

Der 10jährige Manuel mußte in der Schule oft stören. In der Gruppenmusiktherapie mit zwei Altersgenossen konnte er nicht warten, bis er an der Reihe war. Immer wieder war es für mich unerklärlich, weshalb Manuel plötzlich losbrüllte und bisweilen sogar schreiend den Raum verließ. Ich sah vorerst keine Zusammenhänge zwischen den verschiedenen Situationen, in denen Manuel derart reagierte. Weder spezielle Konflikte in unserer Beziehung, noch besonders schlechte Stimmung in der Gruppe, noch Manuels Müdigkeit... prägten diese Momente. Erst aus musikalischer Betrachtungsweise bekamen diese Momente einen möglichen Sinn für mich: Immer war ein Instrument am Klingen (z. B. Gong, Tschinelle oder Klangschale), das eine Weile braucht, bis der Klang verstummt. Genau dies schien Manuel nicht auszuhalten. Stets setzte er der Situation, auf welche Weise auch immer, ein jähes Ende.

Als der Junge dann zum ersten Mal in die Einzeltherapie kam, gab ich ihm zu Beginn der Stunde einen Karton in die Hand, auf dem groß „Stop" geschrieben stand. Wir vereinbarten, daß, sobald er den Karton vorzeigte, jede Musik und jegliches Musizieren abgebrochen werde. Er selber durfte zu Beginn der Stunde abschätzen und festlegen, wie oft er während einer Therapiestunde vom Karton Gebrauch zu machen gedenke. Manuel freute sich über diese Idee, und bereits von der zweiten Stunde an war es ihm möglich, dies ziemlich genau abzuwägen und die Musik danach zu gestalten. Mit diesem Machtmittel in der Hand verstand und verkraftete Manuel plötzlich viel besser, daß Musik von selber nicht abrupt ruhig wird, daß sie ohne „gewaltsamen Eingriff" nicht seinen Wünschen gehorcht, sondern eigene Gesetzmäßigkeiten hat. Manuel hockte nun beispielsweise neben dem Gong, tupfte ihn selber an, sein Kartonmachtmittel immer in der anderen Hand haltend.

Wäre Manuel als Embryo/Fötus/Säugling wohl auch am liebsten aus der ewigen Klangfülle einer Schwingungsumgebung davongerannt? Bezeichnenderweise spricht der Volksmund bei solcher Art Klang von *Lärm*, worin dessen Qualifikation bereits zum Ausdruck kommt. Lärm ist in sich schon Ausdruck für das Zuviel. Der Umgang mit Lärm bedeutet Umgang mit dem Zuviel. Manuel zeigt deutlich: Das zu Intensive oder „zu Ewige" der Klangwelt wird für das kleine ich-bezogen empfindende Wesen zur Ohnmachtserfahrung! Ähnliches gilt für die Klangleere und für das Chaos von Klängen. Chaos kann überhaupt erst empfunden werden, wo sich das Gefühl für die ganzheitliche Urordnung verloren hat. Wenn die ursprüngliche Ein-Ordnung nicht mehr gespürt wird, aber die ich-bezogene Struktur (Rhythmus, Zeit, Form) noch nicht eigentlich entwickelt ist, herrscht Chaos. *Chaos* charakterisiert den *Zustand des Dazwischen*.

Trotz allem Allgemeingültigen sind Klangerfahrungen immer auch individuell. In jedem Klang erklingt Ganzheit auf neue Weise. Friedlich bis kriegerisch. Sorgsam behütend bis fressend. Unterstützend, tragend bis bodenlos, sumpfig. Stimmig bis chaotisch. Farbig bis grau. Als Musiktherapeutin frage ich mich in jedem Einzelfall: Von welcher Klangbeschaffenheit war wohl die uterine, von welcher die nachgeburtliche Schwingungsumgebung? Waren Klänge wohl eingebettet in wiegende Rhythmen oder eingepfercht in paukende Rhythmusschläge oder verloren in der Unendlichkeit? Ergänzten oder bekämpften sich Klang und Rhythmus? War der

Klang voll, ausgewogen oder leer? Beide Extreme werden mit zunehmend ich-bezogener Präsenz unerträglich! Bekömmlich scheint für das werdende Ich nur der sanfte und doch lebendige Mittelbereich[36] zu sein.

Instrumente, respektiv Musik, die häufig eine Urnot in ursprünglicher Qualität neu erlebbar machen und Wandlung auslösen, sind z. B. ein ziemlich lautstark oder anhaltend gespielter fülliger Gong, die intensiv zum Klingen gebrachte Klangschale, ein Blechscheppern, die Tschinellen, dröhnende Glocken, aber auch der erschreckend eingebrachte Trommelschlag. Es sind vorab Klänge ohne Strukturen (d.h. ohne erkennbare Rhythmen, ohne Form, ohne Melodien), ansonsten der Intellekt gern mitanalysiert und mitstrukturiert und ein Loslassen unmöglich macht. Zu erwähnen ist ferner auch die von vielen Jugendlichen bevorzugte lautstarke und rasend schnell gespielte, rhythmische Musik. Auch hier kann sich irgendwann das Gefühl für Strukturen verlieren, der Jugendliche geht durch den Punkt des Chaos hindurch und erlebt eine Art Ekstase, Bewußtseinsveränderung (= Wandlung). In solcher Musik müssen weniger der Aspekt Rhythmus als vielmehr diejenigen von Geschwindigkeit und Lautstärke als das Unausweichliche betrachtet werden. Die immer gleichen, schnellen Rhythmen tragen insofern zur Veränderung bei, als sie stimulieren und gleichzeitig Verläßlichkeit erzeugen und so ein Loslassen erleichtern (Bedeutung/Wirkung von Rhythmus vgl. Kap. II, 3.3.3 und 3.5.9).

Ist die Zeit reif, daß Urängste angeschaut werden wollen oder daß durch das Unausweichliche hindurch Veränderung geschieht, so wird manchmal auch bei allem und jedem, unabhängig vom Instrument, Angst, respektiv Unausweichlichkeit gefühlt. Latente, im Moment aber überfordernde Angst äußert sich häufig in Kopfschmerzen.

3.4.5   Wie fühlt sich Not und Ohnmacht bei beginnendem Erwachen im Eigenen an?

Ungeborene und Säuglinge können nicht erzählen, wie sich frühe Ohnmacht anfühlt. Ich greife zu Erfahrungen Erwachsener.

Karin beschreibt ihre Ohnmachtserfahrung beim Erwachen aus einem längeren, unfallbedingten Koma wie folgt:

---

36 So kann die von Tomatis festgestellte Vorliebe der Ungeborenen für Mozartmusik auch gedeutet werden als eine Vorliebe für den Mittelbereich. Mozartmusik erschreckt kaum im Lärm und verliert sich kaum im Tonlosen. Mozartmusik vermittelt wenig von der „Spannung des Lebens", doch umso mehr läßt sich in ihr einfach sein.

„Plötzlich war ich da. Damit fühlte ich auch gleich, daß es mir überhaupt nicht möglich war, mich irgendwie zu bewegen. Genau dies war so schrecklich, daß es nicht zum Aushalten war. Ich versank gleich wieder ins Koma, und das geschah mehrmals!"

Barbara, eine sehr begabte junge Frau, war seit einiger Zeit bei mir in Therapie. Über ihrer tiefliegenden Not lag für mich ein unfaßbares Geheimnis. In einer Stunde hatten wir versucht, uns diesem Unfaßbaren über Gongmusik anzunähern. Barbaras Gefühl dabei war: „dunkel und zähflüssig". In der Nacht darauf hatte ich selbst folgenden Traum, der an diese Worte anknüpfte:

„Vor mir ist eine knetige Masse. Sie dehnt sich im Bild, das ich vor mir sehe, von unten links nach oben rechts aus. Die Masse heißt Barbara, fühlt sich aber noch nicht als Embryo, sondern erst als Masse an. Es ist jetzt, als spiele diese Masse dumpfe Gongmusik. Alles fühlt sich dabei dunkel, zähflüssig, dumpf, mühsam, eklig, unheimlich an. Das Massendasein kann weder heulen noch wütend sein, wird aber immer mehr angespannt, überspannt. – Dann läßt die Spannung allmählich nach, und ich höre die erlösenden Worte: ‚Die Masse ist glücklich.'"

Andere Ausdrücke von Klientinnen und Klienten zu solcher Urnot sind: „Ich wurde überreizt und bin heute extrem reizbar." Oder: „Ich erschrak und bin immer noch sehr schreckhaft." Ferner Worte wie irritiert, eingeschüchtert, bedrückt und beeindruckt, blockiert, gott-verlassen. Eine heute lernbehinderte Frau formulierte einmal geistesgegenwärtig: „Ich glaube, ich wurde total verwirrt. Ich *bin* nämlich nicht wirr, wie man immer meint." Ein Mann meinte nach einer Klangreise: „Immer kommt dasselbe Gefühl, daß ich in meinem Frieden gestört wurde. Dann wird es in meinem Bauchraum wütend."

Bei Bettina beobachtete ich schon von allem Anfang an eine zeitweilig ausgeprägte Licht-, Lärm- und Kälteempfindlichkeit. Das Zimmer mußte dann verdunkelt werden, oder sie wickelte sich in Decken ein. Gelegentlich kriegte sie Gänsehaut oder zitterte. Ihre Hände wechselten zwischen heiß und kalt. Ihre Muskulatur verspannte sich oder wurde „bleischwer". In solchen Stunden war mir, als würde ich wirklich mit Bettina zusammen in die in ihr immer noch lebendige Schwingungsumgebung eintauchen und einfach, unbegründbar, Angst spüren. Die Angst war total. Ich mußte mir zwischendurch bewußt vergegenwärtigen, daß wir eigentlich im dunklen Therapieraum saßen.

Bettina selbst registrierte keine äußeren Angstquellen, sondern lediglich *Körperreaktionen* und Empfindlichkeit. Sie formulierte Unwohlsein, ohne dies mit Angst in Verbindung zu bringen. Erst allmählich spürte Bettina, daß „dies alles eigentlich Angst sei".

Irene erzählt aus ihrer Erfahrung während einer 20-minütigen Gongmusik:

„Zuerst war der Gong leise, und ich fühlte mich wie in der Schwebe. Es hätte ewig dauern können, so schön war es. Dann plötzlich nahm ich das lauter werdende Schlagen wahr und sah mich einer

140

riesengroßen Uhr gegenüber. Ich wollte raus und merkte dadurch, daß ich in der Uhr drin gefangen war. Es war eigenartig: die Uhr war mir zugleich gegenüber und doch war ich in ihr drin. Das war absolut schlimm, zum Glück hörte die Musik dann auf. Noch eine halbe Stunde lang war ich wie gelähmt und konnte mich nicht von der Wolldecke erheben."

Susanne hatte enorm Platzangst. In Tunnels, im Zug, in engen Räumen, stets kam sie in existentielle Not. Sie lebte ferner, im Volksmund gesprochen, stark im Kopf: sie plante, bewältigte, handelte, um nicht fühlen zu müssen. So plante sie z. B. schon Jahre voraus, wie sie den Tod ihrer Mutter bewältigen würde. In der Therapie zeigte sich mehr und mehr, daß sich hinter all dem eine intrauterin erlebte Not verbarg. Schon in der Annäherung an diese Not hatte Susanne Augenflattern und Schweißausbrüche vor Angst, nebst unverständlich starkem Heimweh nach etwas Urmütterlichem. Dann folgende Imagination zu Gongmusik:

> „Ich bin in einer Kellerhöhle. Hier ist es moosig, naß, unheimlich. Von überall her tropft und rollt es herunter. Wie in einer Tropfsteinhöhle mit rollenden Felsen. Die Wände sind mir unheimlich, als hätte es Ekelgetier und Algen daran. Ich habe Gänsehaut, es ist mir schlecht im Magen, mein Kopf droht zu zerplatzen, es ist absolut schrecklich. Ich kann nichts tun!" Eine Weile später: „Da endlich merke ich, daß alle Felsen an mir vorbeirollen und ich selbst nicht getroffen werde."

Eine andere Frau träumte immer wieder von einer sich seltsam fortbewegenden Masse, der sie den Namen *Einzeller* gab. Es sah aus wie Wasser, das von einer ganz dünnen Haut oder Plastikhülle umgeben war. Es war für die Träumerin stets gräßlich, es auf sich zukommen oder davonschwappeln zu sehen:

> „Mich ekelt, gruselt, mich schaudert, die Haare stehen mir zu Berge. Ich fühle so etwas wie eine große Angst. Und doch ist Angst das falsche Wort. Es ist eher eine totale Reaktion des Tastsinns! Einmal sieht er aus wie ein gärender Hefezopf, der näher und näher kommt. Aber so langsam, daß ich sein Wachsen nur sehe, wenn ich dazwischen geschlafen habe und erwachend wieder hinschaue. Ich müßte den Einzeller 2m weit weg, ins Blumenfenster zurückbefördern können, dort wäre er gut für die Ökosymbiose, für ein gutes Wachstum der Pflanzen ohne Schädlinge! Das weiß ich im Traum, erlebe mich aber gleichzeitig in der Unmöglichkeit, ihn dorthin zu bringen. Ich darf ihn nicht berühren, die Haut ist so dünn und die Flüssigkeit im Sack total gefährlich. Ätzend und giftig wie Quecksilber!"

Der Einzeller ist nicht Bild für die Ei-Zelle, sondern treffender Ausdruck für ein Ur-Gegenüber. Zwischen Fremdem und Ich wird bereits unterschieden, doch alles Nicht-Ichhafte wird noch so wenig differenziert, daß es als *eine* Riesenzelle von der Größe eines durchsichtigen, gefüllten Plastiksackes erscheint. Noch ist die Erinnerung da, daß es auf der Stufe eines Pflanzen-Daseins eine gute Symbiose gab. Doch kann die Träumerin mit sich und ihrem Einzeller nicht mehr dorthin zurückkehren, weil sie im Begriff ist zu erwachen und als Eigene (= ich-bezogen) wahrzunehmen. Damit wird das andere zum Fremden. Weil zum Gegenüber geworden, kann der Einzeller angeschaut werden und seine Ein-Drücke lösen Reaktionen des eigenen Tastsinns aus. Wie sehr das erwachende Eigene schon um das Dasein besorgt ist, zeigen die archaischen Grusel- und Angstreaktionen, namentlich das Bedürfnis nach Distanz und die Vorsicht im Umgang mit der mannahaltigen Substanz. Mit der Ankunft im Eigenen wird das Ganzheitliche zur Gefahr: ätzend, giftig wie Quecksilber. Auch dieses Bild ist aussagekräftig: Quecksilber ist dem Merkur zugeordnet, dem sonnennächsten Planeten. Es ist Symbol für die Urmaterie und steht zugleich für das Flüchtige, den Spiritus. Quecksilber ist in diesem Traum Bild für das Göttliche, und zwar im Moment des Abschiedes aus der Einheitswirklichkeit. Der Einzeller ist nicht zuletzt deshalb so gefährlich, weil die Begrenzung zu ihm, die Haut ums Wasser herum – hier interpretiert auch als die eigene anfängliche Abgrenzung – noch hauchdünn ist. Anfänge von gegenüber-Erfahrung!

Diese Frau hatte noch weitere Träume zum Einzeller:

„Der Quecksilberdampf dringt in jede Ritze meiner Haut ein. Überall, wo meine Haut Sprünge und Verletzungen aufweist oder wo ich keine Haut habe, dringt er ein."

Und später, auf fortgeschrittener Stufe:

„Heute sieht der Einzeller aus wie ein Kinderballon mit einer Art von Gesicht. Es ist aber kein wirkliches Gesicht, sondern nur ein mit schwarzer Farbe aufgemaltes. Das weiß ich im Traum. Und doch schüttelt und fröstelt es mich, wenn ich in dieses Gesicht hineinschaue."

Erleben viele Menschen als Säuglinge, ja sogar intrauterin so etwas wie Angst? Eine gewagte These! Und doch kann ich, wenn ich solche und ähnliche Berichte höre, nicht anders als zu diesem Schluß kommen. Das innere Anwesendsein bestimmt, wann das glückselige Aufgehoben-Sein übergeht in Ambivalenz. Nun stehen plötzlich Frieden, Erfüllung, Schlafen neben Hunger, Gegenübererfahrung, Schmerz, Panik, Krampf. Entspanntes Sein wechselt mit Spannung. Je nach Kind und Situation kann das Spannungsvolle schon früh zum Problem werden.

In einem eigenen Traum war von der „intrauterinen Gegenüberstörung hochbegabter Kinder" die Rede: „Während ich diesen Ausdruck, schriftdeutsch formuliert, höre, sehe ich einen Fischkopf mit eindringlichen Augen inmitten einer uterusartigen gruseligen Höhle. Die Augen sind gleichzeitig offen und doch geschlossen. Ich weiß, daß es sich um ein inneres Sehen handelt, um das Gewahrwerden des Gegenübers. Indem ich die Worte ‚intrauterine Gegenüberstörung' höre und das Bild ernst nehme, ist eine schwere Prüfung bestanden."

3.4.6 Urvertrauen neben Urangst

Was Urvertrauen ist und welche Bedeutung es im Unbewußten des Menschen erhält, ist in den vorausgegangenen Abschnitten (II, 3.2, 3.3) umkreist worden. Ambivalenz bedeutet, daß Behagliches neben Bedrohlichem steht. Auch wenn nachfolgend besonders auf die Urangst eingegangen wird, darf nicht vergessen werden, daß immer wieder Zeitspannen guten Seins dazwischen liegen! Wieviel vom einen, wieviel und wie nachhaltig das andere erfahren wird, bleibt Geheimnis jedes einzelnen Schicksals. Es kann aber sein, daß früher oder später eine Not so nachhaltig in ein Kinderleben einbricht, daß es dem Kind nicht mehr möglich ist, sich wieder ganz ins Bekömmliche hinein loszulassen. Dann wird Urangst nicht nur zur Mit-Realität, sondern zum Trauma!

Was ist Urangst? Drewermann spricht von einer Urangst vor Gott und sieht in ihr die zentrale menschliche Not schlechthin, die unzählig vielen anderen Nöten zugrunde liegt (vgl. z. B. Vorwort von Markus, S. 27, 40). Doch wer weiß, was solche Urangst ist? Wie fühlt sie sich an? Wann und wie entstand sie? Würde ich 100 Menschen auf der Straße fragen, wovor sie Angst haben, so bekäme ich alle möglichen Antworten wie: Angst vor Spinnen, Schlangen, engen Räumen, Angst vor Krieg, Arbeitslosigkeit, vor Drogensüchtigen, vor Aids, vor dem Tod etc. Nur die eine Antwort ‚Angst vor Gott' käme nicht.

Nach dem vorliegenden Modell entsteht in den frühesten Erfahrungen von Not eine Grundbereitschaft zur Angst. Angst vor Wiederholung einer Urnot, Angst vor dem Totalen, Angst vor allem, was kommen mag! Der Begriff Angst klingt zwar viel zu bewußt für das, worum es geht oder ging. Treffender sind Körpergefühle wie Schaudern, Grauen oder Frieren im Gottverlassenen. Und doch muß der gemeinsame Nenner dieser Gefühle am ehesten Angst genannt werden. Zumindest werden diese ursprünglichen Reaktionen *später* als Ausdruck von Angst erlebt. Ich schreibe nachfolgend von Urangst.

Im Unterschied zu einzelnen Angstformen, wie Erwachsene sie kennen, ist Urangst immer total. Es ist die Angst vor dem Umfassenden, vor dem Ganzen, „vor Gott", weil entstanden in einer Stufe der Bewußtwerdung und damit in einem Stadium von Wahrnehmung, wo alle Bedrohung von diesem Einen, Ganzen auszugehen schien (vgl. Ausdruck Einzeller). Dennoch hat Urangst zwei Gesichter, zwei Aspekte, die später zu völlig konträren Angstformen verarbeitet werden. Urangst entsteht, wo das ganzheitliche Einssein verlorengegangen, das Paradies definitiv entschwunden ist (1. Aspekt). Und Urangst wird auch dort empfunden, wo das Ganze als Gegenüber erahnt wird und als solches machtvoll auf das Eigene einwirkt (2. Aspekt).

Im ersten Aspekt erlebt sich der Mensch absolut *verloren, heimatlos*, ausgesetzt, in der Fremde, einsam. Er erlebt rundum Mangel, Gottferne, das Zuwenig. Auf ihn wartet die Leere, die Bodenlosigkeit. Eigene Ohnmacht inmitten eines Nichts! In diesem Aspekt wird Urangst zur Hemmung, Entwicklung überhaupt zu wagen, weil sich dadurch auch die letzten Ahnungen einer Einheitswirklichkeit verlieren. Die Lebenslust wird blockiert, gefangen.

Im zweiten Aspekt empfindet der Mensch *Ohnmacht im Gegenüber einer Allmacht.* Gott wird zum Urgewaltigen, Furchterregenden, allzu Nahen. Der Mensch erlebt das Zuviel, das Erdrückt-Sein von Eindrücken. In diesem Aspekt wird Urangst zur Angst vor dem verselbständigten Urgrund. Auch zur Angst vor dem Unbewußten, vor Gott schlechthin. Sie verschließt wie das Flammenschwert am Tor zum Garten Eden den Weg zurück zu den eigenen paradiesischen Erfahrungen. Der Mensch wird im Extremfall vom eigenen Urvertrauen wie abgeschnitten. Der Mutterboden erscheint verflucht!

Noch ist das Erleben ambivalent, bekömmlich neben bedrohlich. Noch ist offen, auf welchem Boden das künftige Ich vermehrt stehen wird: mehr auf dem Grund des Vertrauens oder mehr auf demjenigen der Angst. Immer neue Einflüsse kommen hinzu, heilen, verstärken, verschütten. Stellt sich aber irgendwann später heraus, daß ein Mensch, daß eine Kultur zutiefst von Urangst geprägt sind, so muß man sich vor Augen halten, wie alt die Anfänge einer solchen Prägung sind: Noch bevor das Ich wirklich da ist, ist der Boden, auf dem es stehen und wachsen sollte, bildlich gesprochen, durchlöchert, verflucht, sumpfig, blutgetränkt, brüchig, zu karg. So berichten Träume und Mythen! Erste Ohnmachtserfahrungen und Urangst sind älter als das Ich und wurzeln tiefer, als was ein Ich wollen und beeinflussen kann. Entsprechend total sind Störungen aus dieser Zeit. Es ist, als wäre das Ich von ihnen in Besitz genommen, der eigenen Angst ausgeliefert!

3.4.7 Seelenbilder und Symbole zu Urangst

Nicht nur Urvertrauen (vgl. Kap. II, 3.2.1 und 3.3.8), auch Urangst wird später in Bildern und Symbolen ausgedrückt. Urangst muß überhaupt erst Gestalt annehmen, in den Raum des bewußt Erlebbaren geholt werden, bevor sich ihre Wirkung relativieren kann.

Bilder und Gefühle zum 1. Aspekt der Urangst, zur totalen Verlorenheit, sind:

❑ Die *Einöde,* die *Wüste* und das Wüstendasein, der luftleere Raum, die Musik der Monotonie, die äußerste Kargheit der Natur. *Hunger!* Bilder vom verlorenen Gold, vom entschwundenen Grün, alles erscheint grau (im Grauen drin) oder die Welt kann sich plötzlich verdunkeln. Eine lernbehinderte Jugendliche träumte mehrmals wie folgt von einem Nichts: „Da war ein großer Raum, aber darin gibt es nicht einmal Luft. Das ist schauerlich, gruselig". Über diese Träume lernt die Jugendliche erstmals, was ein Vakuum ist. Sie meint: „Da bin ich ja total verloren."

☐ *Heimatlosigkeit,* notbedingter Auszug in die Fremde als Ausgangslage vieler Märchen! Man wird ins Ungewisse oder in die *Kälte* ausgesetzt. Ausgesetztsein kann zum Ursprung des Gefühls werden, selbst aussätzig, ansteckend, stinkend zu sein (!).

☐ Traumbilder von *ausgemergelten Suchtgestalten,* etwa Drogensüchtigen, Alkoholikern oder von ausgehungerten Tieren. Sie darben im Nichts, zerfallen ins Nichts und sind süchtig nach dem verlorenen Ganzheitlichen.

☐ In seltenen Fällen auch das Chaos, nämlich dann, wenn es Ausdruck für die entschwundene Urordnung ist. Eine Frau empfindet in der Therapie, daß ihr Kopf gleichsam in tausend Stücke zerfällt. Ein Chaos, in dem sie völlig verloren geht.

☐ Das Traummotiv von der *verlorenen Mutter* oder vom *entschwindenden bis durchlöcherten Boden.* Ein Junge im Primarschulalter empfindet bei einer Gongklangreise: „Der Boden geht einfach weg. Es ist schauerlich, gruselig (man beachte die gleiche Wortwahl!). Genauso war es, als meine Mutter starb."

☐ Der *unfruchtbare Mutterboden,* auf dem nichts gedeiht.

Anders sind **Bilder und Gefühle zum 2. Aspekt der Urangst,** zur Angst vor dem numinosen Gegenüber, welches das Eigene zerstückelt, verbrennt oder sonstwie zerstört:

☐ Das *tobende Urmeer,* die Wasserflut, der *Sturm*

☐ Das versengende *Feuer,* auch die *Hölle* und das Höllenfeuer, das alles vergiftende Quecksilber, das *blendende Licht.* Eine Jugendliche beschreibt eine Monochordklangreise wie folgt: „Zuerst ist ein großes Lichtmeer. Es ist schön. Ich bin wie ein Stern, der mitleuchtet. Doch dann plötzlich, ich weiß nicht weshalb, blendet mich das Licht. Ich fürchte zu erblinden. Mehr noch, es ist, als würde mich das Licht ins Herz treffen."

☐ Der verschlingende *Drache,* der *Sog* des Drachenschlundes

☐ Chaos als gähnender Schlund,[37] ‚Dreck' als Inbegriff für das, was es zu entfernen oder zu vermeiden gilt (Dreck als haftende Erdscholle oder als ‚Dreckbiest').

☐ Die plattwalzende oder zerstückelnde Maschine. Es gibt auch ein Zugeschüttetwerden vom Weichen: Über einen Mann senken sich im Halbschlaf immer neue Flaumdecken herab.

☐ Ferner Bilder der *Enge* im Rachen eines Tieres, Enge im Geburtskanal, Enge inmitten der Fülle einer Riesenmasse. Diesbezüglich interessant ist die ethymologische Verwandtschaft zwischen Enge und Ängste. Angst wurde seit jeher mit

---

37 Der Begriff Chaos ist verwandt mit dem Wort Kluft (Kluge 1975). Das entsprechende Verb ‚ausklaffen' erinnert an Gähnen.

angustiae = Enge in Verbindung gebracht; mittelhochdeutsch hieß die Angst „die engste" (vgl. Erni 1982, 13). Eine Frau empfindet während einer ca. 20 minütigen Gongklangreise die ganze Zeit über nur eines: „Nix wie raus, dabei weiß ich gar nicht, wo ich drin bin!"

❑ Bilder einer *aktiv werdenden Erdscholle/Materie,* der sich verselbständigenden fressenden Mutter oder der urdicken, schwarzen Frau. Alles was frißt, abtötet, zum Erlöschen oder Erliegen bringt, gehört hierher, so selbst die *Dunkelheit,* die sich machtvoll über die Landschaft legt. Ein Junge meinte einmal: „Dunkelheit ist noch größer als ein Elephant."

❑ Gestalten wie der *Wolf, Elephant, Riese, Zauberer, Dunkelmann,* die *Hexe,* die *Riesenspinne,* insofern diese Symbole das furchtbare Gegenüber – und (noch) nicht den hilfreichen Seelenführer – repräsentieren. Dabei drückt jede Gestalt ihre Nuancen aus: Während im Drachen eher die bereits intrauterin erlebte Angst vor Klangfülle zum Ausdruck kommt, scheint der Wolf besonders im Kleinkindalter für das Fressende zu stehen.[38] Der Elefant verkörpert das primär Große, der Zauberer das Magische, dem Dunkelmann begegne ich häufig bei Menschen, die als Kind sexuell oder körperlich mißhandelt wurden.

Todesängste können ebensogut das eine, wie das andere Gesicht von Urangst verkörpern. Je abgespaltener vom Ganzheitlichen die Menschen leben, umso mehr geht ihnen mit dem Tod wirklich alles verloren. Sie kennen nichts außerhalb des ich-bezogen Errichteten; fällt dieses dahin, fällt alles dahin. So bedeutet Todesangst ebenso Urangst vor dem tötenden Anderen, wie Urangst vor dem Verlorensein im Ungewissen. Der Tod wird nicht (mehr) als Heimkehr erahnt!

Welche Bilder und Konkretisierungen auch immer gewählt werden, wenn sie wirklich Urangst thematisieren, so bringen sie das Gefühl des Ausweglosen zum Ausdruck. Gerade das macht den Traum zum Alptraum. Es geht nicht davonzu-rennen, Schutzmauern um sich zu bauen, noch, schneller als es sich ergibt, in die Zeitlichkeit zu flüchten. Man ist dem Endgültigen ausgeliefert, muß warten, in den Tod einwilligen, bis unerwartet von außen oder von innen Signale der Verände-rung kommen.

---

38 Der *Drache* ist symbolisch älter als der Wolf und kann wohl gerade deshalb nur höchst selten zum Seelenführer, das heißt, zum Bestandteil des Eigenen werden. Er ist das Andere, ob im Bedrohlichen oder wie im Osten, auch im Gegensatzüberwindenden. Im mythologischen Motiv des Drachenkampfes kämpft das Ich gegen das Unbewußte, den Urgrund, wobei häufig eine Jungfrau aus der Macht des Drachens gerettet werden muß. Der *Wolf* demgegenüber verkörpert manchmal das Verschlingende, manchmal aber auch eigene instinkthafte Kräfte, die allenfalls durch Abspaltung gefährlich wurden. (Vgl. Märchen vom vergeßlichen Joseph, von den dank-baren Tieren in Slavische Märchen, Sirovatka et al. 1977 und vgl. Estés 1993.) Was hier für den Wolf formuliert wurde, gilt in je eigenem Aspekt auch für Gestalten wie Löwen, Tiger, Bären …

Nach meiner Beobachtung findet sich derselbe Mensch in immer ähnlichen Motiven: er wählt Licht für das ganzheitlich Schöne ebenso wie für das plötzlich Blendende. Oder ihm ist der Klang lieb als Gefühl sphärischen Aufgehobenseins, schlägt aber auch über in allgegenwärtige Bedrohung. Der Boden, welcher eben noch Bild für das tragend Mütterliche war, löst sich in nichts auf oder spaltet sich in gähnend fressende Löcher. Das Wasser, das soeben noch friedlich plätscherte, wird zum tosenden Urmeer.

3.4.8 „...und ist's auch Wahnsinn, hat es doch Methode"[39] – Pia, Monique, Anna

Nackte Urangst treibt fast in den Irrsinn. Wo Urangst lebendig wird, empfinden sich viele Betroffene momenthaft wie wahnsinnig: Sie realisieren das Unverständliche und Totale ihrer Angst und sind ihr gleichzeitig ausgeliefert. Angst ist im Grunde genommen immer unlogisch, erst recht Urangst, da älter als die Logik aller Erklärungsversuche! Urangst *ist* und die daraus heraus entstehenden Phantasien *sind*. Obwohl unlogisch bis unvernünftig, wohnt ihnen doch eine Gesetzmäßigkeit inne: sie sind Mischprodukt der zwei Wahrnehmungen.

Das Telephon läutet, ein akuter Notruf:
Eine Frau, Pia, ist in äußerster Angst, psychotisch zu werden. Es tut mit ihr. Sie versuchte vergeblich, ihren Realitätsbezug zum Hier und Jetzt, zum ganz Konkreten, zum Haushalt, zu wahren. Sie wird innerlich überschwemmt. Sie ruft mich an, ist aber unfähig, auf meine Zwischenfragen zu reagieren. Sie realisiert nicht einmal, daß ich sage, ich müsse mir eine Jacke holen und käme gleich wieder. Es redet ihr weiter in den leeren Hörer hinein. Ist sie bereits nicht mehr da? Wo ist sie? Ich protokolliere ihre Worte:

„Grenze loslassen –
es ist ein Hürdenlauf – Pause – . Es hat immer zwei Wege gegeben.
Ich stehe auf einem Gebiet, wo Gott zu Hause ist. Ich bin jetzt immer die Treppe herunter- und heraufgegangen, um Boden zu fühlen, doch da ist keiner. –
Mein Therapeut sagt Trauma, ich weiß nicht, weiß ich? –
Körper ist straff, total zu. Tut weh. –
Heute kam ‚es'. Will mich an der Grenze halten. Ich kämpfe, daß ich nicht vereinnahmt werde. –
Pause. – Grau –
Da kommt ‚es'. ..."

Ich lasse Pia ausreden, bis sie das Gefühl hat, mir alles erzählt zu haben. Dann frage ich sie, ob sie etwas von mir hören wolle. Sie meint, ich könne ja erzählen, aber sie könne nichts aufnehmen. Sie sei vereinnahmt.

---

39 Vgl. Shakespeare, Hamlet, Akt 2, Szene 2, Ausgabe von 1951

Mich erinnern die Sätze dieser Frau sehr an Bettina. Intuitiv sage ich: „Du mußt Abschied nehmen von Gott, sonst wirst du vereinnahmt!" – Erschrecken am anderen Ende des Hörers. – Dann nach einer Weile die Worte: „Ich kann nicht, Gott ist das, was mir Halt gibt, warum soll ich gerade die Nähe zu ihm aufgeben?" Meine Antwort: „Weil du sonst vereinnahmt bist. Die Alternative heißt, vereinnahmt bleiben. Willst du lieber diesen Zustand?" – Wieder Pause. – Nach einer Weile fragt Pia: „Kehrt man denn wieder einmal zu Gott zurück?" „Ja", sage ich, „mit dem Tod kehrst du in jene Ureinheit zurück." Ich höre große Erleichterung. „Das mußte ich hören, vielleicht kann ich so Abschied nehmen", meint Pia.

Nach einer Pause irritiert mich Pias Stimme erneut. Sie klingt für mich wieder abwesend, „vereinnahmt". Ich sage: „Gott will jetzt gar nicht, daß du zu ihm zurückkehrst. Er will, daß du lebst und Pia bist, sonst gäbe es dich nicht." – Pause – „Jetzt wird es ruhig in mir", meint Pia. „Sag das nochmals." Ihr Körper scheint sich bei dieser Aussage zu beruhigen. Nach einer Weile ist Pia fähig sich vorzustellen, was sie jetzt gleich tun, was wem sagen werde. Und Pia weiß, sie muß nicht in die Klinik, es geht ohne.

Wir sprechen noch eine Weile miteinander. Pia ist plötzlich erstaunlich fähig zuzuhören, zu fragen, zu reagieren. Ihre Angst, infolge des Abschiedes von der Ureinheit verloren zu sein, ist total. Gleichzeitig aber auch die andere Angstform, nämlich vereinnahmt zu werden. Pia ist im Zwischenzustand von Leben und Tod gefangen. Sie hat sich, wie sie sagt, immer den Ausweg in den Tod erhalten. Doch in solch bleibender Nähe zum ganz anderen ist das Ganzheitliche absolut vereinnahmend!

Später erfuhr ich, daß Pia in ihrer frühen Kindheit Opfer von Gewalt gewesen war. Wurde damals schon ihre mühsam errungene Abgrenzung zum ganz anderen durchbrochen und zerstört? Pia spürte ihre großen Ängste erst in dieser Krise. Ihr bisheriges Leben schien äußerlich normal, doch war Wesentliches offenbar permanent durch Medikamente gebannt bis unterdrückt.

Monique und ihr Mister Klein

Monique hatte häufig Angst. Sie schlich scheu den Wänden entlang. Sie hatte einfach Angst, ohne wirklich sagen zu können wovor. Angst vor anderen Menschen und ihren Gedanken. Angst vor bösen Blicken. Angst einfach so, nicht in Ordnung zu sein. Monique hatte wenig Lebensantriebskraft, sie war schnell müde oder eingeschüchtert. Sie wagte nur leise zu musizieren, „als wäre sie nichts Lautes oder Rechtes wert".

In der Therapie konnte Monique von ihrer Angst erzählen. Sie konnte zu ihrer Angst musizieren, dadurch kam diese gleichsam in den Raum hinein. Immer deutlicher zeichnete sich ab, daß es so etwas wie eine allanwesende, besitzergreifende Luftfigur geben mußte, vor der Monique sich so fürchtete. Diese Figur benannte Monique mutig mit „Mister Klein". Dem Riesengroßen, Unfaßbaren zum Trotz wählte sie das Wort Klein. Bald einmal konnte Monique den Therapieraum betreten und dabei sagen: „Jetzt hat mich der Mister Klein wieder", oder „jetzt läßt er mich einmal in Ruhe." Je klarer das Luftphänomen zum Gegenüber wurde, umso freier schienen Moniques Lebensenergien zu sein und umso besser konnte sie sich gegen das Phänomen wehren und ihm entgegentreten. „Dem will ich es zeigen", meinte sie einmal und begann, laut zu trommeln. Ein mutiger Schritt für die schüchterne Monique! Nachdem Monique das erste Mal in voller Lautstärke getrommelt hatte, meinte sie verschämt: „Das hätte ich mir nicht zugetraut." Und noch stärker errötend, ergänzte sie: „Es hat sogar Spaß gemacht."

Urängste verbergen sich ganz allgemein hinter dem, was den Menschen unbewußt in Besitz hat, nenne man es Böses, Verzweiflung, Pessimismus oder Urmißtrauen.

Weil der Erwachsene nicht mehr in der Wahrnehmungsweise des Überganges drin ist, erkennt er meist kein allmächtiges Großes, keine darin gefangene Lebensenergie und keine totale Verlorenheit mehr hinter solchen besitzergreifenden Gefühlen. Die Luftfigur als Bild für das Große oder die Wüste als Bild für das Nichts müssen zuerst im Raum gegenwärtig und benennbar werden, damit sich die Urangst relativiert. Ähnlich mußte Vera zuerst durch die Hölle einer Nägelmaschine hindurch, bevor sie wahrnehmen konnte, daß sich die Nägel in Licht auflösten. Susanne mußte ihre Kellerhöhle aushalten, die Angst vor den sich darin mehr und mehr verschiebenden Felsklötzen durchstehen, bevor sich plötzlich alles in einen wunderbaren Klangmantel wandelte. Urvertrauen und neue Ich-Stärke werden nur durch die Auseinander-Setzung mit dem Bedrohlichen und durch das Aushalten von Urangst neu lebendig.

Anna: Die apokalyptische Angst, Materie sei aktiv:

Eindrücklich sichtbar wird Urangst in den apokalyptischen Bildern. Auch sie müssen zuerst spürbar werden, bevor sich Angstblockaden lockern können. Die Wirkung solcher Bilder erschöpft sich nämlich nicht im Erstarren im oder Anschauen des Bösen. Vielmehr will sich durch die darin thematisierte Urangst hindurch Neues – biblisch gesprochen „der neue Christus" – konstellieren.[40] Wo Urängste angeschaut und nochmals durchlebt werden, wird der als verschlingend gefürchtete Mutterschoß wieder zum behütend Bergenden. Und die Tore, hinter denen Energien gefangen waren, öffnen sich. So erscheint das Rettende in apokalyptischen Bildern nicht nur im Gefühl des uralten Behütet-Seins, sondern auch in Endzeit- und Sinnantworten. Die männliche Urkraft, das Streben nach Leben, erscheint wie vom Ziel her entgegenkommend und beflügelt zur je eigenen Vision von Erlösung und Heil! Bildlich gesprochen mündet der frühere „Kindaspekt" in die Gestalt des neuen Christus.

In der Bearbeitung von Urängsten eignen sich *Körpersprache, Malen, Phantasien* zu bestimmten Gegenständen und Personen, sowie *Musik* und speziell Geräusche besonders gut, um *das Unfaßbare zu registrieren*. Große Chance der musik- und körpertherapeutischen Arbeit! Man merkt, *daß etwas ist* und erlaubt sich, vorübergehend in die unlogische Wahrnehmungsweise des Überganges einzusteigen.

Anna lebte immer wieder in Ängsten vor dem Weltuntergang, weshalb wir gemeinsam versuchten, uns diesem schlimmen Gefühl anzunähern. Anna war gleichsam besetzt vom Gefühl: alles falle über sie her, die Erde tue sich auf und sie sinke in Felsspalten hinein, Blitze würden ihr Herz durchbohren und Bäume sich gegen sie stellen. Und wenn sie nur den Finger rührte oder nur im

---

40 Drewermann (1985) deutet die Apokalypse als Eskalation der Angst bis zum Punkt, da sich in der Person des kommenden ‚Messias' (Verkörperung des Selbst) die neue Einheit aller psychischen Gegensätze zwischen Bewußtsein und Unbewußtem konstelliert (S. 436f).

entferntesten Wut empfand, so sah sie den Feind auch gleich auf sich zukommen und sie umbringen. Eine in der Tat apokalyptische Szenerie!

Natürlich lautete der erste Einfall der Betroffenen: „Ich spinne wohl." Doch beim tieferen Hineinhorchen in Annas Schilderungen kam ich zu einem anderen Schluß: Anna erlebte solch apokalyptische Szenerien, weil sie sich im Grenz- oder Mischbereich von ich-bezogener und ganzheitlicher Wahrnehmung befand. Im Grenzbereich ist es tatsächlich, als könnten Steine reden, als werde die ruhende Materie aktiv. Ein Ich ist bereits da, hier sichtbar darin, daß es hinschaut auf etwas außerhalb seiner selbst und sich davon bedroht erfährt. Ich-bezogenes Erleben ist also wirksam. Vielleicht wird sogar die eigene Fähigkeit zu handeln, zu denken und Wut zu empfinden entdeckt oder wieder entdeckt. Aber die Abgrenzung ist noch nicht vollzogen, zwei Ebenen mischen sich. So wird Aktivität auch der Umgebung, der Materie zugedacht, und eigene Wut überträgt sich auf das Fremde. Zwischen dem Eigenen und dem anderen kann nur unzureichend unterschieden werden. Diese Durchmischung führt zu den seltsamsten inneren Wahrnehmungen, Ängsten und Konsequenzen. Ist es so betrachtet nicht sehr einleuchtend, daß apokalyptische Visionen gerade in Todesnähe oder in großen Umbruchzeiten entstehen, nämlich im Grenzbereich zum Ganzheitlichen, der immer auch Mischbereich verschiedener Wahrnehmungsweisen ist!

3.4.9 Zweite Grundannahme: Das ambivalente Große bleibt wirksam in der Summe alles Unverständlichen

Urangst wird auch noch in der späteren Kindheit angelegt. Das Drin-Sein im Ambivalenten, bald Bekömmlichen, bald Bedrohlichen endet nicht mit der Geburt, noch mit dem vollendeten 1. Lebensjahr. Das Ich ist nach dem vorliegenden Erklärungsansatz *so lange im ambivalenten Umfangenden drin, als es selbst in der Umwelt ein Ganzes empfindet.* Umwelt wird erst allmählich in einem Prozeß des ständigen Vor und Zurück in Einzeleinflüsse differenziert. Schritt für Schritt, Erkenntnis um Erkenntnis, begibt sich das Kind ins Neuland der künftigen Realität hinein. Selbst ein Kleinkind verfügt noch längst nicht über ein konstantes gegenständliches Weltbild. Im Spiel wird ihm ein Bauklotz zum Auto, ein großer Mantel macht es zum Riesen. Nach wie vor gibt es in dieser Welt so vieles, das es nicht versteht und nicht in Einzelheiten erkennt. Und manches, worum es zwar weiß (Hund beißt nicht, schwarz gekleideter Mann ist nicht böse, die Straße als Spielplatz ist zwar schön, aber auch gefährlich), kann es emotional noch nicht einordnen. Begreifen kann nur, wer innerlich dazu reif ist.

Nach wie vor behält das, was nicht als Einzelnes erkannt wird, den Charakter des Totalen. Im Bekömmlichen wie im Bedrohlichen! Das ambivalente Große bleibt, neben allem mittlerweile Vertrauten, wirksam im Unbekannten. Im Unverstehbaren bleibt das Kind – blieb der Urmensch und bleibt selbst der heutige Erwachsene – einfach „drin". Die Schwingungsumgebung bleibt erhalten in all dem, was unbewußt, unangeschaut, unausdifferenziert, aber dennoch atmosphärisch da und indirekt wirksam ist.

So ist sogar noch das Schulkind miteinbezogen in Mutters dumpfe Traurigkeit, in Vaters Launen oder verdrängten Ehrgeiz, in schwelende Spannungen im Klassenraum, in kollektive Tabus wie: Sexualität, Tod, das Wirken außersinnlicher Kräfte oder Schuld, die nicht wahr sein darf.[41] Im Positiven erlebt es sich – ohne zu wissen warum – mitbefreit, wenn sich in seiner Umgebung Lösungsschritte abzeichnen: die Atmosphäre ist anders, nachdem die Mutter entschieden hat, eine neue Ausbildung zu machen, wenn Eltern eine Therapie beginnen oder wo aus kollektivem Leidensdruck neue Visionen wachsen. Im Angenehmen wie im Unangenehmen gehört das Unüberblickbare eines Familiensystemes, gehören hintergründig einwirkende Gesellschaftseinflüsse nach wie vor zum unbekannt Großen! Selbst Themen am Familientisch, z. B. aus Politik oder Wirtschaft, werden in ihrer Emotionsgeladenheit aufgenommen, aber nicht begriffen. Sie stehen für eine höhere Macht, der man schicksalhaft ausgeliefert bleibt!

3.4.10 „Ins Haus meiner Kindheit wurde eingebrochen"

Geschieht dem Kind (auch nach der Kleinkindzeit!) ein großes Unglück, erfährt es sich traumatisch verlassen, empfindet es Bedrohung und existentielle Not, so wird ihm etwas zugefügt, das sein Begreifen übersteigt. Gerade dann erfährt es nicht einzelne Personen oder Gegenstände, sondern noch einmal das Große, Ganze als gewalttätig und bedrohlich. Und dies abgespalten von allem positiv Vertrauten! Ich denke hier z. B. an Unfälle, an Krieg, Konzentrationslager, an sexuelle und körperliche Mißhandlungen, an den unvorbereiteten Verlust einer wichtigen Bezugsperson, an Verlassenheit mitten in einem Schreckerlebnis, an unüberblickbar lange Abwesenheit der Bezugspersonen, an Krankheit, an unvorbereitete Spitalaufenthalte und einschneidende Wohnortswechsel. Ich denke aber auch an permanente, bewußte oder unbewußte familiäre Spannungen, an die andauernde

---

41 Wer ist schon fähig, vor sich und anderen zur eigenen Schuld (z. B. zur bösen Tat, zur eifersüchtigen Absicht im vergangenen Gespräch, zur mangelnden Empathie, zur späten Bewußtwerdung etc.) zu stehen? Schuldfähigkeit ist mehr als das Wissen, „Fehler gemacht zu haben". Auch kollektive Verbrechen werden so schnell verdrängt und verniedlicht.

Angst, die Mutter zu verlieren, an das ständige Alkoholproblem des Vaters, an unlösbare Konflikte von Ausländerkindern in der Zerreißprobe zwischen zwei Kulturen, an jahrelange schlimme Schulerfahrungen, an ein Außenseiterdasein, an ein Leben in einer Familie mit tyrannischem Vater und unterwürfiger Mutter oder umgekehrt, an einen Zeitgeist der Gewalt, an die unausweichliche Reizüberflutung eines Fernsehzeitalters.

Zusammenfassend formuliert erfährt sich das Kind sowohl in *traumatischen Erfahrungen* als auch in *Ausnahmezuständen ohne absehbares Ende* der Allgewalt des Großen, Numinosen nochmals ausgeliefert. Auch wenn es die Kleinkinderzeit längst hinter sich hat, wird es nochmals in eine Übergangssituation mit den Gesetzmäßigkeiten des Totalen zurückgeworfen. Ungefragt schicksalhaft drin! Aus der Sicht des vorliegenden Modells wird verständlich, warum die Folgen solcher Erfahrungen so total, ja verheerend sein können. Sie sind mit Frühstörungen vergleichbar, da im Thema Allmacht-Ohnmacht der frühesten Entwicklung geworden. Versteht man Kindheit als Übergang, so erschöpfen sich die Folgen solcher Erfahrungen nicht mit der Vorstellung, das Kind habe nun eben unglückliche Erfahrungen gemacht, Schmerz erlitten oder eine unglückliche Zeit erlebt! Vielmehr wurde es in seinem inneren Prozeß fundamental gestört: Das früher erlebte Grundgefühl des guten Seins wird nachträglich wie verschattet. Oder frühe Nöte (z. B. die etwas erschwerte Geburt oder gewisse Frustrationen des Säuglings), die als solche verkraftbar gewesen wären, werden ins Unermeßliche verstärkt. An die Stelle von Urvertrauen tritt noch einmal Urmißtrauen! Urängste erhalten ein verschlingendes Ausmaß! Dasselbe Große, Unverständliche, welches einst tragend, nährend und dann ambivalent war, erscheint noch einmal böse, finster, zürnend, rachsüchtig. Es ist, als würde der Mutterboden nachträglich vergiftet!

Folgen vieler Traumata scheinen von außen betrachtet gar nicht so schlimm zu sein, erst recht nicht in einer Umgebung, die das Sensorium dafür nicht hat. Traumata werden häufig schon während des Ereignisses verharmlost bis abgespalten! Das Schulkind selbst berichtet, daß der Unfall nicht so schlimm gewesen sei, obwohl in der Tat sehr gravierend. Das Kleinkind, das nach dem Krankenhausaufenthalt die Eltern nicht mehr erkennt, findet bald danach wieder in seine vertraute Daseins- und Spielweise zurück. Als wäre nichts gewesen! Nur in ganz seltenen Momenten, z. B. beim Anblick eines Krankenbettes, bricht etwas Unverstehbares durch. Das sexuell ausgebeutete Kind nimmt Scham- und Schuldgefühle auf sich, leugnet das ihm selbst Unverständliche. Noch häufiger findet schon der Übergriff bei Täter und Opfer im total abgespaltenen Bereich statt. Und wenn später Bewußtseinsfunken durchbrechen, so war in der Erinnerungsspur des Opfers nicht der Großvater der Täter, sondern das Unwesen, das schwarze Tier oder der leibhaftige Teufel in ihm. Auch das Kind selbst spaltet das Unaushaltbare ab! Viel später können Opfer bisweilen über Traumbilder und nachträgliches Fühlen rekonstruieren, daß sie schon während der Untat aus ihrer ich-bezogenen Wahrnehmung flüchteten und in einer ganzheitlichen Seinsweise Schutz fanden. Sie fühlten sich z. B. in der Nähe eines Engels, eines Lichtes, einer Stimme. Oder das Schreckliche erscheint in nachträglichen Träumen gleichzeitig blutig, als auch verklärt, golden. Dies bedeutet, daß das Kind damals schon nicht wirklich „da" war, und so erstaunt es auch nicht, daß es schon unmittelbar nach dem Mißbrauch nichts davon „weiß". Es wird vielleicht in den Wochen danach krank, hat fortan zeitweilige Schlafstörungen, zeigt kurze geistige Absencen, reagiert manchmal unbegründet böse oder malt in seinen Zeichnungen traurige Gesichter, ... im übrigen aber lacht es wie eh und je, und niemand käme auf die Idee solcher Hintergründe.

Doch der Schein trügt. Traumatische Kindererfahrungen oder endlose Spannungszustände in der späteren Kindheit[42] verletzen die bereits bestehende Abgrenzung zwischen dem Ich und dem Großen. „Die Haut wird zerrissen", „ins Haus oder in den Intimbereich des Ureigenen wird eingebrochen", „die Zeit steht wieder still". Oder das einmal unter einem guten Stern gewordene Eigene steht plötzlich wie unter einem Fluch. So sagen Träume. Das Abgespaltene wirkt untergründig wie verwünscht. Das in seinen Strukturen erschütterte Ich kann sich nicht mehr adäquat abgrenzen oder zur Wehr setzen. Allenfalls findet es nicht mehr in eine gedeihliche Atmosphäre zurück. Das Kind ist vom Numinosen nachträglich wieder eingeholt worden. Es erfährt dessen Ambivalenz im Übermaß und ist ihm in seiner Bedürftigkeit noch einmal schutzlos ausgeliefert. Das Große kommt ihm nochmals mit voller Wucht zu nahe und bedroht seine ganze Existenz. Traumatisch grenzenlose Erfahrungen haben gerade wegen ihres numinosen Charakters im Empfinden des Kindes die Bedeutung von Überwältigtwerden. Gewalt und Macht sind denn auch die Themen, die am meisten nach Reaktion drängen.

Schlimme Erfahrungen werden nicht gleichermaßen zum Trauma, wo Zeit, Liebe und Verständnis einer Umgebung da sind, um das Erlebte mindestens teilweise zu verarbeiten.[43] Wo das Schlimme im Abgespaltenen stattfand, hilft der Umstand, daß Bezugspersonen nachher wieder da sind, offene Fragen und unverstehbare Reaktionen im Vertrauen auf Selbstheilungskräfte der Seele aushalten und das Kind durch ihre Liebe immer wieder im Vertrauten ansiedeln. Unter Umstän-

---

42 In der frühen Kindheit sind endlose Spannungen nicht weniger wichtig, doch sie bewirken nicht, daß bereits Vorhandenes wieder einbricht, sondern erschweren, daß Ich-Strukturen überhaupt aufgebaut werden können.

43 Vgl. Petzold, Goffin, Oudhof (1993), die Bedeutung von Ereignisketten im Unterschied zum isoliert betrachteten Trauma (S. 461–462). Um Prägungen zu verstehen, muß die Summe der Faktoren über lange Zeitspannen mitberücksichtigt werden.

den ist Eltern auch nichts anderes möglich, als ein großes Ausmaß an Geduld aufzubringen, ohne zu wissen, was eigentlich war. Gerade weil sich Leidenshintergründe oft erst Jahre/Jahrzehnte später offenbaren, ist es für das Kind (über-)lebenswichtig, trotz und in seinen Störungen und Symptomen geliebt zu sein.

Selbst Geschwister springen oft intuitiv in Notsituationen ein: sie sind Brücke zum Vertrauten, Brücke gerade zum Kindgemäßen, zum Spiel-, Schul-, Kinderalltag. Wo Geschwister selbst noch Zugang zur Wahrnehmungsweise des Überganges haben, werden sie zum Mitwissenden, ohne real zu wissen. Sie können Symptome übernehmen, damit das Familienganze das Schreckliche überlebt und den Weg ins gute Vertraute zurückfindet. Dadurch werden auch sie gezeichnet vom Schlimmen, das ihnen selbst nicht widerfuhr.

Traumatische Kindheitserfahrungen und daraus wachsende Heilungswege können nie mit dem Auge des außenstehenden Erwachsenen, sondern nur aus der Perspektive des Überganges, des Kindes, allenfalls des inneren Kindes, begriffen werden.

3.4.11 Zum Begriff „Umwelt" und: Chancen einfühlsamer und prozeßbereiter Erzieher

Ambivalenzerfahrungen, Erschrecken, Momente der Angst und Verlorenheit gehören zu jedem Kinderdasein. Doch Umwelteinflüsse tragen wesentlich dazu bei, wie häufig, wie anhaltend und wie verkraftbar schlimme Erfahrungen sind.

Der Begriff ‚Umwelt' darf dabei nicht zu eng gefaßt werden. *Zur Schwingungsumgebung gehört* das mütterliche Gesicht, ihre Empathie, ihr verläßliches Dasein, aber auch ihr Unbewußtes. Die Schwingungsumgebung umfaßt den Vater wie die Mutter und die Elternbeziehung, die einzelnen Geschwister und die Geschwisterkonstellation. Im Begriff Schwingungsumgebung sind auch die Arbeitsbedingungen von Vater und Mutter, besondere Umstände dieser Zeit wie Tod oder Krankheit einer wichtigen Person, Auswirkungen des eigenen Schreiverhaltens auf die mütterlichen und väterlichen Nerven oder Streßfaktoren einer Gesellschaft enthalten. Zur Schwingungsumgebung gehören selbst vermeintliche Nebensächlichkeiten wie die allgegenwärtige Radiomusik, die Umweltgifte in der Muttermilch, die das Elternverhalten mitbestimmende Groß- und Schwiegermutter oder die friedliche bis gewalttätige Stimmung auf dem Spielplatz etc.

Gerade die Vorstellung einer Schwingungsumgebung erklärt, daß sich Gesellschaftseinflüsse auf die kindliche Entwicklung ebenso auswirken wie individuell mütterliche. Und Umwelt wird ebenso geprägt durch das, was ein Kind selbst aussendet. Die Schwingungsumgebung umfaßt alles, sämtliche Faktoren klingen mit, einige näher, andere ferner. Statt in linearem Denken verhaftet nach einer besonders wichtigen Ursache früher Prägung zu suchen, sind Menschen aufgefordert, das *Zusammenwirken aller Gegebenheiten* zu hinterfragen. Es bleibt letztlich offen und jedem Einzelfall überlassen, was genau zu welcher Prägung führt.

Nur eines läßt sich mit großer Wahrscheinlichkeit sagen: Wenn ich von der Annahme einer „Schwingungsumgebung" ausgehe, verstärkt sich die *Bedeutung unbewußter Einflüsse.* Dazu gehört im Positiven das Urvertrauen der Eltern, das Tröstliche einer Religion, das zum Leben Befreite einer Kultur. Doch auch das Negative ist darin enthalten, so das Unausgesprochene einer Sippe oder Familie und die sogenannt „dicke Luft" einer Familienstube, das im Körperpanzer einer Mutter Eingefrorene, das in ihrem Stimmtonfall enthaltene Verdrängte, das Tabuisierte oder Lebensfeindliche einer Kultur, das was Mutter oder Vater selbst nie verkraftet und deswegen abgespalten haben etc. Mit bewußten oder bewußtseinsnahen Spannungen, beispielsweise mit dem Ungelegen-Kommen eines Kindes, kann man sich auseinandersetzen. Tief unbewußte Nöte hingegen sind da, ohne da sein zu dürfen. Sie werden in dieser diffusen Doppelbödigkeit weitergegeben und haben oftmals den Charakter des *atmosphärisch Verwünschten*, Vergifteten, in Worten überhaupt nicht Faßbaren. Das Kind im Übergang nimmt anders und anderes wahr als Erwachsene. Kinder sind häufig ans Unbewußte der Eltern und sonstiger Bezugspersonen intensiver angeschlossen als diese selbst. Sie lernen nicht nur, was ihnen gezeigt wird, sondern auch, was ihnen vorenthalten wird. Sie haben nicht nur ein Gespür für das Gelebte, sondern auch für das Tabuisierte. Und sie müssen lernen, sich in Tabus einzufügen, Tabus aufrechtzuerhalten. Dadurch werden sie Teil des Kollektivs und gleichzeitig vom hintergründig Wirksamen mitverwünscht. Das Kind und später der Erwachsene stehen dann vor der schwierigen Aufgabe auszutragen, zu erlösen, was in ihrer Umgebung verwünscht war und ist. Als Verwünschtes ist es in seiner wahren Gestalt gerade nicht bekannt. In mühsamster Bewußtwerdungsarbeit muß für das Wortlose überhaupt erst Gestalt gefunden werden. Nur so hat das Verwünschte Chance, zukünftige Schwingungsumgebungen nicht mehr zu belasten.

Eine solch großräumige Betrachtung von Umwelt ist für Erzieher Chance und Herausforderung. Eigene Grenzen und begangene Fehler können eher stehengelassen werden. Sie sind „nur" Teil des Ganzen. Vielleicht fallen sie sogar in eine günstige Zeit hinein, da das Kind noch oder gerade wieder im bekömmlichen Drin-Sein dämmert. Und es liegt im Geheimnis des einzelnen Kindes, was wie wahrgenommen und empfunden wird. Erwachsene sind herausgefordert, das ihre beizutragen zu einer bekömmlichen, hoffnungsvollen und kinderverträglichen

Atmosphäre (Herzka, mündliche Information). Statt sich in Schuldgefühlen zu verfangen oder Schuld einzelnen Umständen zuzuschreiben, statt immer neue Erziehungsmethoden zu erproben, sind Erzieher aufgerufen, an sich selbst und ihrer Vertrauensbasis zu arbeiten. Sie sind aufgefordert, selbst aufzuarbeiten, was in ihnen ansteht, statt die Verarbeitung zu delegieren. Das ihnen selbst Unbewußte will angeschaut und integriert werden. Das Leitbild der guten Eltern wird ersetzt durch dasjenige der Eltern auf dem Weg.

Dem eigenen Unbewußten näher, sind Eltern auch den Gesetzmäßigkeiten des Überganges, in denen ihr Kind lebt, näher. In Ehrlichkeit dem eigenen Inneren gegenüber und in Autonomie ist es Erziehern möglich, eine Sensibilität für das zutiefst Bekömmliche ihres Kindes zu entwickeln.

3.4.12 Das realistisch Ambivalente versus das grundsätzlich Böse

Ambivalenzerfahrungen gehören zum Leben. Doch wie wird das zuweilen Schwierige, Böse bewältigt? Ich unterscheide nachfolgend zwei mögliche Entwicklungswege:

Im günstigen Fall tritt die Erfahrung des Ambivalenten lediglich zu den bereits bestehenden Erfahrungen des grundsätzlichen in-Ordnung- und Geliebt-Seins hinzu. Alle Realität ist ambivalent und wird jetzt als solche erfahren. Die Ambivalenzerfahrungen bereiten sinngemäß auf eine realistische Lebenseinschätzung und -bewältigung vor. Angst mobilisiert die nötige Vorsicht. Schwierige Erfahrungen, auf die sich das eigenständig werdende Kind im Umgang mit der Realität berufen muß, werden verinnerlicht: z. B. Lärm *ist* intensiv. Menschen *sind* zwiespältig. Feuer *ist* etwas Interessantes, aber es brennt auch. Herunterfallen *ist* gefährlich.

Im ungünstigen bis traumatischen Fall kann das Schlimme nicht als äußere Realität erkannt und eingeordnet werden. Es bleibt darum allumfassend, allgegenwärtig, unverständlich, unintegrierbar. Dies hat nachhaltige emotionale Folgen: Es gibt fortan – ob faßbar oder nicht – das *grundsätzlich Böse*, Gefährliche, dem es auszuweichen gilt. Das Böse wird verinnerlicht. Realistische Gefahren werden überschätzt und gleichzeitig unterschätzt: Ein Kind, das von einem Menschen fragend oder ernst angeschaut wird, empfindet das Gesicht finster, interpretiert, es habe alles falsch gemacht oder agiert böse zurück. Andere Kinder schließen von einer Situation auf alle Situationen: Nicht nur das schnell vorbeifahrende Auto, sondern alles Lärmig-Aggressive, der Wettkampf in der Schule, die laute Stimme des Vaters, sie alle sind gefährlich. Das übertrieben Gefährliche ist gleichzeitig aber auch besonders anziehend. Während das eine Kind verängstigt bleibt, muß ein anderes kompensieren. Es kauft als Jugendlicher möglichst früh ein Motorrad und wird sehr schnell und lautstark fahren. Auch die sich immer mehr ausbreitende Kinder- und Jugendkriminalität kann eine solche Faszination und Identifikation mit dem starken Bösen zum Ausdruck geben.

Überfordernde Ambivalenzerfahrungen aus frühester, aber auch aus der späteren Kindheit sind noch im Erwachsenen wirksam: Maßlose Mißstimmungen neben euphorischer Überschwenglichkeit! Übertriebene Angst neben fahrlässiger Angstlosigkeit! Minderwertigkeits- und Ohnmachtsgefühle neben kompensierender Selbstüberschätzung! *Realität kann gerade nicht realistisch eingeschätzt werden,* weder eine äußere noch eine innere Realität.

Erfährt das Kind die Welt als grundsätzlich böse, so wirkt sich das nicht nur auf das emotionale Grundgefühl, sondern auch auf die künftigen Energien aus: Lebenslust ist eingeklemmt. Ich-Kräfte bleiben ans verinnerlichte Böse und im gleichzeitigen inneren Kampf dagegen fixiert. Das teuflisch Wirksame bahnt sich an, wird besonders anziehend und furchterregend in einem. Statt dem Leben mit seinen immer neuen Möglichkeiten zugewandt, bleibt das Ich wie gelähmt und in permanenter Unheilserwartung auf der Strecke. Die Verinnerlichung des Bösen prägt die weitere Ich-Werdung wie ein Fluch: Auf solchem Boden läßt sich nicht gesund gedeihen: Es entsteht ein Not-Ich, das sich permanent vor den in die Umwelt hineinprojizierten Angriffen schützen muß. Ein Not-Ich kann nicht anders als sich selbst mitsamt der als böse empfundenen Umwelt ungut, unsicher, unwürdig bis verboten erleben. Selbst wenn das eigene Ungutsein hinter Ersatzgütern wie Besitz, Leistung, Prestige und Macht versteckt bleibt, zeigen gerade diese, „wie nötig man es hat". Es ist, als wären die guten Urerfahrungen nie dagewesen.

3.4.13 Roger und Anina: zwei Beispiele für das verinnerlichte Böse

Zugefügtes frühes Kinderleid bleibt über den Weg der verinnerlichten Bedrohung unbewußt gegenwärtig und wirksam. Das äußere Böse wird auf tragische Weise allzu oft zum inneren Bösen. Drewermann (1989) formuliert treffend:

> Wenn uns ein anderer zutiefst verletzt, so daß es uns bis in die Wurzel kränkt, verformen sich die zugefügten Kränkungen in ein chronisches Gekränktsein, in eine Art unterschwellige Gehässigkeit, in ein verdrängtes bzw. mehr oder minder eingestandenes Bedürfnis nach Rache, und das eigentliche Problem besteht zumeist darin, daß das fremde Böse dann fast immer umschlägt in die eigene Bosheit. (S. 201)

Selbst wo das Böse ins überhöht Gute führt und der einzelne an sich nichts eigentlich Böses mehr spürt, lebt etwas in ihm permanent aus der Abwehr des

Bösen. Das Böse wirkt im Innern, auch wenn der Mensch ihm nach außen keinen Ausdruck gibt. Es zeigt sich dann vielleicht in übertriebener Absicherung, Selbstgerechtigkeit, Schüchternheit, Selbstverleugnung, Anpassung. Nicht das Ich ist dann böse, sondern das Du, die Welt, die andern werden als böse empfunden. Roger und Anina sind zwei Menschen, deren Entwicklung je vom früh verinnerlichten Bösen geprägt wurde. Dasselbe Thema hat zwei ganz verschiedene Lebensgeschichten geschrieben.

Roger: „Elephant und Floh"

Roger war 13jährig, als er das erste Mal zu mir in die Musiktherapie kam. Ich wußte einiges über ihn und seine Schwierigkeiten, bevor er kam. Dennoch war der erste Kontakt mit ihm für mich – bildlich gesprochen – umwerfend. Eine Veranschaulichung seiner Problematik, die beschrieben werden kann als Angst vor Nähe und Verbindlichkeit, Überbewertung seiner selbst, übermäßige Demonstration seiner Kräfte mit gleichzeitig sehr angeschlagenem Selbstwertgefühl, unsichere Grenzen zwischen Phantasie und Realität.

Der Abstand zwischen Roger und mir betrug wohl zwei Meter, als wir uns beim ersten Gruß die Hand reichten. Sein Oberkörper war stark nach vorne geneigt, unsere beiden Arme ganz gestreckt. Gleich danach legte Roger seine Tasche auf den Tisch und meinte in hastigem, fahrigem Tonfall: „Vor mir haben alle Angst. Ich schlage alles zusammen. Alle haben Respekt vor mir, das ist gut." In der Tat war Roger dafür bekannt, große Steine zu werfen! „Mensch" – dachte ich spontan – „hast du aber Angst vor mir." Ich verstärkte ihn mit den Worten: „Ja, du bist stark, das sehe ich." „Ja, Sie würde ich gerade besiegen." – „Das glaube ich auch, aber wir müssen ja gar nicht kämpfen." An dieser Stelle schien es mir angebracht, ihm mitzuteilen, daß ich oft Rückenbeschwerden habe, und er wohl fair und alt genug sei, um darauf Rücksicht zu nehmen. „Klar", war seine Antwort, und daran hielt er sich auch.

Deutlicher als in dieser Erstbegegnung kann ein Grundgefühl, daß alles böse sei und einem böse wolle, nicht zum Ausdruck kommen. Das Bedrohliche muß mit eigener Übermacht von vornherein entmachtet werden.

Eigentlich wollte ich, wie in einer ersten Stunde üblich, Roger vor allem den Raum und das Instrumentarium entdecken lassen. Doch ohne zu wissen warum, ließ ich mich nach dieser Begrüßung auf ein Spiel ein. Er und ich hatten für dieses Spiel zwei Tierrollen auszuwählen, die wir nachher spielen konnten. Zwei Tiere gleichsam als zwei Aspekte der eigenen Person. Roger wählte zuerst, ich als zweite. Rogers erster Einfall war *Elephant und Floh*, was er aber gleich korrigierte zu Elephant und Schlange. Ich wählte zwei nicht sonderlich starke Tiere aus: Fuchs und Vogel. Zu den Regeln des Spiels gehörte, daß jeder Spielpartner bei seiner Wahl bleiben mußte und innerhalb des gewählten Paares lediglich, so viel er wollte, vom einen zum andern Tier wechseln durfte. Jeder konnte sich eine Höhle zu seinem Schutz einrichten, in dieser Höhle durfte man nicht gestört werden. Roger erstellte um seine Höhle herum einen großen Schutzwall aus Stühlen und Schulbänken und wählte ein rotes (!) Tuch aus zu seiner Tarnung. Er hatte den Ort größtmöglichster Distanz zu meiner Höhle gewählt: er befand sich in der einen Ecke des ziemlich großen Raumes, und mich verwies er in die diagonal gegenüberliegende Ecke. Wir beide wählten uns Musikinstrumente aus. Roger entschied sich für eine große Trommel, ein Xylophon und eine Zither.

Das Spiel begann. Roger hatte sichtlich Spaß, mit Nähe und Distanz zu spielen. Er verließ seine Höhle hauptsächlich in der Gestalt des Elephanten. Um das Wesentlichste dieser Stunde übermitteln zu können, hätte ich eine Tonbandaufnahme machen müssen: aus dem Spiel wurde eine musikalische Kommunikation. Rogers Spiel dünkte mich sehr einladend. Er reagierte auf Impulse meinerseits und suchte spürbar den musikalischen Dialog. Geschützt durch seinen unübersehbaren Schutzwall und durch die überaus große räumliche Distanz, ließ er sich musikalisch auf eine Annäherung und Beziehung ein.

Nebenbei möchte ich an dieser Stelle auf eine spezifische Chance des Mediums Musik verweisen: Musik verbindet über große Distanzen hinweg und fließt in alle Richtungen. Musikalische Botschaften finden den Weg durch noch so große innere und äußere Mauern hindurch. Schwingungen nehmen ihren natürlichen Lauf und lassen sich nicht so leicht eingrenzen. Gerade deshalb steht in der Musiktherapie nicht selten die musikalische Beziehung am Anfang der werdenden therapeutischen Beziehung. Wie in der kindlichen Entwicklung geht das Schwingungsmäßige, Musikalische, Präverbale dem verbalen Dialog voraus.

Zwischen Roger und mir entstand eine eigentlich musikalische Vertrautheit. Roger spielte gerne zart auf der Zither, und dazwischen versuchte er, mich durch plötzliches lautes Trommeln zu erschrecken. Dann war er hörbar ein Elephant, der meinen Respekt wollte. So als würde Roger sagen: „Nicht wahr, ich bin stark. Paß auf, wenn du mir näher kommen willst." Ein in der Tat ernstzunehmendes Anliegen. Am Schluß der ersten Stunde verabschiedete sich Roger in erstaunlich verbindlichem Tonfall mit den Worten: „Also, nächste Woche um dieselbe Zeit!"

Meine Gedanken verweilten noch während längerer Zeit bei den von Roger gewählten Tieren. Elephant und Floh! Gab diese spontane Wahl genau das wieder, was Roger in sich selbst fühlte: ein Floh-Dasein im Gegenüber eines Elephanten? Lehnt sich diese Wahl u.a. an ein einstiges Gefühl des Drin-Seins in einer ambivalenten Schwingungsumgebung an? War diese für Roger elephantenhaft erdrückend gewesen, so daß für ihn daneben nur ein „Floh-Dasein" möglich war? Rogers Machtdemonstration und Imponiergehabe kann als Kompensation seines Floh-Selbstwertgefühles betrachtet werden.

Mit der Veränderung des Flohseins in ein Schlangesein standen bereits in dieser ersten Stunde große Möglichkeiten zur Veränderung im Raum. Gerade das Symbol der Schlange verweist auf den absoluten Anfang ichhaften Werdens. Mit diesem Symbol waren Verwandlungen ältester Art angesprochen. Die Schlange erscheint in Therapien häufig dort, wo neue Lebensimpulse soeben erst auftauchen. Will Roger sich in einem neuen Maß, in neuer Größe und Selbstverständlichkeit, im Gegenüber zu einem „elephantenhaften anderen" finden?

Um den Zusammenhang zwischen frühkindlichen Erfahrungen und späterer Grundstimmung eines Menschen einfühlbar zu machen, sei hier bei Roger – und später bei Anina – ausnahmsweise etwas über die Leidenshintergründe erwähnt: Ich erfuhr, daß Rogers Familienstimmung geprägt war von einem sehr dominierenden Vater neben einer schwachen, sich unterwürfig verhaltenden Mutter. Dies wohl höchstwahrscheinlich schon zur Zeit der Schwangerschaft und Geburt. Rogers Geburt war unproblematisch. Auffallend war, daß Roger schon als sehr kleiner Junge Distanz suchte und Zärtlichkeiten nicht wirklich gern zu haben schien. Später wurde er selber zum kleinen Tyrannen, von der Mutter kaum zurechtgewiesen. In der Schule gab es bald Probleme mit den Kameraden. Ansonsten war vorerst angeblich nichts Auffälliges an Roger, außer der häufig schlechten Laune.

Rogers Machtprobleme können nicht allein durch unzureichendes Zurechtgewiesenwerden erklärt werden. Sie müssen tiefere, frühere Wurzeln in einer vor-ichhaften Phase der Entwicklung haben: Ein Unbehagen in der Luft schien zum Unbehagen in Roger selbst geworden zu sein. *Etwas Ungeheuerliches in der frühesten Atmosphäre wurde* im wahrsten Sinne des Wortes *zum inneren und äußeren Ungeheuer.* Je nach dem individuellen Zusammenwirken von Anlage, Umwelt und innerem Standort der Wahrnehmungsverschiebung kann allein schon der Umstand der hier geschilderten Familienspannung genügen, daß die „Luft einer Schwingungsumgebung dick", ja zu dick für anfängliches Werden, empfunden wird. Daß es sich bei Roger wesentlich um eine früheste, vor-ichhafte, atmosphärische Problematik handelte, bestätigten spätere Therapiestunden:

Roger wollte dasselbe Spiel mit neuen Rollen wiederholen. Er wählte immer neue Gegensätze mit zunehmend unfaßbarem Charakter. Einmal spielte er „Luft" und „giftiges Gas". Roger teilte mir als Spieler selbstverständlich nicht mit, wann er giftiges Gas war und wann Luft. Einmal mußte ich heftig niesen, eine Weile später stolperte ich gleich zweimal ohne erklärbaren Grund. Mir war als Mitspielerin, als ob etwas Verhextes in der Luft läge. Musik kann sehr verhext wirken! Roger lachte und meinte: „Sie haben es gemerkt, ich wollte Sie vergiften." In der Tat hätte er mich auch beinahe zu Fall gebracht... . Hätte der kleine Roger seine Schwingungsumgebung auch am liebsten vergiften wollen? Eine Reaktion auf das Vergiftete um ihn herum?
Roger schätzte die vielfältigen und vor allem unfaßbaren Möglichkeiten der Musik. Er sagte in dieser Stunde mehrfach: „Ich kann allerlei Gifte spielen. Sie haben ein großes Giftarsenal." Damit war das Instrumentarium gemeint. Am Schluß dieser Stunde bemerkte Roger: „Jetzt ist die Luft rein, adieu." Ein weiteres bemerkenswertes Gegensatzpaar war „klares und trübes Wasser". Auch hier meinte Roger mit Bezug auf das Instrumentarium und die Möglichkeiten des musikalischen Ausdrucks: „Sie haben allerlei Wässerchen zur Verfügung." Mit diesen „Wässerchen" wollte Roger offenbar sein Urmeer, die intrauterine und nachgeburtliche Schwingungsumgebung, immer neu reinigen, verschmutzen und wieder reinigen.
Rogers Therapie kreiste über lange Zeit um Gegensätze herum. Vorerst spielte er solche einfach, entdeckte sie in der Musik und freute sich immer neu, wenn er mich – und mit mir wohl das einst Bedrohliche – „hereinlegen" konnte. Im Laufe der Zeit entstand aber ein neues, zuerst auf der musikalischen Ebene wahrnehmbares Phänomen: Mischungen. Gegensätze konnten sich neu finden (= innerer Weg vom grundsätzlich Bösen zum realistisch Ambivalenten!).
Roger spielte z. B. die Instrumente, die er den verschiedenen Rollen zugeordnet hatte, kurz nacheinander und immer häufiger möglichst gleichzeitig. Er hörte der Musik zu und beurteilte sie. Manchmal dünkte ihn die Musik der einen Rolle zu dominant, dann versuchte er aufs neue Mischungen, bis sie ihm gefielen. Dazu meinte er: „Ich bin eben der Mixer. Wissen Sie, ich mixe jetzt Discomusik für alle Drakulas."
Ein zweiter Entwicklungsschritt war ebenfalls musikalisch feststellbar: Rogers Musik wurde zunehmend rhythmischer, klarer. Es fiel ihm leichter, musikalische Anfänge und Schlüsse zu finden. Auch dies ist bemerkenswert, wenn man an den Anfang ich-bezogenen Werdens in einer Schwingungsumgebung denkt. Im Mutterleib entwickelt sich das Gespür für Rhythmen. Diese holen das im Werden Begriffene geradezu ins ich-bezogene, gestalthaft reale Erleben herein. So erstaunt es nicht, daß Roger, parallel zur Entdeckung des Rhythmus im Spiel gestalthaftere Rollen wählte: Tiere, Märchenfiguren und sogar menschenähnliche Wesen. Nachholend nahm etwas in ihm menschliche Gestalt und entsprechendes Maß an:
Einmal forderte ich Roger heraus, in einer der zu wählenden Figuren er selbst – Roger – zu sein. Noch war er nämlich immer – ob im Spiel oder im Gespräch – alles andere nur nicht er selber. Er war Drakula, Dirigent eines unsichtbaren Orchesters, Superman XY etc. Begrüßte ich ihn zu Beginn der Stunde mit „Roger", so korrigierte er mich und ärgerte sich, wenn ich meine

Begrüßung, so wie sie war, stehen ließ. Diesmal aber fragte ich mich, ob er vielleicht, vorerst einmal im Spiel, Roger sein oder auch nur Roger heißen könnte? Auf meinen Vorschlag reagierte er zuerst widerwillig, dann aber neugierig und meinte: „Also gut, dann heißt der andere Geheimtyp. Über den wissen Sie gar nichts!"

Rogers erfreulicher Entwicklungsverlauf änderte sich mit dem Eintritt in die Oberstufe. Der neue schulische Rahmen machte ihm schwer zu schaffen. Seine Schwierigkeiten nahmen wieder wesentlich größere Ausmaße an. Auch darin ist Roger kein Einzelfall: Obwohl in der Oberstufe kaum mehr von Schwingungsumgebung gesprochen werden kann, war seine neue Umwelt auf ihre Weise wieder unwirtlich, fremd, überfordernd. Als gebranntes Kind war er einmal mehr von ihr eingeholt und überwältigt worden.

Anina: „in ständiger Vorsicht vor dem verschlingenden Wolf"

Anina lernte ich in einer musiktherapeutischen Langzeitgruppe kennen. Sie wirkte scheu und formulierte bald einmal eines ihrer Hauptprobleme: ihre Schreckhaftigkeit. Kam irgendein Arbeitskollege unbemerkt von hinten in ihre Nähe und begann, in lautem Tonfall zu reden oder zu niesen, so zuckte sie zusammen und erschrak im Übermaß. Manchmal zitterte sie noch nach Stunden. Auffallend war auch, wie wenig sie von ihrer frühen Kindheit zu berichten wußte. Es war, als hätte ihr Leben erst mit der Schule begonnen. Je mehr ich sie persönlich kennenlernte, desto mehr spürte ich auch, wie sie vor allem und allen Angst hatte. In der Gruppe hatte sie Mühe, sich körperlich zu entspannen und wählte immer einen Platz in der Nähe einer Wand. Darauf von der Leiterin angesprochen, erzählte sie ihre Absicherungsgeschichten aus der Kindheit und Jugendzeit. Was tun, wenn Kinder auf dem Heimweg auflauern, wenn ein Erdbeben sie in den Ferien überraschen oder wenn die Mutter einen Unfall haben würde etc. In solche Planungsarbeit hatte sie seit ihrer Kindheit unendlich viel Kraft und Zeit investiert. Sie wurde auch jetzt immer wieder eingeholt von einem Grundgefühl, in einer bösen, gewalttätigen Umwelt zu leben. Alles Leben war für sie Kampf. Am Angenehmen, Lustvollen, Freudigen des Lebens schien sie nur selten beteiligt zu sein, so sehr kreisten ihre Gedanken unbewußt um das Böse, um das schicksalhafte Unglück.

Nach Träumen aus der Kindheit gefragt, stand bald ein Alptraum ihrer Kindergartenzeit im Vordergrund, den sie anscheinend immer wieder geträumt hatte:

„Wir sitzen im Kreis auf unseren Stühlchen. Die Frühstückstäschchen sollen verteilt werden. Wir warten. Die Reihe ist nicht ganz rund, neben mir ist eine Öffnung. Die Türe geht auf, doch statt des Frühstücks kommt der Wolf zur Türe herein. Ich schwitze vor Angst und weiß, er will mich fressen, denn hier ist der Kreis offen. Er stellt sich vor mich hin. Ich sehe nur noch eine fleischrote Zunge in einem riesigen Rachen. Und schon werde ich verschlungen und zermalmt."

Anina fiel es schwer, diesen Traum der Gruppe überhaupt zu erzählen. Sie schwitzte und zitterte. In der Gruppe wurde über längere Zeit versucht, über Musik und Musizieren Stimmungen, Projektionen und Ängste regelrecht in das Hier und Jetzt hineinzuholen: Wie fühlt sich der Traum an? Wie fühlt es sich in all den Momenten an, in denen Anina erschrickt? Wie klingt der Schreck? In welchen Körperregionen wird Angst am meisten empfunden? Gibt es Körperpartien, die überhaupt nicht wahrgenommen und gefühlt werden? „Es hat aufgehört zu fühlen," meinte sie einmal tonlos. Es war, als müßte sie ihren Körper überhaupt erst richtig „bewohnen". Die Kreise zogen sich enger und enger. Schließlich brachten, neben den Hinweisen aus der Gruppe, äußere „zufällige" Begebenheiten das für Anina selbst Unvorstellbare ans Tageslicht: Sie war als kleines Kind verschiedentlich sexuell mißhandelt worden. Jetzt erst begann Anina in der Gruppe, ihre Gefühle von damals wie Ekel, Verwirrung, Scham an sich heranzulassen. In Aninas Imaginationen wurde der Wolf zum allmächtigen Rachen, zum Bösen, Vergewaltigenden, aber auch zum Inbegriff der böse gewordenen Welt.

Warum der Zusammenhang zwischen traumatischer Erfahrung und bösem Weltbild? Gerade weil so früh und so traumatisch erfahren, blieb das Schreckliche in Aninas Unbewußtem namenlos, wortlos, unfaßbar und damit unintegrierbar. Der verschlingende Wolf wurde für Anina zum Schreckensbild für das Ganze, die Schwingungsumgebung, die Große Mutter mitsamt der ihr zugehörigen bestialisch gewordenen männlichen Urkraft. Das Leben wurde zum Überleben. In vielem, was Anina wahrnahm, fühlte oder nicht fühlte und unternahm, war sie fortan irgendwie vom Bösen bestimmt. Wiederum derselbe Mechanismus wie bei Roger: das äußere Böse wird zum inneren Bösen, bei Roger vermehrt aktiv, bei Anina eher passiv verarbeitet. Im einen Fall auf eine nicht enden wollende Not in der frühen Schwingungsumgebung verweisend, im zweiten Fall auf einzelne, aber absolut unverkraftbare traumatische Erfahrungen zurückzuführen.

3.4.14 Frühstörung und die Faszination von Macht und Gewalt

Das verinnerlichte Böse ist ein Merkmal von Frühstörungen. In der sogenannten Frühstörung hat sich eine Not aus der Zeit des ambivalenten Drin-Seins „verewigt" und macht sich auf die eine oder andere Weise immer wieder bemerkbar.

Ein weiteres Merkmal von Frühstörungen ist Stimmungsanfälligkeit. Früheste übermäßig erfahrene Ambivalenzen schlagen sich als „verinnerlichte Stimmungen" nieder. Im frühgestörten Menschen sieht alles schwarz oder rosa aus. Euphorie geht nahtlos über in Weltuntergangsstimmung. Die schlichte einfache Daseinsfreude ist unbekannt. Der Mensch schwankt zwischen Grandiosität und Depression. Stimmungen im Überhöhten wie im Erniedrigten erscheinen endlos oder zeitlos. Es sind verewigte Zustände. Der Lebensfluß stockt. Das Rad der Zeit steht still. Dies, weil solche Stimmungen aus einem Stadium der Wahrnehmung rühren, in der Zeitempfinden und Gedächtnis erst im Werden waren. So erlebt der frühgestörte Mensch in sich selbst „Himmel neben Hölle, nur keine Erde". Sie sind selber Hörige ihrer Stimmung und vergewaltigen auch andere damit. Ein wahrer Stimmungsterror! Oder sie sind übermäßig beeindruckbar durch stimmungslabile Vorgesetzte und Ehepartner. Sie können sich gegen das Irrationale nicht natürlicherweise wehren, weil im Tiefsten zu wenig davon abgegrenzt. Sie leben entweder in völliger Ablehnung des Emotionalen/Irrationalen oder aber in übermäßiger Anziehung davon.

Extreme aller Art sind Kennzeichen von Frühstörungen! So auch die Fixierung an das Überdimensionierte, allzu Große, bei gleichzeitig angeschlagenem Selbstwertgefühl. Im ambivalenten Drin-Sein erlebte sich das nichtige Eigene hautnah neben dem allmächtig Umfangenden. Floh inmitten des Elephanten! Innerlich immer noch ein Floh, ist auch der frühgestörte Erwachsene allzu fasziniert vom Elephanten! Die Übermacht des damaligen Ur-Gegenübers und die eigene Ohnmacht leben in immer neuer Konkretisierung fort. Bald tritt mehr das Angezogensein vom Großartigen (vgl. dieses Kapitel), bald mehr das Gefühl der eigenen Nichtigkeit (vgl. nächstes Kapitel) in den Vordergrund, was nicht darüber hinwegtäuschen darf, daß diese beiden Ausprägungen zusammengehören.

Faszination wird von Hehlmann (1986) als „Gebanntsein durch Erlebnisse, die zugleich furchterregend und fesselnd, grauenerregend und beglückend sind" umschrieben. Verinnerlichte totale Ambivalenzerfahrungen! Ob offensichtlich oder nicht, Menschen, die geprägt sind von frühesten überfordernden Ambivalenzerfahrungen, haben scheinbar nur die Wahl zwischen „Diktator oder Unterhund", „allwissendem Arzt oder hoffnungslosem Patient". Hier lauert die Gefahr des Größenwahnes oder anders gesagt der Inflation. Inflation führt in die ältesten Differenzierungen, in den Grenzbereich zwischen Ich und Ganzheit zurück. Das im Übergang erfahrene äußere Allmächtige wird zum inneren Wahn und zur Sucht nach eigener Allmacht. Identifiziert mit der Größe des Urgegenübers, sonnen sich Menschen in ihrer eigenen Größe. Grenzen zwischen Ich und Ganzheit sind verwischt. Die Energien des Totalen, ob teuflisch oder heilig, sind übermäßig anziehend. Der frühgestörte Mensch steht *im Bann des Ganzen, und zugleich fürchtet er das Ganze in seinem verbindlichen Gegenüberaspekt*. Die Ich-Du-Grenze ist auf tiefster Ebene unscharf, das heißt, Ganzheit ist zu sehr das mit ihm Identische und zu wenig Gegenüber oder Bundespartner!

So besteht die große Gefahr, daß die Energien des Totalen zwar sind, aber nicht entsprechend kanalisiert werden. Sie beflügeln das Eigene, doch der eigentlichen Begegnung mit dem Ganzen und der damit einhergehenden Bescheidung und Verantwortung wird ausgewichen. So münden die Energien des Totalen in unbemerkte Selbstüberschätzung, überhöhte Identifikationen und im Extremfall in Erwählungs- und Führerwahn. Sie machen den Masseneffekt bei Demonstrationen und Rockkonzerten aus. Sie fließen ein in die Leidenschaft der Anhänger eines Sektengurus, der Neonazibewegungen, fanatischer Gruppierungen überhaupt. Sie bewirken das knisternde, allverbundene Gefühl vieler Veranstaltungen extremer Bewegungen. Die Energien des Totalen machen auch Gewalttätigkeiten und Politik als Orte, an denen Macht ausgetragen wird, so spannend. Sie faszinieren in einer Seelenschicht, die älter ist und tiefer gründet als die Ebene, auf der das Ich steht und Entscheidungen fällt. Manche können sich darum selbst kaum begreifen: „es brennt ihnen im Gewaltakt durch", „es zieht sie auf fast magische Weise zu bestimmten Veranstaltungen hin" oder „sie sind nur im Politisieren wirklich mit Leib und Seele dabei". Berührt vom Totalen ist das innere Bei-Sich-Sein wie verflogen. Und schließlich ist der Schritt von der inneren Fehleinschätzung zur äußeren, z. B. zur Gewalttätigkeit, klein.

Warum wirken die Energien des Totalen so anziehend? In der Berührung mit dem Totalen ist der Mensch bei den eigenen Wurzeln und der größtmöglichen Nähe zur Ganzheit angelangt. Ohne Anschluß an die Energien des Ganzen bleibt Wesentliches tot, ausgetrocknet, kleinkariert, starr, stur. Dem Leben ohne Höhen und Tiefen fehlt die Begeisterung. Es ist langweilig.

Doch zuviel Nähe zum Ganzen ist für das Ich überfordernd. Es kann sich im Übergroßen völlig verirren und verlieren, im Nacheifern wie im Anführen, im Mitläufertum wie im euphorischen Handeln. Das Totale entpuppt sich als Faß ohne Boden, als Irrgarten ohne Ausgang, als magischer Sirenengesang, der das Eigene zerstört. Und weil Größenwahn dem Ich im Extremfall jede realistische Einschätzung von sich und der Umwelt nimmt, sind Menschen zu maßloser Zerstörung fähig!

Menschen mit solcher Prägung pendeln zwischen dem Zuviel und dem Zuwenig an Nähe zum Ganzen hin und her. Aus der Enge des zu Kleinkarierten und zu Langweiligen entsteht die Bereitschaft zur hemmungslosen Öffnung. Und umgekehrt bewirkt der Schock des Zuviels eine zu ängstliche Ein- und Abgrenzung. Ein je eigenes Maß fehlt genauso wie der Dialog zum Unbedingten. Das Ich segelt wie der Manisch-Depressive vom extrem Lebendigen ins fast Leblose und wieder zurück. Von der selbstherrlichen Omnipotenz zu größten Selbstzweifeln! Vom Elephanten zum Floh! In solchem Hin und Her entwickelt sich aber nichts Eigenes und nichts Beständiges. Es besteht keine Chance, daß sich etwas aus der Energie des Totalen fruchtbar mit dem Ich verbindet und so in abgegrenzter Form Gestalt annimmt.

Was hier am Extrembeispiel formuliert wurde, ist in weniger ausgeprägter Form ein sehr verbreitetes Phänomen: auch Narzißmus ist eine Form von unbemerkter Selbstüberschätzung. Aufgaben werden aus Selbstgefälligkeit statt um der Sache Willen gelöst, auch dort wo das Interesse der Sache vorgeschoben wird. Der Dialog mit dem Unbedingten und Ehrfurcht gegenüber dem Leben sind viel zuwenig Thema. (Vgl. Kap. III, 1.4.)

Gleichgültig, ob Größenwahn, Stimmungsterror, Gewalttätigkeit, grenzenlose Anbetung oder „nur" Narzißmus: immer müssen die Grenzen zwischen dem Ich und dem Allmächtigen nachträglich neu gezogen werden. Das Ich muß die Nähe zum Ganzheitlichen nochmals wagen, doch nicht, um sich mit dessen Energien zu identifizieren, sondern vielmehr, damit sich diese von innen heraus kanalisieren.

Es wächst sowohl eine neue Freiheit (man ist weniger von den Energien des Totalen fremdgesteuert) als auch eine Relativierung der Überhöhung. Das Ganzheitliche und seine Energien werden weniger mißbraucht. Der Mensch wird mündig, und das Totale kann als das umkreist werden, was es letztlich ist: Inbegriff des Ganzheitlichen, Göttlichen, Anziehenden und zutiefst Ehrfurchtgebietenden, höchst Gefährlichen, Teuflischen und Heiligen zugleich.

3.4.15 Frühstörung als Fixierung in Nichtigkeit, Scham und primärem Schuldgefühl

Nicht so weit entfernt vom schamlosen Umgang mit dem ewig Größeren ist sein Gegenteil: die *Scham des Vorhandenseins* (Begriff, vgl. Loos 1986, 7) oder das Gefühl totaler Nichtigkeit. Wo einst – ob kürzer oder länger, früher oder später – rundum unverständliche Bedrohung und völliges Verlorensein empfunden wurden, schlägt sich das auch im Gefühl für das Eigene nieder: man empfindet sich selbst verloren und total ungut! Die Scham, zutiefst lebensunwürdig zu sein, gibt diesem Grundgefühl Ausdruck, sagt aber nichts aus über die eigene Würde oder Unwürde. Sie drückt vielmehr aus, wie nichtig, bedroht und verloren sich das werdende Ich einst inmitten des ambivalenten Ganzen fühlte. Die äußere Bedrohung wurde zum inneren Grundgefühl, „nichts besseres wert zu sein". Nicht würdig, genährt, angeschaut, geliebt zu werden, nicht würdig, Prüfungen gut zu bestehen und im Leben einen Platz an der Sonne zu erhalten! Der Mensch, der in solchem Gefühl lebt, empfindet sich im ganzen Dasein und Sosein verboten.

Scham hat verschiedene Facetten. Es gibt als Gegenstück auch die sehr schöne Scham oder Verlegenheit, welche im Grunde genommen das Eingeständnis eigener Wertschätzung ist: Scham, im eigenen Wesentlichen angeschaut, erkannt und geliebt zu sein. Irene schaute beschämt zu Boden und meinte: „Kaum zu glauben, daß ich geliebt werde!" Bettina überkam es heiß, als sie flüsterte: „Im Grunde genommen bin ich eine schöne Frau." Ein Junge sagte einmal zu mir: „Haben Sie es gut, daß Sie mich kennen!" und errötete dabei. Aline war nach einer ihrer Imaginationserfahrung zur guten Mutter Erde vorerst verlegen vor Rührung. Nachher stritt sie ab: „Das kann nicht sein, mich *kann* man nicht mögen." Wer sich im Innersten seines ganzen Daseins und Soseins schämt, kann kaum glauben, wenn er einmal gegenteilige, korrigierende Erfahrungen macht. Er schämt sich dann gleich nochmal oder reagiert abwehrend.

Beschämung wird immer körpernah erlebt. Scham drückt eine Ur-Irritation im ganzen Körper- und Lebensgefühl aus. Menschen schämen sich genau dort, wo es um ihr Wesentliches, geht: Der Schambereich markiert den seelisch-geistig-körperlichen Intimbereich. Genau das, was von Grund auf und schon im Anfang zentral zu einem Menschen gehört, wurde in seinem selbstverständlichen Dazugehören irritiert. Gerade begabte Menschen schämen sich oft insgeheim für ihre Fähigkeiten. Das Besondere ist für sie suspekt. Es ist, als würden sie sich genau für das, was in ihren Genen angelegt ist, für das je Geniale „genieren". Und doch – Scham lügt nicht. So sind Schamgefühle für den Betroffenen zwar peinlich, wollen ihn aber auf seinen ganz persönlichen „Intimbereich" aufmerksam machen. Schamgefühle dieser Art sind etwas vom Lebendigsten, Urtümlichsten, Ehrlichsten eines Menschen.

Die Scham des Vorhandenseins mündet häufig ins sogenannte primäre Schuldgefühl. In diesem ist derselbe innere Mechanismus am Werk wie in der existenziellen Scham: sehr frühe, für den werdenden Menschen reale, aber gleichzeitig absolut unverstehbare Not ist zur inneren Grundbefindlichkeit geworden! Diese klebt wie Pech, lastet schwer wie Blei auf den Flügeln der Seele, zeigt sich kohlrabenschwarz wie die drei verwünschten Brüder im Märchen der drei Raben.[44] Es ist, als lebe man unter einem Fluch „schuldig, weil ich bin"! Niemandem, keinem Menschen, keinem äußeren Umstand, kann eine reale Schuld zugeordnet werden, niemand kennt Worte für das Namenlose. Niemand versteht. Gerade weil früheste Nöte unfaßbar sind, wird daraus das Gefühl: „Es liegt wohl an mir." Dazu ein eindrückliches Beispiel:

> Sarah äußerte einmal: „Ich möchte Schluß machen mit dem Leben und der ewigen Angst. Ich habe Angst, daß ich selber schuld daran bin, daß ich zur Adoption freigegeben wurde. Ich denke öfters: ‚Meine rechte Mutter hat doch gemerkt, daß ich einmal eine Sonderklassenschülerin sein werde. Ich war zu dumm für sie. Sie wußte, daß ich ihr zur Last fallen würde. Darum hat sie mich weggegeben. Ich bin an allem selber schuld.' "

Wenn auch nicht so extrem, reagieren doch viele vom primären Schuldgefühl gezeichnete Menschen auf ähnliche Weise. Ist die Umwelt ungut, fühlen sie sich selbst in Frage gestellt. Wenn außen nicht alles perfekt stimmt, die richtige Kleidung, das gute Essen für die Gäste, die guten Leistungen... ist es einem schon nicht mehr so wohl in der eigenen Haut. Die schlechte Laune des Gegenübers, sein Kopfweh, seine Nachdenklichkeit, das alles kann nicht einfach ausgehalten und stehengelassen, sondern muß ergründet und begründet werden. Statt das Ungute um sich – und damit auch das grundlos Ungute von damals – zu ertragen, wird nach einer Erklärung gesucht. Findet sich keine, kommen Schuldgefühle. Diese sind zwar auch unangenehm, doch sie befreien davon, Urangst wirklich fühlen zu müssen. Aus dem Irrational-Emotionalen ist etwas vermeintlich Rationales-Erklärbares gewor-

---

44 Deutung, vgl. Asper 1987, 117f.

den. So interpretiere ich *primäre Schuldgefühle als Verarbeitungsversuch von namenloser Urangst*. Bei Eliane wird dies in typischer Abfolge nachvollziehbar: unfaßbare Urangst – Bedürfnis nach Begründung – Sprung in die Zeit und Kausalität – es gibt keine Begründung für das Grundlose – Beziehungswahn[45] – Selbstanklage.

> Eliane sitzt mir gegenüber. Sie wirkt verstört und starrt wie gebannt in die linke obere Ecke. „Da ist das Ding wieder." Etwas Atmosphärisches ist für sie im Raum, sie kennt dieses Gefühl bereits und nennt das Wortlose „Ding". Ihr Körper zittert. „Da ist einfach nichts, und doch ist etwas da", meint sie. „Aber ich habe keine Ahnung was. Jetzt sieht es aus wie ein Ungeheuer, das durch die Luft geistert. Du bist auch im Ungeheuer drin." Etwas später: „Ich komme einfach nicht raus!" Mehrmals formuliert sie diesen letzten Satz. Nun ist aus der Ferne das Läuten des Telephons zu hören. Eliane erschrickt. „Das auch noch! Das paßt dazu. Warum wollen mich alle erschrecken? Ja, das Ungeheuer gibt es nicht, aber es erschreckt trotzdem, ich habe Angst!" Etwas später meint Eliane resigniert: „Nicht wahr, ich spinne, es ist alles nur mein Problem."

Urangst ist für die Betroffenen eine räumliche, energetische und stimmungsmäßig fühlbare Realität und doch sagt die Vernunft, sie existiere nicht. Angst und Bedrohung sind weder greifbar noch begreifbar. Anfänglich steht die Frage nach Ursachen eines solchen Grundübels noch nicht im Raum. Scham ist älter als Schuld. Doch später, wenn das Ich Erklärungen für die ihm selbst zugrundeliegende Not sucht, bleibt ihm nur die Wahl, entweder alles – also Ganzheit oder Gott, die Eltern und die eigene Kindheit – höchst ambivalent zu finden oder sich selbst als Ursache von allem Übel zu betrachten. Andere Ursachen für das damals Ungute, für den plötzlichen Stimmungsumbruch vom grundsätzlich Bekömmlichen zum Ambivalenten, auch Bedrohlichen, gibt es nicht, da damals nicht erkennbar. So kommt und kam es zum primären Schuldgefühl, mit dem man sich wenigstens die Vorstellung guter Eltern, einer heilen Kindheit[46] und eines vorbildlichen Gottes ins weitere Leben hinüberretten kann und konnte.

3.4.16 Urangst vor Gott als kulturspezifische Prägung – Gottesbilder

Älteste Ambivalenzerfahrungen werden später zu entsprechenden Gottesbildern verarbeitet. Ich möchte zwischen *zwei Tendenzen des Umgangs mit dem äußerst Bedrohlichen* unterscheiden:

1. Der Mensch, der mit Ambivalenzen ganz natürlich umzugehen weiß (= weniger von Urangst geprägt ist), kann sich auch vorstellen, daß das Ganze, ja Gott selbst

---

45 = ich beziehe alles auf mich
46 Man beachte die häufig illusionären Vorstellungen der eigenen Kindheit. In Therapien ist das Aufgeben dieser Illusion harte Verlustarbeit, verbunden mit Trauer, Wut und Verlassenheit!

ambivalent bis erlösungsbedürftig ist. Er hält das eigene, zuweilen schicksalhafte Ausgeliefertsein und Zeitspannen der Ausweglosigkeit aus.

2. Wo eigene oder kollektive früheste Ambivalenzerfahrungen unverkraftbar bis traumatisch waren, spalten sich Gut und Böse, auch in der Erfahrung von Ganzheit. Nur der sogenannt gute Teil wird mit Gott in Verbindung gebracht.

Wo das Ambivalente in Gott zugelassen bleibt, hat dieser künftig auch ein böses, verfluchendes, rachsüchtiges, auffressendes, tierisches Gesicht. Leben und Tod, Gold und Pech, Ober- und Unterwelt gehören als natürlicherweise sich ergänzende Aspekte zusammen. Das Zwiespältige wird thematisiert, z. B. in der gold- und pechspendenden Frau Holle, in Götterpaaren wie Apollon/Dionysos (vgl. Barz 1989), in triadischen Gottheiten wie Jungfrau/Mutter des Lebens/Greisin oder Unterweltsgöttin. Oder als Brahma (Schöpfer), Vishnu (Erhalter) und Shiva (Zerstörer). In Kali und ihren blutigen Heiligtümern wird eine sehr ambivalente, ja blutrünstige Gottheit dargestellt. Auch die Apokalypse des Johannes zeichnet ein großartig/schreckliches Gottesbild. Selbst Jahwe ist bisweilen ein heilig-schrecklicher Gott: Sturm- und Gewittergott, zürnend, eifersüchtig, auf schreckliche Weise strafend, ein Gott der aus dem Feuer spricht, aber auch Feuer vom Himmel wirft und so die Feinde verzehrt (Elia, 2 Könige 1, 10).[47]

Wo Ambivalenzen innerhalb des Ganzen denkbar sind, ist es nur natürlich, daß auch das Zusammenwirken von Urkräften nicht nur als fruchtbar, sondern auch als furchtbar erlebt wird. Im Märchen von Amor und Psyche treibt die Göttin Venus ihren Sohn Amor an, Intrigen zwischen Menschen zu stiften. Später ist er eingesperrt im Hause der nach Rache lechzenden Mutter. Er als Liebesgott, Urkraft des Hervortretens, ist in ihrem Urschoß eingeklemmt. Gerade dies erweist sich für den Menschen als prozeßauslösendes Schicksal (vgl. Neumann 1981).

In der christlichen Tradition gibt es wenige Texte, in denen gut neben böse bestehen darf.[48] Ambivalente Ganzheitserfahrungen werden sehr bald als unerträglich, anstößig, entwürdigend erlebt. Könnten wir uns Gott als Urnengöttin oder Eulengott (Neumann 1974, 27-31, 82), als Wildschwein (Voss 1988), als Schlange (Egli 1982, 210), als Gott der Panik (Pan) mit Ziegenbockfüßen, als Gott des

---

47 Solche Bilder werden im Gottesverständnis Israels dadurch erträglicher (gemacht), daß das Böse in Gott dem Zweck der Züchtigung und Umkehr der Menschen dient. Basis, um das Böse letztlich beim Menschen anzusiedeln (= der immer gleiche Mechanismus, Schuld auf sich zu nehmen, statt das Ungute auszuhalten). Solche Rationalisierungen sind in sich Ausdruck dafür, wie sehr das Volk Israel von Urangst und Ambivalenz geprägt war.

48 Zum Beispiel Jeseia 45, 7: Ich bin der Herr, und sonst niemand. Ich erschaffe das Licht und mache das Dunkel, ich bewirke das Heil und erschaffe das Unheil. Ich bin der Herr, der das alles vollbringt. Ferner: neutestamentliche Gleichnisse vom Sämann und der Saat, die auf unterschiedlichen Boden fällt. Oder vom Unkraut unter dem Weizen, das mitwachsen darf bis zur Ernte.

Rausches, der tiefen Melancholie und des Wahnsinnes (Dionysos) vorstellen? Wer ahnt noch, daß er nächtlicherweise etwas Göttlichem begegnet, wenn er in seinen Träumen eine Riesenspinne, einen weißen Elephanten, eine gewaltige Baumaschine vor sich sieht? Wer fühlt in Träumen von Drachen, daß dieses Tier – wie in östlichen Kulturen – auch Teilaspekt des Ganzen ist, das Licht und Finsternis, Gut und Böse umfaßt? Im Hinduismus gilt der Drache als machtvolle geistige Wesenheit, die den Trank der Unsterblichkeit hervorbringen kann. In China und Japan wird er als glücksbringend und dämonenabwehrend verehrt. In unserer Kultur ist er demgegenüber zum Inbegriff des verschlingend Bösen reduziert worden. [Zum Drachensymbol vgl. Herderlexikon Symbole (S. 36) und Steffen 1984 (S. 26).] Auch das Bild der dicken, gebärenden, verschlingenden Muttergottheit ist unserer Kultur abhanden gekommen. Umso mehr wird die Urangst vor dem Verschlingenden auf Frauen (= Weiber), Mütter (Hausdrachen), auf dicke Leute und auf das Weibliche in Mann und Frau projiziert. [49]

Solche und ähnliche Eigenarten einer religiösen und kulturellen Tradition sind nicht zufällig. Sie haben ihre Geschichte, ja Urgeschichte. Im Falle der jüdisch-christlichen Tradition weisen verschiedenste Merkmale darauf hin, daß sie in hohem Maße von frühesten Urangst-Erfahrungen geprägt sind. Ist dies wohl zurückzuführen auf eine besonders intensiv erlebte Not unserer Vorfahren? Not im Wüstendasein? Schlimme klimatische Bedingungen, aus denen eine Urangst vor dem Ganzen, vor der Ur- und Schwingungsumgebung, vor Gott wurde? Mußte gerade darum eine Kultur entstehen, die das Zwiespältige verdrängt und in ihren Gottesbildern das Böse, Unheilbringende ausgrenzt? Je auswegloser das Drin-Sein im Ambivalenten wurde und wird, umso prozeßauslösender ist es! Umso stärker muß es – und alles, was daran erinnert – aber auch bekämpft, verdrängt, tabuisiert, verharmlost, das Nur-Gute betont werden. So haben selbst Gottesbilder, die erst in späteren Stufen der Bewußtwerdung wichtig werden, wie

❒ gerechter Gott,

❒ Gott, der Ordnung aus dem Chaos herstellt,

❒ Gott, der den Teufel in die Hölle/in den Hades verstößt und selbst im Himmel oder im Olymp thront,

---

49 Der 7jährige Peter, besessen von einer Angst vor dicken Frauen, wäre wohl vor dem Bild einer Venus von Willendorf (Abbildung in Lissner et al. 1982, 51) in Panik geraten und davongerannt: Peters Mutter war weder sonderlich dick, noch wirkte sie auf mich begierig, noch war sonst Außergewöhnliches an ihr. Es war eine Frau wie viele andere auch. Doch für Peter war es über lange Zeit wichtig, immer neu über dicke Frauen zu fluchen und Spottrufe zu erfinden. Dies erleichterte ihn sichtlich von einer unerklärbaren Spannung. In einer Stunde baute Peter Schutzmauern gegen dicke Frauen. Und fiel der Ausdruck dick, zuckte er zusammen.
Ich mußte allmählich begreifen, daß hinter der dicken Phantasiefrau die fressende Urmutter = die einst zu dicke Schwingungsumgebung = die zu starke Ambivalenzerfahrung stand.

❐ Gott, der in Gebot und Verbot regiert, der die Guten belohnt und die Bösen
   bestraft und auf diese Weise Leistung verlangt,

❐ Gott, der Machtstrukturen legitimiert,

ihren Ursprung im ambivalenten Drin-Sein. Sie sind indirekt vom Bösen bestimmt:
Gott zügelt, kontrolliert, sperrt aus und wird zum Buchhalter. Der Mensch erlebt
sich sündhaft statt angenommen. Er ist an das Gefälle Allmacht-Ohnmacht fixiert
statt davon befreit.

Eine kulturspezifisch ausgeprägte Urangst läßt sich auch aufgrund unserer
Beziehung zum strukturlosen Klang vermuten: Der Klang ist in anderen Kulturen
auf andere Weise in die Musik integriert als bei uns. In abendländischer Musik
sind Klänge meistens in ziemlich strenge Formen und relativ einfache Rhythmen
eingebunden. Die Eigenwirkung des Klanges, Klänge ohne faßbare Struktur, sind
uns aus unseren traditionellen Sinfoniekonzerten kaum bekannt. Wir kennen laute
und leise Klänge, wir setzen Klänge zu Harmonien und Disharmonien zusammen,
aber den einzelnen Klang als solchen mit seinen mitschwingenden Obertönen
hören wir kaum. Wir erfahren die Eigenwirkung des Klanges neu aus Musik
östlicher Kulturen (Obertonsingen, chinesische Klangschalen, chinesische/burme-
sische Gongs...). Musik ohne erkennbare Struktur ist für uns faszinierend –
zuweilen aber auch überfordernd: Westeuropäer empfinden nicht selten Musik aus
anderen Kulturen ungenießbar, z. B. gewisse burmesische Musik ‚chaotisch' und
die komplexen Rhythmen Afrikas verwirrend.

All diese Beispiele erlauben Rückschlüsse! Sie legen nahe, daß andere Kulturen
ihr Drin-Sein weniger bedrohlich erlebten und sich das Gefühl fürs Ganzheitliche
dort weniger verlor. Darf man angesichts einer kulturspezifischen Prägung von
Chance oder muß man von Fluch sprechen? Meines Erachtens muß das je Eigene
jenseits aller Wertung vorerst als zu sich gehörig betrachtet werden. Alle Prägung
ist Fluch *und* Chance. Die verstärkte Urangst, die – so betrachtet – am Anfang der
jüdisch-christlichen Entwicklung gestanden haben muß, bewegte den abendländischen Menschen zu einmaligen Bewußtwerdungsschritten und Errungenschaften
auf vielen Gebieten. Urangst ist immer auch Antriebsfeder. Sie bewegt und bewegte
schon damals dazu, die Urnot einzugrenzen und mittels überzeugender kultureller
Leistungen und Entwicklungen zu verarbeiten. Wenn ich erkenne, welch wahrhaft
überfordernde Ambivalenzerfahrung unserer Tradition zugrunde liegt, so wird für
mich unser kulturelles Gewordensein in all seinen Einseitigkeiten nicht nur
verständlich, sondern ein Stück weit sogar bewundernswert. Unsere Entwicklung
ist auch Ent-Wicklung, Fort-Schritt aus der Verworrenheit frühester Prägung. So
ist eine Kultur des Weges, aber auch eine Wegwerfgesellschaft geworden.
Ohnmachtserfahrung hat unsere Kultur in hohem Maß geprägt, noch immer sind
wir an die Unfähigkeit, Ohnmacht zu ertragen, fixiert. Die Gier nach Macht

schreibt die Geschichte ganzer Nationen und wird zur Bedrohung für den ganzen Erdball. Zugrunde gehen oder der Urangst auf den Grund gehen! Vielleicht wird es zur zentralen Frage des Überlebens unseres Erdballes, ob das Abendland und die vom westlichen Fortschritt beeinflußten Völker erkennen oder nicht, wie tief sie geprägt sind von existenzieller Not und vom Überlebenskampf (der Urmenschen). Erst wenn gefühlt wird, auf welchem Defizit unsere Kulturschätze und Errungenschaften aufbauen, kann unser Erbe zur Chance werden. Wertvolle Errungenschaften können erhalten und Überholtes kann in Anerkennung dessen, wozu es einst diente (= in Würde und damit ohne Machtkampf), entlassen werden. Der Mensch und das Menschengeschlecht wird aus der Fixierung an die Machtfrage erlöst und so überhaupt erst zur Wandlung frei. Basis für einen fruchtbaren Dialog zwischen den Kulturen!

3.4.17 *Vom Paradies zum Sündenfall: ein Mythos als Bild einer Ambivalenzerfahrung mit tragischem Ausgang*

Von einer in höchstem Ausmaß ambivalenten Gotteserfahrung berichtet der dem jüdisch-christlichen und dem islamischen Kulturkreis zugrundeliegende Schöpfungsmythos! Sündig, schuldig, nackt, verflucht, so müssen die Grundgefühle eines Volkes sein, das solche Schöpfungsmythen duldet und über seine Urgeschichte setzt.

Genesis 1 bis 3 kann auch verstanden werden als Erklärung für ein Volk, das nach Gründen für seine Not im Exil- und Erdendasein überhaupt sucht! Warum ist das Leben so hart und die Not so groß? Die rückblickend gefundene, sich in den ersten Kapiteln der Genesis verdichtende Antwort lautet: Weil über allem ein selbstverschuldeter Fluch steht. Doch ist er wirklich durch die Menschen verschuldet? Entwicklungspsychologisch betrachtet läßt er sich anders erklären. Es gehörte für mich zu den erschütterndsten Aha-Erlebnissen beim Entstehen dieses Buches, hinter den ersten Kapiteln der Genesis die bildhafte Beschreibung eines Überganges mit der sich verändernden Wahrnehmung zu erkennen. Rückblickend, d.h. aus ich-bezogener und patriarchaler Optik beschrieben! Die älteren Ganzheitserfahrungen des Gegensatzlosen oder grundsätzlich Guten schimmern zwar da und dort durch, Hauptthemen sind aber die ambivalente Selbst- und Ganzheitserfahrung – äußerste Angst vor Gott – und deren Folgen.

„Gott sah, daß es gut war".
Genesis 1 kann in seiner großartigen Schilderung des Schöpfungsaktes und seiner 7 Tage als sehr frühes Stimmungsbild verstanden werden. Erste Gegensätze, Licht-Dunkel, Wasser-Land zeich-

nen sich ab. Leben ist im Begriff zu werden und sich aus dem ungeschiedenen Ganzen herauszulösen. Das Runde hat sich geöffnet. Der Blick zurück läßt dieses als Chaos und Finsternis, als wüst und wirr erscheinen. Dem ich-bezogenen Blick ist der Sinn für die ganzheitliche Ordnung entschwunden (Einfluß der Ganzheitserfahrung C). Dazwischen aber immer wieder die wunderbare Aussage: Gott sah, daß es gut, ja sehr gut war. Gott segnete Mann und Frau und sprach zu ihnen: Seid fruchtbar. Stimmigerweise wurde dieser Abschnitt, der später niedergeschrieben wurde als Genesis 2 und 3, diesen letzteren vorangestellt. Ich würde die in ihm vermittelte Grundstimmung des guten Seins der Ganzheitserfahrung B zuordnen.

Das Paradies, das bereits nicht mehr paradiesisch ist.

Es ist Zeichen einer fortschreitenden Differenzierung, daß es Zentrum neben Peripherie, Erlaubtes neben Tabuisiertem gibt: Genesis 2 spricht von 2 Bäumen in der Mitte des Gartens. Gott der Herr verbietet, vom Baum der Erkenntnis zu essen, und leitet durch die Formulierung dieses Verbots indirekt selbst den nächsten Entwicklungsschritt ein.[50] Wiederum sehr stimmig, denn die Impulse, zu werden und zu erkennen, kommen ebenso vom Ganzen wie vom Eigenen, von innen und außen zugleich! Wie im Märchen wird auch hier genau dann mit Nachdruck auf das Tabuisierte aufmerksam gemacht, wenn die Zeit reif ist, es anzuschauen. Gott will, daß der Mensch erkenne, bewußt werde. Mit zunehmendem Erkennen werden Ambivalenzen im Raum stehen. Wie geht der Schöpfungsmythos mit dieser entwicklungspsychologisch einleuchtenden Tatsache um?

Die Schlange verführt.

Wozu? Die Bibel suggeriert: „Zum Bösen!" (Weil du das getan hast, bist du verflucht. Genesis 3, 14). Von der Bedeutung des Schlangensymboles her (vgl. II, 3.5.8) müßte die Antwort anders lauten: Die Schlange bringt aus einer tiefen Seelenschicht Lebenslust ins Spiel, Lust zur Ich-Werdung, Neugierde, den Ruf nach Leben. Mit dem *Biß in den Apfel* gehen die Augen auf, d.h., jetzt beginnt die ich-bezogene Wahrnehmung wirksam zu werden. Ansätze eines Ichs erleben sich mit zunehmender Präsenz im Eigenen als sterblich. Die Schlange als Hüterin der Grenze kann diese Angst relativieren (Nein, ihr werdet nicht sterben). Sie weiß um die Geheimnisse von Stirb und Werde, ebenso wie um die Bedeutung und die Relativität der ich-bezogenen Schau. *Eva, die Frau*, steht diesem Wissen näher als Adam.

Sie erkannten, daß sie nackt waren ...

hefteten Feigenblätter zusammen und machten sich einen Schurz: Im Ganzen eingebunden gibt es noch nichts wesentlich Eigenes, Intimes, das geschützt werden will, nichts, das verboten ist! Dieser Zustand des einfach Sein-Dürfens und Fruchtbar-Werdens ist dargestellt in der Einheit von Baum und Schlange, Gott und Mensch, Mann und Frau. Das friedlich symbiotische Paar! Das Seiende (Bergende) und das Werdende (Hervortretende) sind noch unverwünscht beieinander, Mann und Frau einfach da, von Gott geschaffen und also gut so. Nichts, das speziell hervortritt, nichts, dessen man sich schämen müßte! Das ändert sich mit zunehmender Präsenz im Eigenen und beginnender Ambivalenzerfahrung. Plötzlich steht das Ungute im Raum, das Verbotene sogar im Zentrum. Damit verbunden wird auch das eigene Dasein ungut erfahren. Scham ist eine urtümlichste Reaktion dieses Ungut-Seins. Der soeben erwachte Mensch schämt sich, ein Eigener zu sein, das Eigene fortzupflanzen, Lust zu empfinden, Neugierde zu spüren. Er fühlt sich absolut nichtig im Gegenüber zu Gott. Der verbietende Gott wird zur höheren Gewalt, die Angst vor ihm übergroß.

---

50 Vgl. u.a. Riedel 1985

Hier wird auch der Zusammenhang zwischen Scham und der Angst vor höherer Gewalt deutlich: Negierte Scham – schamlos – bedeutet ehrfurchtslos. Dem Schamlosen fehlt das Staunen! Umgekehrt verweist die plötzlich so stark im Raum stehende Scham darauf, daß das natürliche Zugehörigsein zum Ganzen wie ein Wetterumschlag „umgeschlagen" ist in Angst vor Gott.

Furcht vor Gott.

Genesis 3, 8-10. Als sie Gott, den Herrn im Garten gegen den Tagwind einherschreiten hörten (akustisch erfahrbar!), versteckten sich Adam und seine Frau vor Gott, dem Herrn, unter den Bäumen des Gartens. Gott der Herr rief Adam zu und sprach: Wo bist du? Er antwortete: Ich habe dich im Garten kommen hören; da *geriet ich in Furcht, weil ich nackt bin.* Nirgends so sehr wie in dieser Textpassage wird deutlich, daß sich die Perspektive und Grundbefindlichkeit vom grundsätzlich Bekömmlichen zum Ambivalenten verändert hat! Die Angst vor Gott wird zur Gewißheit, daß Gott zürnt, verflucht und daß der Mensch Ausflüchte/Entschuldigungen finden muß (die Frau, die Schlange ist schuld). Der Stimmungsumschlag und seine Konsequenzen werden hier so kraß und umfassend hingestellt, daß angenommen werden muß, die ambivalente Ganzheitserfahrung habe die noch ältere Erfahrung guten, bekömmlichen Seins in den Schatten gestellt. Urangst dominiert und dementsprechend wurde das Böse und der Kampf gegen das Böse zur neuen Ausgangslage.

Bleibt nur die Frage, welche Gründe zu dieser tragischen Wende des inneren Grundgefühls geführt haben. War zu Urzeiten eine äußere Not so total? Haben sich Ansätze von Bewußtheit in den Vorfahren dieser Kultur, in ihren Urmenschen oder schon im Tier besonders früh entwickelt? Oder gibt es, wie die Bibel nahelegt, so etwas wie Auserwählung, in der Hoffnung, daß Entwicklung gerade durch Erfahrungen der Not vorangetrieben werde?

An der Frage nach Ursachen des Stimmungsumschlages scheiterte schon die Überlieferung. In realen äußeren Gegebenheiten fanden schon die damaligen Menschen keine Erklärung dafür. Und in der jüdisch-christlichen Tradition mußte der Gläubige sich bis in unsere Tage hinein verbieten, sich Gott und alles, was von ihm ausgeht, anders als lieb und gut vorzustellen. So konnte der Mensch, dem immerselben Mechanismus folgend (vgl. Kap. II, 3.4.15), nicht anders, als sich selbst zutiefst schlecht und schuldig erleben.

Gott setzt Feindschaft zwischen Mann und Frau. Der Mann wird über die Frau herrschen. Und Gott verflucht den Ackerboden.

Das Ungute ist nicht beendet, sondern nur verlagert: statt sich nach wie vor im Bösen drin und ständig der Wirkung des Fluches ausgesetzt zu erleben, geht der Mensch über zu Flucht und Kampf. Dabei wird die Notwendigkeit zum Kampf nicht als von innen, sondern als von außen kommend erlebt. In der Bibel ist es Gott, der auslöst, verflucht und Feindschaft legitimiert! Diese Verlegung nach außen ist aus dem frühen Erleben, um das es hier geht, verständlich: innen und außen sind noch analog. Der Kampf ist ein Versuch, die Not mit Gott zu bewältigen! Gerade darum wird er gegen alles geführt, was an das zuvor bedrohlich Umfangende erinnert (das Weibliche, die Natur, die Finsternis oder das Dunkle, das Chaos, in vielen anderen Mythen der Drache). Der Kampf richtet sich aber auch gegen alles, was verführen könnte (die Schlange, die Sexualität, die Lebenslust und in anderen Bibeltexten der Teufel). Der Mensch erfährt sich in seiner Existenz nur noch durch Arbeit und Leistung legitimiert. Im Schweiße seines Angesichts soll er sein Brot essen! Der in der Entwicklung des Menschen wichtige Übergang „vom Sein zum Tun" geschieht nicht im Zeichen der Lebenslust, sondern der Angst vor Gott.

Das verlorene Paradies.
Der Baum des Lebens wird tabuisiert, der Garten Eden verschlossen und mit dem lodernden Flammenschwert bewacht. Wo Ambivalenz, Ohnmacht und Urangst ausgeprägt erfahren wurden, gibt es für das sich soeben erkennende Ich keine Bleibe mehr. Die Not drängt auf den Weg. Der Garten Eden wird verschlossen, es gibt für unüberblickbar lange Zeit kein Zurück mehr zum einmal bekömmlich erfahrenen Ganzen. Das Ich ist nur noch auf sich und seinen Fort-Schritt gestellt.

3.4.18 Anbahnung erster Spaltungen, Eifersucht, Kain erschlägt Abel

Schon im Ambivalenten drin werden Spaltungsprozesse ausgelöst. Das Sensorium für das Gegensätzliche entwickelt sich. Im Bild der Genesis gibt es schon im Garten Eden Erlaubtes neben Verbotenem, Zentrum und Peripherie. Das Verlassen des Paradieses ist in sich Ausdruck für die Abspaltung des Eigenen vom Ganzen. Das werdende Ich entscheidet sich für den Bewußtwerdungsweg und gegen das Verbleiben in der unbewußten Einheitswirklichkeit.

Die *äußere Abspaltung wird auch zur inneren*! Kaum aus dem Garten Eden heraus, entsteht der Konflikt zwischen Kain und Abel. Jener Teil der menschlichen Seele, Abel genannt, der ewig um ganzheitliche Teilhabe weiß (und dessen Name folgerichtig Windhauch bedeutet), wird vom Bruder umgebracht. In Kain kann der Mensch, der sich soeben erst im Eigenen erkannt hat, gesehen werden, unmittelbar nachdem sich ihm die Tore zur Einheitswirklichkeit verschlossen haben. Wie muß sich der Mensch in solcher Situation wohl fühlen?! Kain ist vergleichbar mit dem „Not-Ich", das auf einem Stück verfluchten Mutterboden werden und ackern muß. Im Motiv des Brudermörders kommt zum Ausdruck, daß der Mensch sich auch von der eigenen Ahnung um den Ursprung im Ganzen absetzen muß. Auf sein brüchiges, anfanghaftes Ich zurückgeworfen und ums eigene Überleben kämpfend, erträgt er keinen inneren Bruder, der die Nähe zum Ganzen liebt, darin verweilt und die eigene Vergänglichkeit (Windhauch) hinnimmt. Ganzheitliches und sein Grenzbereich werden zum Tabu. Innen abgespalten, in der Außenwelt bekämpft. Eine uralte Tabuisierung! Und, wo immer ein Leben nicht mehr voll und ganz ist, entsteht Eifersucht, die eifrige *Suche nach der abhanden gekommenen Fülle.*

Eifersucht ist im Kern älter als Geschwisterrivalität. Doch sie fließt später in Geschwisterrivalitäten und andere konkrete Mangelerfahrungen ein. Sie erhält in Geschwisterkonstellationen eine reale Projektionsfläche. Um aber das eigentlich Ersehnte hinter der Eifersucht zu erahnen, muß man sich in das Stadium erster

174

Spaltungen einfühlen. Seit der Trennung von der Ureinheit ist etwas im Menschen nicht mehr ganz und darum traurig, sehnsüchtig, mit Eifer süchtig.

Auch das Bild von Kain und Abel bringt die Energie der Eifersucht nicht primär mit einer irdischen Geschwisterrivalität, sondern mit der ungleichen Nähe zu Gott in Verbindung. Thema dieser Erzählung ist die nicht mehr intakte Beziehung zu Gott und deren Folgen: Es überläuft Kain heiß, wie er sieht, daß der Herr auf Abels Opfer schaute, nicht aber auf seines. Der selbst in der Entfremdung Begriffene reagiert mit Eifersucht auf das an die Fülle vermehrt Angeschlossene!

Andere Bilder für frühe innere Spaltungen sind: die Teilung in Licht und Finsternis, bewußt und unbewußt, obere Welt und Unterwelt, in Land und Wasser, in Schlange und Drache[51], in Männliches und Weibliches. In all diesen Gegensatzpaaren fällt eine einseitige Wertung auf. Das Licht wird mit dem Guten, das Dunkle mit dem Bösen in Verbindung gebracht, der Mann wird Herrscher, die Frau Untertan. Gottes Wohnstatt ist der Himmel, die Hölle wird zum Inbegriff des Verfluchten. Diese Wertung ist aus *späterer Optik* entstanden. Im Rückblick, aus der Perspektive des Ichs, das sich selbst als Held zum Licht des Bewußtseins emporgeschwungen hat und den dunklen inneren Gegenpart als böse oder unwürdig entwertet. Träume vom eigenen Schatten oder das mythologische Motiv vom Gang in die Unterwelt führen in die Neubegegnung mit dem Ausgesperrten und Erniedrigten.

Neben dieser, aus Märchendeutungen bekannten Optik gibt es, entwicklungspsychologisch betrachtet, eine noch ältere. Ursprünglicher als die Wertung: Ich = bewußt = hell = gut und dunkel = unbewußt = schlecht ist die Optik der damaligen Zeit selbst. Der Übergang kommt aus damaliger Sicht einem Verlust des goldenen Ganzheitlichen gleich und wird vorerst zum Schritt ins Dunkel, ins Nichts, ins absolut Offene des Schwarzen oder gähnenden Lochs. Schwarz hat in dieser Tiefe noch nicht die Bedeutung des Verschatteten. Alle Entwicklung geht vorerst da hindurch. Im Mutterleib ist es dunkel.[52] Der Mutterschoß der Erde, der vorerst alles in sich enthält, was später als eigener Lebensimpuls hervortritt, ist dunkel. Schwarz ist die Nacht, bevor das Licht des Tages sie erhellt, und dunkel ist die Schwarzmondgöttin oder die Göttin der Unterwelt. Solches Dunkel steht am Anfang aller Ich-Werdung. Es drückt den Zustand vor aller Bewußtwerdung aus. Folgerichtig erfährt sich der Mensch selbst zu Beginn der Ich-Werdung im Schwarzen drin. Und folgerichtig kehrt er in Träumen oder Therapien in solche Dunkel-

---

51 Die Schlange ist ursprünglich dem Drachen nahe.

52 Klientinnen sind immer wieder erstaunt, wenn sie in Klangreisen in Befindlichkeiten kommen, wo alles dunkel ist, aber nicht unangenehm. Sie sagen z. B.: „Es ist hier dunkel und warm" oder: „Ein dunkles einfaches Sein".

bereiche zurück, wenn es gilt, etwas im Ursprung Verlorenes dort abzuholen. Moral und Wertung sind da fehl am Platz.

Nur aus dieser älteren Optik läßt sich der Kern von Eifersucht verstehen: im Schwarzen drin wird eifersüchtig nach dem verlorenen Gold gesucht. Dazu ein Traum einer Frau:

> „Es findet ein großer Tanzanlaß statt. Ich spüre, daß sich über dem Anlaß unsichtbar eine große, eifersüchtige Mutter befindet. Es ist meine Mutter. Ich trage einen schwarzen Ballrock und eine schwarze Bluse und tanze sehr gerne. Ich spüre meine Freude, schwarze Tänzerin, ja sogar kleine Teufelin zu sein. Dies ist ein körperlich energetisches Gefühl, das nichts mit unmoralisch zu tun hat. Dreimal gewinne ich den zweiten Rang, und jedesmal höre ich von einer Frau, die den ersten gewinnt. – Jetzt begegne ich dieser Frau und erschrecke tief: sie hat mein Gesicht, genau meine Frisur, meinen Körper, nur ist sie in goldgelb gekleidet. Ich frage sie, ob ihre Mutter auch so eifersüchtig sei. Sie antwortet: ‚Ich habe dieselbe Mutter wie du, aber die meine ist goldgelb.‘ Ich verlange sehnlichst danach, die goldene Tänzerin zu berühren.“

Ein Schattentraum mit umgekehrten Vorzeichen, ein „positiver Schatten“, der bewußt werden will? Eine Sehnsucht des inneren Kain nach dem einst umgebrachten Abel?

3.4.19 Bettina: „Der fürchterliche, fauchende Drache“

Auch Bettina kam zum Punkt, wo sie sich für das Schwarze entscheiden mußte. Dies obwohl sie schwarz nicht mochte und sich nie schwarz anzog.

Vorerst glich ihr Prozeß über Monate einer Gratwanderung. Sie konnte ihrer Arbeit nicht nachgehen, beschränkte sich auf die wichtigsten Haushaltsaufgaben und versuchte, sich von ihren Ängsten und psychosenahen Zuständen zu erholen. Teilweise gelang ihr das auch. Ihrer immer wiederkehrenden Angst, sie sei schwanger, begegnete sie mit den Worten, dies sei ein Gedankenbaby. Was sie innerlich in dieser Zeit erlebte, ist durchaus vergleichbar mit einem Hin- und Herpendeln zwischen ich-bezogen realistischer und psychosenaher Wahrnehmung. In diesem Pendeln schien Bettina aber dem Ganzheitlichen weiterhin sehr nahe zu sein. Ein erneutes Sich-Entscheiden zugunsten des Lebens tat not. Und dies kam, wie von innen heraus angelegt, in folgender Imagination:

> „Ich sehe nur noch schwarz, alle anderen Farben sind wie verschwunden. Ich habe Angst vor dem Schwarz. Da plötzlich gibt es *zwei Stimmungen*. Links sehe ich gelb, goldgelb und rechts schwarz. Das Linke war eigentlich einmal gold, es wird mehr und mehr zu gelb. Und das Schwarze ist da, auch wenn ich es gar nicht will. Es sind wie *zwei Königreiche*. Das gelbe Reich sagt mir: Du bist nicht schwanger, alles ist gut, und das schwarze Reich sagt: Doch, du bist schwanger. Ich stehe nun in der Mitte zwischen beiden Reichen, hin- und hergerissen. Ich muß mich zuerst für das schwarze Reich entscheiden, der Weg führt in dieses Reich.“ Bettina zittert und möchte die Therapiestunde abbrechen. Sie habe Angst und wolle sofort einen Schwangerschaftstest machen.

176

Wo der nächste Frauenarzt wohne, fragt sie. Schließlich genügt auch der Gang in die Toilette, und Bettina kommt zurück mit den Worten: „Ich habe einfach fürchterliche Angst, ins schwarze Reich zu gehen. Es ist, als würde ich dann schwanger sein."

Ich lasse nun Bettina diesen treffsicheren Satz mehrfach wiederholen, ihre Angst wird allmählich kleiner. Sie imaginiert weiter: „Ich lasse mich ins schwarze Reich hineinsinken. Das gelbe sehe ich nicht mehr. Es ist unheimlich. Ich habe Angst vor Aids und Drogen. Neulich habe ich einen ausgeflippten Menschen am Bus gesehen, wohl ein Drogensüchtiger. Ich habe Angst, er hätte mich geschwängert. Dabei weiß ich, daß das unmöglich ist."

Das logische Denken von Bettina verliert sich immer mehr. Panik! Dann ändert sich ihre innere Szenerie, als würde Bettina einen Stock tiefer in ihre Angst eintauchen:

„Nun steht ein riesengroßes Ungeheuer vor mir. Es sieht aus wie ein Drache. Der Drache steht in der Mitte des schwarzen Reiches. Sein Maul ist aufgesperrt, er will mich fressen. Ich bin nahe beim Ungeheuer, etwa ein Meter davor. Ich sehe nur noch das Maul. Es ist so groß wie ein Haus. Das Ungeheuer hat Riesenzähne, die mich zermalmen wollen." Bettina zittert und der Schweiß steht ihr im Gesicht.

Ich ermuntere sie, das Ungeheuer zu fragen, ob es sie wirklich fressen wolle. Antwort: „Das Ungeheuer kann nichts sagen, *es ist ein schweigendes, passives Ungeheuer.*"[53] So schlage ich Bettina vor, selbst dem Ungeheuer mitzuteilen, daß sie nicht gefressen und zermalmt werden wolle. Bettina schafft das und meint etwas erleichtert: „Es begreift mich, es sagt zwar nichts, aber ich sehe das in seinen Augen. Das Ungeheuer *schaut mich mit großen Augen an.*"

Wiederum folgt ein Angstausbruch und ein Gang zur Toilette. Bleich kommt Bettina zurück. „Ich habe einfach Angst, fürchterliche Angst." Ich frage: „Schaffst du es jetzt mit meiner Anwesenheit, die Angst auszuhalten?" Bettina stöhnt, aber meint „doch". Sie wiederholt für sich mehrmals, „ich kann aushalten", bis die Angst kleiner wird. Dann fährt sie fort: „Immer noch sehe ich das Maul, nur das Maul. Es ist schrecklich, ich muß ins Maul hinein. Komisch, es ist ein Maul einer Mutter. Es ist dunkel und unheimlich. Die Zunge ist groß, aber ruhig. Ich stehe auf den Zähnen. Das Tier schaut mich groß an, lacht und möchte mit mir spielen. Doch ich erschrecke. Es möchte von mir, daß ich noch weiter nach hinten in seinen Rachen hineingehe." – Erneuter Angstschub – Schließlich findet Bettina Worte für ihre Angst: „Ich habe Angst, das Tier würde den Mund zumachen und mich ersticken." Wiederum schlage ich ihr vor, dies dem Ungeheuer mitzuteilen. „Ja, das kann ich, das Tier schweigt und schaut mich traurig an. Ich muß ihm wohl helfen. Doch ich kann das nicht mit meiner Angst. Das Tier ist so riesengroß und mächtig. So groß wie die Erde. Es erinnert an die Riesenmutter. Dabei gibt es gar keine solche Riesenmutter. Oder gibt es sie eben doch? Da wird es auch bequem, im Maul zu liegen. *Ich liege wieder auf der großen Mutter, dieselbe wie damals.*" (Vgl. Kap. II, 3.3.12)

Etwas später meint Bettina: „Nun rutsche ich in den Rachen hinunter." Schon wieder Angst. „Ich sehe *ein Feuer,* ein Drachenfeuer. Es ist wunderschön, ein großes Licht. Ich soll etwas Feuer mitnehmen und wieder hinausgehen. Das Feuer meint, es würde mir im Leben helfen. Es heißt Lebensfeuer. Ich verlasse den Rachen wie eine *Schlange – und jetzt plötzlich bin ich draußen.*"

Das Ende der Stunde naht, ich mache Bettina den Vorschlag, dem Tier einen Namen zu geben und sich von ihm zu verabschieden. Ihr gefällt die Idee und sie sagt: „Tschau Fauchy (!), du bist

---

53 Dies ist eine wichtige Relativierung der apokalyptischen Angst, Materie sei aktiv.

mir unheimlich, aber dein Feuer ist sehr schön." Und zu mir meint sie: „Das Tier faucht[54] so, aber jetzt ist es sehr zufrieden mit mir. Und das Feuer nehme ich mit."

Einmal mehr bin ich tief beeindruckt. Wie kommt es, daß Bettina symbolische Aussagen einfach so versteht, erlebt? In dieser Stunde hat Bettina das Akustische nur im Namen Fauchy anklingen lassen. Musizieren und Musik hören wäre zu gefährlich gewesen. Das Schwingungsmäßige der Musik hätte eine erschreckende Ganzheitserfahrung zu nahe gebracht. Später aber will Bettina ihren Fauchy fauchen hören und ihm musizierenderweise als Schlange, als Nilpferdlein und Wasserpferdlein begegnen. Auch in späteren Stunden hat sie Angst vor „dem Tier". Einmal, in einer späteren Imagination, sieht sich Bettina als schöne Frau! Sie meint höchst verschämt:

„Der Drache schaut mich lange an. Er denkt, daß ich schön bin. Nicht mehr ein Nilpferdlein, sondern im versteckten eine schöne Frau. Ich habe Angst, der Drache selber wolle mich schwängern. Er ist mir zu nahe."

Trotz aller Angst sucht Bettina die Nähe zum Ganzen. Sie ahnt, daß es dort das Lebensfeuer, die Botschaft, eine schöne Frau zu sein, abzuholen gilt. Mit diesen Schätzen in der Hand, kann sie sich neu und tiefgreifender vom Ganzen verabschieden. So imaginiert sie in der nächsten Stunde:

„Wieder ist mir der Drache zu nahe. Doch da wechselt die Szene: Eine orange Farbe trennt ihn von mir. Es ist das Feuer, von dem ich ein bißchen mitgenommen habe. Jetzt ist es groß, brennt zwischen ihm und mir und ist heiß. Man darf nicht zuviel Feuer bei sich haben, sonst verbrennt man."

Mit dem Feuer an der Grenze, mit dem Flammenschwert am Tore des Paradieses, hat sich die äußerste Grenze zwischen dem Eigenen und dem Numinosen eingestellt.

3.4.20 Augen: eine Sprache Gottes

Neben den bekannten Bedeutungen des Augensymbols (Wunsch nach Gespiegelt-Werden, Kontrollauge) möchte ich auf das Auge als *Bitte um Verbindlichkeit* und als *Impuls ‚Wage es doch'* hinweisen. Viele Menschen begegnen dem Motiv der großen, traurigen oder bittenden Augen auf ihrem Gang in große Tiefen. Nicht nur Drachen, auch Bäume, Eulen, Schlangen, Schattenfiguren haben oft tief bewegende Augen. Augen scheinen eine stumme Sprache zu sprechen: Sie bitten,

---

54 Bettina wählt dieses Wort, auch wenn ich diesmal die Imagination nicht musikalisch begleitet habe. Das heißt: die *ursprüngliche* Ganzheitserfahrung war über das *Akustische* beängstigend! Urangst ist über Klang erfahrbar.

zeigen Trauer und verfolgen. Augen bohren sich durch alle Abwehrmechanismen hindurch und rütteln Menschen auf. Was möchten sie sagen?

Die Augen stehen hier für die erste Erfahrung eines Gegenübers. Sie bedeuten ,anschauen und angeschaut werden'. Der Säugling erfährt Angeschaut-Werden, bevor er Personen erkennt. So sind Augen auch in vielen Träumen eindringlicher, als was menschliche Blicke normalerweise aussenden. Sie verraten die Anliegen des Ganzen, die als solche immer wortlos sind, aber vom Menschen unbedingt verstanden werden wollen. Während die Augen bei Bettina für den Wunsch stehen, daß sie ihren Bewußtwerdungsweg antrete und lebe, bewegen sie andere Menschen dazu, ihre Angst vor Gott zu relativieren. So bitten Augen des Drachen den Menschen häufig darum, ihn doch zu lieben! Im Aushalten des eindringlichen Blickes verwandelt sich der fürchterliche Drache zum freundlichen. Etwas von seinem Leiden wird entfernt einfühlbar. Diese Augen werden meistens als tief traurig beschrieben. Zeichen dafür, daß Gott selbst am Schicksal seiner Schöpfung mitleidet. Bittende Augen zugleich, weil er des Menschen bedarf. Damit sich das Antlitz der verschmutzten und entwürdigten Mutter Erde erneuere! Auch damit durch den Menschen konkret, gestaltet, kultiviert und anschaubar werde, was im ganzen keimhaft angelegt ist und zur Bewußtwerdung drängt! Ist im ganzen selbst eine Sehnsucht nach Leben, Bewußtwerdung, Erneuerung, Wandlung, Vereinigung von Gegensätzen angelegt? Der Botschaft verschiedenster Traumbilder folgend, wage ich davon auszugehen. Jedenfalls freuen sich die Drachenaugen gemäß Schilderungen von verschiedensten Klientinnen, wo immer Schritte in Richtung Bewußtwerdung und neuer Liebesfähigkeit gelingen. Sie lieben, sie meinen den Menschen und stehen gerade in ihrer Eindringlichkeit für das Unbedingte Gottes. Das lateinische Wort *draco*, aus dem sich der deutsche Begriff *Drache* ableitet, ist dem griechischen *draxor* entlehnt, was das „Scharfblickende" bedeutet (vgl. Früh 1988, 15). Wollen wir diese liebenden Blicke nicht empfangen und erwidern?

3.5 Ankunft im Ich

3.5.1 Erste Grundannahme: Das Gefühl für das Drin-Sein verliert sich – vom Ganzen zum Konkreten

Der Zustand des Drin-Seins im Ambivalenten drängt nach Wandlung. Von außen wie von innen kommen Signale zur Veränderung. Die Zeit ist irgendwann und immer wieder reif: das Ich tritt hervor, wird geboren, ist sichtbar da. Das *Hervortreten des Ichs* geschieht nicht nur einmalig wie beim Geburtsvorgang, sondern immer wieder. In den immer wiederkehrenden und mit der Zeit länger anhaltenden Momenten/Stunden/Tagen der Anwesenheit im Ich ist die Differenzierungsfähigkeit des Kindes so weit entwickelt, daß *Umwelt zunehmend in Bestandteile zerlegt* werden kann: Mutter, Vater, Schwester, Spielzeuge, Farben, die Wohnung, die Straße ... . Eindrücke werden immer realistischer, aus der Schwingungsumgebung wird mehr und mehr die konkrete Umwelt mit tausenderlei Dingen.

Dies bedeutet, daß sich das Gefühl, im großen ganzen drin zu sein, verliert und daß der Eindruck eines numinosen Gegenübers von innen heraus relativiert wird. Eindruck geht über in Ausdruck, Erstarrt-Sein in Bewegung. Der Zustand des Seins öffnet sich, ein Weg beginnt. Die Umfangung und die Dimension des Archetypischen/Übergroßen wird verlassen. Die Urangst in ihren beiden Gesichtern[55] fließt mehr und mehr in faßbare reale Ängste ein, beispielsweise in die Angst, von Menschen verlassen (mutterseelenallein) zu sein oder in die Angst vor dem Gewitter. Ebenso konkretisiert sich das Urvertrauen in realen Personen, Räumen, Gegenständen, die das Kind (er)kennt und denen es trauen kann. Das ursprüngliche Gott-Vertrauen bleibt lebendig über die menschlich konkrete Liebe und Zuwendung, über die Stimmigkeit der Kommunikation, über reale Zuverlässigkeiten, Rhythmen und Sicherheiten. Aus der Verbundenheit mit dem Ganzen wird die Liebe zum Konkreten. Im Wahrnehmen, im Erkennen, im Fühlen, im Dasein ..., überall findet eine *Verlagerung vom Ganzen zum einzelnen, Wirklichen, Irdischen* statt. Ein Herauslösen des sogenannt Realen aus dem Unfaßbaren der Schwingungsumgebung! Ein Herausschälen der Eltern aus der Großen Mutter mit der ihr innewohnenden bis eingesperrten männlichen Urkraft. Eine Verschiebung von der Ganzheitserfahrung zur immer konkreteren Erfahrung und zum Bild, das man sich vom Ganzen macht. Die ich-bezogene Seinsweise setzt sich immer konsequenter durch. Endphase des Überganges!

---

55 a) mit dem Entschwinden des Ganzheitlichen verloren zu sein,
   b) überwältigt zu werden durch das numinose Gegenüber

Jetzt kann die Entwicklung des Kindes (anwesender Säugling, Kleinkind, Kindergartenkind) von außen genau beobachtet werden. Einzelne Entwicklungsschritte lassen sich recht gut erfassen, äußere Einflüsse werden als solche erkannt und gewichtet. Direkte Rückschlüsse vom Verhalten des Kindes auf seine Befindlichkeit und sein Innenleben sind immer mehr möglich. Vgl. Stern 1985/1992; Mahler, Pine & Bergman 1975/1985; Herzka 1984; Oerter und Montada 1987, um nur einige Autoren zu nennen.

Einzelne Entwicklungsschritte und Bezüge zur konkreten Umwelt aufzuzeigen, gehört nicht zum Aussagebereich des vorliegenden Buches. Ich bleibe auch in der weiteren Betrachtung auf den Ausgangspunkt dieses Modells bezogen: auf die Grundannahme von zwei Daseinsweisen und einem dazwischen stattfindenden Übergang. Daraus werden sich neue Fragen ergeben z. B.: Wie gestaltet sich das weitere menschliche Heranwachsen im Spannungfeld zwischen ich-bezogener und ganzheitlicher Realität? Was bedeutet es im Erleben des Kindes, sein Gefühl für das Drin-Sein zu verlieren und immer klarer als ein Ich zu leben? Wie fließt die im ambivalenten Drin-Sein angelegte Not in die weitere Ich-Werdung ein? Wie wird sie verarbeitet? Ein Schwerpunkt des Modells liegt in der Berücksichtigung der Ganzheit als wesentlicher entwicklungsprägender Faktor. Ganzheitliche Einflüsse hören nicht auf zu sein, wenn sie vom Ich nicht mehr wahrgenommen werden! Worin lebt das Ganzheitliche fort, wie wird es vom Menschen dargestellt, wie wirkt es auf das erstarkende Ich ein?

3.5.2 Ich-Werdung zwischen Loslösung und Wiederannäherung

Das Ankommen im Ich, das Bewußt-Werden seiner selbst, dauert Jahre und geschieht in einem ständigen Hin- und Herpendeln zwischen beiden Daseinsweisen. Immer bewußtseinsnäher unterscheidet das Kind zwischen Eigenem und Fremdem, immer deutlicher empfindet, reagiert, lebt es aus der Position des Ichs. Beim Kind im Mutterleib und beim Neugeborenen wurde noch von Momenten/Zeitspannen der stärkeren Präsenz im Eigenen gesprochen. Von Woche zu Woche scheint nun das Baby anwesender zu sein. Seine Wachzeiten werden länger, sein Blick präsenter. Sein Lächeln gilt plötzlich klar der Mutter. Jetzt erhält der Satz „Das Ich wird am Du" seine volle Bedeutung. Immer deutlicher signalisiert das Kind, daß es ein eigenes Persönchen ist: es kämpft für sein Recht, trotzt und spricht eines Tages von sich selbst als Ich. Auch das Lern- und Erinnerungsvermögen nimmt zu (vgl. Rovee-Collier 1995), Geschicklichkeiten und Fertigkeiten entfalten sich, der Erlebnishorizont weitet sich. Immer gezielter geht das Kind auf die Umwelt zu, immer bewußter erlebt es sich selbst und seine Beziehungen.

Das immer deutlichere Hervortreten des Ichs, die zunehmende Bewußtwerdung, darf nicht darüber hinwegtäuschen, daß dazwischen auch kürzere oder längere Zeitabschnitte liegen, in denen das Kind in größerer Nähe zum Ganzheitlichen verweilt. Vorab im tief entspannten Schlaf! Doch gibt es auch Zeiten des Dämmerns, der Versunkenheit im Spiel, des Phantasierens, der krankheitsbedingten Regression, des Mitlebens in Märchen etc., die das Kind nochmals in größere Nähe zum Ganzheitlichen führen. Das Kind kehrt in den Grenzbereich zu seiner ursprünglichen Heimat zurück, um zu regenerieren und um eine erneute Ankunft im Hier und Jetzt, im Ich, zu wagen. Das Angebot des ganz anderen begleitet das Kind ständig, ja unbewußt selbst den Erwachsenen.

So geschieht Ich-Werdung in einem stetigen Vor- und Zurück, hinaus in die reale Welt und Hinein in das verinnerlichte ganzheitliche Sein. Hinaus ins Bewußtseinsnahe und schließlich Bewußte, hinein ins nach wie vor Unbewußte, einfach Seiende. Impulse, die von der Ganzheit wegdrängen, wechseln ab mit solchen, die ihre Nähe suchen. Auf jede *Loslösung/Differenzierung* folgt eine *Wiederannäherung/Wiederverschmelzung* und umgekehrt. Ich-Werdung gelingt im Spannungsfeld zweier Kräfte: die eine drängt weg von der Bezugsinstanz ins autonome Leben, die andere zur Verbundenheit mit der Bezugsinstanz hin. Urkraft des Hervortretens neben der Urkraft des Bergenden!

Mahler und Gosliner stellten schon 1955 die Hypothese von der „Universalität des symbiotischen Ursprungs der condition humaine auf, sowie die Hypothese eines obligatorischen Loslösungs- und Individuationsprozesses in der normalen Entwicklung" (vgl. Mahler et al. 1985, 7). In Mahler et al. werden Tendenzen der Ablösung solchen der erneuten Annäherung im Sinne einer Phasentheorie gegenübergestellt[56]. Damit wird auf ein Hin- und Herpendeln in größeren Zeitabschnitten hingewiesen.

---

56 Mahler et.al. teilen die menschliche Entwicklung in folgende Phasen ein:
❏ normale autistische Phase (erste Lebenswochen)
❏ symbiotische Phase (ca. 2.-5. Monat)
❏ Phase der Loslösung und Individuation (4-5. – 30-36. Monat)
Diese Phase wird in folgende Subphasen unterteilt:
• Differenzierung (Unterscheiden zwischen Mutter und anderen, aber auch zwischen Mutter und dem Eigenen)
• Üben (das Kind ist ins autonome Funktionieren versunken)
• Wiederannäherung (gerade weil das Kind sein Getrenntsein von der Mutter deutlicher wahrnimmt, nähert es sich ihr an)
• Erreichung des Gefühls, eine eigene Einheit zu sein, und Anfänge einer emotionalen Objektkonstanz
Die symbiotische Phase als auch diejenige der Wiederannäherung sind Ausdruck der einen Tendenz (Verschmelzung). Differenzierungs- und Übungsphase gehören zur anderen (Ablösung/ Autonomie).

War im Anfang Symbiose? Ja! Doch worin, womit, zu welchem Zeitpunkt der Entwicklung? Die Antwort des vorliegenden Modelles lautet: Im Ursprung war die Ureinheit in und mit der Ganzheit, deren Gesicht sich im Laufe der frühesten Entwicklung mit jeder neu hinzukommenden Differenzierung verändert (einfach seiend – nährend/umfangend – ambivalent) und an deren Stelle jetzt allmählich die Mutter oder primäre Bezugsperson tritt. Erst mit der entsprechenden Unterscheidungsfähigkeit, mit dem stärkeren Anwesendsein im Ich, heben sich Mutter- und Vatererfahrungen von Ganzheitserfahrungen ab. Wo aber schon einige Differenzierungen möglich sind – und es sind dies bereits nach der Geburt nicht wenige! (vgl. Stern 1985/1992) –, ist zu fragen, wie sehr noch von „Symbiose" gesprochen werden kann. Was wird unter Symbiose verstanden? Muß nicht hinter dem, was Mutter-Kind-Symbiose genannt wird, eine Einheitswirklichkeit, die vor und neben aller Differenzierung da ist, erkannt werden? Ein *Erleben von „Zustand" schlechthin*, und zwar intrauterin wie extrauterin in entsprechenden Dämmer- und Schlafmomenten? Ich erachte es als mißverständlich, von Muttererfahrung zu reden, bevor die personale Mutter wirklich wahrgenommen wird.

So gibt es nach diesem Modell primär die Einheitswirklichkeit mit dem Ganzen, dann und daneben die sich wandelnde Urbeziehung mit dem umfangend Großen, die schließlich in die immer konkretere Beziehung zur Mutter und zum Vater mündet. Tendenzen der Loslösung/Differenzierung und Wiederverschmelzung beginnen viel früher als bei Mahler beschrieben und in einer Seinsqualität, welche ich mehr als Teilhabe denn als Symbiose verstehe. Die Tendenzen wirken nach dieser Schau weniger im Sinne eines phasenspezifischen Nacheinander, als vielmehr nebeneinander, miteinander, lebenslänglich. Wie die beiden Seinsweisen die ganze Zeit über gleichzeitig da sind (vgl. Das Reich Gottes ist „nahe", Matthäus 4, 17), so auch die beiden Tendenzen: Weg von der Ganzheit, hin zur Ganzheit. Sie sind Erfahrungsformen der beiden Urkräfte, die sich ergänzen bis behindern!

Loslösung/Differenzierung und Wiederannäherung/-verschmelzung hören mit der Geburt des Ichs nicht auf. Bewußtwerdung geht weiter, auch im Sinne bewußterer Bezogenheit! Umwelt und eigene Personalität werden immer differenzierter erlebt, Bezugspersonen erhalten deutlichere Persönlichkeitsmerkmale. Doch auch das Bedürfnis nach Entgrenzung, Rückbindung und Verbundensein hört nie auf. Es wird bewußter, und Verbindungen werden vom Ich her gestaltet. Aus der selbstverständlichen Einheit wachsen differenzierte Beziehungen, Kommunikation und verbindliche Liebe. Der Dialog verändert sich vom Fließen und Strömen zum bewußten Geben und Nehmen. Sein Medium wechselt langsam vom ursprünglich Schwingungsmäßigen, Musikalischen zum analog Bildhaften und schließlich zum Verbalen. Inhalte verschieben sich vom unbewußt Atmosphärischen zum Faßbaren. In solcher Verlagerung können *Entwicklungslinien* erkannt werden: Vom

Ganzen zum Individuellen! Vom Undifferenzierten zum Differenzierten! Vom Schlafbewußtsein zum Traumbewußtsein zum Wachbewußtsein!

3.5.3 Kindheit zwischen zwei Welten

Ich-Werdung kann bildhaft verstanden werden als ein Sich-Herauskristallisieren einer starken Insel inmitten eines Meeres. Wer als Mensch mit guten Füßen auf dem Boden steht, vergißt, daß darunter Wasser, Grundwasser ist. Er ist mit zunehmender Anwesenheit im Ich vom Urgrund abgespalten. Alle Ich-Werdung ist Ankunft im „Trockenen" und Abspaltung vom Ganzheitlichen.

Warum können wir uns in der Hektik unserer Straßen am Strahlen eines Kindergesichts erlaben, warum fasziniert uns sein andächtiges Spiel mit Wasser und Sand? Sein Lachen, seine Entdeckerfreude, seine Lebenslust und Unverdorbenheit?

Das Kind lebt noch nahe dem Urquell des Lebens! Es weiß um magische Kräfte, hört die Bäume reden, lebt in der Welt der Märchen und Symbole und versteht, einfach so, vieles, was Erwachsene nicht mehr verstehen. Mit ungebrochener Freude geht es Morgen für Morgen neu ins Leben hinein. Es staunt noch über Blumen und Regenbogen, deren Reiz für viele Erwachsene längst verblaßt ist. Das Kind ist auf natürliche Weise neugierig; für den Zuschauer ist fast sichtbar, wie der kindliche Erfahrungsraum von Tag zu Tag wächst. Neue Worte, neue Fertigkeiten, neue Entdeckungen! Das zuvor unverstehbar Große wird zur be-greif-baren Realität. Was zuvor einfach war, erhält jetzt Namen: Großmutter, Essen, Bauklotz. Noch zeigt das Kind spontan Gefühle des Schmerzes, der Wut; noch empfindet es Ehrfurcht, ja Angst, wie dies der nüchterne Erwachsene nicht mehr zu kennen glaubt. Mehrheitlich unbefangen gehen Kinder auf Menschen und Dinge zu und sind, wie sie sind, unhinterfragt. Herzka und Reukauf (1995) schreiben: „Nicht nur hat das Kind viel vom Erwachsenen zu lernen, sondern auch der Erwachsene vom Kind: zum Beispiel Feinfühligkeit und Entwicklungsfähigkeit, grundlegende Elemente der Menschlichkeit" (S. 292).

Das natürliche Angeschlossensein des Kindes an die Selbstverständlichkeit des Daseins, an die Sprache der Dinge, der Tiere, der Märchen, an die urtümliche Kraft der Gefühle zeichnet nach diesem Modell die intakte Nähe zum Ganzheitlichen aus. Das Kind lebt zwar nicht mehr im äußersten Grenzbereich, wohl aber immer noch im *Nahbereich zum Ganzheitlichen*. Noch läßt es sich von dort her trösten, beruhigen, noch glaubt es an den Schutzengel, an die Kraft des Zauberstabes und findet über Analogien zu dem, was es sucht. Das Wasser ist ihm zärtlich wie eine Mutter, der stämmige Baum schützend wie ein gütiger Vater. Das Kind fragt noch nach dem Himmel für die Tiere und spürt noch das ganz Besondere einer kirchlichen Atmosphäre, unabhängig davon, ob Eltern von Gott reden oder nicht. Über Märchen und Symbole erfaßt es Hintergründe des Lebens.

Und doch ist ein Kinderleben nicht eitel Wonne! Die Not lebt mit. Die Nächte und Träume, die Ängste im Keller und in der Unheimlichkeit des Waldes sprechen eine deutliche Sprache. Daß immer wieder das Kinderglück obsiegt (und für Außenstehende oft nur dieses als wahr gelten darf), liegt nicht daran, daß die Not unbedeutend oder nebensächlich wäre. Ganz im Gegenteil, sie ist zutiefst existentiell und nicht immer so einfach erklärbar wie dies häufig geschieht: Schreien = Hunger, Trotz = harter Kopf, Eifersucht = Geschwisterrivalität. Vielmehr lebt das Kind im Nahbereich zum Ganzheitlichen noch in einem anderen Zustand und in einer anderen Sensibilität: Es ist in der eigenen Bedürftigkeit dem Mangel total ausgesetzt und in der Ohnmacht den Übermächten, dem Magischen, ausgeliefert. So erlebt, gibt es die Fremde oder das Böse, wie auch den Wolf, die Hexe. Kinder fürchten den Nachtmann, die „alles fressende" Dunkelheit. Das Gefühl für die Zeit, für die Länge der Nacht, für die Stunde des Alleinseins ist immer noch recht unsicher und Ängste darum einmal kleiner, einmal groß. Kinder nehmen auch das in Vater und Mutter Abgespaltene noch wahr, sie spüren den ständig schwelenden Konflikt zwischen den Eltern, die Unstimmigkeit in Doppelbotschaften, die Konfliktherde in der näheren Umgebung, die Spannungen inmitten eines einseitigen Kollektivs. Kinder spüren wortlos und sind gerade darin dem sie unfaßbar Umgebenden wie der leibhaftigen Hexe ausgeliefert. Gerade das Unbenennbare fließt in Märchenrealitäten ein. Im Märchen, welches das Kind Tag für Tag hören will, muß der Wolf jedesmal neu sterben, holt die Mutter das kleine Geißlein immer neu aus dem Uhrkasten heraus. In Märchen und Träumen erhalten Ängste und Gefahren nicht nur Gestalt und Namen, sie werden über diesen Weg auch besiegt. Chancen des Spielalters und Traumbewußtseins! Dazu ein Beispiel:

> Karin erinnert sich, daß man ihr als Kind zuschrieb, sie sei trotz ihrer Kleinheit so frech und witzig gewesen, daß sie einfach überall gut durchgekommen sei. So die Wahrnehmung der Umgebung! Sie selbst jedoch weiß und fühlt immer noch, wie groß ihre Not damals war; sie habe sich dann jeweils auf und davon gemacht und sei wie ein Zwerglein zu ihrem Baum gegangen. Dort sei sie daheim gewesen, von den Zwergen habe sie listige Ideen zur Bewältigung ihrer Not in den Alltag mitgenommen.

3.5.4 Kindheit zwischen zwei Ängsten

Wer begreifen möchte, wovor sich ein kleines Kind fürchtet, muß Kindermärchen befragen. Er wird entdecken, daß das tagsüber unbeschwerte, von Tatendrang strotzende Kind am Rande des Bewußtseins von existentiellen Ängsten und Nöten bedrängt wird.

Im Zwischenland zweier Welten ist das Kind nicht mehr einfach im Ganzen „drin", sondern als Ich mehr und mehr *„sich"*, gleichzeitig aber auch *„daneben"*. Neben dem großen anderen, außerhalb interessanter Begebenheiten, ausgeschlossen vom Wesentlichen (z. B. wenn Mutter telephoniert). *Angst vor Verlorenheit!* Im Traum oder Märchen sind Eltern gestorben, Stiefeltern böse und Kinder allein oder zusammen mit Geschwistern im Wald oder im Schnee. Daheim herrscht in vielen Märchen so viel Hunger, daß Kinder weggeschickt oder verwünscht werden. Rundum Mangel, das Zuwenig! Mit der Ankunft im Ich geht dem Kind die Fülle des Ganzen, die Liebe der Großen Mutter definitiv verloren. Nur das Irdische, Reale, Konkrete bleibt. Im Kinderleben ein bedeutsamer Verlust! So schwingt im Unbewußten des kleinen Kindes wie in vielen Märchen auch etwas von einem Ur-Schmerz[57], eine tiefe Sehnsucht nach Harmonie, bisweilen sogar eine Grundwut[58] mit. Urangst in ihrem ersten Aspekt!

In anderen Märchenmotiven wird demgegenüber das zweite Gesicht der Urangst thematisiert als *Angst, als Ich unterzugehen,* gefressen, verschlungen, vergiftet zu werden. Die Angst vor dem bedrohlichen Gegenüber gehört zur zunehmenden Bewußtwerdung seiner selbst, zur Ankunft im Ich. Jetzt hat das Kind etwas, nämlich sich selbst, zu verlieren! Jetzt spürt es etwas, wofür es kämpfen will, nämlich für sich selbst, sein Überleben, sein Wohlergehen!

Was beim Säugling und in aufgeweckten Momenten selbst bei Ungeborenen einfach so geschah, nämlich das Verlassen des Gefühls, „drin zu sein", wird jetzt vom Kind noch jahrelang immer wieder und zunehmend bewußt durchlebt. Kinder werden immer neu vom Zustand der Umhüllung, vom großen Unverständlichen der Welt oder ganz konkret von der Dunkelheit der Nacht eingeholt und müssen sich befreien und als eigenes Ich behaupten. Im Traum kämpfen Kinder nochmals gegen die dunklen Mächte, im Spiel versuchen sie sich mit diesen zu arrangieren. Was ursprünglich die namenlos ambivalente Schwingungsumgebung war, erhält jetzt Namen: Drache, Nachtmann, Hexe.... Das Ich findet sich im Bild des Helden,

---

57 Ein Urschmerz kommt z. B. im Märchen von Brüderchen und Schwesterchen (Grimm 1984, Band I) zum Ausdruck.
Real, im Alltag von Kindern und Erwachsenen, wird er häufig mit Süßigkeiten gestillt. Mir fällt die Bitte eines Jungen an seine Mutter ein, nun doch mit ihm in eine Kirche oder in ein Café zu gehen. Offenbar stillt beides dieselbe Sehnsucht...

58 Im Märchen vom Rumpelstilzchen (Grimm 1984, Band I) kann der Zwerg als das von der Müllerstochter abgespaltene Böse interpretiert werden, gerade dann wird verständlich, daß sich dieses (das Rumpelstilzchen) am Schluß selbst zerreißt.

sein Hervortreten aus der Umhüllung des Unbewußten kommt symbolisch im gewonnenen Drachenkampf zum Ausdruck.

Wie sehr es sich bei solchen Auseinandersetzungen auf symbolischer Ebene um echte Bewältigung oder doch eher um Notwehr handelt, bleibt vorderhand offen. In der menschlichen Entwicklung wird Wesentliches meist viel später, oft erst nach Generationen manifest. Jetzt geht es für das Kind darum, in der Welt des Realen anzukommen, sich klar für das Vordergründige zu entscheiden, für die Maßstäbe seiner Umgebung und bald einmal für die Pflichten der Schule. Das Kind lernt, sich auf das Machbare zu beschränken, auf die kleinen Möglichkeiten des Ichs. Lust neben Frustration! Abschied vom Ganzheitlichen bedeutet immer auch Abschied vom Phantastischen, Großartigen, von der Teilhabe an der Allmacht des Ganzen, in den Worten von Markus, „Abschied vom Elephanten". Ankunft im Ich ist Bescheidung, Eingrenzung, Entfernung vom Ursprung und vom Ort immerwährender Erneuerung.

3.5.5 Abgrenzung und Tabuisierung: Markus, Ivo, Bettina

Markus mußte die *Abgrenzung vom Übergroßen* schwer gefallen sein. Wie nachfolgend aufgezeichnet, gelang ihm nachholend über die Auseinandersetzung mit dem Elephanten ein Stück davon:

Markus, knapp 8jährig, kam unter anderem wegen seiner Zerstörungswut in die Musiktherapie. In weniger zerstörerischen Momenten schwankte er in seiner Beziehung zu Erwachsenen zwischen übertriebener Angst und Distanzlosigkeit. Bald fürchtete er sie so sehr, daß er seinen Kopf sichtbar einzog und die Schultern zusammenpreßte. Bald fehlte ihm jegliche Distanz: er gebärdete sich wie ein Hund und bellte alle an.

An dieser Stelle soll nur *ein* Aspekt des eigenartigen Verhaltens von Markus betrachtet werden: Seine mangelnde Abgrenzung vom Übergroßen. Übergroß war für ihn nicht nur die Erlebniswelt der Erwachsenen, übergroß waren Frauen und auch bestimmte Instrumente (z. B. Trommel, Gong) und in seiner Phantasiewelt die Dinosaurier und Elephanten. Auch der Trommel gegenüber gebärdete er sich seltsam, bald mußte sie unsichtbar gemacht und darum im Kasten eingeschlossen werden, bald wurde sie abgeküßt. Die Ambivalenzerfahrung des Überganges hatte Markus noch voll und ganz in ihrem Besitz. Er lebte noch immer im Gefühl der Allgegenwart dieses für ihn offenbar schrecklich attraktiven Großen.

Einmal kam Markus kreischend in die Therapiestunde. Er schien in großer Panik zu sein und behauptete, der Elephant fresse ihn auf. Ich fragte, ob er dies auf der Trommel spielen könne. Ich wählte die Trommel, weil sie ihm vertraut war, weil sie bei ihm mit dem gefürchtet Großen in Verbindung stand und weil Trommelschläge mehr ichhafte Sicherheit ausstrahlen können (Herzschlag-Assoziation) als beispielsweise der Gongklang (Bauchraum-Assoziation). Unter äußerster Anstrengung und Verkrampfung der ganzen Gesichtsmuskulatur gelang es Markus, einen ersten Trommelschlag zu spielen. Das war hörbar der Elephant! Die Schläge wurden rascher, heftiger, lauter: der Elephant schien näher zu kommen. Immer schneller schlug Markus, und immer stärker kreischte er dazu. Kreischender- und trommelnderweise konnte er offenbar seine Angst und seinen Elephanten immer näher an sich heranlassen und aushalten.

Man muß sich hier vorstellen, daß ein Elephant, musikalisch erlebt, hautnah ist: im eigenen Schlag spürbar, im Klang direkt neben und um sich herum hörbar. Über die Musik oder den Lärm ist der Elephant allgegenwärtig, was das Gefühl des Gefressenwerdens verstärken kann. Diese ausgehaltene Nähe drängt nach Veränderung, nach Abgrenzung und damit nach Eingrenzung des Übergroßen – auch bei Markus.

Plötzlich unterbrach Markus sein Spiel und änderte die Bedeutung der Trommel: Seine Trommel war nicht mehr Symbol für den Elephanten, sondern Waffe gegen diesen! Und mir ordnete er eine zweite Trommel zu, ich mußte nun den Elephanten spielen.

Dies ist innerseelisch betrachtet der entscheidende Schritt. Die Wahrnehmung von Markus verschiebt sich nachholend so, daß der Elephant nicht mehr allumfassendes Phänomen, sondern Gegenüber ist. Einem Gegenüber kann man sich auch stellen (über eine eigene Waffe verfügen). Ein Gegenüber kann man ferner betrachten und in seiner Größe relativieren (der Therapeutin die Aufgabe delegieren, den Elephanten zu spielen). Und mit einem Gegenüber kann man lustvoll spielen und Beziehung aufnehmen. Dementsprechend nahm diese Stunde mit Markus einen neuen, fröhlichen Verlauf:

Markus schlug auf seine Trommelwaffe mit Vergnügen. Er schrie mich als Elephanten an. Sichtbar in seiner eigenständigen Position an einer eigenen Trommel, war er im Moment autonomer und stärker. Am Schluß der Stunde verließ Markus stampfend den Raum und sagte: „Adieu, großer Elephant, ich bin nun auch ein kleiner Elephant!"

Das Elephantenthema beschäftigte Markus weiterhin. Derartige Schritte wollen wiederholt und oft auch etwas relativiert werden. Das Tiernahe will menschlicher werden.

Ankunft im Ich ist ein Stück weit gleichbedeutend mit *Tabuisierung*. **Ivo**, 4jährig, zeigte plötzlich zwiespältige Reaktionen gegenüber seiner zuvor heißgeliebten Großmutter. Er wollte sich ihr nicht mehr zu sehr nähern, blickte sie mißtrauisch an und fragte nicht nach ihr. Warum dieser Wechsel? Nichts Konkretes war vorgefallen. Die Mutter von Ivo, eine einfühlsame Frau, ging dieser Sache nach und beobachtete Ivo näher. Sie kam zum Schluß, daß Ivo plötzlich das Alter der Großmutter und damit ihre Nähe zum Tod wahrnahm und sich davor fürchtete.

Auch im therapeutischen Prozeß mit **Bettina** tauchte plötzlich die Auseinandersetzung mit Schattengestalten bis hin zum Tabuisierten auf. Gerade daraus konnte ich rückschließen auf eine nun doch wieder ausgeprägtere Präsenz im Ich:

Bettinas „Feuer an der Grenze" stabilisierte sich, analog dazu fühlte sie sich nun „geschützt". Nicht mehr die Auseinandersetzung mit dem Drachen, sondern jene mit Außenseitern der Gesellschaft und mit dunkelhäutigen Menschen stand im Vordergrund. Einmal kommt Bettina verwirrt in die Therapie: „Ich habe auf einer Bank einen Ausgeflippten gesehen". Ich fordere sie auf, sich in ihren Phantasien weiter auf die Begegnung einzulassen:

„Der Ausgeflippte findet mich (wie früher schon der Drache!) schön. Doch ich will gar nichts zu tun haben mit dem." Ich erwidere: „Es gibt noch andere Verbindungen als die sexuelle. Gibt es Dinge, die dich am Ausgeflippten interessieren?" Bettina antwortet schroff: „Nein!" „So erzähl mal vom Ausgeflippten, wie sieht er aus, was macht er?" „Er trinkt Kaffee, ist zackig, rassig, unheimlich. Er genießt das Leben, geht viel in den Ausgang, trägt lässige Kleider. Er denkt, ich bin in Ordnung." „Und", frage ich, „willst du das nicht auch von dir denken können, wenigstens ein bißchen? Man kann auch ein *wenig* ausgeflippt sein." Bettina errötet und nickt. „Ja, ich möchte eine ausgeflippte Frisur, ich möchte ich sein, frei sein. Das heißt auch ein bißchen ausgeflippt sein." Einige Zeit später taucht eine neue beängstigende Gestalt auf: „Ich habe einen Tamilen gesehen. Der ist so wie der Ausgeflippte. Noch mehr, der ist dazu noch dunkel, auch wenn er normale Kleider trägt. Er ängstigt mich." Sie imaginiert:

„Überall sehe ich dunkle Ausländer. Die wollen zuviel von mir". Bettina hält diese Vorstellung aus, ohne psychotisch zu werden (Zeichen für ein stärker gewordenes Ich). „Der Ausländer sagt, er wisse auch nicht, warum ich Angst habe, er wolle nur einen Platz auf dieser Welt." Bettina schweigt. Nach einer Weile frage ich sie: „Kleidest du dich neuerdings auch manchmal schwarz?" „Ja", meint sie, „letzte Woche". „Spürst du manchmal schwarze Kräfte, als wärest du eine schwarze Frau?" frage ich. Bettina schaut mich verständnislos an. Schon meine ich, meinen Versuch abbrechen zu müssen, da sehe ich sie in meinen Gedanken tanzen. „Wie fühlst du dich, wenn du tanzt?" frage ich. Bettina errötet und meint: „Ja, das ist eine schwarze Frau. Diese fühlt. Die ist hier (links). Und da gibt es noch die weiße oder hellgelbe Frau. Diese denkt und steht rechts neben der schwarzen."[59]

Bettina hat Lust, bei den beiden Frauen zu verweilen und vertieft sich im Gongspiel in die schwarze und im Xylophonspiel in die weiße Frau. Nach langem Hin- und Herspiel meint sie mit geschlossenen Augen: „Ich sehe jetzt die schwarze Frau vor mir. Es ist meine Frau. Sie hat Kraushaar, dunkle Haut, eine gute Figur, weiße Zähne, Schuhe mit hohen Absätzen, große Ohrringe. Sie liebt das Tanzen als wäre sie eine Teufelsfrau und lacht. Sie ist sehr, sehr stark. Sie will, daß ich gerne lebe." Bettinas Stimme klingt auffallend voll. Als hätte die schwarze Frau selber gesprochen! Bravo Bettina!

Das Ende der Stunde naht, Bettina verabschiedet sich sowohl von der Frau als auch vom Ausländer. Sie sagt. „Tschau schwarze Frau, ich werde dich viel anschauen. Tschau Tabu, ich habe weniger Angst vor dir."

Eigentlich wollte Bettina sagen Tschau Tamile, statt dessen sagte sie Tabu. Weiß sie um die Präzision dieses Versprechers?

3.5.6 *Antriebsfeder Lebenslust oder Bewältigung von Urangst*

Das Ankommen im Ich kann unter verschiedenen Vorzeichen stehen. Wege verlaufen in unterschiedlichen Bahnen, die ihrerseits ihren Anfang bereits im ambivalenten Drin-Sein nahmen.

Über dem einen Weg steht die Gewißheit „gemeintes Dasein" – der andere Weg könnte überschrieben werden mit „verwünschtem Dasein". Hier: gerufen zum Leben in Freude und Lust – dort „unter Schmerzen wirst du deine Kinder gebären,

---

59 Man beachte die neue Raumaufteilung: links schwarz, rechts weiß. Jetzt ist Bettina voll und ganz in der Wertung des Ichs drin, das sich selbst mit dem Lichthaften verbindet und das Dunkle als das Verschattete erlebt. Dies im Unterschied zum Empfinden vor einigen Wochen, dargestellt in Kap. II, 3.4.18.

im Schweiße deines Angesichts dein Brot essen". Erleben und Tun aus Lust oder fixiert an das verinnerlichte Böse und an die verlorene Existenzberechtigung! Im einen Fall überwiegt die Neugierde; Urvertrauen prägt auch den Schritt hin zum Realen, dem man trauen kann. Im anderen Fall wird das Leben zum permanenten Kampf gegen das Böse, zum Verdienen der Existenzberechtigung. Vielem in der Realität wird mißtraut. Jeder Mensch findet sich in beiden Weisen drin, doch kann er stärker von Urvertrauen oder von Urangst geprägt sein.

Wo ein Urvertrauen trotz Ambivalenzerfahrungen *erhalten bleibt*, ist das Kind und später der Erwachsene genährt und getragen von einer Grundbefindlichkeit erlaubten Seins. In einer tiefen Seelenschicht erlebt er sich selbst wunderbar geborgen und in Ordnung. Es entsteht die ganz natürliche *Lebenslust*, Lust, sich der Welt zuzuwenden, sie als ich-bezogen empfindendes Subjekt immer neu zu entdecken und darin aktiv zu werden. Lebenslust und Daseinsfreude! Die Welt selbst begeistert, das Neue verlockt. Die Frage, ob man im eigenen Da- und Sosein erlaubt und gut sei, ist kein Thema. Urvertrauen zeigt sich auch darin, daß ein Kind mit Ambivalenzen bereits recht gut umgehen kann. Die Mutter ist halt heute launisch, der Vater bisweilen laut, der Streß beim Einkaufen gehört dazu, und es ist klar, daß Menschen verschieden sind. In alltäglichen Konfliktlösungen bahnt sich jetzt schon ein dialogisches Verhalten an (vgl. Kap. IV, 3.4).

Wo Vergangenheit traumatisch, *Urangst* früher oder später *sehr stark erfahren wurde*, ist der Start zur Ich-Werdung und alle künftige Entwicklung geprägt von der *Vergangenheitsbewältigung*. Genau darin bleibt das Kind, bleibt der Mensch fixiert an seine Urnot. Auch hier findet Entwicklung statt, aber nicht primär aus Lust, sondern unter dem Druck, Urangst und Urnot zu besiegen. Die Urkraft des Hervortretens steht im Zeichen der Gewalt. Die Motivation heißt: Angst in ihren Verkleidungen und Projektionsflächen immer neu verkleinern, bewältigen, besiegen. Statt Ambivalenz und ungutes Sein auszuhalten und stehenzulassen, wird rationalisiert, nach Ursachen = Schuldigen gefragt. Statt das Chaotische mitleben zu lassen, muß es in Ordnungssysteme und Richtlinien eingefangen werden, der im Chaotischen keimende kreative Lebensimpuls muß abgetötet werden (vgl. z. B. Benno und sein zwanghaftes Ordnung-machen-müssen). Statt einfach zu sein, braucht man Beweise, Anerkennung, extreme Leistungen, um zum Gefühl der Existenzberechtigung zu kommen. Bleibt die Bestätigung durch die Außenwelt aus, so fällt der eigene Wert wie dahin. Suchtartig müssen immer neue Beweise gesucht werden.

Wo Menschen um die nicht mehr gefühlte grundsätzliche Erlaubnis kreisen, sind sie nicht fähig, sich aus tiefstem Innern der Welt zuzuwenden und ihr eigenes

Wesen und Können auch zu verschenken. Damit mangelt es in der Welt an echter Zuwendung, an Begeisterung, an Arbeit um der Sache willen und an Liebe. Dies prägt wiederum die Schwingungsumgebung der werdenden Kinder. Menschen wirken unfrei, der Vater ist gestreßt, die Mutter um Normalität, Perfektion oder Exklusivität bemüht, die Stimmung auf dem Spielplatz kämpferisch aggressiv. Urangst, die, obgleich unbewußt, in 100 Gesichtern geschrieben steht, verstärkt die Ambivalenzerfahrung beim Kind und verhindert so seinen natürlich lustvollen Eintritt ins Leben. Auch *sein* Urvertrauen ins Ganze kommt abhanden. Der Teufelskreis ist geschlossen: Was den Eltern verloren ging, geht auch den Kindern verloren. „Erbsünde"!

Schon frühestes Verhalten von Säuglingen kann diesbezüglich aufhorchen lassen. Nach Mahler et al. (1985) tritt Fremdenangst stärker auf bei angstbesetzter emotionaler Basis. Anderenfalls ist dem Unbekannten gegenüber die Neugierde vermehrt ausgeprägt (S. 77f). Manche Kinder wirken schon als Neugeborene sichtlich verstört, verängstigt, übermäßig abwesend, abgestellt. Es gibt Babies mit äußerst angespanntem Muskeltonus.

In anderen Lebensgeschichten wird Angst erst später dominant, im Kleinkind-, Kindergarten- oder Schulalter. Das Warum bleibt vielfach im Dunkeln. Lediglich Begleiterscheinungen lassen aufhorchen: Ein Junge mußte in extremem Ausmaß superschnelle Autos zeichnen, Pläne konstruieren, Dinge sammeln, einfach um zu besitzen. Haben und Bewältigen statt Sein! Ein anderer spielte mit extremer Vorliebe Polizist. Ein Mädchen konnte nicht zusehen, wenn etwas in den Abfall- eimer geworfen wurde, Manuel rannte vor dem Lärm davon.

Jeder Mensch, auch der Erwachsene, findet sich in eigenen Verarbeitungsweisen von Urängsten wieder. Es genügt die Frage: Wie reagiere ich in einer Situation von Auswegslosigkeit? Werde ich aggressiv oder depressiv? Gehe ich auf das Problem zu, packe den Stier bei den Hörnern? Oder bin ich blockiert oder geistesabwesend? Lenke ich über ein schöngeistiges Gespräch oder mit dem Hinweis auf die kom- mende Fernsehsendung ab? Oder nehme ich kindliche Verhaltensmuster an, um so verstärkten Schutz beim Partner zu erhalten? Werde ich in der Not kreativ, halte ich mich dann stärker an Richtlinien und Paragraphen oder gehe ich in die Rebellion? Suche ich Gemeinschaft, Hilfe, Nähe oder aber Einsamkeit, Ruhe und Distanz? Besteht die Tendenz, Realitäten zu verwischen oder zu dramatisieren? Kommt der Trotz, kommen Tränen oder hört „es" auf zu reagieren, kommt einfach „nichts"? Esse ich Schokolade, greife ich zur Zigarette oder kommt mir die Galle hoch?

3.5.7 Bewältigungsmuster werden schon früh angebahnt

Um die Macht des einst Bedrohlichen in all seinen immer neu auftretenden Verkleidungen zu brechen, entwickelt bereits das Kleinkind – ansatzweise schon der Säugling, vielleicht schon das Ungeborene – Bewältigungsmuster: besondere Begabungen, Fertigkeiten, Vorlieben, Ausweichmanöver, Mechanismen der Befriedigung wie Daumenlutschen etc. Selbst Charaktermerkmale wie Charme, Schlauheit, „Dummheit"! Andere Kinder kapseln sich ab, blockieren sich oder werden zu kleinen Machtprotzen. In unserer Kultur mehr oder weniger normal und von Generation zu Generation weitergegeben ist das Abstellen von Gefühlen. Statt ein 5jähriges Kind weinen zu lassen, wird vorschnell abgelenkt und Strammheit oder Tapferkeit suggeriert. So kann echter Trost durch Rückkehr in den Schoß des Großen Mütterlichen gerade nicht erfahren werden. Auch im Höhenflug kindlicher Begeisterung können viele Erwachsene nicht mithalten. Das Kind wird auf Realität und Normalität eingeebnet. So kann das Lachen eines 5jährigen Mädchens bereits aufgesetzt wirken oder es wird Mittel zum Zweck.

Die Frage „Wie gesund, wie krank, wie sehr geprägt ist ein Kind, ein Mensch, ein Volk?" wird sich durch alle künftigen Kapitel hindurchziehen. Früheste Prägungen setzen sich schon durch in der Art und Weise der Ankunft im Ich! Gerade darum können sie fast zur je eigenen (oder kollektiven) Anlage werden, Gewordenes scheint angeboren. Man spricht dann vom typisch (= im Typ begründet) Zwanghaften, typisch Hysterischen. Ich bin diesbezüglich sehr vorsichtig geworden und erkenne viel Gewordenes hinter sogenannt Angeborenem. Aus einem Ausweichmanöver *kann* Lernbehinderung, Trägheit, Unsensibilität oder Angepaßtheit *werden*. Aus einem Kompensieren *entwickeln* sich sehr oft Begabungen. Dazu drei Beispiele:

Roger, strotzend vor körperlicher Stärke, die „es" in ihm antrainiert hatte, sagte in einem fast geistesabwesenden Moment: „Ich glaube, der Superman XY müßte nicht so stark sein, wenn dieses Wasser nicht so vergiftet wäre (mehrfach gewählter Ausdruck für seine vergiftete Schwingungsumgebung). Dann hätte er mühelos an Land gehen können." (Roger, vgl. Kap. II, 3.4.13)

Ein junger Klient neigte immer wieder dazu, nicht klar zu sehen. Dies zeigte sich im therapeutischen Rahmen zuweilen so stark, daß sich das Phänomen auf mich übertrug. Ich selbst konnte dann den Tisch, das Fenster nicht mehr klar sehen. Ich sprach ihn jeweils darauf an. Das bewirkte meistens, daß er sein Bedürfnis, Grenzen zu verwischen, selber fühlte, und ich wieder klar sah. Er erkannte mehr und mehr, daß er sich so auch aus Alltagsschwierigkeiten zu retten versuchte. Anschluß ans Ganzheitliche! Warum aber flüchtete er ins Diffuse, das ihm dann in seiner Suche nach Erkenntnis selber im Wege stand?

In einer Therapiestunde fühlte sich dieser Mann innerlich einem Ungeheuer ausgeliefert. Dann stand die einstige Atmosphäre der Familienstube im Raum. Ich fragte ihn, was in dieser Stimmung tabuisiert sei? Zu seinem eigenen Erstaunen kam aus ihm heraus: „der Intellekt!", was später gleichbedeutend wurde mit Nicht-klar-sehen-dürfen.

Eine Frau führte ihr absolutes Musikgehör auf Angst zurück. Der Angst hatte sie ein akustisches Ordnungsgebäude entgegengesetzt, das Orientierung versprach. In Zuständen, in denen auch nur vage Angst mitschwang, hörte sie absolut. Daneben gab es andere Lebensphasen, in denen ihr selber auffiel, daß sie gerade nicht absolut hörte. Das waren Zeiten ohne tiefere Ängste. Nach langer Therapie und Aufarbeitung träumte sie, daß sie ihr absolutes Musikgehör nun wieder abgeben könne.

Früheste Prägungen, die fast als Anlage erscheinen, kennzeichnen auch ganze Kulturen, ersichtlich z. B. in einer überdurchschnittlich hohen Zahl genialer Menschen innerhalb eines von Urangst geprägten Volkes. Flucht nach vorne, Exodus, kann – im Positiven wie im Schwierigen – zur Ent-Wicklung werden!

3.5.8 Seelenbilder zum ausklingenden Übergang

In welchen Seelenbildern kommt die ‚Ankunft des Ichs in dieser Welt' zum Ausdruck? Ich liste im folgenden Bilder und Symbole auf, die ich vermehrt in der therapeutischen Arbeit angetroffen habe:

❐ Der kleine *Held*, seine Geburt oder sein plötzliches Dasein.

❐ Das *Schiffchen auf dem Meer*, das sicher dahinschwimmt. „Jetzt hat es kein Loch im Schiffchen mehr", meinte ein 7jähriger.

❐ „Das Meer hört auf, jetzt ist hier eine Straße." So die Worte eines 6jährigen Mädchens. Benno begann plötzlich Brücken über das Meer und Landestege zu bauen.

❐ *Aus dem Chaos entsteht Ordnung* (sprich Ordnung des Ichs).

❐ Die Morgendämmerung. Im Traum fällt *Licht* ins Zimmer. Gelb, das aus dem Schwarzen hervorbricht und die Finsternis besiegt.

❐ Das Auftauchen der Farbe *Grün*, z. B. Grün auf Violett oder Grün auf Blau. Bettina und Pia mochten in Zeiten, da sie nicht wirklich leben wollten, grün nicht ausstehen. Kaum jedoch zum Leben verführt, erschien in Imaginationen Wesentliches in Grün. Grün ist die Farbe von allem Lebendigen und die Farbe der Natur. Sie steht für die wachsende Pflanze, die aus dem Dunkel der Erde hervorsprießt.

❐ Der *Biß in den Apfel*, als Zeichen dafür, daß das Ich in der ich-bezogenen Realität „angebissen" hat. Allenfalls ist auch ein Biß in andere köstliche Früchte und Beeren möglich. Der Volksmund bezeichnet lustvolles Tun als „wie angefressen".[60]

---

60 Äpfel können mit Mutterbrüsten in Verbindung gebracht werden. Alte Darstellungen zeigen die als Baum dargestellte Fruchtbarkeitsgöttin mit Äpfeln als Brüsten. Erikson (1991, 73f.) hat die Tragik vom beißenden Kind beim Stillen ausgeführt: Es wird abgestillt infolge der Schmerzen, die es der Mutter durch seine eigene Anbeißlust, Antriebslust zufügt. Mythologisch gesprochen

❐ Die plötzlich auftauchende *Spirale* als Form des Überganges vom Kugeligen/ Runden zum Linearen. Das ewig Runde öffnet sich und geht über in einen Prozeß. Heutige Menschen stoßen im gestalterischen Modellieren, in Imaginationen oder Träumen unerwartet auf die Form der Spirale. Dabei erfahren sie, wie befreiend es ist, wenn sich das Runde öffnet. (Andere wichtige Bedeutungen der Spirale vgl. Riedel 1985c, 113f).

Immer wieder begegne ich in der therapeutischen Arbeit auch folgenden *Tiersymbolen*, in denen ich (u. a.) ein instinkthaftes Drängen hin zum Eigenen erkenne.

Die Schlangenkraft:

Das Schlangensymbol ist in seinem Ursprung dem Drachensymbol sehr nahe[61]. Ursprünglich dem ungeschiedenen Ganzen zugehörig, erhält das Symbol der Schlange gerade mit der Ich-Werdung seine verschiedenen Gesichter. Es ist zugleich Gottessymbol wie Symbol für das werdende Eigene. So wie der Mensch im Ursprung Teil des Ganzen war und dann zum Eigenen wurde, symbolisiert die Schlange jene Kraft, die bei diesem Prozeß – von außen wie von innen kommend – das Eigene will. Die Schlange kann sich spiralförmig vom Urgrund abheben, sie taucht als Lichtschlange aus dem Chaos auf, sie initiiert das Lebendige in verschiedenen Schöpfungsmythen. Schlangenkräfte wollen Bewußtwerdung. Notfalls mit Schlauheit bewegen sie das zuvor Statische, Runde, aber auch Erstarrte ins Leben hinein. Als Sexualsymbol verweist die Schlange auf Lebenslust und auf den Anfang des Werdens schlechthin. Sie ist Sinnbild ständiger Erneuerungskraft. Schlangenkraft ist Energie. Die Schlange kann aber auch göttliche Liebe zu allem Lebendigen zum Ausdruck bringen. Sie will Menschwerdung, Häutung und immer neue Wandlung. Sie drängt zu neuem Leben und neuer Liebe durch den Tod hindurch. In Therapien vermag nichts so sehr wie die Schlange den stehengebliebenen Menschen aufzurütteln, zu verführen. Warum?

Die im Schlangensymbol verkörperte archaische Urkraft des Hervortretens wurde infolge ausgeprägter Ambivalenzerfahrung eingeklemmt, verteufelt, gebrochen[62]. Mehr noch: Insofern die Schlange auch als das Verschlingende, Drachenähnliche gefürchtet wurde, wurde sie zum bedrohlich Urweiblichen und Urmännlichen in einem. Die verteufelte Schlangenkraft wirkt dann im Drachen drin! Der Ort der gefangenen und verteufelten Schlangenkraft ist darum zugleich Ort der Erneuerung: Dort angekommen, wird Eingeklemmtes frei und Verschlingendes in seiner Bedrohlichkeit relativiert. Als Symbol des Lebensanfangs hütet die Schlange die Quelle, den Baum,

---

geht ihm so durch das eigene „Ins Leben Hineinbeißen" das Reich der ewig fließenden Muttermilch und damit die Fruchtbarkeitsgöttin selbst verloren. – Äpfel und Früchte überhaupt können Sinnbild sein für jeden Entwicklungsschritt, der einem Anbeißen ins Leben gleichkommt.

61 Das Herderlexikon schreibt zum Wort Drachen u.a.: „...in den myth. Vorstellungen vieler Völker lebendes Mischwesen aus *Schlange, Echse, Vogel, Löwe...*" In vielen Religionen verkörpert er (vielfach der Schlange nahestehend) gottfeindliche Urmächte, die überwunden werden müssen. Lindwürmer, Tatzelwürmer, die Schlange des Uroborus (vgl. Früh 1988, 7) können gleichermaßen als Schlangen wie als Drachen erahnt werden.

62 Noch im Mittelhochdeutschen wurde der Teufel auch „Slange", „Hellewurm", „Helletracke" oder Lintwurm genannt (vgl. Früh 1988, 18).

das Lebenswasser und das Lebenskraut. Sie weiß, wie Verdorrtes lebendig werden kann und geht den Weg der Erneuerung durch Häutungsprozesse hindurch.

Die Schlange ist auf vielfache Weise Tier des Überganges. Sie ist nicht nur Impuls im Menschen drin, sondern zuweilen auch Hüterin von heiligen Bezirken und höchster Schätze. Sie weiß um die Verbindung zum ganzheitlichen Sein, ist diesem selber so nahe, ja steht an der Pforte zwischen der einen und der anderen Welt. Gerade darum erscheint sie in Orakelstätten. Sie kann Menschen nicht nur zum Leben befreien, sondern ihnen auch einen neuen Zugang zum Ganzheitlichen öffnen: Wer von der Schlange ißt, versteht, was die Vögel zwitschern (vgl. Grimm 1984, Band I, Die weiße Schlange).

Zusammengefaßt: Der gemeinsame Nenner aller Bedeutungen des Schlangensymbols ist, daß die Schlange Bild für den Übergang vom Potentiellen zum Bewegten ist. Übergangssymbol schlechthin! Als solches fallen ihr vorrangig folgende Aufgaben zu:

❒ Energieträgerin des vorwärtstreibenden, göttlichen Prinzips, positiv als Gottessymbol, negativ als Bild der verteufelten männlichen Urkraft erfahrbar.

❒ Energieträgerin der Lebenskraft und der sexuellen Lust im Menschen drin.

❒ Hüterin an der Pforte und somit gegensatzverbindende Kraft, die Ich-bezogenes an Ganzheitliches (Heiliges, Heilendes und Weissagendes) anschließt.

❒ Lindwurmartige Riesenschlange/Urschlange und als solche Bild für das Verschlingende. Diese ist viel zu groß, um je Teil des Eigenen zu sein und also nicht identisch mit der lebenserneuernden Schlangenkraft, sondern wie der Drache, Symbolträger für das „andere".

Löwen- und Tigerkräfte:

Löwenkräfte sind jüngeren Ursprungs als Schlangenkräfte. Auch sie sind dem Leben und dem Lebendigen zugewandt. Löwen lieben die Sonne und haben königliches Verhalten. Der Löwe ist König der instinkthaften Kräfte, hat aber als Sonnentier auch einen geistigen Aspekt. Im Zeichen des Löwen tritt das Ich seine königlich heldenhafte Herrscherrolle an. Löwen drängen zur Ichwerdung! Am Übergang bringt der Löwe das Element des Mutes und der Kraft zum Sprung ins diesseitige Leben ein. In der Therapie hat er den Mut, über Gräben zu springen.

In einer Imagination erfährt eine Frau den Weggang aus dem Paradies wie folgt: „Ich schreite auf den Baum der Erkenntnis zu, den Baum des Lebens habe ich gar nicht gesehen. Da kommt ein Löwe dahergerast, und in wilder Jagd geht's auf seinem Rücken schnurstracks zum Paradies hinaus. – Fertig war's."

Einer anderen Frau, deren zurückgehaltene Lebenskräfte sich in Rheuma manifestieren, hilft immer wieder ihr innerer Löwe, um aktiv zu werden, wodurch sich das Rheuma verliert.

Der Löwe imponiert durch sein Brüllen und soll die toten Kinder dadurch zum Leben wecken, daß er ihnen Leben einbläst (L. Jung und Meyer-Grass 1987, 244f). Blinde Wagnisse brauchen Löwenkräfte, so in therapeutischen Prozessen z. B. das Durchbrechen von inneren Käfigsituationen und die Befreiung gefangener Energien.

Tigerkräfte treten in manchen Träumen oder Therapiesituationen an Stelle von Löwenkräften auf (vgl. Benno Kap. II, 3.5.10). Auch Tigerkräfte sind Raubtierkräfte. Mit ihnen ist nicht zu spaßen. Sie verkörpern wilde Begehrlichkeit. Im Unterschied zum Löwen erscheint der Tiger in Träumen weniger königlich. Er ist elegant, doch sich seines Sieges nicht so bewußt. Im Gegenteil: Nicht selten ist in einem therapeutischen Prozeß der Tiger die erste, eingeklemmte Raubtierkraft, die sich meldet. Im Zustand des Gefangenseins erscheinen wilde, triebhafte Tigerkräfte, längst vor den selbstbewußten, siegessicheren Löwenkräften. Die Kräfte tigern herum, sei das innerhalb des eigenen Starrseins oder im Rahmen eines abgespaltenen Verhaltens. Sobald der innere Tiger jedoch Gewicht und Beachtung erhält und also aus dem Gefängnis befreit wird, entpuppt er sich nicht selten als Löwe!

Echsensymbol:

Echsen und Eidechsen erinnern in ihrer Körperform an Drachen in Kleinstformat. Sie sind wärme- und sonnenliebende Kriechtiere. Die Echse verweist auf den Übergangsbereich als phylogenetisch uraltes Tier. Sie will, daß Ich-Werdung gelingt. Im Übergang scheidet sich das Licht von der Dunkelheit, es gilt, sich zu entscheiden. Das Symbol der Echse drängt zur Sonnenseite. Im Wesen der Echse liegt weder Löwenkraft noch Schlangenschlauheit. Die Echse ist vielmehr scheu, klein, wehrlos, aber sehr beweglich. Sie kann den Schwanz loslassen. In Träumen symbolisiert sie zuweilen die Schutzbedürftigkeit des im Werden begriffenen Ichs. Echsen können dem Traum-Ich den Schutz ihrer kostbaren Haut leihen, um das sich im Übergang Befindende, das den Anker ganzheitlichen Seins verläßt, zu beschützen.

Bisweilen wird in inneren Bildern auch die *Abgrenzung vom Ganzheitlichen* thematisiert:

☐ *Die Haut* wird in ihrer Bedeutung wahrgenommen. Kleider werden angezogen, das Gesicht wird verhüllt.

☐ Die neu gewonnene *Distanz* zum Drachen, dessen Größe dadurch relativiert wird. Wo zuvor das bis zu 100 m große Drachenmaul war, steht jetzt, einige Meter entfernt, ein nur mehr 3m großer Drache.

☐ Das *Flammenschwert.* Wo ein *Feuer an der Grenze* entsteht, ist das zu Heiße des Ganzheitlichen ausgegrenzt. Das Feuer erzwingt die Einhaltung der natürlichen Grenze zwischen Göttlichem und Irdischem.
So sprach Markus, nachdem er selber ein kleiner Elephant geworden war, vom Feuer. Im Therapieraum gab es eine Zeitlang einen Feuerplatz. Dorthin zu gehen, verbot sich Markus selber. Darauf angesprochen, wer denn in der Nähe des Feuerplatzes wohne, überlegte Markus eine Weile, dann sagte er: ‚Wohl der große Elephant, wenn er schläft. Er schnarcht zu laut.' (Andere Aspekte zum Feuer an der Grenze vgl. Kap. IV, 1.4.)

☐ *Zeichen und Formen wie Kreuz oder Kreis,* die das Eigene vor dem Bösen schützen. Eine lernbehinderte Jugendliche empfand: „Das Kreuz verbietet den Einbrechern das Eintreten." Eine andere empfand: „Es beruhigt mich, ohne daß ich wüßte weshalb." Sie mußte in ihrer Angst alle Instrumente bekreuzigen. Dazu meinte sie halb ernst, halb lachend: „Ich bin ja nicht abergläubisch, aber es hilft: Es ist, als würde der Raum von bösen Geistern frei." (Andere Aspekte des Kreuzzeichens vgl. Kap. IV, 2.1.)

In Therapien und Träumen erscheinen bisweilen auch Bilder vom *Übergang als in sich ganzer Prozeß.* Sie machen nachvollziehbar, wie sich ein Zustand vollständig zu einem ganz anderen hin verändert. Einige Traummotive wie *Sprung, Spaltung,*

Werden von Materie seien hiermit nur stichwortartig erwähnt. Andere sind gerade in ihrer Ausführlichkeit aussagekräftig:

Vom Tagreich zum Nachtreich

Eine Frau geht im Traum aus ihrer ich-bezogenen Perspektive[63] den Weg in die Unterwelt und wieder zurück. Die Hinreise ist angstbesetzt, die Rückreise steht im Zeichen der Lust:

> „Ich befinde mich in einem vertrauten Freundeskreis unter einem Vordach. Ich kenne alle. Die älteste Frau, es könnte eine Große Mutter sein, entfernt sich. Ich meine, sie gehe auf einen Berg, den Pilatus, sie aber sagt: ‚Der Weg führt in die Unterkirche.'
>
> Plötzlich erlebe ich mich inmitten eines Raumes mit zwei Hälften. Rechts ist die mir bekannte Lichtseite des Sonnenkönigs, links eine dunkle, schwarze Seite. Dieser bin ich zugewandt. Nun geschieht das Grauenhafte: alles bebt. Ich bin wie von Geistern geschlagen und gejagt und suche verzweifelt meinen Weg. Es ist, als würde hier etwas fehlen, das ich unter dem Vordach vergessen habe. Da nehme ich mit Schrecken wahr, daß die Gruppe unter dem Vordach nicht vollständig ist. Laura, eine dunkle Freundin, fehlt. Unter äußerster Anstrengung versuche ich, ihren dunkel klingenden Namen auszusprechen: L-a-u-r-a. Damit ist sie da, und ich höre befreit die Worte: ‚Am Übergang steht ein Gong.' Ich sehe jetzt im Durchgang zum dunklen Reich einen großen Gong.
>
> Nun bin ich ins dunkle Reich eingetreten. Die grauenerregende Stimmung ist vorbei. Alles wirkt andachtsvoll, schön. Unterkirche? Es ist, als stünde die Göttin dieses Reiches, die zugleich Laura ist, neben mir. Ich schaue aus dem Dunkel in Richtung eines anderen Durchganges, durch welchen ein Sonnenlicht leuchtet. Ich weiß, dort wohnt Philipp, der Sonnenkönig. Auch er gehörte zur Gruppe unter dem Vordach. Wiederum muß ich mühsam seinen hellen Namen stammeln.
>
> Nun sehe ich in der Ferne viele kleinste leuchtende Schlangenbäumchen, prickelnd lebendig anzuschauen. Die Schlangenbäumchen bilden die Verbindung vom dunklen ins helle Reich. Ich stehe jetzt vor einem Schlangenbaum und sehe, daß er etwas Kostbares in seiner Krone trägt. Schaue ich gegen das Licht, so ist das Kostbare ein Ei, das Weltenei. Anfang allen Werdens! Schaue ich aber in Richtung des Dunkels, so ist es ein ‚Loch', das mich an den Gong erinnert. Im Weltenei haben sich Licht- und Dunkelseiten gefunden."

Neben individuellen Aussagen enthält der Traum eine kollektiv gültige Botschaft: der oberen Welt ist die Unterwelt abhanden gekommen. Die obere Große Mutter weiß das (Wortspiel: Berg-Pilatus-Unterkirche) und bringt den Integrationsprozeß in Gang.

---

63 Man beachte den Unterschied zur Perspektive des frühen Überganges, dargestellt in Kap. II, 3.4.18. Dort hatte Gelb nicht die Bedeutung von Licht als Ich, sondern vom verlorenen ganzheitlichen Gold. Schwarz war noch nicht = Schatten. Verschattung entsteht erst mit der Ankunft im Ich. Hier nun führt der Weg vom Ich in den Schattenbereich und wieder zurück. An der jeweiligen Wertung der Farben erkenne ich, von welcher Tiefe, von welcher Seelenschicht ein Traum spricht.

Übergang als Fall erlebt:

Aus der Urordnung kann man herausfallen, in den gähnenden Drachenschlund, in die Erdspalte fallen Träumerinnen hinein. Fallenderweise kehrt der Mensch in die abgründige Tiefe des eigenen einstigen Übergangs zurück. So träumte Vera:

> „Ich bin ein versteinerter Embryo und falle in einen Bergsee hinein. Ich falle und falle immer tiefer, bis ich in einem sumpfähnlichen Gewühl anstoße."

> Eine andere Frau fiel im Traum innerlich in Felsspalten hinein und fühlte sich im Fall selbst entzweigeschnitten. Ihre beiden Körperhälften fielen tiefer und tiefer, bis sie ganz unten in den Fäden einer großen Spinne landeten. Und seltsam: Die Spinne bewirkte, daß sich die Körperhälften neu zusammensetzten. Da fühlte sie sich wieder heil und ganz.

Der Fall gehört zur realen Übergangserfahrung von damals. Wie oft fallen Kinder, bis sie sicher stehen und sich fortbewegen. Schon Säuglinge mögen so etwas wie Fallen erleben. Ein Fall aus dem Aufgehobensein im Ganzheitlichen? Ein Fall in die plötzlich wahrgenommene Schwerkraft hinein? Ein Übergang vom Schwere-losen zur Körperschwere? Macht dies Angst?

> Lea ist ein viermonatiger Säugling, der viel herumgetragen werden muß. Der Mutter fällt auf, daß Lea jedesmal, wenn sie mit ihr die Treppe hinuntersteigt, den Atem anhält. Ihr Gesichtchen verzieht sich und ist verkrampft. Hände und Arme machen eine Bewegung, als müßten sie sich festhalten.

Hat Lea den Treppenabstieg innerlich als Fall erlebt?

> Später beobachtet die gleiche Mutter bei der 1½jährigen träumenden Lea einen eigenartigen Anklammerungsreflex. Sie findet Lea nachts auf dem Bauch liegend im Bett, heftig schreiend. Dann richtet sich Lea plötzlich auf, hockt sich auf ihre Fersen, schaut diffus nach oben und sucht mit Händen und Armen zitternd nach etwas, woran sie sich festhalten kann. Sobald sie die Gitterstäbchen des Bettchens zum Sich-Anklammern findet, beruhigt sie sich. Die Mutter legt Lea wieder auf den Bauch und Lea schläft friedlich weiter.

War auch dies ein inneres Erlebnis vom Fall?

Sich aufrichten oder „vom Tier zum Menschen"

Nicht nur der Fall, auch das Umgekehrte, das Sich-Aufrichten, kann Bild für einen Übergang sein. Dazu zwei Erlebnisse zweier Frauen während einer einstündigen Klangreise:

> „Ich fühle mich als gorilläähnliche Gestalt. Ich gehe auf allen Vieren, meine Arme sind aber so lang, daß ich trotzdem halb aufgerichtet bin. Meine Haut ist dunkel und behaart. Da höre ich Trommelklänge und finde den Spieler im Urwald. Er ist ein Magier mit schwarzem Gesicht. Er trommelt, ich tanze. Da sehe ich innerlich, wie die Steinsäulen von Ägypten mit Hilfe des Rhythmus nach Rom gebracht wurden und wie die Sklaven nur unter dem Joch des Rhythmus die Galeeren bewegten. Und jetzt spüre ich im Rücken, wie äußerst lange die Menschen gebraucht haben, um endlich aufrecht zu stehen. Auch ihnen half der Rhythmus."

198

„Am Anfang hörte ich ferne Klänge. Sie kamen näher und wurden zu eigentlichen Welten. Ein Sternenmeer, ein schwereloses Sein. Mit dem Beginnen des ersten langsamen Pulses ging es in mir mehr und mehr hin und her, und ich sah einen Stein vor mir, der sich leicht vor und zurück bewegte. Der Stein war zugleich ich selber. Da kamen neue Rhythmen hinzu, und ich sah Pflanzen wachsen. Alles war friedlich. Es geschah einfach. Die Pflanzen wurden zahlreicher und vielfältiger. Mit neu hinzukommenden Rhythmen sprang plötzlich auch ein Affe hin und her. Noch war alles friedlich, der Affe brachte nur neue Betonung, Farbe, neues Leben hinein. Als noch weitere Rhythmen oder Instrumente hinzukamen, fühlte ich mich überfordert. Ich spürte die Anforderung, aufrecht zu stehen. Alles wurde chaotisch, selbst der Stein fiel aus der einfachen Hin- und Herbewegung heraus. Ich wollte aufrecht stehen, fiel aber innerlich tiefer und tiefer und spürte deutlich, alles geht mir viel zu schnell."

An den letzten zwei Beispielen wird Übergang auch als musikalische Abfolge deutlich. Sie lautet: Friedlich empfundener Klang, im Sphärischen (A), wie im Urmütterlichen (B) – Lärm/Chaos als Ausdruck des Ambivalenten (C) – Rhythmus/Urelement kulturellen Schaffens (D). Was in den obigen Beispielen fehlt, respektiv in musikalischen Improvisationen erst am Schluß kommt, ist die musikalische Kommunikation zwischen Individuen.

3.5.9 Musikerfahrungen der Ankunft im Ich: Rhythmus und Melodie

Mit der Ankunft im Ich wird Musik nicht mehr als „*ein* Klang", eine Umhüllung, als Schwingungsumgebung erlebt, sondern in ihrer Vielfalt von klanglich-melodischen und rhythmischen Erscheinungen. Musik wird zum Medium des präverbalen Dialogs, später begleitet sie das gesprochene Wort. Rhythmus und Zeit sind im eigentlichen Sinn erfahrbar und als etwas Eigenes wahrnehmbar geworden: das Vorher unterscheidet sich vom Nachher. Aus dem Absichtslosen öffnet sich die Perspektive hin zum zielgerichteten Weg. Rhythmus bewirkt nicht mehr nur Pulsation, sondern wird darüber hinaus zum *Urelement kulturellen Schaffens.*

Was ist Rhythmus in Abgrenzung zum Klang? Was bringen Rhythmen ein? Rhythmen sind aus Zeiteinheiten zusammengesetzt. Zeiteinheiten sind Elemente, Bausteine zum Spiel, zur Gestaltung. Elemente lassen sich gliedern, so oder anders betonen und zusammensetzen. Rhythmen verkörpern die Idee des Kleinen, des Menschlichen und sind gerade darin Basis zur Vielfalt, zur Kommunikation.

Gleichzeitig ist Rhythmus Ausdruck einer Ordnung, nämlich derjenigen der Zeit. Das immer Wiederkehrende vermittelt Sicherheit im Ich und Orientierung. Es hilft dem Ich, zu stehen und zu verstehen. Überfällige Absicherungen können im Vertrauen auf zyklische Gesetzmäßigkeiten losgelassen werden. Während

Klänge an die ganzheitliche Urordnung des ewigen Seins erinnern und immer als ein Ganzes aufgenommen werden, repräsentieren Rhythmen eine für den Menschen faßbare elementare Ordnung. Rhythmen lassen sich zerteilen und analysieren, klangliche Ordnung ist über Zentrierung erahnbar. Rhythmen können gemessen, gezählt und verglichen werden, Klänge und Töne demgegenüber gestimmt, das heißt stimmungsmäßig einander angenähert. *Die dem Rhythmus zugrundeliegende Ordnungsweise ist dem Ich-bezogenen nahe.*

Und schließlich wirkt Rhythmus als Urkraft, die mit dem Menschen ‚tut‘, die sein Verstehen übersteigt und ihn durch alle Widerstände hindurch ins Leben lockt. Im Hören von Rhythmen und ihrer Kraft ist der Mensch nicht wie in klanglichen Sphären aufgehoben und abgehoben, sondern voll „da“, mitgerissen, bewegt, verführt. Natürlich gibt es unterschiedliche Wirkungen einzelner Rhythmen und ist die musikalische Aussage je nach Betonung anders[64]; doch, daß überhaupt betont und gestaltet werden kann, daß etwas pulsiert, lebt, drängt oder in großen ruhigen Abständen Zeitmarkierungen setzt, verdanken wir dem Rhythmus. Klang ist Sein, Rhythmus Leben. In solcher Eigenschaft drängen Rhythmen schon das werdende Ich, da zu sein, Ich zu sein, ich-bezogen kreativ zu werden und den Zustand des Drin-Seins zu verlassen!

Rhythmus deckt, so betrachtet, die ganze Breite des symbolisch Männlichen ab: Urkraft (= Aspekt der Ganzheit) *und* Erfahrungsform des Kleinen, Menschlichen, Ich-Gemäßen. Er treibt Prozesse an *und* verleiht Sicherheit. In ihm finden teuflische Verführung *und* göttliche Ordnung, Dionysos *und* Apollon zusammen! Diese Vielfalt macht den Reiz des Rhythmus aus. Und seine Größe liegt genau in der Einfachheit.

Dominiert allerdings Rhythmus im Gegenüber zum Klang, so wirkt die Musik peitschend bis tot oder stur. Das gewisse Etwas, der Reiz des Lebendigen, die Gelassenheit inmitten der Bewegung fehlen. Assoziationen von Klientinnen zu solcher Musik sind „unbewohnte Hierarchie“, „eine Kirche ohne Heiligen Geist“, „Vergewaltigung“ oder „Roboterzeitalter“. Gefahr des einseitig Männlichen! Musik ist ein Spiegel der Kultur. Nicht nur über Klänge, auch über Rhythmen ist bereits das Kind in den Einseitigkeiten seiner Kultur drin.

In freien Improvisationen wird oft unbeabsichtigt Übergang nachvollzogen, erkennbar in einem musikalischen Ablauf wie: Bekömmliche Klänge[65] – Lärm/Chaos,

---

64 Vgl. z. B. Unterschied Beat/Off-Beat in Hegi (1986, 32f) oder in Flatischler (1990).

65 Nach meiner Beobachtung wird darin entweder das Sphärisch-Friedliche (Ganzheitserfahrung A) oder das Urmütterliche (B) empfunden, selten die Kombination.

die den Prozeß auslösen – Rhythmus, der Ordnung herbeiführt – Kommunikation. Dazu ein Beispiel von fünf lernbehinderten Jugendlichen:

Etwas verspätet betrat ich heute den Musiktherapieraum, wo bereits alle, jede einzeln vor sich hin, musizierten. Meine Assoziation beim Betreten des Raumes war: *Paradies*. Eine plätschernd lustvoll wirkende Stimmung. Alles Musizieren war ganz fein, klangvoll, verschwommen. Als Instrumente waren kleine, klingende Metallophone gewählt worden, dazu Klavier, Gong, Klangstäbe, Triangel, Monochord und Flöten, je sanft und scheinbar absichtslos gespielt. Jeder Klang schien zu den anderen Klängen zu passen, Dissonanzen hatten wie Harmonien Platz, ohne zu stören. Ein Hin und Her zwischen verschiedenen Instrumenten, Melodien, Klängen. Ich ließ mich auf diese Stimmung ein, fühlte mich berieselt, berauscht, aufgehoben, sanft umgeben und irgendwie nicht ganz da.

Plötzlich ein *lauter Gongschlag*, bei dem die Spielerin selbst *erschrak*. Alle waren erschrocken und schauten sich betroffen an. Ich fühlte mich nun ganz da. Wir alle reagierten auf je eigene Weise. Unser Spiel wurde insgesamt lauter, es entstand *ein lautstarkes Chaos*!

Jetzt wechselte eine Teilnehmerin zur *Trommel* und begann, regelmäßig zu schlagen. Es war, als wollte sie damit dem Chaos entrinnen oder dieses ordnen. Unaufgefordert wechselten auch andere Spielerinnen ihre Instrumente und brachten eigene Rhythmen ein. Ein eigentlicher *Puls* entstand und darauf basierend ein lustvolles interessantes Spiel, ein Agieren und Reagieren, ein Betonen und Gestalten, eine *Kommunikation*.

Im Nachhinein fragte ich nach Assoziationen und Empfindungen. Die Antworten[66] glichen meinen Eindrücken:

„Zuerst waren alles Vögel, dann kam ein Elephant, und nachher waren verschiedene Tiere da."

„Viele Leute waren auf einem großen Platz. Plötzlich wurde es laut und ungemütlich, und anschließend begannen sie zu tanzen und hatten den Plausch."

„Es war Schmetterlings-Stimmung. Ich war berauscht. Plötzlich erschrak ich. Alles war durcheinander. Dann kamen andere Tiere und begannen, miteinander zu sprechen."

„Wir waren Fische unter Wasser. Ich war berauscht. Plötzlich ging es an Land, Schildkröten kamen und am Schluß eine Eule."

„Es waren viele Menschen und Bäume mit Früchten da. Plötzlich wurden die Menschen wild, das war unangenehm. Doch am Schluß machten sie ein großes Fest."

Mit der Sensibilisierung für das Individuelle werden auch *Melodien* und damit die Stimmen von Mutter und Vater auf neue Weise wichtig. Sie stehen immer deutlicher *für das je Persönliche*. Melodien sind, musikalisch betrachtet, eine Verbindung von Klang und Rhythmus, von Ton und (zeitlichen) Betonungen. Es gibt unzählig viele Melodie-Möglichkeiten, wie es verschiedenste Menschen gibt. Gerade darum steht die Melodie für das Einzelne (vgl. Hegi 1986, 98f). Sie ist abgegrenzte Gestalt und hat in der das Individuelle fördernden Eigenschaft für das heranreifende Kind große Bedeutung. Sie steht am Übergang vom Großen zum Individuellen, von der Stimme des Großen Mütterlichen zu derjenigen der realen Mutter.

---

66 Zur Formulierungsfähigkeit dieser „lernbehinderten" Jugendlichen vgl. Kapitel IV, 3.2.

Die besondere Aussage einer Melodie ist für mich faßbar in ihrem „Liebesaspekt". Melodien stehen zugleich für die immerwährende Liebe der Großen Mutter, als auch für die individuell erfahrene Mutter- und Vaterliebe. So wie Rhythmen verführen, können Melodien bezaubern, ins Leben hineinlieben und Trost spenden. Ein Kindergartenkind, dessen Mutter gestorben war, meinte nach dem Hören einer Melodie: „Diese (die Melodie) liebt mich."

In der Therapie sind es häufig Gesang, Geige oder Flöte, die solchermaßen faszinieren. Sie erklimmen Höhen und ergründen Tiefen und bleiben dabei doch immer im ganz Einfachen, Menschlichen. Angesiedelt zwischen Himmel und Erde, Klang und Rhythmus, Raum und Zeit, Materie und Energie übermitteln sie ihre Botschaft von Seele zu Seele.

3.5.10 Benno: „He – ich bin da" – ein nicht gewagter Übergang wird nachgeholt

In welche Tiefen Musik und Musiktherapie dringen können, aber auch wie Übergang als ganzer Prozeß nacherlebt werden kann, zeigt der folgende Bericht über die Arbeit mit Benno. Benno und seine Eltern erlaubten mir, über diese Therapie zu schreiben. Ich danke ihnen ganz herzlich dafür! In meiner Arbeit mit Benno lernte ich immer wieder, über die Selbstheilungskräfte im Menschen zu staunen. Für diese Erfahrung bin ich ganz besonders dankbar.

Benno war Schüler der ersten Klasse. Er fiel besonders durch sein Nicht-Sprechen und Nicht-Kommunizieren auf. Er sprach kaum ein Wort, weder im Klassenraum noch auf dem Pausenplatz. Meist stand er abseits mit abgewendetem, starrem Blick und zusammengepreßten Lippen. Die Hand fühlte sich beim Grüßen kalt und kraftlos an.

Bisweilen preßte er in hohem, nasalem Ton einzelne Worte über seine Lippen. Auf Aufforderungen konnte er weder verbal, noch schriftlich, noch bewegungsmäßig reagieren. Er schien dann regelrecht blockiert zu sein. Sein ganzer Körper wirkte auf mich steif, zeitweilig etwas „unbewohnt", seine Bewegungen waren unkoordiniert und unrhythmisch.

Eine Beobachtung während meines Schulbesuches in Bennos Klasse ließ mich aufhorchen: 30 Minuten hatte Benno unbeteiligt, seine Hände mit einem Bleistift spielend, sein Blick auf den Boden gesenkt, dagesessen, als die Lehrerin den Raum für kurze Zeit verlassen mußte. Bennos Kameraden waren mit einer Aufgabe beschäftigt, und ich schaute nicht direkt zu ihm hin. Jetzt blickte Benno kurz um sich und begann, in flüssigem Tempo fast alle Wörter von der Tafel abzuschreiben. Im selben Moment, als ein Banknachbar ihn anschaute und die Lehrerin zur Tür hereinkam, geschah etwas wie eine „Verwandlung". Wieder war er der unbeteiligt dasitzende, „unbewohnte" Benno. Ich begann mich zu fragen: *Darf es Benno unter den Augen von Menschen überhaupt nicht geben?"*

Bennos Verhalten erschien mir in vielen Belangen nicht nur als „mutistisch", sondern auch als leicht „autistisch". Ich erfuhr, daß er zu Hause, obgleich etwas offener, auch häufig abgekapselt sei. Seine Mutter hatte einen ähnlichen Eindruck, Benno „sei nicht richtig da". Benno kam in der

Folge während drei Jahren zu mir in die Musiktherapie, vorerst im Rahmen einer einstündigen wöchentlichen Gruppenmusiktherapie mit drei anderen Kindern, später zusätzlich einzeln.

Wie unsicher sich Benno fühlte, zeigte sich an seinem *Angewiesensein auf äußere Ordnungen*. Er benötigte immer dieselbe Zimmeranordnung. Erstmals Gesehenes und Gehörtes prägte sich ihm fast zwanghaft ein. Genau so mußte es immer wieder ablaufen oder aussehen. Besonders wichtig war für Benno ein Tuch. Darauf traf sich die Gruppe zu Beginn der Stunde und für jeden Gesprächsanlaß. Benno hatte auf diesem Tuch *seinen Platz*, den er bereits in der ersten Stunde entsprechend markierte.

Benno fand erstaunlich rasch Zugang zur Musik. Sein Musizieren erinnerte mich an einen weich-undifferenzierten, verspielten und bisweilen auch lautstarken *Klangbrei. Keine rhythmische Struktur!* Bald versagte sich Benno, gleich dem Sprechen, auch jedes Musizieren und jedes Spielen. Er *verstummte abrupt und isolierte sich.* Neben der Freude am Klang – zuweilen auch an intensiven Klängen -, z. B. auf der Tschinelle oder auf dem Gong, stand plötzlich wieder so etwas wie Totenstille. *Kampf zwischen maßloser Fülle und maßloser Leere, zwischen grenzenloser Angeschlossenheit an die für ihn immer noch allgegenwärtige Schwingungsumgebung und ebenso maßloser Abgrenzung?*

Mir schien, als müsse Benno erste Ich-Ansätze überhaupt erst entwickeln. Ein nachholender Ich-Werdungsprozeß! Der „unbewohnte" Benno war wehr- und sprachlos inmitten einer überschwemmenden und unstrukturierten Klangwelt, inmitten seines eigenen Klangbreis. Benno konnte in seiner Ich- und Wehrlosigkeit nicht einmal vor dem Klang davonrennen (im Unterschied zu Manuel). Er schien sich zu blockieren, „es" blockierte ihn, er stellte „sich" ab. Ihm fehlte jeglicher innere Rhythmus, jegliche Struktur und Möglichkeit, sich aus eigener Kraft ins Leben hinein zu entwickeln. Gefangen im Übergang?

Gerade Benno lehrte mich, daß eine nachholende Ich-Formierung einerseits des Rhythmus bedarf und andererseits nur über die Rückkehr in die totale klangliche Verschwommenheit, ja fast über das nochmalige uterine Drin-sein, möglich ist. Im folgenden werden einige wenige therapeutisch besonders bedeutsame Schritte und Szenen der ersten beiden Jahre der dreijährigen Arbeit mit Benno herausgegriffen. Nicht alles verlief so geordnet und zusammenhängend, wie es sich aus der Rückschau präsentiert. Zeiten, in denen scheinbar „nichts" geschah oder Phasen der immer neuen Regression lagen zwischen Mutsprüngen ins neue (Er-)Leben.

Beziehungsaufnahme im Zeichen der Angst

Erste Stunde: Die Kinder sitzen auf den von ihnen gewählten Plätzen auf unserem Tuch. Benno fährt immer wieder mit seinen Händen über die Grenzen seines Platzes, wohl um seinen (Schutz-)Raum zu markieren. Er bleibt still, aber dennoch nicht unbeteiligt. Um den ersten Kontakt mit mir zu erleichtern, lasse ich einen Kasperli an meiner Stelle die Beziehung zu den Kindern suchen. Dieser fragt nach einer Weile: „Muß ich Angst haben vor euch?" „Nein", meinen liebevoll bis mitleidig die anderen Kinder, Benno preßt ein fast tonloses „Ja" heraus. Der Kasperli fragt: „Bist du ein Tier?" Benno nickt und preßt ebenso tonlos „Tiger" hervor. Sind Tiger-Kräfte im Anzug?

Sehnsucht nach dem Mutterschoß?

Zweite Stunde: Benno gebärdet sich in dieser Stunde musikalisch aktiv, er spielt auf einer Handtrommel und meint: „Hund". Es entwickelt sich ein Hundespiel in der Gruppe, wobei Benno weitgehend für sich allein spielt. Einmal sind Benno und ich allein auf dem Tuch, er mit seiner Trommel in der Hand. Er legt zu meinem großen Erstaunen seinen Kopf auf meinen Schoß. Ich kraule diesen zutraulichen Schoßhund. In der folgenden Stunde spüre ich erstmals, daß Benno sich auf mein Kommen freut.

Gefangene Energien

Fünfte Stunde: Bennos derzeitiges Lieblingsinstrument ist die Tschinelle. Das Zimmer ist bereits offen, und die Kinder sind am Spielen, als ich komme. Benno sitzt nicht auf seinem Platz auf dem Tuch. Er hockt in einer Ecke inmitten mehrerer Reifen. Er starrt vor sich hin, die Lippen sind zusammengepreßt. Ich erschrecke bei diesem Anblick und habe das Gefühl, daß seine Angst jetzt sehr groß sein muß. Die Reifen erscheinen mir als Schutzraum und Käfig in einem. Wie treffend er damit seine innere Isolierung ausdrückt! Ich spüre in diesem Verhalten einen Hilfeschrei. Aber wie reagieren angesichts von so viel Angst und gleichzeitiger Abwehr? Ich lasse Benno in seinen Reifen sitzen und bringe ihm die Tschinelle mit einem Schlegel. Vordergründig beschäftige ich mich mit den anderen drei Kindern, beobachte ihn aber unauffällig. Benno spielt für sich allein auf der Tschinelle, bald heftig, dann wieder leise, zart. Übergänge zwischen grenzenlos lautem und leise subtilem Musizieren scheint es nicht zu geben, kein Maß für ein Ein- und Ausklingen, kein Gespür für Rhythmen. Es gibt nur das Entweder-Oder: Krach oder fast Totenstille. Abrupt setzt er aus, abrupt und erschreckend setzt er wieder ein. Erprobt er verschiedene Möglichkeiten des Tschinellenspiels? Mir kommen die Assoziationen „starker Tiger" und „Schoßhündchen". *Große Aggressionen scheinen nahe bei ebenso großen Zärtlichkeitsbedürfnissen zu liegen, je ohne Ventil oder ohne Anschluß nach außen. Zwischen diesen zwei unvereinbaren Kräften eingeklemmt, scheint Ich-Werdung und Anteilnahme am Leben der Umgebung nicht möglich zu sein.* Alles scheint im Kreis der Reifen gefangenzubleiben. Blockade im Inneren, Blockade nach außen. Erst gegen Ende der Therapiestunde wage ich, mit Hilfe eines Kasperles, eine Beziehung zu Benno zu suchen. Ich lasse den Kasperle fragen: „Möchtest du mir auf der Tschinelle etwas vorspielen?" Benno spielt eine Weile heftig, dann verstummt er wieder.

Die Schlangengeschichte

Nach zwei Monaten setzt eine neue Phase in unserem gruppentherapeutischen Prozeß ein, die eng mit Bennos Entwicklung verbunden ist. In dieser Phase finden die Kinder zu einer neuen Bezugsebene, zeigen zunehmend Interesse am Gruppenprozeß, werden fähiger, sich untereinander zu verabreden und Spielregeln einzuhalten. Sie zeigen mehr Verständnis für Bennos Sprachlosigkeit. Sie lernen, aufzuräumen nach dem Spiel und gemachte Erfahrungen auszutauschen. Eine Phase außerordentlich großer Intensität!

Der Prozeß kommt dadurch in Gang, daß mir bei Benno eine länger andauernde seltsame Bewegung auffällt. Es ist, als würde er ohne Bezug zu irgendeinem äußeren Geschehen fast eine halbe Stunde lang auf dem Boden herumschlängeln. Als ich ihn frage: „Bist du eine Schlange gewesen vorhin", nickt Benno heftig. Die anderen Kinder fangen dieses Stichwort auf und wollen auch Schlange spielen. Fast fieberhaft beginnen sie auszutauschen, was sie spielen wollen und erfinden eine eigentliche Schlangengeschichte:

„Ein Gärtner, der in einem Schlangengarten voller Instrumente arbeitet, wird plötzlich von zwei Schlangen ins Bein gebissen und vergiftet, bis er müde wird, zusammenbricht und wie tot liegen bleibt. Anschließend verwandeln sich dieselben Schlangen in Gesundheitsschlangen und saugen das Gift wieder aus dem Bein des Gärtners heraus. Dieser erwacht. Zusammen beschließen die drei, daß sie ab jetzt Freunde seien und auf eine Reise gehen würden. Sie wollen einen goldenen Ring suchen. Eine sogenannte ‚Kapitänschlange' und ein Prinz begleiten sie."

Benno gelingt es erstmals, „aus sich heraus zu kommen" und – wenn auch wortlos – mitzuspielen. Er zischt, lechzt, sucht bisweilen meine Nähe, lacht und blickt uns gelegentlich ganz kurz an. Besonders wichtig für ihn ist die Passage, wo er als Schlange den Gärtner vergiftet, sich anschließend verwandelt und das Gift wieder aus dem Gärtner heraussaugt. Immer neu muß diese Passage erzählt und gespielt werden. Benno muß vergiften, sich wandeln, saugen und heilen können!

204

Um die Schlangenkräfte innerhalb der Gruppe in Grenzen zu halten, greife ich zu Ritualen. Wir bauen einen Verwandlungs- und Häutungsort. Man wird zur Schlange beim Hindurchgehen durch den Häutungsort. Und in umgekehrter Richtung erhält man die menschliche Gestalt zurück. Es ist jederzeit, auch während des Spiels möglich, in die menschliche Gestalt zurückzukehren – eine wichtige Regel, damit Verwandlungen überhaupt gewagt werden.

Erster musikalischer Dialog: Benno als neues Gegenüber

Benno kommt nun auch allein. Von Bennos Mutter erfahre ich, daß Benno Angst hat vor der Einzeltherapie. Angst vor allem Neuen! Sie begleitet ihn bis zur Tür. Ich spüre seine Angst richtig, sie liegt in der Luft. Daneben ist auch eine Spur freudiger Erwartung spürbar. Im Zimmer liegt wie üblich das Tuch. Die Abgrenzung und Markierung seines, wie auch meines Platzes habe ich durch zwei Reifen zusätzlich betont. Eine Tschinelle – immer noch Bennos Lieblingsinstrument – liegt mit zwei verschiedenen Schlegeln auf dem Tuch. Weitere Instrumente stehen im Raum.

Benno kommt mit einem Pelztierchen ins Zimmer herein und setzt sich in „seinen" Reifen. Mehr als sonst ist sein Blick gläsern, er schaut durch mich hindurch oder ist abgewendet. Er ergreift die Tschinelle und beginnt zu spielen. Wieder Krach neben Totenstille! Plötzlich legt er alles weg und zeigt auf den zweiten Schlegel. „Warum zwei?", fragt er. Ich antworte, dieser klinge anders, er könne ja ausprobieren. Benno geht auf meinen Vorschlag ein und spielt mit dem zweiten Schlegel. Nach einer Weile schiebt er mir den einen Schlegel zu, mit dem andern schlägt er weiterhin heftig auf die Tschinelle ein. Er hält das Instrument zwischen uns. Die Aufforderung ist unmißverständlich. Ich beginne, vorsichtig, zwischen sein Spiel zu spielen, so, als würde ich ihn antupfen. Benno lacht und antwortet mit heftigen Schlägen auf das Instrument. Es entsteht ein Spiel zwischen zwei Partnern, ein erster musikalischer Dialog!

Plötzlich nimmt Benno das Instrument aus meiner Reichweite und stellt es in seinen Reifen. Stellvertretend für mich wird mein Schlegel „böse" und fuchtelt in der Luft herum. Benno lacht und spielt so laut, daß es dröhnt im Raum. Er beobachtet gespannt meine, resp. meines Schlegels Reaktionen. Je mehr dieser fuchtelt, umso mehr lacht Benno. Sein Schlegel wird zum Gegenüber meines Schlegels. Beide reagieren aufeinander. Benno will, daß wir die Schlegel mit Tüchern bekleiden. Der Rest der Stunde gilt einem fröhlichen musikalischen Neckspiel der beiden Schlegelfiguren. Spielend werden Gleichgewichte geübt und Machtverhältnisse demonstriert. Vorerst muß Benno im Spiel mächtig sein, ist er doch im Gegenüber der undifferenzierten Klangkulisse immer noch sprachlos, wehrlos, ohnmächtig.

Spielerisches Ausbrechen aus der Isolation

Zweite Einzeltherapiestunde: 11 Uhr, und Benno ist nicht da. War wohl der Schritt, den er in der letzten Stunde machte, zu groß, um ihn nachträglich zu verkraften? Am Telephon erfahre ich von der Mutter, daß er nach Hause gekommen sei. Sie will ihn zur Stunde bringen. Ich willige ein, entschließe mich aber gleichzeitig, nicht weiter in ihn einzudringen, wenn er ein zweites Mal die Flucht ergreift.

Jetzt steht Benno steif und unbeweglich im Gang an der Wand. Kein Schritt nach vorn, keiner zurück. Ich gehe ins Zimmer und spiele für mich Klavier, um nicht den Eindruck zu erwecken, als wolle ich etwas von ihm. Doch meine Spannung wächst. Im Gang scheint sich nichts zu bewegen. Ohne viel zu überlegen, ergreife ich einen Reifen, lege ihn in eine Raumecke und setze mich hinein. So hatte Benno einst dagesessen. Wie er damals in den Boden starrte, schaue ich nun zum Fenster hinaus. Kann meine Isolierung ihn aus seiner Isolierung heraus- und ins Zimmer hineinlocken?

Diese Augenblicke werden für mich selbst zum intensiven Erlebnis. Ich empfinde den Reifen um mich herum wie ein schreckliches Gefängnis und spüre körpernah, daß in solchem Gefangensein kein Schrei mehr über die Lippen kommt. Ich muß dieses Gefühl abschütteln und wieder zum Benno von heute zurückkehren. Wo ist er?

Jetzt höre ich ein Geräusch im Gang, Schritte, die sich nähern. Plötzlich lacht Benno laut – er muß mich gesehen haben! Er lacht so intensiv, ich habe das Gefühl, es müßte ihn fast zerreißen. (Noch jetzt, beim Schreiben dieser Arbeit, klingt sein Lachen in meinen Ohren, so einmalig war es!) Benno kommt näher und näher, lacht zwischendurch und gibt Zischlaute wie zsch zsch oder ps ps von sich. Bald versteckt er sich, dann kommt er wieder näher, um sich erneut zu verstecken. Ich verstehe: *Jetzt versucht er mich aus der Isolation herauszulocken. Indem er mich herauslockt, kann er sich selbst ein Stück weit befreien.* Wie ich mich ihm etwas zuwende und ihn vorsichtig anschaue, zuckt er zusammen und rennt wieder in den Gang hinaus. Offensichtlich bin ich zu schnell vorgegangen. Blickkontakt ist zuviel. Hat er sich von mir überfahren gefühlt, ähnlich, wie man sich von Klangintensität oder vom großen Gegenüber überfahren fühlen kann.

So setze ich mich nochmals in den Reifen, diesmal mit einem Tuch über den Kopf. Die Tschinelle liegt im Raum. Jetzt entwickelt sich zwischen uns zweien eine Art Neckspiel: Benno reißt mehrmals das Tuch herunter und rennt wieder davon. Er läßt das Tuch gleich neben mir am Boden liegen, als würde er mich auffordern, es wieder über meinen Kopf zu legen. Ich verweile hartnäckig im Reifen und verhülle mich immer wieder. Benno wird immer kecker, rüttelt am Reifen, bringt die Tschinelle zum Dröhnen und verschwindet immer wieder in Deckung. Endlich, nach 40 Minuten, scheint Benno zum Handeln entschlossen: er holt selbst die Kastenschlüssel, legt die Schlegelfiguren bereit und ruft, im Raum stehend und mich direkt anblickend: „He chum schoo" (komm schon)! Diesmal erträgt er mein Heraustreten und meine Kontaktaufnahme.

Es beginnt ein wildes Trommelspiel. Benno „ärgert" mich mit Schlegelfiguren, setzt sich dann neben mich und spielt auf dem Flügel eine weich klingende Musik. „So jetzt chönd Sie schlafe" (jetzt können Sie schlafen), meint er dazu. Zu schnell und zu unvermittelt für mich!

Ein Ich beginnt neckisch Kontakt aufzunehmen

Seit der vergangenen Stunde kommt Benno gerne in die Einzelmusiktherapie. Er beginnt bisweilen, von sich aus zu sprechen und sogar von seinen Erlebnissen zu erzählen. Auch seine Schlegelfiguren sprechen dann und wann. Noch immer klingt seine Stimme leise, nasal, aber nicht mehr gepreßt. Ich spüre manchmal Erregung drin. Alles Sprechen erfolgt nur ansatzweise und nur dann, wenn er sich nicht unter Druck fühlt. Das Sprechen ist gleichsam Bestandteil der Musik: Benno plappert gerne Unsinn, neckt mich oder sagt einfach zu allem „nein!". Erste Ich-Ansätze? Dann wieder tritt die alte Kontaktlosigkeit in den Vordergrund, eine starre Stunde im Reifen, ein Blick durch alles hindurch, Zeiten ohne Musik und Ton. Doch immer bricht irgendwann das Neue wieder auf, so als wollte Benno sagen: ‚He ich bin gekommen'.

Neuerdings fällt mir auf, wie sehr Benno auf jede Nuance in meinem Stimmtonfall reagiert. Seine Sensibilität für Stimmungen und alles Unausgesprochene wird immer deutlicher. War Benno auch im Mutterleib für Schwingungen besonders sensibel? War er gerade schwingungsmäßig überfordert?

Wechselspiel zwischen Verschmelzung und Herauslösung

Der Flügel wird zu Bennos neuem Lieblingsinstrument. Seine Finger scheinen sich fast in die Tasten „hineinzumodellieren", sein Mund küßt bisweilen die Tastatur. Es ist, als wolle Benno mit dem Flügel verschmelzen[67]. Sein Spiel wirkt auf mich verschwommen, bald wird es leiser und leiser, verstummt abrupt und setzt ebenso abrupt wieder ein. Noch vermisse ich Strukturen und ein Maß.

Plötzlich beginnt ihn sein eigenes Spiegelbild im Schwarz des Flügels zu interessieren. Er betrachtet sich immer wieder, schneidet Grimassen, lacht. Beginnt er auf neue Weise, sich selbst zu entdecken? Erneute Abgrenzung in der Verschmelzung? Taucht der wirkliche Benno allmählich und inselhaft auf? In dieser Zeit bin ich in den Stunden oft ruhig, spreche wenig, sitze in seiner Nähe, freue mich und staune. Das Wesentliche geschieht einfach so.

Innerhalb der Gruppentherapie wünschen sich die Kinder einmal eine Lärmstunde. Geschützt vom Lärm der anderen und als einzelner deshalb kaum hörbar, sondern vielmehr mit dem Ganzen der Musik verschmolzen, beginnt auch Benno zu schreien! Wie ich sehe, daß Benno aus Leibeskräften schreit, werde ich neugierig, ihn zu hören. Ich schleiche näher heran, und wirklich: er hat eine kräftige, ungebremste und nicht nasale Stimme! Zumindest so lange, als diese einfach *mit*-klingen darf.

Eine einst spannungsreiche Schwingungsumgebung wird umkreist.

In die fünfte Einzeltherapiestunde bringt Benno zwei Stofftierchen mit, nach seinen Aussagen ein Männlein und ein Weiblein. Er sagt mir, daß diese zwei heiraten werden, aber nicht hier. Er spielt eine Stunde lang Tiermännlein und Tierweiblein: die zwei Tiere kommunizieren, sie lieben sich, arbeiten und haben sehr häufig Spannungen auszutragen. Benno spricht heute mehr als üblich, aber auffallend undeutlich. Wortbedeutungen scheinen gar nicht wichtig zu sein, sondern vielmehr das Stimmungshafte darum herum. Besonders die Spannungen zwischen Männlein und Weiblein bringen ihn in Erregung. Und ob der stereotypen Verhaltensweisen beider muß er lachen. Inszeniert Benno die äußeren Umstände, die seine eigene einstige Schwingungsumgebung mitbestimmten?

Schwangerschaft: Geschaukelt in einem Meer von Stimmungen

In der folgenden Stunde rennt Benno direkt zum Flügel, spielt und betrachtet sein und nun auch mein Spiegelbild. Nach verschiedenen Episoden bemerkt Benno die Hülle des Flügels, die am Boden liegt. Er breitet sie auf dem Boden aus, kriecht darunter und wickelt sich vollständig in sie ein. Seine Handtrommel hat er miteingepackt. Als lebendiger Sack oder nach seinen Worten als „sich bewegender Haufen" kriecht er auf dem Boden herum. Ich höre viele undeutliche Worte und trommelnde Geräusche darin. Mehrmals streckt er den Kopf heraus und lädt mich schließlich ein: „Chum au is Zelt" (Komm auch ins Zelt).

Hier fühlt es sich warm an wie in einer dunklen Höhle. Benno zittert. Mit erregter Stimme macht er mich auf jeden feinen Lichtstrahl aufmerksam. Jetzt kriecht er ganz nahe an mich heran und bleibt eine Weile still. Dann schickt er mich hinaus. Ich soll den ganzen Raum verdunkeln. Er bezeichnet nun seine Hülle als „Schiff, das übers Meer fährt". Bei dieser Interpretation bleibt er, fährt mit seinem Schiff über den ganzen Raum, legt immer an derselben Stelle an und stößt wieder in See. Er kommentiert immer wieder, was er gerade tut. Am Schluß der Stunde wird das Schiff sorgfältig am Flügel verankert, der Flügelschlüssel versorgt.

Ich bleibe allein im Raum zurück und bin tief beeindruckt. Welch treffende Szenerie für ein intrauterines Geschehen. Obgleich mir bewußt ist, daß diese Assoziation meine Interpretation ist,

---

67 Meines Erachtens ist es kein Zufall, daß diese Verschmelzungstendenzen (vgl. auch nachfolgende Lärmstunde) erst jetzt, nämlich bei bereits bestehenden Anzeichen, daß Benno da ist, kommen! Erst wo es nicht mehr nur totale Einheitswirklichkeit gibt, kommt das Bedürfnis nach (Wieder-) Verschmelzung.

läßt sie mich nicht mehr los. Was mag Benno im Mutterleib über stimmungshafte Wahrnehmung erlebt haben? Seine Mutter sagt, die Schwangerschaft sei gut verlaufen, die Geburt aber sei sehr schwierig gewesen. Trotzdem denke ich über mögliche stimmungsmäßige, mehr oder weniger bewußte Spannungen während der Schwangerschaft nach. Eine intrauterine musikalische Dimension steht für mich voll im Raum. Der Therapieraum ist gleichsam Bennos neu gewählter musikalischer Uterusraum geworden.

Ankunft im Ich: harter Aufprall?
In die folgende Stunde bringt Benno eine Menge Spielautos mit. Etwa 10 Minuten lang läßt er sie der Reihe nach über die ganze Fläche sausen, so daß sie sich beim Aufprall an der Wand überschlagen. Dann holt er die Flügelhülle und spielt Schiff für den Rest der Stunde. Das Schiffspiel beschäftigt ihn über viele weiteren Stunden. Manchmal muß ich mitreisen, meist fährt er allein.

Doch warum plötzlich Autos, warum dieser hartnäckig wiederholte Aufprall neben der Rückkehr in den höhlenartigen Uterusraum? War seine Ankunft im ich-bezogenen Erleben inmitten seiner Schwingungsumgebung so hart, daß alles ichhaft Autonome daran zerschellte? Hat ihn diese Erfahrung in die Erstarrung getrieben? Worin bestanden die Härten, denen sich Benno einst ausgesetzt fühlte?

Traumatische Geburt – geglückte Landung
Immer wieder dasselbe Schiffspiel, bis Benno einmal in der Hülle „stecken" bleibt. Nichts mehr bewegt sich. Ich weiß nicht wie lange, vielleicht nur für einen kurzen Moment. Doch dieser Moment scheint Ewigkeiten zu dauern, so unerträglich ist er – selbst für mich: Mir scheint das Herz still zu stehen! „Was jetzt?!" frage ich mich. Ich hole die große Trommel und beginne, in immer gleichem Rhythmus über die Trommel zu fahren. Wie lange, weiß ich nicht. Die Zeit scheint nach wie vor still zu stehen. – Endlich: es sieht so aus, als erreiche der Trommelrhythmus Benno: In der Hülle bewegt sich etwas, ein rhythmisches Hin und Her. Langsam verschiebt sich das Schiff in Richtung Land. Benno steigt aus der Decke aus. – Welche Erleichterung für mich! Zu meinem Erstaunen beginnt jetzt Benno, Stühle herumzutragen. Er baut sich, wie er sagt, einen Landesteg. Dann sogar eine Brücke übers Meer. Benno kommentiert: „Dann ist es viel leichter, weil man drübergehen kann." Will das heißen, daß Benno künftig nicht mehr so tief tauchen muß?
Wie ich zur nächsten Stunde erscheine, ist Benno bereits am Bauen von Brücke und Schiffssteg. Jetzt hockt er am Landeplatz und bittet, daß ich ihm das Schiff bringe. Benno fährt eine Weile Schiff, legt dann an und beginnt, in aufrechter Haltung über die Stuhlbrücke zu stampfen. Herrlich! Ich verstärke ihn, indem ich zu seinen Schritten trommle. Erstmals erlebe ich Benno wie einen kleinen selbstbewußten König. Mehr als nur Ich-Inseln, die spärlich auftauchen! Sein Urmeer ist überbrückt, ein eigentliches Ich steht auf mehr oder weniger festem Grund, ja spaziert ganz vergnügt auf der selbstgebauten Brücke. – Eben noch schien ihn mein Trommelspiel anzuregen, er stampfte voller Freude dazu. Jetzt plötzlich regt es ihn auf. Er ruft „nein!". Ich trommle weiter, um ihn zu provozieren. Er ergreift die Trommel und „versenkt sie ins Meer". Wenn ich nicht mehr trommeln werde, gebe er sie mir wieder, fügt er hinzu. Wahrlich ein König!
Zum Schluß der Stunde spielt Benno nochmals auf dem Flügel. Mir scheint, sein Spiel sei fließender und etwas strukturierter als vorher. Geprägt von einer nachholend erlebten Rhythmuserfahrung? Ist Rhythmus zukünftig nicht mehr nur außerhalb von ihm, sondern kommt er auch von innen?

Ein Ich findet langsam Struktur und Rhythmus

Das Tempo von Bennos nachholender Entwicklung verlangsamt sich. Das Neuland des Ichs scheint sich allmählich zu verfestigen. Eine lange Periode ist bestimmt von einem spielerischen Suchen nach eigenen Ordnungen, Strukturen und Rhythmen. Benno wiederholt altbekannte Spiele, jetzt aber in eigener Reihenfolge und teils abgeänderter Version. Er beginnt, Spiele neu zu gewichten, frühere unbedeutende Details erhalten neue Bedeutung und werden ausgebaut. Autos erhalten selbstbeschriftete Nummern (Identität/Namen), und Benno errichtet eine Tankstelle, wo aufgetankt werden kann (Bild für maßvolle Angeschlossenheit an den nährenden Urgrund). Oder Instrumente werden plötzlich neu wahrgenommen: Benno interessiert sich für ihren Aufbau und die Tonentstehung. Er zeichnet metergroße Landkarten. Ein Abbild seiner inneren, mittlerweile faßbareren Landschaft?

In all diesen Veränderungen spüre ich deutlich, daß ein Ich am Werk ist, das erprobt, wiederholt, verbessert und gleichsam integriert. Stunden, in denen kein Wort gesprochen wird, neben Stunden, in denen er mir alles mögliche erzählt. Er lernt sichtlich, sich zu behaupten und mich auf sich und seine Bedürfnisse aufmerksam zu machen.

Folgende kleine Episode läßt mich nun doch auf ein aufkommendes Rhythmuserleben schließen: Benno und ich musizieren abwechslungsweise mit Trommel und Klavier. Benno brüllt (!) mich dabei mehrmals an: „Nöd immer dä glich Ton!" Mehrmals schaue ich verständnislos und verwirrt zurück – ich habe gar nicht immer denselben Ton gespielt. Was meint Benno? Noch viele Male muß er brüllen, bis ich endlich ahne, es könne die mehrfache Wiederholung des gleichen Rhythmus gemeint sein. Offenbar wird Rhythmus wahrgenommen, wenn auch auf unerwünschte Weise! Hat Benno Mühe mit dem Grundrhythmus? Oder erträgt er Wiederholung schlecht? Deutlicher wird Bennos diesbezüglicher Fortschritt in einer freien Gruppenimprovisation. Plötzlich, und dies zum ersten Mal, spielen alle im selben Rhythmus. Ich schaue auf die Uhr – Benno hält mit sichtbarer Freude und Ausdauer volle drei Minuten lang mit. Bravo Benno!

Der kleine König

In der Gruppe machen wir ein Königsspiel. Die Königskrone liegt in der Mitte des Tuches, jeder kann selber entscheiden, ob er die Krone nehmen, König sein und eine Zeitlang das musikalische und spielerische Geschehen bestimmen will. Benno nimmt die Krone nie. In der darauffolgenden Einzeltherapiestunde provoziere ich Benno mehrmals, indem ich ihm, ungeachtet seiner „Nein"-Ausrufe, nicht zuhöre oder nicht gehorche. Wütend stampft Benno im Zimmer herum. Ich schreibe auf einen Zettel „König" und lege ihn Benno hin. „Nein!" „Doch als König kannst du befehlen", fahre ich fort. Nun nimmt er den Königszettel zu sich und weist mich mit Vergnügen zurecht.

Im Rhythmus zwischen dir und mir

Durch Rhythmen können Tages- oder Therapiestundenabläufe geregelt werden. Über Rhythmen versuche ich, mich nun allmählich von Benno abzugrenzen und ihm gegenüber auch das für mich stimmige Maß zu wahren. Dies gehört wesentlich zum Zusammenleben zwischen Menschen, Benno muß es allmählich lernen. Meinen Vorschlag, ihm und mir eine Königszeit einzuräumen, wobei er in seiner Königszeit und ich in meiner Königszeit regieren dürfe, akzeptiert er widerwillig. Und doch bleibt Kommunikation einseitig, wo sie nicht zum Austausch zwischen eigenständigen und gleichwertigen Individuen wird.

Tiger und Leopard

Heute marschiert Benno ca. 10 Minuten unschlüssig im Zimmer herum. Er kommt mir vor wie ein spannungsgeladenes, beutesuchendes Raubtier. „Wollen wir Raubtiere spielen?", frage ich. Benno knurrt bereits. Er ist Tiger und ich Leopard. Wir teilen das Zimmer in zwei Reviere auf und markieren die Grenze. Instrumente sind keine nötig, Benno knurrt immer stärker und brüllt in seinem Revier. Die ganze Stunde spielen wir Raubtiere, ein richtiger Schrei- und Knurrkampf. Benno erträgt es, daß ich als Leopard, wenn auch zuweilen vorsichtig, ebenso schreie. Erträgt er mich als Gegenüber?

Ausklingende Gedanken zur Therapie

Benno fällt es im Unterschied zur obigen Art von Kommunikation nach wie vor schwer, auf einen von mir gewünschten oder von außen gegebenen Dialog verbal einzugehen. Zum Beispiel sich verabschieden oder Fragen beantworten, das kann er kaum. Selten ist es ihm möglich, zu sagen: „Ich will jetzt nichts sagen." Wie sehr diese Schwierigkeit im Umgang mit äußeren Anforderungen und wie sehr Benno ein stiller Junge bleiben wird, ist offen. Es gehört zum Wesen jedes Betroffenen, daß er seinen Weg mit den je eigenen Überraschungen und Begrenztheiten geht. Er muß ihn so und nicht anders gehen dürfen.

Therapie kann viel mehr als je erwartet bewirken, und doch bleibt sie in ihren Wirkungen begrenzt. Musiktherapie kann in erstaunlich tiefe Schichten eindringen. Um die Therapie mit Benno tatsächlich als Musiktherapie begreifen zu können, muß man sich in diesen Verlauf gleichsam aus der musikalischen Perspektive einfühlen: In vielen, auch nicht unbedingt musikalischen Schritten (z. B. Necken, Spiegelbild entdecken, Spiel mit Autos) löst sich Benno aus der Welterfahrung des Klangbreis und aus seiner Gefangenschaft in der Urangst vor diesem Uferlosen heraus! In der Wandlung vom Klangbrei zur strukturierteren Umgebung, der man als Ich gegenübertreten kann, liegt für mich die größte Veränderung, die ich mit Benno erleben durfte. Ein Geschenk auch für meinen Lebensweg. Benno ist „da". Er beobachtet die Umwelt, hat Teil an ihr, behauptet sich da und dort. Sein anfänglich so unbewohnt wirkender Körper lebt, reagiert, lacht, springt auf dem Pausenplatz umher.

Und doch können Besserungen nicht einfach einer Therapie zugeschrieben werden. Sie sind bestimmt durch ein Zusammenspiel vieler innerer und äußerer Aspekte und auch durch die Zusammenarbeit vieler wichtiger Bezugspersonen. Benno hat zu Hause und in der Schule ein Umfeld gefunden, das mit ihm Wege gegangen ist und weiterhin Wege gehen wird. Menschen, die ihn unterstützt und sich selbst auf Prozesse eingelassen haben.

„Hee – Ich bin da" – ein Ich ist da

Ich schließe diesen Therapiebericht mit einem Ausruf Bennos, der seinen großen Weg illustriert und symbolisch gleichsam für seine Ankunft im Hier und Jetzt steht:
Noch hat die Einzelstunde nicht begonnen. Ich stehe mit einer Lehrerin im Gang und plaudere. Benno kommt, stellt sich vor mich hin, genauer gesagt zwischen mich und meine Kollegin, und sagt direkt und klar:

„HEE – ICH BIN DA – CHUM SCHO" (komm endlich!)

Daß seine inneren Schlangenkräfte ihm immer wieder Tore zur Welt öffnen, das wünsche ich Benno von Herzen.

3.5.11 Zweite Grundannahme: Der einzelne ist mit dem Ganzen schicksalhaft verbunden

Die Annahme einer Schwingungsumgebung als Uterusraum menschlichen Werdens nötigt zur kollektiven Betrachtung! Der heranwachsende Mensch ist wie der Embryo im Mutterleib hineingestellt in das, was mitschwingt und atmosphärisch allgegenwärtig ist im Kollektiv, dem er zugehört. Nach diesem Modell ist der Übergang nicht nur ein individuelles, sondern zugleich ein universales Phänomen. Kollektiv betrachtet, bezeichnet Übergang den Prozeß des sich mehr und mehr im Eigenen organisierenden Lebewesens bis hin zum sich selbst erkennenden Menschen. Im Übergangsgeschehen ist Schöpfung am Werden. Ganzheit darf nicht nur als Realität für den einzelnen ernst genommen werden. Sie ist das All-Eine, zeitlose Ganze, in dem drin alle Evolution abläuft. Mit der Ganzheit und den ihr innewohnenden Kräften muß über das Persönliche und seine Zeit hinaus gerechnet werden. Das drängt zur Frage: Gibt es, großräumig betrachtet, Gesetzmäßigkeiten von Entwicklung, die im ganzen gleichsam „angelegt" sind (vom Ursprung und/oder, wie bei Teilhard de Chardin, vom Ziel her)? Oder konkret:

❐ Kann vordergründiges Leben auf hintergründig anordnende Kräfte hin durchsichtig werden?

❐ Wodurch wird das Schicksal des einzelnen mit dem Schicksal von Generationen verwoben?

Entwicklung geschieht, bewußt oder unbewußt, im Spannungsfeld des Ganzen und im Dialog mit dem großen Gegenüber. Jedes Einzelwesen ist – neben der Auseinandersetzung mit dem Realen – in eine großräumige Dynamik eingebettet. Es hat im letzten nicht nur teil am Ganzen, ihm wird über Schwingungen die Spannung der Kultur- und Ahnengeschichte, das Geheimnis des Lebens und die Gespaltenheit des Ganzen in den Lebensrucksack gepackt. Mehr und mehr zum einzelnen werdend, bleibt der Mensch doch mit dem Ganzen oder dem, was wir Gott nennen, mit Vergangenheit und Zukunft, mit Umwelt und Menschheit verbunden. So nimmt er unbewußt auch das Unerlöste des Ganzen, die Spannung der im Ursprung noch ungeschiedenen Gegensätze auf. Die Antinomien von Sein und Werden, Dunkel und Licht, weiblich und männlich etc. leben als unbewußte, drängende Spannung im Menschen fort. In jedem Leben will etwas von dieser Urspannung ans Tageslicht kommen und Wege bewußter Gegensatzverbindung (vgl. Dialogik, Kap. IV, 3.4) finden. Es ist, als sei *in jedem einzelnen etwas von einer ganzheitlichen Energie*, die nach Bewußtwerdung, Gestaltung und Wandlung drängt, wirksam. Als gäbe es eine Entwicklungstendenz oder ein Drängen im ganzen, das Raum zur Bewußtwerdung sucht. Was in einer Generation unbewußt und spannungsgeladen im Raum stand, wird zum Lebensthema der folgenden Generationen. Diese wiederum gestalten, bearbeiten und geben Ungelöstes an Kinder und Enkel weiter. Das noch Undifferenzierte gehört zur Schwingungsumgebung der kommenden Generationen. Aus der Schwingungsumgebung entstehen immer neue Impulse zur Bewußtwerdung, Themen zur konkreten Ausgestaltung und Verarbeitung dessen, was vorher atmosphärisch mitschwang. Weil atmosphärisch von Generation zu Generation weitergegeben, ist es auch möglich, daß ganze Kulturen heute noch nachhaltig geprägt sind vom Erbe der Urzeit, von den Folgen der Urangst. Entwicklung ist immer auch ein großräumiger Prozeß und gerade darin nicht bloßer Zufall, sondern im letzten in Gott selbst angelegt. So wage ich zu fragen: Was will aus einer Urnot, was aus einer undifferenzierten Spannung heraus werden? Was will sich wandeln? Gibt es kollektive Bewußtwerdungsprozesse? Was trägt der einzelne Reifungsprozeß, was ein einzelnes Schicksal dazu bei?

3.5.12 Die Geburt der Kultur

Das Phänomen einer Wahrnehmungsverschiebung – einer ganz allmählichen Ankunft im Ich-Bezogenen – gibt es auch in der Menschheitsentwicklung. Wie muß Übergang als menschheitsgeschichtliche Realität vorgestellt werden? Wie begann Ich-bezogenes sich kollektiv aus Ganzheitlichem herauszuschälen? Vielleicht dadurch, daß Ansätze ich-bezogenen Sich-Verhaltens, Fühlens und schließlich Denkens deutlicher hervortraten. Mehr und mehr einzelne menschliche und tierische Lebewesen begannen, bewußtseinsnaher für das Eigene besorgt zu sein. Ich-bezogen errungene Fortschritte wurden als kulturelles Erbe von Generation zu Generation weitergegeben. Geburt der Kultur!

Ich-bezogen Gewordenes zeigt sich in mannigfaltigen Bereichen. So ist beispielsweise anzunehmen, daß Menschen in der zunehmenden Bewußtwerdung ihrer selbst nicht nur ihre Not als solche realisierten, sondern auch ihren Sieg und ihre Potenz immer bewußter erlebten. Es wurde erkannt, daß unwirtliches Land verlassen, daß Tiere und fremde Völker besiegt, daß Ackerböden fruchtbar gemacht, daß Waffen/Werkzeuge hergestellt werden konnten. Die Unberechenbarkeit der Natur wurde besiegt, indem Gesetzmäßigkeiten von Tag und Nacht, Jahreszyklus etc. entdeckt wurden. Und mit der Entdeckung männlicher Zeugungskraft erlebten Menschen den Sieg über das Geheimnis der Fruchtbarkeit, über die große Göttin und über die Frau. Dabei hat das Männliche in der Frau, ihr Ringen um Präsenz im Ich, auch Anteil an diesem Sieg. Ich-bezogene Fortschritte zeigen sich aber auch in erworbenen Fertigkeiten, im Sinn für das Eigentum, im Entstehen von Strukturen für das Gemeinwesen. Einzelne Menschen konnten zunehmend bewußt zueinander in Beziehung treten und ihr Zusammenleben ich-bezogen ordnen. So entstand eine immer breiter werdende und ausgeprägtere ich-bezogene Qualität kollektiven Bewußtseins. Wie von Evolutionstheorien bekannt, muß mit jahrmillionenlangen Übergangsphasen in der Menschheitsgeschichte gerechnet werden. Schöpfung ist kein einmaliges Werk Gottes von sieben Tagen.

Ich liste nachfolgend Merkmale auf, in denen ich erkenne, daß sich Ich-Bezogenheit im kollektiven Werdeprozeß durchgesetzt hat und immer noch durchsetzt:

❐ Die *Wahrnehmung von Zeitlichkeit* in der Natur, von *Rhythmen*, Gesetzmäßigkeiten, Kreisläufen.

❐ Die *Wahrnehmung der Begrenztheit* und Hinfälligkeit des Eigenen, die *Angst vor dem Tod*, auch bereits instinktive Reaktionen, die auf Verteidigung oder Überlebenskampf hinweisen.

❐ Die neue *Bedeutung des Eigenen* oder kollektiv die Bedeutung der Sippe, des Stammes, des Rudels im Unterschied zum Ganzen. Das Eigene, oder stellvertretend die das je Eigene schützende Gemeinschaft, wird als neues anordnendes Zentrum erlebt. Das Ganze wird gespalten in Partikularinteressen und Einzelfaktoren. Welt wird zur Um-Welt. Ganzheit und Natur werden ich-bezogen gesehen, gefürchtet, genutzt, bekämpft. Es entstehen Bilder von Gott. Der Mensch beginnt sich mehr und mehr von sich selbst, seinem Revier, Besitz und seiner Geschichte her zu definieren.

❐ Die Betonung der *Kompetenz im Ich*. Das Ich leistet, plant, bestimmt, bewertet... und alles aus der eigenen Optik. Die Grenzen zwischen echter Kompetenz und Machtmißbrauch sind fließend: Das Ich oder das Einzelne eines Kollektivs fühlen sich berufen und legitimiert, Gesetze im eigenen Sinn zu erlassen, das Gewissen zu verwalten, andere und die Erde sich untertan zu machen.

❐ Das Entstehen oder Erkennen von *Polaritäten, Spaltungen, Wertungen und Hierarchien*. Ambivalente Welteinschätzung. Freunde und Feinde. Gut und Böse. Männlich und Weiblich.

❐ Das *Auftreten von Ängsten*, von Besorgnis um das Eigene. Aus instinkthafter Reaktion wird mehr und mehr bewußt empfundene Angst und Vorsorge (vgl. Drewermann 1993). Aus Urängsten entstanden auch im Kollektiv *Bewältigungsmuster*, die zum wesentlichen Bestandteil von Kulturen wurden: Rationalisierung, Absicherungen, Tabuisierung, überhaupt sämtliche Abwehrmechanismen. Entwertung dessen, was an die bedrohlich erfahrene Ganzheit erinnert: der Natur, des Weiblichen, des Irrationalen, des Dunklen und Dunkelhäutigen, des Tierischen, Chthonischen.

❐ Die *Entstehung von Kulturgütern* als *Leistungen des Ichs*. Aktives Tun. Haben und Leistung statt Sein.

- ❏ *Bewußte Beziehungsfähigkeit* zwischen zwei eigenständigen Personen oder Instanzen statt selbstverständliche Verbundenheit.

- ❏ Bewußtes *religiöses Suchen* als Ausdruck des Leidens am Verlorenen.

- ❏ *Bewußtwerdung* überhaupt als Möglichkeit des Ichs, Unbewußtes zu erkennen, zu gestalten und zu bearbeiten. Neugierde, Wissensdurst, wissenschaftliche Errungenschaften.

Auch kollektiv kann von einer Verlagerung vom Schlafbewußtsein zum Traumbewußtsein zum Wachbewußtsein gesprochen werden. Dabei geht das Traumbewußtsein – das Erleben in Symbolen, Riten, Märchen, Mythen – dem Erwachen im Ich unmittelbar voraus. Das bedeutete z. B., daß der starke König eines Volkes, innerseelisch betrachtet, für und anstelle eines starken Ichs stand. Und wo ein Held das schreckliche Tier/den Drachen besiegte, tat er es symbolisch für alle. In dieser Seelenschicht fiebern heute noch Fußball- oder Musikfans mit ihren Stars mit. Siegt der Star, siegen sie mit. Einzelne Gestalten handeln stellvertretend für das je Eigene, für alle. Dies erklärt auch die große Bedeutung des Königs- und Heldenkults verschiedener Epochen und Traditionen.

Ferner auch, warum kollektive Urbilder aus Mythen und Bibel mehr sind als religiöse oder historische Überlieferung. Tiefenpsychologisch betrachtet sind viele Urbilder Ausdruck einer sich kollektiv wie individuell durchsetzenden Ich-Bezogenheit und Bewußtwerdung. Als solche haben sie auch für den heutigen und auch für den nicht religiösen Menschen ihre unverminderte Bedeutung. Hinter Urbildern wirken Urkräfte. Am Urbild kann nachvollzogen werden, wie Urkräfte oder wie das Ganzheitliche in die Ich-Werdung einfließen oder diese beeinträchtigen. Abrahams Aufbruch und Weg zu sich selbst und zum Stammvater Israels ist für mich Bild einer trotz aller Not immer neu zum Guten findenden Ich-Werdung. Eine Entwicklung, in die nebst Urangst viel, ja überwiegend Urvertrauen einfließt.

3.5.13 Abraham: Ich-Werdung auf lebensbejahendem Hintergrund

Die Sagen rund um Abraham, Isaak, Jakob und ihre Familien sind in der Bibel an den Anfang der Heilsgeschichte Israels gestellt. Sie können, entwicklungspsychologisch betrachtet, als Wege der Ich-Werdung aufgerollt werden. Um den Stammvater herum sammelt sich sein Volk, ihm wird Fruchtbarkeit angekündigt, er wird zum neuen Mittelpunkt, um den herum sich Künftiges organisiert. Wie ein Ich, das sich inmitten eines Persönlichkeitsganzen konstelliert! Wie fließt Ganzheitliches auf dieses Ich – im Bild auf Abraham – ein?

„Zieh weg aus deinem Land, von deiner Verwandtschaft und aus deinem Vaterhaus in das Land, das ich dir zeigen werde. Ich werde dich zu einem großen Volk machen." (Genesis 12, 1-2)

Wenn im biblischen Text davon die Rede ist, daß Gott einen Menschen direkt anspricht, so kommt dieser Anruf in seiner Unbedingtheit, tiefenpsychologisch betrachtet, einer inneren Gotteserfahrung gleich. Gott wird als innere Wirklichkeit erfahren. Und er kommt Abraham in der Form von verheißenem Land zugleich von außen entgegen. Abraham darf, ja soll sein Ursprungsland hinter sich lassen, der Weg in die Freiheit wird ihm von Gott vorgezeichnet. Das Ganzheitliche eröffnet sich ihm als Land künftiger Möglichkeiten. Die Urerfahrung erlaubten Seins wird zur Gewißheit, daß Gott auch künftige Wege begleiten wird: „Fürchte dich nicht, ich bin dein Schild (Genesis 15, 1).

Hier kommt zugleich zum Ausdruck, daß sich auch Abraham fürchtet. Auch in seine Ausgangsgangslage fließt Urangst ein. Er tritt seinen Weg bereits als Geprägter an. In ihm lebt, in der Mythenabfolge betrachtet, ein Stück Adam, Kain, Noah, ein Stück Sintflut-Erfahrung und eine Ahnung um einen Bund zwischen Ganzheit und Mensch. Abrahams Entwicklungsweg wird nicht rundum heil sein. Er wird dargestellt als lebenslänglicher Gang durch Wüste und Grenzerfahrung. Weg und Wandlungsprozeß, ein Leben lang! Ich-Kräfte des Aushaltens, Sich-Durch-Kämpfens und der Zielstrebigkeit sind unabdingbar für ein Leben zwischen Aufbruch und Verheißung. Zu Lebzeiten wird er das verheißene Land nicht bewohnen. Und auf den einzigen mit seiner Frau gezeugten Sohn Isaak muß er lange warten. Nach Kassel (1980) führt ihn sein innerer Weg verschiedentlich durch Auseinandersetzungen mit dem individuellen und kollektiven Schatten hindurch (S. 220f).

Und doch überwiegt in ihm die Gewißheit – ihrerseits Frucht seines Urvertrauens und Bild seiner intakten Rückbindung ans Ganze –, daß Gott *„hinter" ihm steht*: „Wandle vor mir und sei ganz"[68]! Gott als verinnerlichte Ganzheitserfahrung und inneres Gegenüber beruft, ermutigt, beschützt, lenkt, verheißt, beschenkt mit Segen und Fruchtbarkeit. Er selbst treibt den Ganzwerdungsprozeß von Abraham voran, Abraham seinerseits setzt auf diesen Gott. Er wagt den Weg im Glauben an die Verheißung. Eine Zukunft, mit den Augen des Vertrauens angeschaut, sieht anders aus als der verfluchte Urgrund, auf dem noch Kain ackern sollte. Kulturentwicklung steht bei Abraham im Zeichen von Segen. Das für mich Entscheidenste der Abraham-Sage liegt meines Erachtens darin, daß der auf seinen Gott vertrauende Abraham sich von innen, vom Urgrund genährt erfährt und so *selbst zum Vertrauenden* wird. Er traut der Welt, und so öffnet sich ihm eine Zukunft. Ein Land voller Möglichkeiten, ein Land der Freiheit/Selbstverantwortung und künftigen Fülle:

---

68 Eine moderne Übersetzung zu Genesis 17, 1 entnommen aus Kassel (1980, 233).

„... sprach der Herr zu Abram: Blick auf und schau von der Stelle, an der du stehst, nach Norden und Süden, nach Osten und Westen. Das ganze Land nämlich, das du siehst, will ich dir und deinen Nachkommen für immer geben. ... Mach dich auf, durchzieh das Land in seiner Länge und Breite; denn dir werde ich es geben." (Genesis 13, 14-17)

Das Bild eines Gottes, der den Menschen „erlaubt", ruft, führt, ist in sich schon Ausdruck dafür, daß Urkräfte fruchtbar sich gegenseitig ergänzend wirken. Das allerdings kann, wie nachfolgend aufgezeigt, auch anders sein.

3.5.14 Ich-Werdung auf dem Hintergrund verwünschter Urkräfte

Wo Ich-Werdung im Zeichen der Bewältigung von Urangst angetreten wird, werden auch Urkräfte unter verwünschten Vorzeichen erfahren. Die Große Mutter und die Urkraft des Bergenden, erhalten einen verschlingenden statt entwicklungsfördernden Charakter. Sie wirken festhaltend, hexenhaft, aushungernd. Gerade in ihrer kollektiven Dimension richtet eine solche Verwünschtheit Verheerendes an. Das verhexte Weibliche geht einher mit dem verteufelten Männlichen: Wo die Urmutter festhält, ist die Urkraft des Hervortretens gefangen. Sie kann sich nicht durchsetzen als das, was sie ist: männliches Streben nach Leben, Kraft zum gesunden Lebenskampf, Inspiration, Schöpferkraft, Geistkraft. Und wiederum: Wo ER nicht im Positiven herausfindet, wird SIE zur festhaltenden Hexe. So kommt es, daß Kräfte, die im Übergang[69] negativ erlebt wurden und werden, schlußendlich nicht anders als negativ wirken können. Männliche und weibliche Urkräfte sind in ihrem Schattendasein und *im gegenseitigen Kampf aneinander fixiert.*

Im Bild des Schöpfungsmythos gesprochen, erfährt sich Adam (das seiner selbst bewußt werdende Ich) bedroht, Eva (das Weibliche einschließlich der Urkraft des Bergenden/Gebärenden) wird entwürdigt und die Schlange (Impuls der Bewußtwerdung = Urkraft des Hervortretens) verflucht! Die Verwünschung des Weiblichen und die Verteufelung des Urmännlichen gehören zusammen. Die beiden bilden ein Paar und bleiben genau im Fluch, in den Folgen von Urangst, aneinander gekettet.

Diese Dynamik gibt auch Hinweise über den Ursprung des teuflischen Wirkens: Immer neu von der Bewußtwerdung ausgesperrt, führt die Urkraft des Hervortretens ein gefangenes und ausgesperrtes Dasein. Sie wird zum Geist der (Lebens-)Verneinung, zur Lebensgier, zum Blutrünstigen. Aus Lebenslust wird pervertierte Lust.

---

69 individuell = Zeit des im Entstehen begriffenen Ichs,
   kollektiv = Zeit der im Erkennen begriffenen Menschheit

Das Problem des teuflisch Wirksamen liegt in seinem autonomen, vom Ganzen abgespaltenen und damit nicht mehr dem Ganzen dienenden Wirken. „Es" agiert in der Frau, in der Hexe drin, „es" tut dem Mann. Es wütet, rächt sich, intrigiert, vergewaltigt. Statt dem Leben ist es dem Bösen verpflichtet. Ausdruck einer Grundwut, einer uralten abgespaltenen Lebenskraft.

Wer ist Täter, wer Opfer? In der Frage nach Hexe[70] und Teufel geht es nicht um Schuldzuweisungen, sondern darum, die verwünschte Dynamik zwischen weiblicher und männlicher Urkraft zu verstehen: SIE hält gewaltsam fest, ER setzt sich gewaltsam und zerstörerisch durch. IHRE Lippen sind blutverschmiert, ER wirkt blutrünstig in ihr drin. Verwünscht ist vor allem die Beziehung, das Gegensatzpaar in seiner Bezogenheit! Einst fruchtbar im Kreislauf des ewig sich Erneuernden (vgl. Kap. 3.3.6) wurde es zum sich gegenseitig Zerstörenden. Statt im Fließen ist es nunmehr über Macht und Tod aneinander gebunden. Fruchtloser Apfelbaum und in den Boden verbannte Schlange. Versiegender Lebensquell und ausgetrockneter Brunnen. Am Anfang dieser tragischen Entwicklung stand nichts anderes als die angstvolle Urerfahrung des Menschen inmitten seiner Schwingungsumgebung. Aus Angst wurde Projektion. Aus Projektion wurde Kultur. Aus kultureller Tradition wurde Legitimation, das Weibliche zu unterdrücken, die Frau auf die Gebärfähigkeit zu reduzieren und die Schlange immer neu zu verteufeln. Verwünschungen fließen in die Schwingungsumgebung künftiger Generationen ein.

Unter solchen Vorzeichen wird der Aufbruch ins Leben immer neu als Fluch oder Verstoßung erfahren, Ablösung macht schuldig, Autonomie und die Erfahrung innerer Freiheit scheinen verboten, Wissenwollen ist unanständig. Mütter übernehmen etwas vom Erbe der Urmutter, erhalten ihrerseits Züge einer Hexe. Mutter und Vater werden zu Repräsentanten der Urkräfte, die Paarbeziehung zum Ort, wo ein uralter Konflikt ausgetragen wird. Rhythmus dominiert über den Klang, Zeit über Raum, Licht über Dunkel. Das Abenteuer „Leben" wird zum Kampf gegen die verführerische Schlange, den Teufel, den Tod. So wirkt das verwünschte Urkräftepaar auf vielfältige Weise auch auf den Menschen von heute ein. Mutterschoß und Lebensimpuls sind gemeinsam verhext! Das eine im anderen drin und durch dieses hindurch.

---

70 Hinweise aus einem Artikel von Wiederkehr Benz in *Neue Zürcher Zeitung* vom 10.11.1990: Ein Tabu entsteht dort, wo eine „Hecke", eine Umzäunung oder ein „Hag" aufgestellt wird. Die Hexe ist uns vertraut als „Hagreiterin", Grenzgängerin. Im Englischen heißt „hag" häßliche Frau. Vgl. auch Ausdruck „unbehaglich".

Wege aus solcher Verwünschung heraus führen in den Schoß des verhexten Urmütterlichen zurück. Dort ist Wandlung des Weiblichen und gleichzeitig Befreiung des Männlichen möglich. Das zeigen viele Märchen:

Im Märchen „Das Wasser des Lebens" (Grimm 1984, Band II) muß der Königsohn das heilende Wasser im verwünschten Schloß (Urmuttersymbol) holen. Dieses wird von versteinerten Löwen bewacht. Dort muß die verwünschte Jungfrau abgeholt und auf dem Heimweg müssen die eingeklemmten Brüder befreit werden.

Im Märchen „von der Schmiedetochter, die schweigen konnte" (Sirovatka et al. 1977) muß die Große Mutter als schwarze Frau ein Schattendasein im Wald fristen. Mit ihr verwünscht sind 13 Männergestalten, die im äußersten Tabuzimmer Mahlgemeinschaft halten. Verwünschte Mahlgemeinschaft – verwünschte Eroskraft.

Worum es beim zutiefst Verschatteten geht, zeigt das Märchen „Der Teufel mit den drei goldenen Haaren" (Grimm 1984, Band I): um etwas Teuflisches und zugleich Goldenes, dem Ganzen, ja Gott selbst Zugehöriges! Der Teufel schläft nächtlicherweise im Schoß der Ellermutter (Große Mutter mit hexenhaften Zügen). Als Paar wirken die beiden zusammen. In die Falten ihres Rockes verkriecht sich der Held, wird so klein wie eine Ameise. In ihrem Schoß geborgen, muß er selbst die Ratschläge des Teufels hören. Sie spendet Urvertrauen, der Teufel erweist sich mit seinen Ratschlägen als lebensrettend = neues Leben bewirkend. Teuflisches, vom Fluch erlöst, macht Leben vom Ursprung her wieder neu.

Ist selbst der Teufel „erlösungsbedürftig"? Gehört er zum Erlösungsbedürftigen von Gott selbst? Äußerste Herausforderung an den Menschen? Solche Gedanken dürfen nicht dazu verleiten, das Numinose und äußerst Gefährliche, das dem Teufel innewohnt, zu verharmlosen. Im Gegenteil! Das Numinose, Gott, ist nie harmlos! Im Gegensatz zu vielen Gottesbildern. So stellt sich die Frage: Hat der Teufel Platz in Bildern, die sich der Mensch von Ganzheit macht?

3.5.15   Gottesbilder aus der Zeit der Ankunft im Ich

Wo das Ich seine Umhüllung verläßt, wo sich – auch kollektiv – eine rudimentäre Bewußtheit für das Eigene vorfindet, da sind Selbsterfahrung, Welterfahrung und Ganzheitserfahrung nicht mehr identisch. Erkennbares löst sich jetzt aus dem Ganzen heraus und ordnet sich zu einem Weltbild nach ich-bezogenen Kriterien an. Das ewig Unfaßbare scheidet aus dem Erlebnisfeld des Ichs aus und wird außerhalb der Welt angesiedelt. Das Ich erlebt sich abgenabelt von seinem Urgrund. Es will im Eigenen erstarken und beginnt, sich zu schützen vor dem Allzumächtigen, indem es verdrängt, projiziert, rationalisiert.

Ganzheit ist im Empfinden des Menschen und in seinen Bildern nicht mehr ganz. Gott wohnt im Himmel, thront auf dem Berg, der Teufel wird in die Hölle verbannt, dunkle Gottheiten und Todesgottheiten leben in der Unterwelt. Spaltungen, wie sie sich schon zuvor angebahnt haben, werden jetzt konkreter. Alles

Numinose wird in die Ferne verlagert. Der Mensch denkt über Gott nach, läßt sich (innerlich) und hautnah aber nicht mehr vom Ganzen berühren. Er fühlt sich nicht mehr über das innere Hören ans Ganzheitliche angeschlossen, sondern sucht Gott über den Blick nach außen. An die Stelle direkter Ganzheitserfahrungen treten Gottesbilder. Der nunmehr ferne Gott wird zum Gott, der sich verhüllt und auf dem Berge angebetet werden will[71]. Sophia zieht sich von den Menschen zurück. Das Apollinische erhebt sich über das Dionysische, männliche Gottheiten verdrängen weibliche.

Daneben bahnen sich, gerade über den *Monotheismus* des Volkes Israel schon sehr früh neue Formen der Bezogenheit zwischen dem im Werden begriffenen Ich und „seinem" Gott an. „Ich nehme Euch an als mein Volk und werde Euer Gott sein" (Exodus 6, 7). Warum fällt einem monotheistischen Gottesbild eine so große Bedeutung zu? Über die hier aufgezeigten Parallelen zwischen kollektivem und individuellem Bewußtwerdungsprozeß wird dies verständlich. Wie das Kind im Gegenüber zu der ihm zugewandten Mutter zu sich und dem, was es genau ausmacht, findet, so wird auch eine Menschengruppe zum Volk um „seinen" Gott herum. In der Bezogenheit der Mutter, die genau der Einmaligkeit ihres Kindes gilt, im Glanz in ihren Augen[72], erlebt sich das Kind ins Leben hineingeliebt. Mit Leib und Seele freut sich die Mutter an seinem Dasein und an seinen Fortschritten. Genau das holt aus der dämmernden Unbewußtheit des Drin-Seins heraus. Analoges geschieht in der monotheistischen Bezogenheit vom einen Volk auf den einen Gott. So betrachtet, holt Gott selbst aus der Anonymität des Massendaseins heraus und lockt in die Ichwerdung hinein. Er hilft beim Verlassen der Umfangung, ja freut sich am Fortschritt und am Sprung des Menschen in die Autonomie. Wenn ich Erfahrungen und Träume meiner Klientinnen zum großen anderen mitbe- denke, so ist dies eine „Freude Gottes, die sogar die Tabuisierung seiner selbst in Kauf nimmt, um Ich-Werdung zu ermöglichen" (vgl. hierzu auch Fußnote zum raumgebenden Gott im Kap. II, 3.3.7). Noch geht es nicht um Profilierung im Ich, sondern darum, daß der Auszug aus der Umhüllung/aus dem Sklavendasein und die Ankunft im Eigenen als von Gott initiiert erfahren werden. Das wird später zur Glaubensgewißheit, daß Autonomie gottgewollt ist. Die monotheistische Be- tonung vom „einen" Gott und „seinem" Volk birgt die Gefahr der Überheblichkeit in sich, aber auch die Chance des sich anbahnenden personalen Gemeint-Seins. Als würde Gott selbst das noch nicht dem Leben Zugewandte ins Leben hinein lieben.

---

71 Hier entbrennt die Frage nach dem Ort der Anbetung (Johannes 4, 19-24). Die Samariterin meint: „auf dem Berge, wie uns die Väter gelehrt haben". Jesus: „im Geist und in der Wahrheit".

72 Vgl. Kohut, entnommen aus Asper 1987, 170/171.

Sich durchsetzende Spaltungen und Erfahrungen von Segen stehen auch in „Gottesbildern des Aufbruchs" nebeneinander. Solche sind etwa:

- ❐ Gott/Ganzheit, die im Zeichen von Segen oder Fluch aus einer Urgeborgenheit wegschicken, zum Aufbruch „nötigen", den Weg in die Zukunft öffnen/überschatten. Kain: Gott verflucht, verbannt und gibt doch ein Schutzzeichen. Das Mädchen ohne Hände (aus Drewermann 1981): Die verteufelte Ausgangslage drängt zum Aufbruch, ein Engel ist im Aufbruch dabei. Jakob erschleicht sich den Segen, muß aber vor seinem Bruder Esau fliehen.

- ❐ Der Gott des Aufbruchs als der „hinter" dem Menschen stehende. Abraham.

- ❐ Gottes Bund mit Noah als Zusage, daß nie mehr eine Flut komme und Mensch und Tier verderbe (Genesis 9, 1-17). Das heißt, Gott verspricht, daß das Leben im Ich-bezogenen mitsamt allem, was dazu gehört, Bestand haben wird.

- ❐ Gott, der aus der Gefangenschaft befreit. Besonders eindrücklich in der Befreiung aus der Tyrannei von Ägypten und in der Rettung vom Schilfmeer, Exodus 6f.

- ❐ Gott, der als Retter sein Volk um sich sammelt, wodurch das auserwählte Volk (das sich seiner selbst bewußt werdende Ich) überhaupt entsteht (Lied Mirjam, Exodus 15).

- ❐ Das auf der Ebene der Instinkte wirksame Ganzheitliche (vgl. Schlangensymbol, Löwensymbol, der Löwe Juda).

Mit der Ankunft im Ich ist nach diesem Modell der Übergang abgeschlossen. Bewußtwerdung geht aber weiter, individuell wie kollektiv! Das Ich-bezogene entfaltet sich. Kulturen entwickeln sich. Bewältigungsmuster verfeinern sich und werden zum Normalen. Ganzheitliche Hintergründe drängen vorerst zur Ich-Stärkung, später zur Ent-Wicklung des Verwickelten.

4 Nach dem Übergang: Das Ich und das Unbewußte

4.1 Der Held, seine Attribute und seine Musik

Diesseits des Überganges hat das Ich eine gewisse Festigkeit erreicht. Es nimmt in unserer Kultur im Wachzustand klar ich-bezogen wahr. Es steuert, entscheidet, wehrt ab, verdrängt, beherrscht Körperfunktionen, nimmt Kontakt auf zur Umwelt, lernt sich selbst zu behaupten und zu schützen. Die Außenwelt wird über die fünf Sinne weiterhin entdeckt, erfaßt. In der Schule, am Arbeitsplatz, im Freundeskreis, auf Reisen, in Büchern erweitert sich das konkrete Erlebnisfeld und der Horizont des Bewußtseins (vgl. Bewältigung von altersspezifischen Entwicklungsaufgaben in Oerter 1987, 119f).

Ein stabiler Realitätsbezug ist gleichbedeutend mit der vollzogenen *Trennung zwischen Bewußtem und Unbewußtem*. Das Ich lebt jetzt in klaren Unterscheidungen und Wertungen: hell – dunkel, solar – lunar, Mann – Frau, gut – böse, bewußt – unbewußt. So wie das Ich sich und sein Bewußtsein auf die Seite des Lichts stellt, wird das Ganzheitliche verschattet! An die Stelle des fließenden Austausches mit der Ganzheit tritt die Grenze zwischen Bewußtem und Unbewußtem.

Von außen betrachtet wirkt das Ich selbständig und auf die Realitäten dieser Welt bezogen. Jetzt, nach dem Übergang erstarkt es im Eigenen. Es geht nicht mehr um Ich-Werdung, sondern um Ich-Stärkung. Das *Ich* ist, symbolisch gesprochen, der *Held*, der über die Mächte der Finsternis gesiegt hat. Freiheit, Vernunft, Wille zur Selbstbehauptung, Tendenz zur Selbstüberschätzung und ich-bezogener Blick zeichnen ihn aus. Naturgewalten sind berechenbarer geworden. Klangliche Allmacht wird aufgrund der Dominanz des Zeitempfindens nicht mehr wahrgenommen. Musik und Atmosphäre werden zum Thema, über das man spricht und das man analysiert. *Musik wird zur Kunst, zur Form*, zur Komposition des Menschen.

In Therapien müssen Helden manchmal wirklich gestärkt werden. Sie selber signalisieren das, beispielsweise indem sie symbolisch ihre Waffen zücken oder ihre Potenzen zeigen. Benno brachte an wesentlicher Stelle *Autos* in die Therapiestunde mit. Markus gab sich selbst eine Waffe im Kampf gegen die Elephanten. Menschen träumen vom *Polizisten* als Wächter der neuen Ordnung. Oder sie finden zu ihren Kräften und Transportmitteln, wie sie zum Helden gehören: z. B. zum *Pferd* und der Pferdestärke (PS), in moderner Version zum ICE-Schnellzug, zur roten, superschnellen Untergrundbahn oder zum Flugzeug.

4.2 Ich und zugleich Not-Ich in einer ich-bezogenen Welt

Das Ich in unserer Kultur ist immer sowohl gesundes Ich als auch krankes Not-Ich[73]. Im Ich ist der Mensch auf dem Boden des Vertrauens sicher verankert, im Not-Ich steht er auf einem verfluchten Mutterboden, der nicht trägt. Das Not-Ich wohnt in Provisorien statt in Häusern mit entsprechenden Fundamenten. Es bearbeitet Ackerboden, der nicht fruchtet und ist auf der Flucht vor einem allgegenwärtigen Fluch. Es ist ständig in Frage gestellt durch Ängste und Zweifel. Aufgrund der brüchigen Verbindung zum ganzheitlichen Urgrund fehlen tragende Botschaften des erlaubten Daseins. Die Urheimat ganzheitlichen Seins mußte vollständig verlassen werden, da sich auf der Grundlage von Angst nicht gedeihen läßt. So ist das Not-Ich nicht von innen heraus aufgerichtet. Es kann sich nicht in gesundem Selbstverständnis vom eigenen inneren Boden und einem größeren Ganzen tragen lassen, sondern muß sich ständig mit irgendwelchen Hilfsmaßnahmen legitimieren, schützen, stützen. Es tabuisiert gefürchtete Aspekte des Ganzen, um sich nicht mehr bedroht erleben zu müssen. Es versucht, sich ganz in einer neuen Welt mit dem vom Menschen Geschaffenen anzusiedeln, oder aber es willigt in einen blockierten, lernbehinderten, kranken Außenseiterzustand ein. Eine „Not-Ich-Befindlichkeit" schildert folgender Traum einer Jugendlichen:

> „Ich befinde mich auf einer steil abfallenden Alp und kann hier kaum sicher stehen! Gewitterwolken jagen vorbei. Es weht ein starker Wind. Das Weideland ist kärglich, das Gras ist nicht saftig, das Grün der Wiesen dumpf, gräulich und lustlos anzusehen. Es gibt keine Kühe hier. Ich fühle mich rund herum bedroht und habe kein Haus. Doch auch die anderen Menschen sind alle krank. Männer und Frauen stehen da wie aussätzige Soldaten in Abwehrstellung. Auch sie können kaum stehen und haben kein Haus."

Aus der Not-Ich-Befindlichkeit entstehen viele Abwehrmechanismen. Es wird verständlich, daß auch das Kind/der Mensch nach dem Übergang noch lange nicht stark genug ist, sich der Bewußtwerdung des Verschatteten wirklich zu stellen. Er muß vorerst verdrängen, einseitig bewerten, rationalisieren können, um zu leben.

---

73 Der Begriff Not-Ich stammt von Neumann (1985):
Neumann unterscheidet zwischen einer gesunden Ich-Entwicklung und dem Aufbau eines Not-Ichs. Von einem Not-Ich spricht er bei Störungen in der Urbeziehung (S. 81). Die „Welt-, Du- und Eigenerfahrung" stehen „im Zeichen der Not", wenn nicht sogar des Unterganges. In eben dem Maße, in welchem das Ich zum Not-Ich wird, dessen Welt-, Eigen- und Du-Erfahrung durch Hunger, Unsicherheit und Ohnmacht geprägt ist, wird die Gute Mutter (gute Große Mutter) zur negativen und furchtbaren. Eine gestörte Urbeziehung liegt nach Neumann der psychotischen Erkrankung und vielen neurotischen Störungen zugrunde (S. 81f). „Sie wird besonders als ‚nicht geliebt werden' erfahren" und „ist oft mit einer unstillbaren Sehnsucht verbunden" (S. 85).

4.3 Sein eigener Herr und Meister – seiner selbst entfremdet

Der Riß
Denn es steht geschrieben
im Riß
zwischen Schattenseite und Sonnenlicht
daß einige
wenige
rüberkamen
- wer glaubt es nicht?
Ursula Renz (1992)

Welcher Riß? Dürckheim spricht vom Grundleiden des Abgeschnittenseins vom allheilenden Wesen (1985, 62). Wer kommt rüber? Darf ich den Riß als Spaltung bewußt und unbewußt interpretieren? Wer spürt, daß sein eigenes Ich auch Not-Ich ist? Wer fühlt noch, wie sehr er seiner selbst entfremdet und heimatlos ist? Wer leidet daran, daß er nicht mehr mit sich allein verweilen kann? Der Fernsehapparat wird eingeschaltet, nur damit etwas läuft und scheinbar jemand im Hause ist. Doch ohne die Fähigkeit, Einsamkeit und Ruhe auszuhalten, bleibt der Mensch mitsamt seiner Lebensgestaltung oberflächlich (= einseitig der Oberfläche zugewandt). In der Tiefe ist er sich selbst ein Rätsel. Er träumt schon gar nicht mehr und wenn, dann wertet er nächtliche Botschaften aus dem Unbewußten ab. Ihm ist nicht nur das Ganzheitliche, sondern sogar die Sehnsucht danach abhanden gekommen. Er benimmt sich, als ob er Herr und Meister im eigenen Seelenhaus sei. Mächtig, weil die Ohnmacht des Ichs im Gegenüber der Mächte scheinbar besiegt ist. Mythologisch gesprochen, lebt das Ich im Exil, hat sich aber dort so wohl und vornehm eingerichtet, daß es kein Exildasein mehr darin erkennt. Vorderhand scheint dies auch in größerer Perspektive betrachtet, zur Entwicklung zu gehören: Ich-Stärkung geht der Schattenintegration voraus. Auch wo Themen zur tieferen Bearbeitung anstehen, darf das Ich nicht vorschnell in seelische Probleme gedrängt werden.

4.4 Aus Urangst werden faßbare Angstformen

Urangst in ihrer Unfaßbarkeit kennt der Mensch diesseits des Überganges nicht mehr. Sie wird in ihren beiden Gesichtern zu konkreten Angstformen verarbeitet. Dennoch sind Ängste, wie wir sie kennen, undenkbar ohne die Energie der dahinter wirkenden Urangst. Gerade die Urangst macht die kleinen Ängste so groß und unverständlich. Ich versuche nachfolgend Angstformen, nach den beiden Gesichtern der Urangst geordnet, aufzuzählen:

1. Angstformen und Gefühle zum Aspekt der Verlorenheit

☐ Angst vor Einsamkeit, Leere, vor dem Unbekannten, der Monotonie, dem Nichts;

☐ Angst vor dem Schwarzen und der Dunkelheit, insofern diese als ein Nichts erahnt werden;

☐ Angst, daneben zu sein (neben der Norm = neben der Ganzheit!);

☐ Angst, nicht in der Ordnung zu sein, nicht in ganzheitlicher Ordnung drin zu sein, Angst vor dem Chaos als Verlust der Ordnung;

☐ Angst vor dem Fall, sofern damit ein Herausfallen aus Ordnungen, Gemeinschaften, Einheiten gemeint ist;

☐ Angst aufzufallen, Angst vor dem Schritt in die Individuation und Vereinzelung, Angst sich zu profilieren, zu wehren;

☐ Angst, den Anschluß zu verlieren (den Anschluß an die Jugendgruppe, im Traum z. B. den Anschluß an den Zug);

☐ Gefühle, man sei nicht aufgehoben, nicht begründet, ohne Boden, ohne Lebenssinn;

☐ Angst ausgesetzt, aussätzig, ausgestoßen, ansteckend zu sein;

☐ Angst, heimatlos, obdachlos zu sein. Bild, man finde wie Hänsel und Gretel den Heimweg nicht;

☐ Unfähigkeit, sich auf gesunde Weise abzulösen, Heimat, Sippe und Tradition zu verlassen. Heimweh, Nationalismus;

☐ Angst vor Spannungen, Herausforderungen, Entscheidungen, vor einem Bruch in Beziehungen, vor Spaltungen;

☐ Angst vor Distanz, Angst, vergessen zu werden;

☐ Angst vor Ungeborgenheit, „Draußen-Sein", Kälte, Angst vor dem Ungemütlichen im allzu Kahlen, Sterilen;

☐ Gefühl, nicht mehr geliebt zu sein;

☐ Angst, hungern zu müssen oder sonst einen Mangel zu erleiden;

☐ Gefühl, nicht mehr ganz zu sein;

☐ Todesangst, „drüben verloren zu sein" (vgl. Esther, Kap. II, 2.3).

Weil das Ganzheitliche mit der Ich-Werdung wirklich verloren ging, geht dieser Aspekt von Urangst häufig über in eine Grundbereitschaft zur Traurigkeit, zum Schmerz oder in die nicht gelebte Grundwut des Depressiven.

224

2. Angstformen und Gefühle zum Aspekt vom Überwältigt-werden durch das Numinose

❐ Angst, gefressen, ausgesaugt ... zu werden;

❐ Angst vor Enge;

❐ Angst vor dem Du, vor Beziehungen, vor Nähe, vor Verbindlichkeit, vor dem sich Gegenübertreten, Berührungsängste;

❐ Todesangst, als Eigener kaputtzugehen, Überlebenskampf;

❐ Angst vor Schwächung des Eigenen, Blamierung, Scham, Minderwertigkeit, Ohnmacht im Gegenüber anderer;

❐ Angst vor größeren Mächten, vor Naturgewalten, Schicksalsschlägen. Im Märchen Angst vor Drachen, Elephanten, Riesen, Wölfen, vor aussaugenden Spinnen;

❐ Angst vor dem Drachenschlund, dem gähnenden, verschlingenden Loch im Boden, vor dem Sog oder Chaos als gähnender Schlund;

❐ Angst vor dem Fall, sofern damit gemeint ist, in den (Würge-)Griff einer gefürchteten Macht zu fallen;

❐ Angst vor allem, was im analogen Denken an Ganzheitliches oder an das Umfangende erinnerte:

  • Angst vor allem Irrationalen, Stimmungshaften, Unberechenbaren, Hinterhältigen, Heimtückischen;

  • Angst vor dem Weiblichen, Hexenhaften;

  • Angst vor dem Naturhaften, Tierischen, Instinkthaften;

  • Angst vor dem Schwarzen, der Dunkelheit, die das „Licht und Leben frißt". Angst vor dem Dunkelhäutigen;

  • Angst vor dem ‚Dreck', der Erdscholle, den Spinnweben;

  • Angst vor dem Außer-Sich-Sein, vor dem Dionysischen;

  • Angst vor Ich-Auflösung durch das Feuer, Bilder des Höllenfeuers, Angst vor Wandlung, vor dem Werden zu Asche;

  • Bilder vom Verschlungenwerden durch den Fisch (z. B. Jona);

  • Angst vor dem Klang, dem Lärm aber auch vor totaler Stille;

  • Angst vor der Fülle, dem Dicken, dem Meer etc.

Menschen finden sich meist in beiden Aspekten der Urangst drin, obwohl tendenziell stärker vom einen oder andern betroffen. Beide Aspekte von Urangst können sogar in ein und derselben Angstform zusammenfinden. So befürchten Menschen gleichzeitig, aus dem Guten herauszufallen und im Schlund, in den sie hineinfallen, zerstückelt zu werden. Chaos kann gefürchtetes Tor zum Zuviel wie zum Zuwenig sein. Im Hunger wie im Erdrücktwerden ist der Mensch gleichermaßen ohnmächtig.

4.5 Progressive und regressive Kräfte

Die sich im Übergang differenzierenden Urenergien des Ganzen, auch Urkräfte genannt, sind nach wie vor wirksam. *Etwas von ihnen* wird konkret erlebbar als progressive und regressive Kräfte:

Progressive Kräfte drängen zum ich-bezogenen Leben und Handeln. Hinter ihnen wirkt die männlich inspirierende Urkraft des Werdens. Progressive Kräfte wollen den Überlebenskampf mit allen erdenklichen Mitteln meistern. Sie zeigen sich als Lust am Leben, am sinnlichen Erleben, am Verstehen und am kulturellen Schaffen. Sie werden auch konkret in der Freude am Rhythmus und an der Bewegung, im Realitätsbezug. Sie drängen nach Abgrenzung, meiden zuviel Nähe und Verbundenheit, wagen den Konflikt, streben nach Autonomie, äußerer Selbstverwirklichung, Freiheit und Aktivität im Hier und Jetzt. Kommunikation geschieht vom Ich zum Du, sie spielt sich im ich-bezogen Konkreten und sinnlich Lustvollen ab.

Progressive Kräfte gehen, obgleich im Ursprung Impuls des Ganzen selbst, nach dem Übergang in Distanz zum Ganzheitlichen. Alle Bewußtwerdung schafft Distanz zum Ursprünglichen. Wo Urangst ausgeprägt erfahren wurde, wird die Tendenz „weg vom Ganzen" und „hin zum Eigenen" auch zur Flucht vor dem Überwältigtwerden. Das Ganzheitliche bleibt numinos und unintegrierbar. Es wird in seinem abgespalten verwünschten Zustand umso gefährlicher.

Regressive Kräfte, obwohl demselben Ganzen entspringend, verfolgen andere Ziele. Sie suchen das Bergende. Sie drängen auch nach dem Übergang „zur Ganzheit hin", zum Ort größter Geborgenheit. In ihnen wirkt die Urkraft des Seins! Die Umfangung beseelend (namentlich den Mutterleib, die Schwingungsumgebung, den Klang), war diese ganzheitliche Kraft vorerst einfach *da.* Jetzt, nach dem Übergang erhält sie einen auf ihre Weise drängenden Charakter. Dem vom Ganzen abgenabelten Menschen zeigt sie sich als Sehnsucht, als ein Hingezogensein zum Ganzen, vielleicht aber auch als eine von aller Sehnsucht abgespaltene Sucht. Regressive Kräfte suchen Behütung im Bergenden, tiefgreifende Verbundenheiten und eine Atmosphäre friedlichen Seins. Dies nicht nur im Sinne einer Regression in frühkindliche Befindlichkeiten, obwohl der Begriff zu dieser Interpretation verleitet. In dieser Wertung und Wortbedeutung kommt bereits eine Einseitigkeit unserer Kultur, die Angst vor dem hexenhaft verschlingend Mütterlichen zum Ausdruck. Die regressive Kraft will das Dasein im Runden und nähert sich ihm im Zurückgehen und im Nach-Vorn-Schreiten (= der Reifung und dem Tode entgegen) an. Regressive Kräfte zeigen sich auch im religiösen Suchen, in der Liebe und Wärme einer Mutter, in Freundschaften von Seele zu Seele, in einer zwischenmenschlich zärtlichen Atmosphäre, in der Nähe zum eigenen Innern.

Solche Bedürfnisse nach Verbundenheit bringen mit sich, daß das Unstimmige in und um uns stärker wahrgenommen wird und daß am Unguten dieser Welt vermehrt gelitten wird. So werden Menschen von innen heraus motiviert, sich für eine heilere Welt einzusetzen und Kräfte in eigene Heilswege zu investieren, ja sogar auf endzeitliche Ziele hinzustreben.

Progressive und regressive Kräfte können sich bekämpfen, sie können sich aber auch natürlicherweise ergänzen. Ihr fruchtbares Zusammenwirken ermöglicht, daß Menschen zugleich sich selbst als eigene Person und gleichzeitig Teil des Ganzen sein können. Realitätsbezogen *und* verwurzelt in einem geborgenheitsspendenden Ganzen! Geist wird im Zusammenwirken beider Kräfte zu Begeisterung, Motivation und Charisma. Solcher Geist vereint das Streben hin zur realen Tat mit der drängenden Suche nach einem dem Ganzen innewohnenden Sinn. Männlicher *und* weiblicher Geist! Kommunikation kann in der Verbindung beider Kräfte zugleich tiefgreifend als auch konkret sein. Lustvolles Tun kann zum Dienst an einer Gemeinschaft, zum Werk, zur Arbeit für eine gute Sache und zum Kampf für eine heilere Zukunft werden.

Riemann (1975) unterscheidet vier Grundformen der Angst, die allen anderen Ängsten zugrunde liegen. Sie können auch, wie schon bei Riemann, als Kräfte betrachtet werden.

> Die Angst vor einem möglichen Ich-Verlust, vor Abhängigkeit und Selbsthingabe. Als Kraft formuliert: das Streben nach unverwechselbarer Individualität, Autarkie, Abgrenzung. Schizoide Anteile im Menschen.

> Die Angst, sich von andern zu unterscheiden, Angst vor dem Heraustreten als Eigener, vor der Ich-Werdung. Angst vor Einsamkeit, Ungeborgenheit, Anderssein. Als Kraft formuliert: das Streben nach Verbundensein, Einheit, Fähigkeit zur Hingabe ans Du und Einordnung ins Kollektiv. Depressive Anteile im Menschen.

> Die Angst vor Wandlung, die als Angst vor Verlust, Unsicherheit, vor irrationaler Unberechenbarkeit und vor Vergänglichkeit erlebt wird. Als Kraft formuliert: das Streben nach Konstanz, Sicherheit, Berechenbarkeit. Zwanghafte Anteile im Menschen.

> Die Angst vor der Notwendigkeit, vor der Härte und Strenge des Endgültigen, Angst vor dem Festgelegtwerden, vor Wiederholung, Tradition, Fixierung. Angst vor dem Endgültigen des Todes. Als Kraft formuliert: das Streben nach Veränderung, Wandlung, Freiheit, der Mut zum Wagnis. Hysterische Anteile im Menschen.

Die schizoiden Persönlichkeitsanteile können unschwer mit den hier als progressiv bezeichneten Kräften in Verbindung gebracht werden. Doch der Ursprung schizoider Prägung wird hier anders als bei Riemann erklärt: Sie ist einerseits das im ganzen und im Menschen selbst begründete Streben nach Gestalt und Leben, andererseits ist sie Flucht vor dem Ganzen aufgrund einer ausgeprägt erfahrenen

Urangst! Flucht vor dem Ganzen ist älter als Abgrenzung vom Menschen! Am Ursprung aller Prägung liegt Gott!

Die depressiven Persönlichkeitsanteile finden sich in den regressiven Kräften. Dem depressiven Element wird nicht gerecht, wer meint, dieses kreise nur um die ersehnte Nähe zu anderen Menschen! Dahinter liegt eine Sehnsucht nach einer grundsätzlich anderen Qualität von Leben, nach Verbundenheit schlechthin! Das Depressive entsteht, wo Menschen sich einerseits natürlicherweise stark nach dem Ganzheitlichen sehnen, andererseits dort, wo Menschen aufgrund ausgeprägter Urangst den Mutterboden zu sehr verlassen haben.

Riemanns Angst vor Wandlung oder die Bereitschaft zum Zwanghaften ist nach der vorliegenden Anschauung bereits eine Folge-Angstform: Durch die Urangst zutiefst erschüttert, meidet das spätere Ich Situationen, die an Übergang erinnern. Übergang ist Wandlung, Veränderung. Die Bereitschaft zum Zwang ist ein Bewältigungsmuster des Ichs, um weiteren Begegnungen mit dem einen oder anderen Gesicht der Urangst auszuweichen. Wir kennen sowohl den Zwang, „angepaßt", „in", „unauffällig eins" zu sein, als auch den Zwang, sich zu profilieren, das Eigene zu perfektionieren.

Riemanns vierte Angstform, die Angst vor Endgültigkeit, Unfreiheit, Bindung, Konstanz ist eine ebenso häufige Folge-Angstform. Man will sich nicht wirklich antreffen, betreffen, konfrontieren lassen und kann so dem wirklich gefürchteten Inhalt, dem Endgültigen (Urgegenüber, Nichts oder Tod) ausweichen. Allein schon im Wort Hysterie, das vom Wort Gebärmutter abzuleiten ist, wird die Angst vor dem als weiblich-mütterlich erahnten Numinosen deutlich.

4.6 Bewältigungsmuster werden zum Normalen

Bewältigungsmuster, die im Übergang bereits angebahnt wurden, werden jetzt ausgestaltet und perfektioniert. Individuell wie kollektiv! Was im Übergang noch Flucht und Reaktion aus Urangst war, wird jetzt zum Normalen der Gesellschaft, zum Lebensstil und zum je eigenen Persönlichkeitsmerkmal. Aus der erworbenen Fähigkeit, das Wüsten- oder Höllendasein verlassen zu können, wird die Freiheit, aber auch der Zwang zur Mobilität. Aus der Besiegung der Mutter Natur wurde und wird die Eroberung, Kultivierung, aber auch Ausbeutung der Erde. Aus der Identifikation mit dem starken Männlichen als Sieger über das Umfangende wurde kollektiv das Patriarchat. Im individuellen Erleben wird daraus bei Mann und Frau die Bereitschaft, patriarchale Muster zu übernehmen. Aus der Freude am Rhythmus wurde und wird einseitige, lautstarke Rockmusik, aus der Freude an körperlicher Kraft Leistungssport. Technik entwickelt sich ins Unüberblickbare. Der

Mensch dringt ein in Geheimnisse des Alls und des Atoms, entdeckt die Raumfahrt, aber auch die Atombombe. Er hat Gesetze, Wertmaßstäbe und Hierarchien entwickelt, mit denen sich das Kollektiv organisieren läßt, die aber auch zur Zwangsjacke der Normalität für die menschliche Seele werden.

In all diesen Entwicklungen ist das Gesunde *neben* dem Kranken, sind wertvolle Entdeckungen und Kulturgüter *neben* Zivilisationskrankheiten erkennbar, weil aus dem Ich *und* dem Not-Ich geworden. Allerdings wagt niemand, hinter all diesem Gewordensein die Antriebsfeder Urangst (für) wahr-zunehmen. Gerade dadurch scheint die Urangst wie besiegt, fern, nicht mehr der Rede wert. *Das Pathologische wird normal.* So leben Menschen auf eingeschränktem Terrain und verweigern sich ihre Lebenslust, ohne zu wissen, daß viel mehr in ihnen stecken würde. Andere rühmen sich ihrer Freiheit, ohne sich länger an ihrem Zwang zur Unverbindlichkeit zu stören. Und für Probleme findet man Erklärungen, man kann über sie reden, aber sie nicht mehr fühlen. Ist das wirklich ein Sieg?

Je mehr wir versuchen, der Urangst auszuweichen, umso mehr tritt sie uns auf neue Weise entgegen: Noch nie waren apokalyptische Visionen so real wie heute, die Natur als Urheimat so zerstört, die Musik der Schwingungsumgebung so dick, reizüberflutet, lärmig, chaotisch. Weltuntergang ist zur realen Gefahr geworden, die totale Ohnmacht im Übergang wird jetzt allmählich bewußt. Die Alternative lautet: Zugrunde gehen oder der Urangst auf den Grund gehen!

4.7 Ganzheit als zur Eigenverantwortung führender bis toter Gott

Kann das autonome Ich noch mit seinem Gott in Beziehung stehen? Was bedeutet ihm dieser Gott? Welche Gottesbilder entstehen in einer Zeit, in der das Ich sich nicht mehr von Gott her definiert, sondern über seine eigenen Möglichkeiten und über seine eigene irdische Vergangenheit? Gibt es Gottesbilder, die Ich-Stärke, Autonomie, Individualität, Lebenstüchtigkeit als gottgewollt betrachten. Oder dann Bilder eines Gottes, den der Mensch nicht mehr ehrt, noch fürchtet? (Ehrfurcht)

❑ Der personale Gott. Die Vorstellung der einen und absoluten Person Gottes, von der her auch die Einheit und Absolutheit der menschlichen Person, des individuellen Bewußtseins, begründet wird (Drewermann 1988a, 256f);

❑ Gott als Mann (= Gott als Führer, Vorbild des ich-bezogen Gewordenen);

❑ Gott als Vater. Im behütenden und barmherzigen Vatergott lebt sogar noch etwas fort von der Ganzheitserfahrung des bergend Mütterlichen. Gleichzeitig wird in Bildern vom Vater- oder Muttergott auch die Gotteskindschaft des Menschen und damit seine Unmündigkeit und Schutzbedürftigkeit betont (vgl. Wöller 1989, 231);

- Der Gott des Weges und des Kampfes. Er begleitet durch die Wüste und unterstützt die Seinen im Krieg oder im Lebenskampf. In Gott, der in der Wüste nährt (Manna, Exodus 16) lebt auch ein Stück der uralten Muttererfahrung (Ganzheitserfahrung B) fort;

- Die Betonung von Verantwortung, Leistung des Menschen. Gesetze werden zur Urkunde des Bundes zwischen Jahwe und dem Volk Israel. Gott wird damit auch berechenbar, verläßlich (= das Numinose tritt zurück). Im Bund erfährt sich der Mensch als Gegenüber Gottes ernst genommen. Das Wort erhält Vorrang gegenüber dem Gefühl;

- Jesus fordert vom Menschen Bekenntnis, Wachsamkeit und Wachheit und Konsequenz (Ich-Kräfte);

- Gott, der beim Namen nennt, Taufe und Namensgebung. Berufung Samuels als Inkubation. Der Einzelne erfährt sich in seiner Selbstwerdung von Gott gewollt. Gott entläßt und gibt Erbteil frei (verlorener Sohn: Lukas, 15, 11-32; Gleichnis von den Talenten: Matthäus, 25, 14-30);

- Gott der Auserwählung. Er ist auf der Seite der Auserwählten, Gerechten, Starken, Reichen. Mit der inneren Entfernung Gottes treten zugleich äußere Autoritäten auf, die im Namen Gottes sprechen. Propheten, Mittler;

- Gotteserfahrung ist nur noch Sache Vereinzelter (von Propheten, Kranken, Außenseitern);

- Mit dem Leben in der Fremde taucht die Frage nach der Treue zu Gott oder der Abkehr (= Hinwendung zu den Göttern der neuen Heimat) auf (Tobit, Rut);

- Der verfolgende Gott, das verfolgende Auge, die der Mensch nicht für wahr hält oder vor denen er davonrennt (Saulus, Jonas);

- Der harmlos liebe Gott;

- Gott, mit dem der Mensch rechtet, dem er sein Ich entgegenstellt.

So heldenhaft das Ich im alltäglichen Lebenskampf sein mag, das Ganzheitliche ist ihm fern. Selbst der Grenzbereich zum Ganzheitlichen wird mittabuisiert: Der Tod wird in die Spitäler und Altersheime verbannt. Göttliche Gnadenquellen werden von der Institution Kirche „verwaltet". Das erklärende Wort ersetzt das in Riten gefeierte Geheimnis. Das Irrationale wird aus Schulen und Universitäten ausgegrenzt.

In welchen Formen nimmt die Nicht-Beziehung des Ichs zu Gott Gestalt an? Was für Mythen reden davon? Gott kann von Menschen überlistet, abgelehnt, negiert werden: Prometheus, der griechische Titanensohn, stiehlt im Olymp das

Feuer und bringt es zu den Menschen. Goethe läßt ihn sprechen: „Hier sitze ich, forme Menschen... Dein nicht zu achten wie ich". Gilgamesch (3. Jahrtausend v. Chr., Babylon) weist die Liebeswerbung Ishtars ab und will den Tod besiegen. „Ist Gott nicht von Anfang an eine Projektion des Menschen (Feuerbach), Opium des Volkes (Marx), Ressentiment der Zu-kurz-Gekommenen (Nietzsche), Illusion der Infantil-Gebliebenen (Freud)?" (Küng 1981, 17).

Mir scheint, als habe die Moderne ihre Mythen zur Gottferne noch nicht zu Ende geschrieben. Die „Helden" leben unter uns und in uns: vielleicht in Uniformen oder weißen Kitteln, vielleicht in Purpur und Mitra; Sie sitzen an den Schalthebeln der Macht, bestimmen über die Gelder und Güter dieser Welt, erlassen Dekrete, um die Ordnung im Ich aufrechtzuerhalten. Ihre Götter heißen: „Geld, Technik, Wissenschaftlichkeit, Gesetz, Ansehen, Medien." Die innerste Versuchung des Helden lautet: Machtgier! Zum Gottesbild einer Kultur gehört auch all das, was Menschen anbeten, z. B. das goldene Kalb, der Superstar, die schwarze Magie.

In all dem aber ist Gott selbst fern, eingefangen, bezähmt, besiegt. Man hat sich seiner bemächtigt. Gott ist tot und ohne Gesicht. Und doch, ist der totgeschwiegene Gott tot?

Auf welche Weise ist der abwesende Gott, das in der Ganzheit selbst Abgespaltene, wirksam? Meine Antwort: über das atmosphärisch Verschattete! Was ist damit gemeint?

4.8 Das atmosphärisch Verschattete

Das innere Abgespaltene ist bekannt als das Unbewußte. Weniger bekannt, aber nicht weniger wichtig sind verschattete Aspekte um uns herum. Jedes Kollektiv, jede Kultur, jede Religion zeichnet sich nicht nur durch das aus, was sie lehrt und weiß, sondern auch durch das, was sie ausstrahlt, fürchtet und tabuisiert. So gibt es auch das Unbewußte *im Umfeld* des einzelnen: das Verhexte eines Kollektivs, das Verfluchte einer Sippe, das Verführerische einer Zeitepoche oder uralte Ängste, welche über Stimmungen und Doppelbotschaften vermittelt werden. Ferner Tabus einer Kultur, die sich z. B. darin äußern, daß Erfahrungen von Kriegs-, Gewalt- oder KZ-Opfern totgeschwiegen werden müssen oder daß Verletzungen des Weiblichen gar nicht „gedacht", gefühlt und darum auch nicht in voller Tragweite für wahr gehalten werden können. Solche Schattenaspekte einer Kultur gehören zu dem, was das Ich nach dem Übergang nicht mehr sieht.

Ich möchte an dieser Stelle den Begriff des *atmosphärisch Verschatteten* einführen. Das atmosphärisch Verschattete umfaßt das im Kollektiv Ausgesperrte[74]. Das atmosphärisch Verschattete ist mehr als nur das im einzelnen Menschen unbewußt

Wirksame. Es macht sich zwar bemerkbar über Gewalttätigkeiten, Intrigen, Machtspiele einzelner, aber es ist weit größer und atmosphärisch allgegenwärtig. Es ist eine Schwierigkeit dieses Buches zu verdeutlichen, daß es das autonom Wirksame außerhalb des Menschen gibt. Im Guten wie im Bösen sind wir nicht mit uns allein, sondern mit Drängendem außerhalb unserer selbst konfrontiert. Diesem „determiniertes Wollen" zuzuschreiben, wäre zuviel. Besser scheint mir der Gedanke von „zur Entwicklung drängenden bis unerlösten Energien". Das atmosphärisch Verschattete will in seiner Unfaßbarkeit verstanden werden als die vom Ich ausgesperrten Energien des Ganzen. Es ist das, was gegen den eigenen Willen oder fern vom Bewußtsein fasziniert, umtreibt, in Bann hält, fixiert. Es trifft genau die Schwachstellen des Ichs, überfällt in Form von Krankheiten und Sucht, bemächtigt sich der Kinder, wo Erwachsene verdrängen.

Wie das atmosphärisch Verschattete wirkt, kann ich am besten über das Beispiel der Gewalttätigkeit erklären. Gewalttätigkeit kann hier begriffen werden als Frühstörung. Der im Übergang stark traumatisierte oder der nachträglich durch das Numinose wieder eingeholte Mensch schlägt später zurück. Er wendet selbst Gewalt an. Die einstige Erfahrung mit dem Gewaltaspekt des Numinosen wird über Identifikation verarbeitet. Der Mensch bleibt dem Ganzen und Teuflischen zu nahe. Gefühle für das Opfer sind wie Gefühle für sich selbst längst abhanden gekommen!

Es genügt aber nicht, bei der Diagnose ‚Frühstörung' stehen zu bleiben. Was wollen Gewalttätigkeiten dem Kollektiv sagen? Ihre Brutalität lag noch nie so offenkundig vor uns wie heute. Kinder werden zu Mördern! Vergewaltigung von Frauen und Kindern wird zum bewußt eingesetzten Kriegsmittel! Und fast jede Woche hören wir von Mißhandlungen in nächster Nähe! Menschen fragen sich dann u. a., wie es zu solcher Grausamkeit überhaupt kommen kann. Warum vergewaltigt derselbe Mann, der lange Zeit niemanden vergewaltigt hat, genau jetzt? Wie ist es überhaupt möglich, daß dieselben Männer und Frauen, die im normalen Umgang anständig wirken und sind, Kinder mißhandeln? Warum weiß der Täter, die Täterin selbst nichts davon? In solchen Beispielen wirkt – neben der je eigenen Frühstörung – das atmosphärisch Verschattete mit. Es ist die ungestaltete größere Energie, die sich des Einzelnen bemächtigt. Und der Einzelne wird gerade in seiner Abgespaltenheit, „Verfügbarkeit" und Empfänglichkeit immer wieder zur Einbruchstelle kollektiver Urgewalten[75]. Umgekehrt wird die Atmosphäre des

---

74 Vgl. Begriff: kollektives Unbewußtes nach C.G. Jung (in Hark 1988), wobei das atmosphärisch Verschattete mehr das unbewußt permanent *Gegenwärtige* rund um uns herum betonen will.

75 Hillman (1981) kommt zum Schluß, daß auch der Teufel in und durch den Menschen zur Inkarnation gelangt (S. 99f).

Kollektivs auch durch Verbrechen Einzelner mit verwünschten Energien aufgeladen. Inneres *und* Äußeres, eigene Wut *und* das Wüten des Teuflischen, eigene Tat *und* die Fremdbestimmtheit, eigene Frühstörung *und* ein durch frühe Prägungen gezeichnetes Kollektiv kommen zusammen! Darum sind solche Grausamkeiten zugleich Sache des Einzelnen wie des Kollektivs. Das eigene Abgespaltene wie das im Kollektiv Ausgesperrte wollen angeschaut werden. Allein schon die Sensationslust einer gelangweilten Gesellschaft trägt das ihre dazu bei, daß Gewalt in jede Stube dringt!

Was hier am Beispiel der Gewalt formuliert wurde, findet sich im kleinen und im großen auch in unzählig vielen anderen Situationen. „Es tut" dem Menschen in seiner Sucht, in seinen Intrigen, in der eigenen Zwanghaftigkeit, in Krankheiten oder in der gelähmten Lebensantriebskraft. Plötzlich „muß" der Stoff her oder der neueste Film geschaut werden. Plötzlich werden Menschen von Antriebslosigkeit, von Kopfschmerzen und Eifersucht überfallen. Plötzlich „muß" die böse Bemerkung ausgesprochen oder auf das Gaspedal gedrückt werden. Auch in solchen Situationen ist der Mensch fremdbestimmt. Man verniedlicht oder kaschiert die eigene Schwäche und bietet so dem atmosphärisch Verschatteten in seinem bedrohlichen und lähmenden Wirken weiterhin Hand an.

Verschattetes wirkt aber erst hinterhältig und in solcher Dynamik, wenn es den ihm gebührenden Respekt nicht erhält. Hinter verteufelten und verhexenden Kräften stehen großartige Urkräfte. Das Unbewußte und das atmosphärisch Verschattete sind nicht nur Sammelbecken von Frustration und Ressentiment, sondern auch Fundgrube von verschüttetem Urvertrauen und abhanden gekommener Lebenslust. Sie sind „Warteraum" des im Keim Angelegten, noch nicht zum Leben Erwachten. Ganzheit selbst wirkt aus dieser Tiefe und zwar nicht nur als umtreibende, sondern auch als erlösende und letztlich sinnstiftende Kraft. Gott sucht Wohnung im Menschen. Er drängt selbst danach, daß das, was von Generation zu Generation atmosphärisch weitergegeben wird, in Bewußtwerdung münde. Darum auch der unausweichliche, umtreibende Charakter des Verschatteten! Auf diesem Hintergrund betrachtet, ist die Auseinandersetzung mit dem Verschatteten nicht nur schwierig, sondern auch vielversprechend und sehr heilsam.

4.9 Was gehört zum Unbewußten eines Menschen

Verschiedene Schulen geben unterschiedliche Antworten.

Nach S. Freud enthält das Unbewußte von der Zensur zurückgehaltene, vergessene, vor allem vom Ich verdrängte Inhalte. Das innerhalb von bestehenden Normen Anstößige, Unbequeme, Bedrohliche! Über Träume, Wiederholungszwänge, über Projektion und Faszination, über Fehlhandlungen etc. wirkt es in die Sphäre des Ichs hinein. Immer wieder wird ein Partner mit ähnlichen Charakterzügen ausgesucht. Mit jedem neuen Chef entstehen die gleichen Autoritäts- probleme. Oder genau im entscheidenden Moment wurde der Schlüssel im Auto eingeschlossen. Solche Mechanismen des Unbewußten, die von Freud schon zu Beginn dieses Jahrhunderts beschrieben wurden[76], sind, wenn einmal offengelegt, über den Verstand meist einigermaßen nachvollziehbar.

Das irrational Wirksame und das, was das Kind in seinem frühesten Heranreifen schwingungsmäßig erfährt, hat in diesem Bild des Unbewußten wenig Platz. Solche tief unbewußten Erfahrungen und Kräfte können nur auf dem Hintergrund eines geheimnisvoll Ganzen überhaupt als eine Form von Realität wahr sein.

Jung hat über das kollektive Unbewußte und seine Archetypenlehre Zugang zu Krankheitsbildern gefunden, die solch tiefen Seelenschichten entstammen. Im kollektiven Unbewußten siedelt er jene archetypischen Inhalte an, die Menschen aller Zeiten und Erdteile gemeinsam sind. Das Selbst ist als zentraler Archetypus Gefäß und Berührungsort des Göttlichen.

Jung hat so den Begriff des Unbewußten erweitert. Die Dimension des ewig Unfaßbaren hat im Sinne einer innerseelischen Erfahrung wieder Raum und Nachdruck erhalten.

S. und Ch. Grof finden sich in der Topographie des Unbewußten in manchem mit C.G. Jung, wählen aber andere Worte. Als tiefste Schicht sprechen sie von der Ebene transpersonaler Erfahrungen, welche über Zeiten, Gattungen und Entwicklungsstadien hinweg mit historischen Gestalten, früheren Leben etc. verbinden. Dies ist auch die Ebene der Archetypen, der Begegnung mit Teufeln und Göttern. Diese Ebene enthält großes therapeutisches Potential. Hier geschieht tiefste Heilung und Persönlichkeitsumwandlung, ein Gefühl der Einheit mit dem Kosmos, mit dem Geist des Universums oder die Erfahrung des über- und metakosmischen Nichts (vgl. 1991, 338, 339). Daneben gibt es nach S. und Ch. Grof, wie nach Freud und Jung, das individuelle Unbewußte mit dem biographischen Material. Neu führen S. und Ch. Grof einen Zwischenbereich ein, perinatale Schicht genannt, in der Erfahrungen rund um die Geburt gespeichert sind.

Das vorliegende Modell greift in ähnliche Tiefen wie Jung und Grof. Schichten des Unbewußten werden aber entwicklungspsychologisch erklärt. Das zutiefst Unbe- wußte und Geheimnisvolle ist das Ganze schlechthin. Über den je eigenen We- senskern ist das menschliche Unbewußte angeschlossen an dieses ewig Größere. Im persönlichen Unbewußten sind auch Übergangserfahrungen verborgen. Von den dunkelsten Empfindungen aus dem äußersten Grenzbereich bis zum bewußt- seinsnäheren Spiel des Kleinkindes. Vom Schlafbewußtsein bis zum Traumbe- wußtsein! Das Unbewußte enthält Themen, konkrete Inhalte, frühkindliche Erfahrungen, Ahnungen vom Ganzen und das irrational Wirksame. Unbewußt sind *Erfahrungen und Energien!* So *erschöpft sich das Unbewußte nie*. Es wird nie voll erhellt, niemals als Ganzes bewußt sein! Doch weil es *Brücke* zwischen dem

---

76 Vgl. Freud 1971b, 20f., 1971a und Freud, A. 1977. Erstausgaben vgl. Literaturverzeichnis.

geheimnisvoll Ganzheitlichen und dem Ich ist, sind Menschen gerade über ihr Unbewußtes in ein größeres Drängen nach Bewußtwerdung hineingestellt.

Wie können Menschen diese Brücke finden und begehbar machen?

4.10 Überlegungen zur methodischen Arbeit mit diesem Modell

In der Therapie gleicht alle Arbeit mit dem Unbewußten einem gemeinsamen Tappen im Dunkeln. Sie geschieht in der konkreten Situation intuitiv, aus zwischenmenschlicher Betroffenheit, Liebe und aufgrund der je eigenen Wegerfahrungen und Begrenzungen.

Doch sind Orientierungen im Hintergrund hilfreich. Wohlwissend, daß Theorie, Schemen und Methoden das Geheimnis eines Menschen und seines Unbewußten nie ausloten noch einfangen, möchte ich im nachfolgenden zu erläutern versuchen, wie sich aufgrund des vorliegenden Entwicklungsmodells therapeutisch arbeiten läßt und was für ein Bild des Unbewußten dabei entsteht. Ich lasse mich von meiner praktischen Arbeit leiten.

Konfrontiert mit den Schwierigkeiten einer Klientin, eines Klienten, habe ich, *gleichzeitig* das Konkrete, Gegenwärtige (Symptome, bewußte Leidensgeschichte, familiäres Umfeld, gegenwärtig spezielle Herausforderungen) und das tief Verborgene, Unbewußte dahinter vor Augen. Regressives nochmaliges Eintauchen in früheste Klangwelten steht unmittelbar neben der Frage nach dem heutigen Leben. Nicht entweder oder, sondern sowohl als auch! Das Verborgene ist Hintergrund des Gegenwärtigen, und nur aufgrund der gegenwärtigen Not macht es Sinn, Vergangenes aufzuspüren. Erfahrungsgemäß steuert etwas in der Klientin wie von selbst den nächsten Schritt an. Ihr innerer Faden führt einmal an etwas tief Unbewußtes, ein andermal an eine gegenwärtige Herausforderung heran. Von Seiten der Therapeutin liegen Gewährenlassen, Stützen und Konfrontieren nahe beieinander. Struktur neben dem völlig Offenen. Für sie geht es nur darum, immer neu die verschiedenen bewußten und unbewußten Signale eines Betroffenen (Träume, spontane Assoziationen, Stimmtonfall, Körperreaktionen) und auch eigene, aus der Übertragung und Gegenübertragung entstandene Zeichen wahrzunehmen. So wird eine aktuelle Situation auf den gerade jetzt bedeutsamen Hintergrund von damals durchsichtig. Zum zweiten geht es darum, Raum anzubieten: Ich mache konkrete Angebote für (musikalische) Erfahrungen, bin aber auch selbst in dem, was ich zulassen und aushalten kann, wie auch in meiner Abgrenzung unausgesprochenes Angebot. Früheste Befindlichkeiten kommen von selbst: vielleicht momenthaft kurz, vielleicht länger und unter dem Einfluß von Musik sicher ungehinderter. Es genügt, sie zuzulassen, zu erkennen, worum es geht und gemeinsam die Verbindung zum Alltag zu schaffen. Das vorliegende Modell hilft mir im Erkennen und Einordnen von tiefen Erfahrungen. So frage ich mich bei jedem Klienten/jeder Klientin:

❐ Welches sind unbewußt wesentliche Themen?
❐ Auf welche Weise wirken Energien?
❐ Wie gestaltet sich der Zugang zu den verschiedenen Schichten des Unbewußten?

Unbewußte *Themen* sind individuell. Sie erwachsen aus dem Zusammenwirken von Wesensart, Biographie und Umweltsystemen, in denen ein Mensch lebt und gelebt hat. In der Frage nach Themen denke ich an das in der Familie Verborgene, an das in frühester Kindheit traumatisch Erlebte, an Spannungen zwischen Familie und Schule oder zwischen Anlage und Umwelt. Beispiele von Themen aus meiner Praxis sind: „Verlassenheitsängste", „Außenseiterdasein", „das zu Geniale und das Verkannte", „sexuelle und körperliche Mißhandlung", „Narzißmus", „der Elephant und was sich dahinter verbirgt"... . Zum je Eigenen gehören Verletzungen *und* Bewältigungsmuster.

Die Frage nach den *Energien* ist auch die Frage nach den *Urkräften* und ihrem Zusammenspiel. Wie wirken Urkräfte in diesem betroffenen Menschen? Wie ausgewogen klingt die Verbindung Klang/ Rhythmus in seinen Musikimprovisationen? In konkreten therapeutischen Situationen drängt sich je nach Traumbild, Alltagsproblem, Weise des Musizierens plötzlich ein Schritt in Richtung Befreiung des Männlichen oder Beseelung des Weiblichen auf.

Bisher noch wenig angesprochen, doch in meiner Arbeit sehr bedeutsam ist mein Denken in *Schichten* des Unbewußten. Mit Schichten verbinde ich die verinnerlichten Stufen des Überganges. Verinnerlichte Ganzheitserfahrungen, verinnerlichte Schwingungsumgebung und später verinnerlichte Erfahrungen des Konkreten! Jüngere Eindrücke sind über ältere gelagert. Das im Kap. II, 1 tabellarisch zusammengefaßte Modell des Überganges stellt – von unten nach oben gelesen – eine Topographie des Unbewußten dar (vgl. nachfolgende Übersicht). Der Weg in die eigene Tiefe führt, so gesehen, durch die verschiedenen Übergangserfahrungen hindurch. Und das zutiefst Unbewußte ist die Einheitswirklichkeit mit dem Ganzheitlichen. Genaueres zu den verschiedenen Schichten ergibt sich aus dem Vergleich der nachfolgenden Tabelle mit derjenigen in Kap. II, 1. Die eine Tabelle thematisiert die Stufen der Bewußtwerdung von damals, die andere zeigt dieselbe Aufteilung, aber aus der Rückschau präsentiert.

So fließend damals schon die einzelnen Stufen von Bewußtwerdung ineinander übergingen, so verwischt muß man sich auch die Grenzen zwischen den einzelnen Schichten des Unbewußten vorstellen. Als Tendenz gilt: In tief unbewußten Schichten sind Energien totaler und Inhalte formloser als in bewußtseinsnäheren

Schichten. Über die Perspektive in Schichten wird für mich nachfühlbar, wie nahe dem Ganzen oder wie nahe dem Ich ein Thema, ein Bild, eine Verletzung angesiedelt werden kann. Gerade diese Sicht ermöglicht mir auch bei Menschen, die anfänglich nichts willentlich ändern oder bewußt aufarbeiten können, die keinen Zugang zu irgendwelchen Themen haben oder deren Ausgangslage hoffnungslos scheint, den Glauben an das Gute, an Selbstheilungskräfte und einen gangbaren Weg. Über Musik entstehen immer wieder Erfahrungen, die, in Schichten betrachtet, an große Tiefen rühren und einfach so ein Stück weit heilen. Ich denke z. B. an die wieder lebendige gute Erdmutter, an das plötzlich durchschimmernde Gegensatzlose, an Urerfahrungen von Licht, Gelb, Heimat und Paradies. Ich denke aber auch an das unserem Kollektiv gegebene Urbild von Hiob!

4.11 Hiob, Urbild einer Heim-Suchung

„Der Herr sprach zum Satan: Hast du auf meinen Knecht Hiob geachtet? Seinesgleichen gibt es nicht auf der Erde, so untadelig und rechtschaffen, er fürchtet Gott und meidet das Böse. Der Satan antwortete dem Herrn und sagte: Geschieht es ohne Grund, daß Hiob Gott fürchtet?" (Buch Hiob, 1, 8).

Das zu den Hauptwerken der Weltliteratur gehörende biblische Buch Hiob kann gelesen werden als Erzählung über einen gottesfürchtigen Mann, der durch äußerstes Leiden hindurch sich demütig in Gottes Willen ergibt. Oder, wie es hier geschieht, als Bericht über einen Menschen, der aus dem eigenen Gespaltensein zu älteren Ganzheitserfahrungen heimfindet bis hin zum Ganzheitlichen.

In der einführenden Rahmengeschichte wird uns ein erfolgreicher, frommer, aber hintergründig von der Vermeidung des Bösen und damit vom verinnerlichten Bösen geprägter Mann vorgestellt.

„An Ansehen übertraf dieser Mann alle Bewohner des Ostens. Reihum hielten seine Söhne ein Gastmahl, ein jeder an seinem Tag in seinem Haus. Dann schickten sie hin und luden auch ihre Schwestern ein ... Wenn die Tage des Gastmahls vorbei waren, schickte Hiob hin und entsühnte sie ... brachte so viele Brandopfer dar, wie er Kinder hatte. Denn Hiob sagte: Vielleicht haben meine Kinder gesündigt und Gott gelästert in ihrem Herzen. So tat Hiob jedesmal." (Buch Hiob, 1, 3-5).

Fromm und doch permanent von bösen Vermutungen besetzt! Vom Drang, gerecht dazustehen. Durch Opfer will Hiob seine Angst vor dem zürnenden Gott, vor allem aber seine eigene innere Unsicherheit beschwichtigen. Sogar die Beziehung zu seinen Kindern ist von Urangst gezeichnet. Gerade darin ist Hiob trotz all seines Reichtums erlösungsbedürftig.

Inneres Leiden wird offen-sichtlich, wo ein klar umschreibbares äußeres Leiden im Raume steht. Hiob verliert Hab und Gut, Söhne und Töchter. Von seiner Frau

unsagbar, UROBOROS als Metapher
unsagbar, GOLD als Metapher

Das Unbewußte: Schichten – Themen – Kräfte: Übersicht II

	Wie bewußt wird erlebt?	Wie werden Spaltungen erlebt?	Wie wirkt das Urkräfte-Paar?
Visionen Ziel-Zustand Dialogik	Bewußtwerdung und Integration als Lebens-aufgabe	Das aufs Ganze hin durch-sichtig werdende Ich	Versöhnung, Würdigung des Paares als Paar *und* jeder Qualität in *ihrem* Wirken.
Von der Ich-Werdung zur Ganzwerdung Bewußtes Leiden	bewußt und in neuer Berührung mit dem Unbewußten	Verbindungen werden neu gesucht. Abstieg in die Unterwelt. Leiden am Gespaltensein	Das erneuerungsbedürftige und erneuerungsbereite Paar
Ich/Not-Ich *Nach dem Übergang* ↑	bewußt neben unbewußt Tagbewußtsein	Spaltung ist vollzogen. Verdrängung und Kampf gegen Projektionsträger in der Außenwelt	vollzogene Spaltung innerhalb der ♂ Urkraft: göttlich-teuflisch. ♀ Urkraft = verschattet (verschatt. Göttin) Das atmosphärisch Ver-schattete. Daneben progr./regress. Kraft
4. Stufe ↑ Ankunft im Ich	allmählich im Bewußtsein ankommend in analogen Bildern lebend *Traumbewußtsein*	Spaltung setzt sich fort Ich (weiße Kugel) dringt ans Licht	Analogien sind wirksam: Bergend = ♀ Das zuvor Enthaltene, jetzt Hervortretende = ♂ Kampf Hexe und Teufel wirken zusammen. (schwarz-weiße Pfeile)
3. Stufe ↑ ambivalentes Drin-Sein	unbewußt	Erste Scheidungen werden konfliktgeladen. Spaltung bahnt sich an	Das konfliktgeladene, noch aneinander gebundene Paar. Das Enthaltene ist im Ber-genden eingeklemmt (Pfeile). Verhexung + Verteufelung bahnen sich an.
2. Stufe ↑ bekömmliches Drin-Sein	tief unbewußt	Immer noch ansatzhafte Scheidung: drin-umfangend. Scheidungen sind noch kein Problem	Das friedlich-symbiotische Paar: Bergendes und Enthal-tenes. Das Enthaltene wirkt belebend im Bergenden *drin*. Noch keine Analogie ♀♂
1. Stufe an der Schwelle ↑ *Übergang*	tief unbewußt	Minimalste Scheidung bewirkt, daß etwas vom Ganzheitlichen erfahrbar ist	♀ + ♂ als Urkräfte zu-sammenwirkend, beseelend, belebend. Als solche unerkannt.
Runde Dynamik	tief unbewußt	auslösend	♀ ♂ zusammen auslösend
Einheitswirklichkeit	jenseits von bewußt und unbewußt	ungeschieden eins	identisch eins

verlassen, von Krankheit entstellt, von den Freunden mißverstanden, kann er sich in seinem Leiden an Gott, nur an Gott selbst als Helfer und Anwalt wenden. In zwei Reden antwortet Gott auf seine Fragen:

> „Wo warst Du, als ich die Erde gegründet? Sag an denn, wenn Du Bescheid weißt. Wer setzte ihre Maße? ... Wer hat die Meßschnur über ihr gespannt? ... Oder wer hat ihren Eckstein gelegt, als alle Morgensterne jauchzten ... Wer verschloß das Meer mit Toren, als schäumend es dem Mutterschoß entquoll, als Wolken ich zum Kleid ihm machte, ihm zur Windel dunklen Dunst ..." (Hiob 38) (Man beachte die urtümlichen Bilder!)

Können solche Worte bewirken, daß das Geschick eines Menschen sich wendet? Daß „die spätere Lebenszeit reicher gesegnet wird als die frühere"? *Was wurde hier als zutiefst heilend erfahren?* Was hat Hiob letztlich verändert?

Jung (1952/1973) hat in seinem damals Aufsehen erregenden Buch auf die dunklen Seiten in Gott selbst hingewiesen. „Jahwe ist nicht gespalten, sondern eine Antinomie, eine totale innere Gegensätzlichkeit, die unerläßliche Voraussetzung einer ungeheuren Dynamik, seiner Allmacht und Allwissenheit" (S. 14). Uns der Spaltungen in unseren Gottesvorstellungen bewußt zu werden, das Antinomische in Ehrfurcht auszuhalten, Gegensätze neu zusammenzubringen, öffnet Raum für Erfahrungen der Heilung, die hier immer auch verstanden werden als Erfahrungen, die älteste Seelenschichten anrühren und älteste Gefühle reaktivieren:

Über den Satan wird Hiob heimgesucht von Gott. Hiob muß wie durch sieben Tore immer neuer Entäußerung hindurch zurückkehren, heim zu seinen ältesten Ganzheitserfahrungen, in denen er gleichsam „nichts" war im atmosphärischen Schoß des Allmächtigen. Und doch damals schon behütet, erlaubt in seinem Dasein wie selbst Raben, Löwin, Wildesel, Wildstier (vgl. Antwort Gottes an Hiob). Für alle war und ist im Großen Schoße Gottes gleichermaßen gesorgt. Alles Sein ist und war seit eh und je gut und in einer göttlichen Ordnung drin.

Genau diese Erfahrung, nämlich selbst als Teil der Schöpfung „drin" und nicht bedroht zu sein, heilt Hiob von seinem Zwang, gut sein zu müssen. Es geht in diesem Heilungsprozeß nicht primär um Leistungen des Ichs wie etwa Einsicht oder äußere Haltung der Demut. Nein, angelangt am Punkt der eigenen Nichtigkeit, wird er gnadenhaft, von innen und außen zugleich, von Gott in seiner Numinosität berührt.

> „Vom Hörensagen nur hatte ich von dir vernommen; jetzt aber hat mein Auge dich geschaut."

Vom Hörensagen zum Horchen und Schauen nach innen! Von der Lehre, vom Denken über den gerechten oder Recht schaffenden Gott zur innern Gotteserfahrung! Über Grenzerfahrungen, erschütternde Träume und äußerstes Ergriffensein wird der Mensch vom einseitig Ich-Bezogenen erlöst und ins ewig Ganzheitliche „heimgeholt".

III

Frühe Prägungen und Bewältigungsmuster

Übergang prägt nachhaltig.
Unzählige Ängste, Süchte, Krankheitsformen,
ja Merkmale ganzer Zivilisationen
werden neu verständlich in der diesem Modell
zugrundeliegenden Schau:
als Folgeerscheinungen einer
im Übergang angelegten frühen Prägung.

1 Frühe Prägung und das direkte Leiden

1.1 Frühstörung als manifest gewordene Übergangsnot

Was sind Frühstörungen? Warum fällt in diesem Zusammenhang so häufig das Wort „untherapierbar"? Sind frühe Störungen unheilbar?

Nach diesem Modell sind Frühstörungen manifest gewordene Nöte aus der Zeit des Überganges. Das damalige unfaßbare Leiden ist konkret geworden, hat Namen und Ausdrucksweisen erhalten. Die Leidensformen sind zahlreich. Jeder vom Übergang stark geprägte Mensch schafft sich seine Variante, die verinnerlichte Not zum Ausdruck zu bringen und darauf zu reagieren.

Frühstörungen sind häufig zugleich Ausdruck der Not als auch Kampf dagegen. Im frühgestörten Menschen findet sich beides: der permanente Versuch, ans Leiden und seinen wirklichen Ursprung heranzukommen, als auch die ebenso permanente Abwehr. So entwickelte eine psychosomatisch kranke Frau einerseits immer neue Symptome, die sie immer drängender an die einstige Not heranführten. Andererseits wurden entsprechende Gefühle (= Zeichen wirklicher Nähe zur Not) nicht ausgehalten, sondern immer neu in den Körper delegiert. Aushalten wäre gleichbedeutend mit totaler Blamage gewesen: Scham, so sehr gestört zu sein! Andere frühgestörte Menschen „vergessen" in normalen Zeiten oder bei normaler Besinnung alles, was eben noch so schlimm war. Im Nein oder im Vergessen sind sie gefangen und erlösungsbedürftig! Frühgestörte Menschen müssen in solcher Zwiespältigkeit zwischen Hilfeschrei (Suchend/Süchtig!) und Unfähigkeit, Veränderung zuzulassen, abgeholt werden. Gerade diese Zwiespältigkeit macht die Therapie mit ihnen so schwer. Bereitschaft geht nahtlos über in eine Verweigerung, die stärker ist und tiefer greift, als was das Ich wollen kann.

Sind frühgestörte Menschen deshalb unheilbar? Ist ihre Not unverständlich? Therapie mit frühgestörten Menschen ist sehr schwierig, äußerste Herausforderung an alle Betroffenen, an Klientin, Bezugspersonen und Therapeutin, denn der Prozeß führt durch Grenzerfahrungen hindurch. Im Grenzbereich sind aber auch Heilungsschritte möglich. Dort, wo es wirklich heiß ist, kann sich auch das am äußersten Punkt Erstarrte wandeln und das fast Tote erneuern. Gerade weil so heiß, dürfen frühgestörte Menschen keinesfalls in Grenzerfahrungen hineingedrängt werden! Es lohnt sich auch nicht, im falschen Moment zu lieb oder zu provokativ zu sein und eigene Energien zu verschleudern. Die Schranke, wo einfach „nicht wahrgenommen" und vergessen wird, will ernstgenommen werden. Hände weg vom zu Heißen! Doch dort, wo Betroffene aus eigenem Antrieb in die Therapie kommen, wo sie im Rahmen des ihnen Möglichen Veränderung wollen, Mutsprünge im Kleinen wagen, da sind Prozesse möglich. Eine Gratwanderung zwischen Glauben und Zweifel, äußerster Liebe und Abgrenzung, großem Verständnis und klarer Forderung! Und – so meine bisherige Erfahrung – wenn die Zeit reif ist, arrangiert „es" in diesen Menschen die Grenzerfahrung im Alltag von selbst. Gerade dann müssen sie in einen therapeutischen Rahmen eingebettet sein und im für sie Unverständlichen verstanden werden. Auch ihr Umfeld braucht Ermutigung. Ich erfahre immer wieder, daß Heilungsschritte gerade dort möglich sind, wo Betroffene ein tragendes Umfeld im Hintergrund haben und wo sie sich in der Therapie auf einer tiefen Ebene verstanden fühlen. Aus Verständnis wird Berührung, aus der neuen Atmosphäre des erlaubten Seins wird neue Musik. Aus neuer Musik wachsen neue Worte. Bettina, Esther, Anina, Pia, Roger und viele andere mehr... wer wollte ihnen keine Chance geben! Wem keine Chance gegeben wird, der hat auch keine! Nur wer auf einem Terrain der Hoffnung steht, kann überhaupt Schritte wagen. Drewermann (1985) spricht in Anlehnung an K. Kerényi vom Vertrauen in die Kraft des Vertrauens (vgl. S. 136). Loos (1986) beginnt ihre Ausführungen zur therapeutischen Arbeit mit der magersüchtigen Renate mit dem Satz: „Hoffnung ist immer ins Gelingen verliebt" (S. 3). Wo Therapeutinnen bei sich selbst und bei der Klientin tief genug ansetzen, Abstiege begleiten, begreifen, mitfühlen und sich auch wieder abgrenzen, wird etwas von der unfaßbaren Not der Frühstörung „faßbar"[1]. Und aller Not voraus gingen auch im Leben dieser Menschen Erfahrungen des grundsätzlich Guten.

Wer ist frühgestört, wer nicht? Grenzen zwischen frühen Prägungen und eigentlichen Störungen sind fließend. Viele, ja sehr viele unter den sogenannt gesunden Menschen sind auf ihre Weise von Übergangsleiden betroffen. Es gibt auch das Krankhafte im sogenannt Normalen und die totgeschwiegenen Seelenanteile im gut funktionierenden Menschen! Unsere ganze Kultur ist von frühesten Nöten geprägt. So finden sich wohl auch die meisten Leser und Leserinnen in folgenden Beschreibungen von Krankheitsbildern und Bewältigungsmustern da und dort selbst.

---

1 Auch Abgrenzung muß in solcher Arbeit tief genug erfolgen, sonst wirkt sie nicht! Worte und Entscheide genügen unter Umständen nicht, weil sie die eigenen tiefsten Seelenschichten, in denen Abgrenzung wichtig ist, nicht erreichen. Mir helfen in solchen Situationen Träume, bewußte Spaziergänge als Abgrenzungs-Schritte, Körperübungen zum Thema Haut, Rituale, Klavierspiel bis „es" sich in mir abgrenzt, Zeit, räumliche Distanz oder z. B. das Kreuzzeichen. Wichtig für Therapeutinnen ist manchmal auch das Erschrecken darüber, wie sehr sie selbst das vor-verbal Magische suchen, lieben und anfällig sind dafür.

1.2 Themen und Merkmale von Frühstörungen

Was kennzeichnet Frühstörungen erwachsener Menschen? Wie fühlen sich Frühstörungen an? In der Arbeit mit Klienten und Klientinnen frage ich nicht primär nach Krankheitsbildern, sondern erkenne Themen, von denen frühgestörte Menschen[2] mehr als andere betroffen sind. Solche sind z. B.:

- ☐ *Störungen im Realitätsbezug*, verzerrte Wahrnehmung (Ausdruck der unzureichend gelungenen Verschiebung der Wahrnehmung);
- ☐ Unscharfe Ich-Du Grenze, *gestörtes Gefühl für sich selbst* aber *auch für das Du*;
- ☐ *Beziehungsstörungen*, Beziehungsunfähigkeit, Unerreichbarkeit;
- ☐ *Gestörte Körperempfindungen*, z. B. gefühllose Körperpartien, Probleme mit Kälte/Wärme. (Ausdruck des unzureichenden Angekommenseins im Körperhaft-Ich-bezogenen, Ausdruck einer Verletzung in einer Zeit, da Körper/Seele/Geist noch eine Einheit bildeten oder Ausdruck für eine nachträglich gewaltsame Verletzung);
- ☐ *Allmachtsphantasie*, Machtgier, Machtgebundenheit, Faszination von *Gewalt* und Bereitschaft zur Gewaltausübung (Ausdruck des nicht gelungenen Schrittes vom Totalen zum Eigenen) (vgl. Kap. II, 3.4.14, vgl. ferner Loos 1986);
- ☐ *Scham* des Vorhandenseins, Scham, „gestört" zu sein[3], das Gefühl, verboten, verflucht zu sein (vgl. Kap. II, 3.4.15 und Loos 1986, 7);
- ☐ *Stimmungsanfälligkeit* (vgl. Kap. II, 3.4.14);
- ☐ *Der nicht mehr ganze Mensch*, auch der nicht mehr geliebte Mensch, abgenabelt von der Liebe des Großen Mütterlichen. *Suchtbereitschaft*, Eifersucht;
- ☐ *Gefangene/*nicht zur Verfügung stehende oder pervertierte *Lebensantriebskräfte*;
- ☐ Immense unbewußt wirksame Ängste, *Urangst!* Im speziellen: das unaushaltbare Ur-Gegenüber, das unaushaltbare Nichts, *unaushaltbare Gefühle*;
- ☐ Unbewußtes Bestimmt-Sein durch das *verinnerlichte Böse* (vgl. Kap. II, 3.4.12, 3.4.13).

Bei jedem Menschen sind andere Leidenshintergründe zentral. Jeder hat seine frühgestörten Anteile und entwickelt seine *Bewältigungsmuster*. So entsteht aus dem verfluchten Sein die Flucht in die Existenzweise des Habens (Fromm 1979). Aus unaushaltbaren Gefühlen wird Gefühllosigkeit, aus der Scham des Vorhandenseins das Gefühl, immer selbst schuld zu sein. Ohnmacht wird mit überstarker Betonung

---

2   einschließlich derjenigen, die aufgrund traumatischer Erfahrungen nachträglich durch das Numinose eingeholt wurden (vgl. Kap. II, 3.4.9, 3.4.10)

3   Man beachte die Formulierung. Gestört wird das werdende Ich primär von außen. Es wurde irritiert. In der „Scham, gestört zu sein" hat der Mensch die Schuld der Störung auf sich genommen.

des Ich-bezogenen, der Körperkraft, des Männlichen, der eigenen Kompetenz und Macht kompensiert etc. Bewältigungsmuster sind ihrerseits Ausdruck vorschneller Reaktion. Das Terrain des ursprünglichen Seins wird übereilt verlassen und dann entwertet, oder aber es findet zu wenig Abgrenzung statt. Probleme werden nicht gelöst, sondern nur verschoben. Statt an der ursprünglichen Not leiden Menschen an den Folgen ihrer Bewältigungsmuster.

Man kann das Problem drehen, wie man will: am einen Zentralen kommt man nicht vorbei: All diese Leidenshintergründe sind auf ihre Weise *Ausdruck einer gestörten Urbeziehung zum Ganzen*, Mütterlichen, Mächtigen, zu Gott! Entscheidend ist die Qualität der ersten Beziehung, und diese ist nach diesem Modell transpersonaler Art. Diese Urbeziehung konkretisiert sich später in vielen Polaritäten und lebt weiter in Beziehungen zwischen:

dem Ich	und	den personalen Eltern
dem Ich-Bezogenen	und	dem Ganzheitlichen
dem Werdenden, Vergänglichen	und	dem ewig Seienden
dem stofflich Materiellen	und	dem Immateriellen
dem Rationalen	und	Irrationalen
Zeit	und	Raum
Rhythmus	und	Klang
dem Männlichen	und	dem Weiblichen
Kultur	und	Natur
Mensch	und	Tier (in seiner Unbewußtheit)
menschgemachte Ordnung	und	Chaos
bewußt	und	unbewußt
Licht	und	Finsternis
weißen Völkern	und	schwarzen Völkern
Ich	und	Urgrund/Allmacht
Ich	und	Tod.

Einseitigkeiten in irgendeinem dieser Bereiche (z. B. Zerstörung der Natur, Unterwerfung der Frau, Verherrlichung der Vernunft) lassen rückschließen auf eine frühe Prägung bis Störung/respektiv auf eine frühgestörte Kultur. Frühstörung ist gestörte = irritierte Urbezogenheit.[4]

Nach diesen Aussagen zu den Hintergründen von Frühstörungen folgen nun einige konkrete Leidensformen und später einige typische Bewältigungsmuster (vgl. Kap. III, 2), je ohne Anspruch auf Vollständigkeit.

---

4   Biblisch ausgedrückt: eine gestörte Beziehung zum Vater und damit auch zu anderen Menschen.

1.3 Hinter den Süchten eine Ursehnsucht nach Spiritualität und Lebendigkeit

Sucht ist verbreitet. Menschen sind süchtig nach Genußmitteln aller Art, nach Arbeit, nach Besitz, Erfolg, nach den Sätzen eines Sektengurus. Immer neue Drogen kommen auf den Markt und bemächtigen sich der Süchtiggewordenen. Trotz vielfältigster Drogenangebote kann die Sucht des Menschen nicht gestillt werden. Nach einer Weile der Ruhe stellt sie sich wieder ein. Das Suchtproblem ist unlösbar, solange die eigentlichen Inhalte der Suche unerkannt sind. Wonach sehnen sich Menschen?

Die Antwort dieses Entwicklungsmodells lautet: nach der Nähe zum ganzheitlichen Sein und nach der eigenen ursprünglichen Lebenslust. Der Mensch möchte zu seiner urtümlichen Heimat, Nahrung, Lebendigkeit und Inspiration finden.

Was gesucht wird, ist aber mehr als eine Regression in den Urzustand: es ist das Angeschlossensein ans Ganze, auch in *finaler* Perspektive. Nicht Auflösung des Ichs, sondern Verbindung zwischen dem Ich und dem Ganzen! In finaler Perspektive hat dieses gesuchte Ganze nicht mehr den erlösungsbedürftig drängenden Charakter, sondern es herrscht ein neuer Friede zwischen Urmännlichem und Urweiblichem. Endzustand, nicht Urzustand! Es muß Thema des Kollektivs werden, eine solche Sehnsucht in ihrer wahren und endgültigen Gestalt zuzulassen und ernstzunehmen. Unsere Gesellschaft trägt als ganze den Stempel der Sucht. So ist auch das Drogenproblem letztlich ein Gesellschaftsproblem.

Nach Schnyder (1992), einem Suchtexperten, der zum Fixer wurde, treiben Drogensüchtige das Konsumdenken, den Lebensgenuß auf die Spitze (S. 267). Es sind aber auch Menschen, die noch spüren, daß unserem heutigen Leben etwas Grundlegendes fehlt. Schnyder beschreibt eindrücklich, was Suchende in die Sucht treibt, und wie mit der Sucht leider die Suche aufhört:

„Am Anfang der Geschichte steht meine Neugier, meine Natur, alles in Frage zu stellen, ... der Wunsch, das Leben noch mehr und intensiver zu genießen, und das Verlangen, Leeren in Kopf und Bauch zu füllen. Allem voran steht aber die Frage nach dem Sinn und Unsinn des Lebens. Die Suche nach dem Woher, Warum und Wohin. Hoffnungen und Träume, welche die Droge teilweise befriedigt, die Sucht aber zerschlagen hat." (S. 12)

Drogen lösen verklemmte Gefühle und Verspannungen, doch keine Probleme (Schnyder 1992, 69). Der Sucht entronnen, frei vom Stoff, stellt sich das alte Problem gleich wieder ein. Am Umstand, daß ganzheitliche Fülle und urtümliche Lebenslust kollektiv und individuell verloren gingen, die Vision des Künftigen aber fehlt, hat sich nichts geändert. Solche Not will ausgehalten werden. Im Einzelfall kann das z. B. bedeuten, jahrelang von der eigenen Sucht und von Suchtmitteln zu träumen, ohne real zur Droge zu greifen. Das innere Süchtigsein will gefühlt und an der Not des abhanden gekommenen Glücks muß gelitten werden. Dazu ein Traum einer Frau:

"Ich bin wieder in meiner Heimatstadt, wo ich eigentlich meine Eltern treffen sollte. Sie sind meine Eltern, und doch ist es, als wären sie Große Mutter und Großer Vater! Ich bin aber noch nicht bei ihnen, sondern in einem Hotel einlogiert. Hier sitze ich in der Bar und höre, was andere Menschen sich von ihrem Glück erzählen. Ich werde eifersüchtig. Sehnsüchtig gehe ich auf die Straße, um meine Eltern zu suchen. Wir haben uns verabredet, aber ich treffe sie nicht an. Erkennen sie mich nicht? Stehe ich am falschen Ort? Erkenne ich sie nicht? Ich bin in Not. Auf weiten Umwegen fahre ich in einem Bus. Immer wieder möchte ich rauchen, Süßigkeiten essen, Wein trinken, und ich mache es auch. Eine alte Sucht erwacht. Zeit vergeht. Ich suche und werde dabei sehr traurig. Wo sind meine verlorenen Eltern? Da kommen sie mir entgegen und spüren, wie traurig ich bin. Sie trösten mich, führen mich nach Hause und haben reichlich Nahrung. Brot, Brot, Brot!"

Eine moderne Variante des biblischen Gleichnisses vom verlorenen Sohn (Lukas 15, 11-32)! Die Not des Schweinehirten in der Fremde, weit weg vom Tisch des Vaters, muß erst wieder eifersüchtig gespürt werden. Dann die bange Frage, kennen sie mich noch? Die Entfernung muß mit ihren Um- und Abwegen wahrgenommen, das heißt nochmals abgefahren werden. Das eigene Süchtigsein will real vor sich selbst eingestanden werden. Trauer und Sehnsucht treiben heimwärts. Dem Suchenden kommt Gott entgegen. Heimkehr wird zum Fest.

Suchtprobleme haben dann Heilungschancen, wenn "der Normalbürger" in sich den "inneren Süchtigen" erkennt und ihn in seiner Sehnsucht nach dem Verlorenen versteht. Je mehr die Stimmung des Kollektivs den Sehnsüchten des Menschen entgegenkommt, umso mehr kann Sucht sich wandeln.

Sucht- und Genußmittel werden wie der Wein und der Weihrauch im liturgischen Gebrauch oder die Friedenspfeifen in Indianerzeremonien seit eh und je rituell eingesetzt. Sie sind heilbringende Wandlungssymbole, sofern in kleinen Dosen konsumiert und in Rituale eingebunden, welche die Beziehung zum Ganzen feiern. Rituell gelingt sowohl die Nähe zum ganz anderen, wie die erneute Abgrenzung. Doch ohne Rituale und ohne eine eigene und kollektive Rückbindung konsumiert, verführen Drogen zum Übermaß. In der Ersatzfunktion werden sie gefährlich.

1.4 Beziehungs- und Gegenüberstörungen: Autismus, Narziß-mus, Bindungsunfähigkeit, Gefühlsarmut, Lebensverweige-rung

Autismus als früheste bekannte Beziehungsstörung kann einem Verharren oder Blockiertsein im atmosphärischen Drin-Sein, in der Beziehung zum undifferenziert Großen gleichkommen. Es gelingt dem Kind nicht, sich aus dieser vor-ichhaften Zweieinheit zu lösen und auf eine bewußtseinsnähere Beziehungsform, diejenige zur Mutter oder ersten Bezugsperson, einzulassen. Folgende Eigenheiten autisti-scher Kinder legen eine solche Vermutung nahe: Autistische Kinder sind häufig sehr musikalisch. Musik scheint etwas vom Wenigen zu sein, das sie überhaupt erreicht. Autistische Kinder könnten in der präverbalen Beziehungsform gefangen sein! Sie können sehr lärmempfindlich sein und z. B. mit unbegreifbarer Panik auf einen Staubsauger, eine zu laute Musik, einen vorbeifahrenden Zug reagieren (vgl. auch Herzka 1978, 35). Auf der anderen Seite fehlt ihnen jedes Maß im eigenen Produzieren von Lärm (endloses Gong- oder Tschinellenspiel, anhaltende schrille Schreianfälle; vgl. Herzka 1987, 34, 84). Lärm ist eine der frühesten Erfahrungen des Numinosen. Sind diese Kinder in ihrem Schreck vor dem Numinosen erstarrt?

Nicht zuletzt muß das Verhalten autistischer Kinder bezüglich ihrer Wahrneh-mung hinterfragt werden. Kehrer (1988) schreibt:

> Viele Untersuchungen der letzten zehn bis fünfzehn Jahre haben ergeben, daß beim voll entwickel-ten autistischen Erscheinungsbild eine Störung der Wahrnehmungsverarbeitung vorliegt. Das Kind kann die sensiblen und sensomotorischen Reize aus der Umwelt und wahrscheinlich auch aus dem eigenen Körper nicht richtig koordinieren; die Synthese, die zum normalen psychischen Funktionieren notwendig ist, gelingt unvollkommen. (S. 24)

In der Sprache des vorliegenden Ansatzes gesprochen, können erschwerende physiologische Faktoren in der Wahrnehmungsweise dieser Kinder den Übergang mit der normalen Wahrnehmungsverschiebung behindern. Doch auch das Um-gekehrte ist denkbar: ein äußerst traumatischer Übergang bewirkt Wahrneh-mungsstörungen. Das große Ur-Gegenüber kann maßlos überfordern! Sind solche Kinder innerlich noch immer dem großen Umfangenden gegenüber und gleichzei-tig in ihm gefangen, weil sie dieses nach wie vor nicht in Einzelfaktoren zerlegen können? So betrachtet, wäre verständlich, daß sie nur mit absoluter Verweigerung reagieren können.

Die Beziehungsunfähigkeit solcher Kinder zeigt sich u.a. im Blick. Dieser geht durch das Gegenüber hindurch oder an ihm vorbei. Der Blick trifft nicht das Vis-à-vis, und das Kind ist auch selber nicht anzutreffen. Anschauen und Ange-schaut-Werden würde die frühen Erfahrungen mit einem Ur-Gegenüber wieder-holen. Im Anschauen und Angeschaut-Werden wird sich das Eigene seiner

Grenzen gewahr. Gerade das fehlt bei autistischen Kindern. Es ist, als müßten sie den Blick der Ur-Augen des großen Gegenübers permanent ignorieren. Sie können deren Aufforderung nach Ich-Werdung nicht folgen. Zu groß war der Schreck in der klanglichen Allmacht drin. Der Schritt vom inneren Hören zum Sehen, vom Drin-Sein im Klang zum Ich-Sein im An-Gesicht eines vorerst großen und dann immer konkreter werdenden Gegenübers gelang und gelingt unzureichend. Dadurch fehlt diesen Kindern aber auch die Botschaft der Liebe und des Gerufenseins: Gerade Augen können einen Menschen in den Weg, ins Leben hineinlieben.

So gestört die Beziehung zum Auge und zu dem dahinter sich verbergenden Gegenüber ist, so wichtig ist gerade Korrektur in diesem Bereich. Nach meinen Erfahrungen mit Frühgestörten verschiedener Art brauchen diese große, verbindliche und anhaltende Liebe, aber auch Konfrontation im Schauen und Angeschaut-Werden. Nur die manchmal äußerste Konfrontation bewirkt, daß Menschen aus ihrem Ignorieren des Ur-Auges herausgeholt werden und sich Ur-Schreck wandeln kann. „Die liebenden Augen" müssen überhaupt erst empfunden, auf sich bezogen und für wahr gehalten werden.

Narzißmus wird hier ebenfalls als Beziehungs- und Gegenüberstörung begriffen. Obwohl im Erscheinungsbild nie so total, sind seine Wurzeln ähnlich tief wie beim Autismus. Statt in die Verweigerung zu flüchten, kapselt sich der Narzißt mit sich selbst und den eigenen unrealistischen „elephantengroßen und zugleich flohkleinen" Selbstbildern ab. Er kreist um sich, hört und sieht sich in den anderen und findet Zugang zu sich über die Bestätigung der anderen. Der direkte körperliche, sensitive Zugang zu sich und die direkte maßvolle Selbsteinschätzung fehlen. Der Narzißt ist zu wirklicher Liebe nicht fähig. Er kann zwar nach außen liebenswürdig wirken, doch nicht aus Interesse am Gegenüber, sondern um Echo zu erhalten. Und schließlich ist der Narzißt, ähnlich dem Autisten, unempfänglich für wirkliche Botschaften anderer und für Liebeszeichen von Mensch zu Mensch. Wo der andere Liebe meint, hört er die Bestätigung seiner aufgeblähten Größe. Und wo der andere Korrekturen und kritische Anregungen anbringt, wird der Narzißt an sein eigenes, mühsam verdrängtes „Floh-Dasein" erinnert. Dadurch erfährt er sich in seiner menschlichen Begrenztheit und Unvollkommenheit nie wirklich als in Ordnung und geliebt. Narzißten glauben den Liebesbotschaften aus der Umwelt nicht, sie sind unersättlich, weil im Tiefsten unerreichbar. Diese Unberührbarkeit hat ähnlichen Ursprung wie beim Autisten: Die Gegenübersituation überfordert! Den Augen des Urgegenübers wird ausgewichen, oder sein Blick wird umgedeutet. Darum ist auch in der Heilung dieses Krankheitsbildes an entscheidender Stelle harte Konfrontation nötig. Erst wenn der Narzißt aufhorcht, kann er Liebesbotschaften tatsächlich auf sich statt auf sein Selbstbild beziehen. Gegenüberstörungen verlangen neue Erfahrungen mit Menschen als Gegenüber und mit Gott, der den Menschen letztlich meint.

Den Narzißten gibt es nicht. Wir alle sind es ein bißchen. Jeder ist an seinem Ort narzißtisch um sich kreisend oder autistisch gefangen und zu wenig offen für die Botschaften von Welt und Menschen. An dieser Stelle sind auch erweiterte Formen von Narzißmus zu erwähnen: Menschen kreisen oft nicht so offensichtlich um sich als Person, stattdessen aber um ihre Zöglinge, ihre Enkelkinder, ihren Hund, ihr Weltbild, ihre medialen Fähigkeiten etc. Sie tun dies (und das ist das Entscheidende!) nicht unbedingt, weil die Kinder, Hunde, Themen etc. diese Anteilnahme wirklich brauchen. Vielmehr weichen sie damit der Begegnung mit einem Ur-Gegenüber, den Herausforderungen des Lebens und des eigenen Unbewußten aus. Sie holen sich indirekt Bestätigung. Eigene Langeweile, Minderwertigkeitsgefühle oder aufgeblähte Selbstbilder werden überdeckt. Statt wie Narziß im Mythos in sich selbst und das eigene Spiegelbild verliebt zu sein, empfinden sie ähnlich für ihre „Produkte". Und dies alles, ohne sich dabei als Egoisten empfinden zu müssen. „Man meint es ja so gut!" Tiefere Beweggründe, Berufungen im Kleinen lassen sich daneben bestens verdrängen.

Narzißmus ist auch eine kreative Weise, mit der frühen Gegenüberstörung umzugehen. Kompensatorisch werden viele Ideen, Fertigkeiten, Kunstwerke entwickelt. Doch stellt sich trotz Anstrengung und äußeren Bestätigungen die Urbotschaft des Gemeint-Seins nicht ein, weil die Seele im tiefsten vom großen Du abgewendet ist. Narzißmus als kollektive Prägung kann nur überwachsen werden, wo seine tiefen Wurzeln in der gestörten Verbindung zu Gott erkannt werden und sich Menschen neu auf ihn als Gegenüber einlassen.

Bindungsunfähigkeit ist heute sehr verbreitet. Menschen begegnen sich, verlieben sich, schlafen miteinander, doch ein verbindliches Sich-Einlassen auf einen gemeinsamen Weg zu zweit fällt vielen schwer. Freiheit in der Liebe ist zu einem Modewort unserer Zeit geworden, kann aber ebenfalls auf eine tiefe Gegenüberstörung hinweisen. In der Bindungslosigkeit wird das Gegenüber ignoriert und wie ein Gegenstand einfach benützt. Indem verbindliche Beziehungen gemieden werden, kann der Konfrontation mit dem Endgültigen, mit dem Tod oder dem Großen Gegenüber ausgewichen werden. Zu sehr würde dies an die absolute Ohnmacht des einst im Werden begriffenen Ichs erinnern. Damals begann es, daß das Eigene Gott als Gegenüber nicht ertrug, seither das Verbindliche in Beziehungen meidet, vielleicht sogar geistig in keiner verbindlichen Haltung anzutreffen ist. Im Tiefsten einer solchen Seele spricht etwas dauernd: „nur das nicht". Das Ausweichen wird zur Grundhaltung der Flexibilität.

Auch solche Menschen bleiben im Grunde genommen unerlöst. Sie verletzen nicht nur ihren Partner oder ihre Partnerin, die sich in solch flexibler Beziehung nie wirklich „gemeint" fühlen. Auch sie selber können nie erfahren, daß sie in der genau sie auszeichnenden Wesensart geliebt sind. Berührungen und Begegnungen bleiben immer im Unverbindlichen. Und trotz der Lustbetontheit kreist auch ihr Leben im Grunde genommen um eine Angst. Solche Menschen bringen sich selbst um die Erfahrung, daß sie als Gegenüber zu Mensch und Gott natürlicherweise stark genug sind, sich selbst zu sein.

Gefühlsarmut: Viele Menschen sind körperlich und/oder seelisch gefühlsarm. Sie fühlen einfach nicht. Das kann im Extremfall soweit gehen, daß ein Mensch sich mit dem Hammer auf die Finger schlägt oder Haare ausreißt (vgl. Green 1987, 47, 148) und immer noch nichts fühlt. Menschen mit Gefühlsarmut äußern z. B.: „Das Leben gestaltet sich wie an mir vorbei." Oder: „Ich muß permanent lachen in Situationen, die überhaupt nicht zum Lachen sind." Auf die Frage nach dem eigenen Befinden weiß man nur, daß die Nase trieft und darum eine Erkältung im Anzug ist oder daß das Wetter häßlich ist. Menschen sehen, wie der Sarg mit dem verstorbenen Freund ins Grab versenkt wird. Doch sie fühlen nichts dabei oder erschreckend wenig. Menschen klagen über die nicht geflossenen Tränen und die nicht vorhandene Freude, die fehlende Kraft der Wut, die mangelnde Lust. Alles erscheint grau, dumpf, leer, nüchtern, farblos, kalt oder nur sogenannt objektiv. Die Welt wird angeschaut, doch man läßt sich selbst nicht anschauen, noch berühren. Sachthemen (Politik, Gartenbau, Kunst...) werden geschäftig und sachlich besprochen. Doch die eigene Person in ihrem eigenen Sein, Befinden und Fühlen ist kein Thema. Bestenfalls kann man andere aufrichtig lieben. Doch Liebe zu sich selber fühlen, von anderen annehmen und das Befangensein inmitten von Gefühlen aushalten, überfordert. Im Krankheitsbild der Magersucht führt Gefühlsarmut manchmal so weit, daß eine junge Frau für andere kochen oder in der Ernährungsberatung tätig sein kann und dabei den eigenen Hunger nicht etwa bekämpft, sondern nicht wirklich fühlt. Die Maschine Körper funktioniert, soweit sie darf und soll.

Gefühlsarmut beginnt nicht erst bei solchen Extrembeispielen. Auch der Manager, der „über die Leichen seiner Konkurrenten geht", leidet an – besser gesagt, zieht seine Vorteile aus – der Gefühlsarmut. Wir alle, die ohne Achselzucken zuschauen können, wie Bäume sterben, Frauen und Kinder im Krieg vergewaltigt werden, wie Kinder im Reagenzglas produziert und alte Menschen statt im Sterbeprozeß begleitet in sterilen Heimen am Leben erhalten werden, sind gefühlsarm. Unsere Umwelt und Zeit macht gefühlsarm. Die Reizüberflutung zwingt zur Eingrenzung der Gefühle.

Was ist Ursache und was Folge? Denkbar ist auch, daß die innere Gefühlsarmut der äußeren Katastrophe vorausgeht und vorausging. Waren unsere Vorfahren in ihrer Moral, ihren dörflichen und familiären Strukturen und in ihren Beziehungen gefühlsreicher? Hatten sie Zeit, Sinn, innere Freiheit und das Bewußtsein für Gefühle und Gefühlsnuancen? Ich bezweifle dies. Gefühlsarmut ist wie Narzißmus Teil unserer kollektiven Prägung. Prägungen schaffen Wiederholungen, in der Hoffnung auf Korrektur. Gefühlsarmut prägt die schreckliche Unmenschlichkeit unserer Welt, wie sie uns Tag für Tag vor Augen geführt wird. Im Leiden an all dem Bedrohlichen dieser Welt, dem keiner mehr entrinnen kann, werden wir zurückgeworfen auf eine bedrohliche Urerfahrung. Heute hat das „überfordernde Gegenüber" für uns das Gesicht von Straßen, auf denen sich keiner mehr sicher fühlt, von Umweltzerstörung und Krieg, von einer hochtechnisierten Zivilisation, die alles Lebendigsein bedroht. Liegt hinter solcher Zeitnot die Aufforderung, weicher und berührbarer zu werden? Gefühlsarmut führt letztlich in die Sinnlosigkeit und Oberflächlichkeit bloßen Funktionierens.

Können Menschen aus ihrer Unfähigkeit zu fühlen herausfinden? Das Gefühlsarme kann nicht durch noch größere Härte überwunden werden. Die innere Not von damals muß erkannt und nochmals gefühlt werden. Durch die harte Schale des Ichs und durch die frühe Vernebelung hindurch muß das Kind von damals in seinem Schmerz, seiner emotionalen Verlassenheit, seiner tiefen Scham oder in seiner äußersten Angst gespürt und geliebt werden. Der Weg der Heilung führt zurück zum Ort, wo Überleben gleichbedeutend war mit dem Aufhören zu fühlen. Die therapeutische Situation bietet den Vorteil, daß jetzt jemand mitfühlt, wortlos mitversteht, mitweint oder vielleicht sogar als erste Tränen abwischen muß. Im Verstehen der Therapeutin versteht sich der Leidende selbst, in ihrem Mitfühlen lernt er ganz allmählich, sich in seinen Gefühlen selbst ernst zu nehmen. Daneben bedarf es auch hier der ernsthaften Konfrontation, damit Betroffenheit überhaupt ankommt.

Lebensverweigerung ist ein weiteres Merkmal von Frühstörungen, auch dort, wo sie nicht als eigentliches Krankheitsbild erkannt wird. Selbstmord oder die permanente Nähe zu diesem Schritt, sind offensichtlicher Ausdruck von Lebensverweigerung. Doch auch dort, wo nur wichtige Teilbereiche des Lebens ausgeschaltet, verweigert, kaltgestellt werden, fehlt häufig das innere Ja zum ich-bezogenen Erleben. Menschen verbieten sich das (gute) Essen, die Lust, das Wohlergehen, den Erfolg, die Liebe und das Geliebtwerden, ja manchmal sogar das eigenständige Denken. In ihrer Seele sagt etwas permanent „nein". Viele verwehren sich genau das, wonach sie sich am meisten sehnen, Liebe, ekstatische Freude, religiöse Tiefe, Wandlung, kindlichen Neuanfang. Sie bleiben in ihrer

Verweigerung gefangen. Ihr Leiden ist für sie selbst und für andere unerkannt und unverstanden. So leiden diese Menschen doppelt: an der Unfähigkeit zu genießen und am Unverstanden- oder Ausgestoßensein. Wie Anna treffend beschrieb, sitzen sie wie Löwen im Käfig. Energien sind gefangen. Die Gitterstäbe werden mit jeder vollzogenen Verweigerung dicker, die eigene miese Situation wird immer beschämender. Niemand darf einen sehen, denn sicher versteht niemand das Bedürfnis nach Selbstzerstörung. Es ergeht ihnen wie dem Panther in R. M. Rilkes Gedicht:

> Sein Blick ist vom Vorübergehn der Stäbe
> so müd geworden, daß er nichts mehr hält.
> Ihm ist, als ob es tausend Stäbe gäbe
> doch hinter tausend Stäben keine Welt.
>
> Der weiche Gang geschmeidig starker Schritte,
> der sich im allerkleinsten Kreise dreht,
> ist wie ein Tanz von Kraft um eine Mitte
> in der betäubt ein großer Wille steht.
>
> Nur manchmal schiebt der Vorhang der Pupille
> sich lautlos auf. Dann geht ein Bild hinein,
> geht durch der Glieder angespannte Stille –
> und hört im Herzen auf zu sein.

Der Mensch hinter den Gitterstäben des Käfigs wartet im Grunde genommen darauf, erlöst, durch seine eigene Verweigerung hindurch geliebt und in seiner Urnot abgeholt zu werden. Vielleicht erhält ihn genau diese unbewußte Hoffnung am Leben.

Wie kann es zur Tendenz der Selbstzerstörung kommen? Sie kann Ausdruck einer uralten Lebensverweigerung sein. Etwas im Menschen konnte angesichts einer totalen Urangst nie richtig im ich-bezogenen Erleben ankommen. Oder das Ja zum Leben wurde durch spätere traumatische Ereignisse zu einem Nein. Trotz halbherzigem Ja ging aber das Ganzheitliche im Übergang verloren. So kommt es zum Zwischenzustand, zwischen Jenseits und Diesseits. Menschen sind dann „erstarrt vor Angst" oder „im Schwarzen verlocht". Alleingelassen im Nichts des Überganges, am Punkt der Ich-Werdung, wo unklar war, was drüben kommt, ob überhaupt etwas kommt, wenn Ganzheitliches losgelassen wird.

Einmal mehr kann nur wiederholt werden: Solche Menschen bedürfen sowohl nachhaltiger Liebe als auch harter Konfrontation. Liebe und Lust, die ins ich-bezogene Leben verführen, Konfrontation, die das Erstarrtbleiben durchbricht. Eine solche Konfrontation liegt beispielsweise in der mit Respekt ausgesprochenen Tatsache, daß der Leidende im blockierten Zustand verharren darf. Entscheidende

Provokation in meinem eigenen Leben war die Traumbotschaft, „unheilbar krank zu sein" (vgl. Anhang). Zur äußersten Erfahrung für Patientin und Therapeutin wird, angesichts einer Selbstmorddrohung, die Respektierung selbst dieser letzten Freiheit.

Konfrontation und Liebe allein genügen nicht. Heilungssuche führt in eine spirituelle Dimension. Es gehört zu meiner persönlichen Erfahrung, daß die hinter aller Verweigerung liegende Urangst in ihrer Totalität zuerst neu lebendig werden muß. Die Frage, warum das Schlimme damals wie heute überlebt wurde/wird, muß gestellt werden. Was in Dir wollte trotz allem leben? Wo in Dir hat es nicht aufgehört zu hoffen? Was will noch aus Dir herauskommen? Erst im nachfühlenden Durchstehen der geradezu apokalyptischen Not und in der völligen Offenheit für Antworten konstelliert sich das Neue, Erlösende, z. B. eine innere Stimme, die sagt: ‚Ich will, daß Du lebst, überlebst, aus Deiner Hölle auferstehst'. Es ist, als wäre etwas vom Auferstandenen – damals wie heute – plötzlich da, „der neue Christus", auch „der grüne Christus" (vgl. Riedel 1985b). Solche Erfahrungen können nie willentlich gemacht werden, sie gehen durch den Menschen hindurch und müssen auch eingebettet sein in eine ehrfurchts- und liebevoll begleitende Umgebung.

2 Bewältigungsmuster und das indirekte Leiden

Bewältigungsmuster oder Abwehrmechanismen dienen dazu, eine frühe Not einzudämmen (vgl. Kap. II, 3.5.6 und 4.6). Weil aber das Problem nicht gelöst, sondern nur verschoben ist, leiden Menschen jetzt an den Folgen ihrer Abwehr. Dazu einige typische Konkretisierungen.

2.1 Bewältigungsmuster ‚Schuld', die geregelte Vergebung und der gebeugte Mensch

Sind Schuldzuweisung und Schuldübernahme Bewältigungsmuster? Wofür? Weshalb? Schuld wird mit verwerflichen Handlungen in Zusammenhang gebracht. Gerichtsprozesse sind abgeschlossen, wenn Schuld bewiesen und dem Schuldigen die Strafe zugesprochen worden ist. Gilt ähnliches auch für „Seelen-Prozesse"?

Wo Erklärungen und Schuldige gefunden sind, ist auch im seelischen Prozeß etwas abgeschlossen: der Mensch ist dem grundsätzlich Unguten in und um sich nicht mehr einfach ausgeliefert und muß sich nicht mehr grundlos schämen (vgl. Kap. II, 3.4.15). Das Ich erkennt klare Ursachen und hat Verarbeitungsmöglichkeiten gefunden. Es meint, darüber zu stehen.

Doch die Not ist nur verschoben. Das uralte Machtproblem hat nur ein neues Gesicht, und die Machtinhaber haben neue Namen bekommen. Menschen sind nicht mehr dem Numinosen und der eigenen Scham/Ehrfurcht, dafür umso mehr den Regierenden, Arbeitgebern, Kirchenoberhäuptern, Gesetzen und der öffentlichen Meinung ausgeliefert. Das Bewältigungsmuster Schuld stempelt den Betroffenen zum Schuldigen und gibt dem Kollektiv und einzelnen Positionsinhabern die Macht in die Hand, Schuld zuzuweisen und von Schuld zu befreien. Mehr noch: ihnen ist die Macht über die größten Ängste der Menschen anvertraut! Der Mensch wird dadurch gerade entmündigt und manipulierbar statt frei. Gewaltinhaber erhalten fast numinose Größe und sind zum Machtmißbrauch verleitet. Wer kann in solch überhöhter Position der Versuchung des Machtrausches und der Chance, eigene Ohnmachtserfahrung zu verstecken, widerstehen? So bedeutsam das Bewältigungsmuster Schuld für unsere Kultur ist und war (vgl. Sündenfall), so häufig begegnen wir gerade im jüdisch-christlich-islamischen Raum dem Machtmißbrauch.

Besonders tragisch empfinde ich dies im Fall der institutionalisierten, d.h. der „geregelten Vergebung" (zur Vergebung vgl. Drewermann 1989, 200-204 und 1992, 21f). Zum Machtinstrument verkommen, ist sie ihrer heilenden Wirkung beraubt. Vergebung kann – z. B. eingebettet in Rituale – Wunden heilen und innere Umkehr in die Wege leiten. Sie kann Suchende erfahren lassen, daß die Liebe einer Großen Mutter trotz menschlichen Versagens und der je eigenen Schuld ewig währt. Urängste und damit auch unverständliche Schuldgefühle könnten durch neue Ganzheitserfahrungen der Gnade von innen heraus relativiert werden. Statt dessen ist die institutionalisierte Vergebung käuflich oder von Autoritäts-gläubigkeit abhängig gemacht worden. Sie erfolgt, bevor die ganze Tragik eines zugefügten und erlittenen Leides zum Ausdruck kommen durfte oder darf. Echte Umkehr wird so gerade unmöglich gemacht statt herbeigeführt. Der Schuldige bereinigt oberflächlich sein Gewissen, ohne wirklich anzuschauen, was verbrochen wurde. In der Tiefe lebt etwas aber weiterhin aus dem Gefühl, nur ja nicht hinschauen zu dürfen, weil das wahrhaft Erlösungsbedürftige verdeckt geblieben ist. Welch doppelbödige Moral des Unerlösten!

Das Bewältigungsmuster Schuld hält Menschen nicht nur äußerlich, sondern auch innerlich unfrei. Es ist, als seien die Machtrepräsentanten der Außenwelt im Inneren der Seele an die Stelle des Numinosen getreten. Das Über-Ich wird zur verinnerlichten Autorität. Das Über-Ich nach S. Freud entsteht bekanntlich über die Verinnerlichung von elterlichen und kulturell vorgegebenen Geboten und Verboten. Nach dem vorliegenden Modell hat das Über-Ich weit ältere Wurzeln: die kindliche Angst vor den machtvollen Eltern ist ihrerseits schon genährt durch die noch ältere, archaische Urangst vor dem Numinosen. Gerade wo einst das Numinose gewaltig und die Urangst vor ihm groß war, erhalten Eltern, Lehrer und ihre Gebote einen unausweichlichen Stellenwert. Statt an existentiellen Äng-sten leidet der Mensch dann an verinnerlichten Verboten und erdrückenden Schuldgefühlen, die ihrerseits wiederum nicht gefühlt werden. Über-Ich-Gebote verbieten die Bewußtwerdung und den Weg in die verantwortungsbewußte Mün-digkeit. Das kann im konkreten Erleben soweit gehen, daß Menschen im Alltag oder im Traum ein Verbot fühlen aufzublicken, Fragen zu stellen, eine eigene Meinung zu haben oder gar verzweifelt zu sein.

Das Leiden am Bewältigungsmuster Schuld kann nur gelöst werden, wo Men-schen neuen Mut finden, sich trotz allem aufzurichten, den Schritt aus dem Schatten ans Licht – sprich Bewußtwerdung – zu wagen. Dazu ein Traum eines jungen Mannes:

„Mit Kollegen zusammen, die dauernd Suchtmittel zu sich nehmen, bin ich in einer muffigen, qualmigen Kneipe. Hier ist ein Verbrechen begangen worden. Wir machen uns davon, auf dem Bürgersteig entlang einer Baumallee. Wir schleichen gebückt von Baumschatten zu Baumschatten und hoffen, geschützt vom Schatten, nicht ertappt zu werden. Wir haben schreckliche Angst vor der Polizei. Als wäre überall, selbst in der Luft, Polizei. Ich weiß, daß ich der Verbrecher bin, weiß aber nicht, worin mein Verbrechen bestand.

Meine Angst ist so schlimm, daß ich es kaum aushalten kann. In äußerster Not wage ich es einmal, die Schatten zu verlassen. Ich trete auf die Straße hinaus. Da sehe ich, daß der Polizist, vor dem ich mich ängstigte, ein gemütlicher Bekannter von mir ist, der selbst auch viel trinkt."

Wo Bewußtwerdung nicht gewagt wird, bedarf es manchmal der Konfrontation mit der Tatsache, daß nicht gewagtes Leben zur größeren Schuld werden kann: nicht hervorgeholte Talente, nicht gewagtes Denken, nicht geleistete Ablösung, das Verharren in Oberflächlichkeit und Kindlichkeit werden zur Schuld des nicht gelebten Lebens und Lebensauftrages. Auch daraus ergibt sich eine atmosphärische Verschattung, in der Generation um Generation unter ihren Möglichkeiten lebt.

Mit der Bewußtwerdung erwacht die *innere Verantwortung* im Gegenüber zu Gott, zur eigenen Menschenwürde, zum Nächsten, zur Schöpfung. Ziel ist nicht Schuldlosigkeit, sondern *Schuldfähigkeit, verantwortete Schuld.* Das Aushalten dessen, daß Menschen anderen gegenüber schuldig werden, daß jeder gewagte Schritt sich auch als falsch erweisen kann. Schuldfähigkeit heißt Schuld, die war, für wahr halten und stehenlassen, ohne Zwang zu verschönern, zu erklären, noch sich daran zu zerfleischen. Sie Gott anheimgeben! In der Schuldfähigkeit wächst der Mensch über sich hinaus. Das Leben in der ständigen Spannung zwischen Idealem und Realem ist nicht bequem, dafür aber des erwachsenen Menschen würdig. Zur inneren Verantwortung erwacht, können alte Gottes-, Eltern- und Polizisten-bilder, wie in folgendem Traum einer Frau, relativiert werden:

„An einer verhexten Baustelle werden alle Autofahrer gezwungen, den geplanten Weg zu verlassen. Ich bin Fußgängerin, Zuschauerin und werde ebenfalls ‚umgeleitet'. Nun bin ich auf einem runden Platz, inmitten einer großen Menschenmenge, die im Kreis versammelt ist. Alle wissen, hier muß etwas Grausames geschehen. Niemand weiß, worin es besteht. Da plötzlich kommt es mir in den Sinn: in einem Mann vis-à-vis erkenne ich Jesus, daneben seine Freundin, eine sogenannte ‚Drachenfrau'(!). Jesus, seine Freundin und ich haben als einzige je einen Brieföffner aus Elfenbein in der Hand. Ich realisiere mit Schreck: ‚Ich muß Jesus, organisiert von der Drachenfrau und indirekt von Jesus selbst, mittels dieser Brieföffner umbringen. Beide schauen mich mit eindringlichen Augen an. Mir wird übel, ich wende mich ab. Das ist zuviel verlangt.

Da kommt mir der rettende Gedanke: Ich hänge meinen großen Mantel an einen Haken inmitten der Volksmenge und vollbringe kurz und unspektakulär den Mord. Die wütende Menge zersticht und zerschneidet meinen Mantel – mir selbst geschieht nichts."

Im Brieföffner kann unschwer ein Hilfsmittel zur Bewußtwerdung erkannt werden. Das für die Menge Grausame geschieht im Einklang mit der eigenen Tiefe und mit der Botschaft der Augen. Ein zu kopflastiges Gottesbild mußte enthauptet werden.

2.2 Bewältigungsmuster ‚Normalität' und das verbotene Außergewöhnliche

So wie das Bewältigungsmuster ‚Schuld' den Menschen entmündigt, bewirkt das Bewältigungsmuster ‚Normalität', daß der Einzelne sich, genau in dem, was ihn auszeichnet, ‚daneben' empfindet. Zu massiv im Körperbau, zu temperamentvoll, zu schüchtern, zu intelligent, zu wenig up to date! Normal zu sein ist zum Zwang geworden. Und doch gibt es den normalen Menschen nicht. Das Normale kann höchstens negativ definiert werden im Sinne von nicht Auffallen. Der einzelne wird von anderen vielleicht aus Höflichkeit, aufgrund seiner schönen Figur oder wegen des rassigen Autos geschätzt. Aber im Außer-Gewöhnlichen seines Wesens, in seinem je Wesentlichen, in seiner Wärme, seiner Behinderung, in seinem seelischen Tiefgang ist er nicht gemeint, sondern verletzt.

Ist Normalität ein Bewältigungsmuster? Wofür? Einssein, „DrinSein" wird hier als ursprünglicher Zustand angenommen. Diesen zu verlieren, hinterläßt Sehnsucht nach einem neuen Drin-Sein. Statt in ganzheitlicher Ordnung, jetzt in menschlichen Gefäßen, in Gruppen und ihren Normen drin. Doch auch dieser Bewältigungsversuch erweist sich als Trugschluß. So wichtig Normen für das gute Funktionieren eines Kollektivs sind (Verkehrsregeln, Lärmvorschriften, Baunormen), so wenig tauglich sind sie dort, wo es um Wert oder Unwert des Menschen geht. Vergeblich hofft der Mensch über das sogenannt Normale zur Gewißheit zu finden, so, wie er ist, „in Ordnung" zu sein. Auf das Normale reduziert, hat er sein Gesicht verloren! Und – „drin" und vorbehaltlos angenommen ist man in keiner Menschengruppe, sondern nur im Ganzen!

2.3 Bewältigungsmuster ‚Einseitigkeit' und das Leiden am Mittabuisiertsein

Ein weiteres, in unserem Kollektiv bedeutsames Bewältigungsmuster ist die Einseitigkeit. Was an das Ganzheitliche oder was an die Übergangsnot erinnert, wurde/wird ausgesperrt und unterbewertet. Der Kampf zwischen den Geschlechtern, die Zerstörung der Natur, die Diskriminierung der schwarzen Völker, die einseitige Wissenschaftsgläubigkeit, das gemiedene Instinktnahe, das vergessene Schlichte, das belächelte Religiöse sind Ausdrucksweisen eines Bewältigungsmusters!

Nirgends so sehr wie am Thema Einseitigkeit wird deutlich, daß Bewältigungsmuster die Urnot nicht lösen, sondern nur verlagern und dadurch neue Probleme heraufbeschwören. Die fortan gelebte Einseitigkeit wird ihrerseits zum tiefgründigen Leiden! Menschen sind in ihren weiblich-intensiven Seiten, ihrem Dick- oder Dunkelhäutig-Sein, in ihrer Naturnähe oder Religiosität, in ihrer Todesnähe mittabuisiert! Das ist noch schlimmer als einfach „daneben" zu sein. Betroffene erleben die anderen nicht nur „unsensibel" für ihre Situation und Anliegen. Sie lösen schon durch ihr Da- und Sosein in anderen etwas aus, was tief ängstigt. So entsteht im Umfeld dieser Menschen Befangenheit. An ihnen werden gewichtige Projektionen ausgetragen.

Solch unfruchtbare Kämpfe an allen Fronten werden nur überwunden, wenn die hintergründige Dynamik aus dem Übergangsprozeß erkannt und nochmals gefühlt wird. Welches war die Not des werdenden Ichs? Wie kam es, daß das einstig Umfangende einen derart bedrohlichen Charakter annahm, daß fortan alles daran Erinnernde gefährlich wurde? Was alles wurde im Zuge der Verschattung mittabuisiert? Die Not des einst bedrohten Ichs/Männlichen steht der Not des im Zuge der Tabuisierung verwünschten Weiblichen gegenüber. Die Nöte rufen sich gegenseitig geradezu auf den Plan und schaukeln sich hoch: Das einst Bedrohte (Ich/Männliche) verdrängt und macht aus dem anderen (Umfangende/Weibliche) das Verwünschte, und die Wut des Verwünschten verstärkt die Bedrohung.

Aus dieser Spannung wird nur erlöst, wer sich wie die Märchenhelden und -heldinnen auf weite Entwicklungswege begibt und ein Stück Urgeschichte nachfühlt. Zum Frieden kommt es nur, wo alle Betroffenen in ihrer je eigenen Not verstanden werden! Dazu ein Erklärungsversuch auf dem Hintergrund des vorliegenden Modells: *Die Not des Männlichen*, des Ichs, des Weißen hat sich in die aktive Legitimation von Kampf und Macht gewandelt. „Man" fühlt sich auf der Seite des Rechts und darum stark. Man „muß" die Erde untertan machen, Primitiven Entwicklungshilfe bringen, missionieren, Frauen belehren. – Neue Wege fordern die mutige Selbsterkenntnis, daß am Anfang solchen Gewordenseins Angst, Schwäche, Bedrohung standen. Dieses Bekenntnis zur Schwäche soll nicht Anlaß zur Entwürdigung, sondern vielmehr zur Würdigung des eigenen Weges sein. Die Stärke des Männlichen erweist sich im Mut zum Weg. So kann das ich-bezogen Männliche in Mann und Frau aus seinem Prestigekampf und aus der ständigen Abwehr der bedrohlichen Urerfahrung erlöst werden. Das Ich kommt nicht umhin, Urängste zu fühlen, bis sie sich von innen heraus relativieren. So werden Projektionen zurückgenommen.

Anders der Bewußtwerdungsweg des vom Tabu Mit-Betroffenen. Ich zeige dies *am Thema Frau/Weiblichkeit* auf. Frauen – und erst recht das Weibliche im Mann – wurden in den Schatten verwiesen. Ihnen wurden Macht und in gewissen Aspekten sogar Existenzberechtigung abgesprochen. So hatte das Weibliche keine andere Wahl, als tief zu leiden, zu trauern und im Untergrund zu wüten. Auch in der Neubegegnung mit dem Weiblichen steht eine wesentliche Erkenntnis am

Scheidepunkt der Bewußtwerdung: Das Verschattete *ist* als solches nicht böse und furchterregend, sondern *erinnert* an das Große, Intensive, Ewige. Besonders tragisch: Es kann sich im Tiefsten nicht selbst aus seinem Leiden befreien, sondern ist auf den Weg des Ichs angewiesen! Die Ausgrenzung und Verletzung des Weiblichen, Schwarzen, Naturhaften setzt sich solange fort, als das Ich das Beängstigende und Chaotische der eigenen Urerfahrung nicht anschaut, sondern Projektionsträger dafür sucht! Darin liegt die Dauerverletzung der Frau, der Mutter, des weiblichen Geist-Prinzips, des Weiblichen in Mann und Frau. Frauen reden eine eigene Sprache, ziehen andere Schlußfolgerungen. Ihre Not beginnt schon darin, daß sie sich im männlichen Umfeld nicht auf ihre Weise verständlich machen können. Dasselbe gilt für die Not der Eingeborenen, der Tiere! Sie alle sind darauf angewiesen, daß ihr Gegenüber den Weg der Bewußtwerdung wagt, um irgendwann die Sprache des dem Ganzheitlichen Näheren zu verstehen.

Frauen können Wesentliches zu solcher Schattenintegration beitragen, indem sie selbst den Bewußtwerdungsweg gehen. Sie können sich aus ihrer eigenen Einseitigkeit und Fremdbestimmtheit befreien und die Verletzung in ihrer Weiblichkeit fühlen. Sie können darüber erschrecken, wie sehr sie selbst von den Absicherungen des Ichs und seinem patriarchalen System profitieren woll(t)en. Das verhalf ihnen zu einem gesicherten Leben. Sie müssen ihren eigenen Weg – weiblich und männlich zugleich – wagen (vgl. Psyches Weg im Märchen von Amor und Psyche, Neumann 1981). Doch weil angewiesen auf den Weg des Mannes, des Kollektivs, der Kirche, leiden und warten viele Frauen nach wie vor. Sie sind selbstbewußter geworden und müssen hoffen, aushalten und zwischen Macht und Ohnmacht ihren neuen Weg finden. Der Weg des Weiblichen ist Heldinnenweg und Leidensweg[5], alle Frauenstärke eingeschlossen! Weibliche Konfrontation und Autonomie allein schaffen es nicht, die Projektion des Gegenübers zu überwinden! So hilft die Frau sich selbst letztlich mehr, wenn sie sich nicht einfach ins Abseits oder ins Frauenghetto begibt, sondern dem Mann immer wieder im guten Maß zwischen Widersetzung und Einfühlung begegnet. Ihre schwierige Aufgabe besteht darin, einerseits Weiblichkeit als Qualität so einzubringen, daß Männer spüren, was ihnen selbst und der vom Patriarchat geprägten Kultur fehlt. Die Frau muß das Männlich-Ich-bezogene in die Welt der Gefühle hineinlieben. Gleichzeitig aber

---

5 Nach Wöller (1989) gibt es in Mythen zwei Formen der Auseinandersetzung des Helden mit den Chaosmächten: den Drachenkampf und das Sich-verschlingen-Lassen vom Walfisch. ... Der Held der Initiationsriten (ich meine, hier darf auch von der Heldin gesprochen werden), der sich vom Walfisch verschlingen läßt, überwindet von innen her und wird dabei selbst gewandelt, neu geboren. Diesen Weg, der Leiden einschließt, ist Jesus gegangen (vgl. S. 120/121). In diesem Heldenweg kann unschwer der Weg des Weiblichen in patriarchalen Strukturen erkannt werden.

muß sie sich mit Nachdruck und Realitätsbezug in der Welt der Projektionen behaupten. Was hier für die Frau formuliert wurde, gilt ähnlich auch für andere Schattenaspekte. Das von der Verschattung Betroffene leistet selbst Wesentliches im Prozeß der Angstrelativierung.

Neue Wege wollen Frieden. Aus dem gegenseitigen Sich-Anschauen und Fühlen entsteht neue Ehrfurcht vor dem Weg des anderen. Ein Staunen darüber, welch umfassendes Leid über Generationen jahrtausendelang von Mensch und Kreatur ausgehalten wurde.

2.4 Das unverstandene Depressive und der tabuisierte Baum des Lebens

Viel weniger im Gespräch als die Spannung zwischen Mann und Frau, aber nicht weniger bedeutsam, ist die Einseitigkeit zwischen der progressiven und der regressiven Kraft. Die progressive Kraft zählt in der Wertung des Ichs und der ich-bezogenen Gesellschaft um ein Vielfaches mehr als die regressive. Das erschwert den gesunden Umgang mit regressiven Kräften. Das Regressive wirkt aus verwünschter Position. Aus der Sehnsucht nach tiefen Verbundenheiten und der Kunst des Verweilens ist die Lethargie eines undefinierbaren Schmerzes über das Verlorene und daneben eine Grundbereitschaft zur Wut geworden. Hintergrund von vielen Depressionen! Menschen mit ausgeprägten regressiven Tendenzen sind in dieser Welt zu einem Leben unter falschen Vorzeichen verurteilt. Ihre Werte zählen nicht, man verdient sich kein Brot mit Talenten wie: Verbundenheit, Einfühlung, Sinn für das Heilige.

Das wohl ursprünglichste und zentralste Bild für den Ort, wohin regressive Kräfte zielen, ist der Baum des Lebens im Garten Eden. Dem Ich unzugänglich, ist er dennoch da. Muß das Ich sich seiner auf neue Weise annehmen? Ihn vorerst sogar in seiner Not des Abgespalten-Seins kennenlernen? Dazu eine Imagination einer Frau, Mutter mehrerer Kinder:

> „Vor mir stehen die zwei Bäume des Paradieses. Ich zögere einen Moment und entscheide mich dann für den Baum des Lebens. Ich trete zu diesem Baum hin und befinde mich im Schatten dieses riesengroßen Baumes. Herrliches Wetter, eine wunderbare Atmosphäre, summende Insekten und über mir eine Baumkrone voller singender Vögel. Trotz der Fülle der Krone dringt Licht hindurch. Kinder tummeln sich fröhlich spielend unter dem Baum. Ich bleibe im Wurzelbereich (nahe beim Urgrund) und schreite hier unten sehr lang dem Stamm entlang, um den Baum herum. Immer dasselbe. Geht es so lange, bis ich (ein einziges Mal) rundherum bin? Jetzt komme ich plötzlich zu einer Stelle, an der der Stamm verletzt ist. Ein riesiger Spalt geht von oben nach unten durch die Rinde hindurch bis ins Mark. Hat ein schrecklicher Blitz den Baum getroffen? Der Baum ist nicht verkohlt, aber sehr klebrig in seiner harzigen Wunde. Ich weiß, in diesen Spalt muß ich

mich mit meinem Körper einbinden lassen und so ein Stück der Wunde schließen. Ich kann das, ich habe mein Leben gelebt. Aber werden meine Kinder dies auch tun können? Generation um Generation wird sich einmal in diese Wunde hineingeben."

Das Regressive bindet den Menschen in größere Zusammenhänge ein. Sinnerfahrung! Doch als Baum des Lebens ist das Ur-Regressive verletzt, weil gespalten, abgespalten, tabuisiert. Daher „klebrig" (vgl. Bettina, Sommer- und Winterbaum, Kap. II, 3.3.12).

3 ... und die Frage nach der Ganzheit

3.1 Hinter allen Tabus ein zentrales Tabu

Tabus sind sehr alte, verinnerlichte Verbote. Im Tabuzimmer befindet sich das zutiefst Gefürchtete und Ersehnte. Im Tabu geht der Mechanismus des Aussperrens so weit, daß er als solcher nicht mehr wahrgenommen wird und als Selbstverständlichkeit ins Verhalten des Ichs eingeht. Riedel (1985) schreibt:

> „Unter Tabu – übrigens ein polynesischer Begriff – versteht man das Verbotene; das unter so schwerer Drohung Verbotene, daß es in frühen Kulturen überall zu Krankheit oder sogar zum Tode führen konnte, wenn man ein Tabu brach. Daß bedeutet z. B., daß einer sterben kann, allein aus dem Entsetzen und innerer Angst, wenn er ein Tabu gebrochen hat ... auch wenn ihm von außen her nichts Böses widerfährt" (S. 7).

Tabuisierung beginnt nach diesem Modell, bevor ein Ich genügend entwickelt ist und verdrängen kann. Das Tabuisierte mußte, weil dermaßen überfordernd, schon zu Beginn der Ich-Werdung aus dem Terrain künftiger Bewußtwerdung ausscheiden.

Das zutiefst Tabuisierte tritt in Märchen in sehr bewußtseinsferner Form auf, beispielsweise im Spuk, in gefürchteten Geistwesen oder im Teufel, der unter seiner Tarnkappe unsichtbar ist. Äußerst tabuisiert sind auch das Heilige und das Göttliche. Erleuchtungen aus einer unverkraftbaren Tiefe machen „blind" und können nach dem Mythos von Milomaki sogar töten (Drewermann 1991, 22). Eine lernbehinderte Jugendliche äußerte einmal: „Ich sehe einfach zuviel: manchmal Spukgestalten, aber auch sphärische Kreise. Zu meinem Schutz nehme ich lieber Medikamente." Das Tabu schützt vor zu großer Nähe zum absolut Überfordernden. Darin liegt vorerst sein Sinn.

An Tabus kann man sich immer nur Schritt um Schritt annähern. Viele Märchen umkreisen ein Tabu. Oft sind mehrere Generationen von einer Verhexung oder einem Fluch betroffen. Söhne und Töchter einer verzauberten Mutter oder eines mit dem Teufel verbündeten Vaters sind aufgefordert, das anzuschauen, was als das atmosphärisch Verschattete im Raume steht. In Deutungsversuchen von Märchen oder Heilungserzählungen, die vom Teuflischen handeln, wird das Leiden oft vorschnell bis leichtfertig als Folge mangelnder Ablösung oder als ödipale Fixierung dargestellt[6]. Dies scheinen mir zu harmlose Erklärungen für das Namenlose zu sein. Es muß nach tieferen, oft eben wort- und formlosen Zusammenhängen gesucht werden. Vielleicht wurde dem Kind unfaßbar Schlimmes angetan. Oder eine schlimme Traumatisierung wurde durch einen Elternteil von

---

6   vgl. z. B. Drewermann et al. (1985) oder Kassel (1991, 94f, Begegnung mit der Kanaanäerin)

unbewußt zu unbewußt weitergegeben. Solche Generationen übergreifende Verwünschungen werden z. B. wie folgt konkret:

Eine Jugendliche träumte mehrfach, sie käme nicht aus dem Fluch der Mutter heraus. Erst Jahre später kam der Mutter zu Bewußtsein, daß sie als Kind sexuell mißhandelt worden war.

Eine Mutter zweier Kinder kam in der Musiktherapie unerwartet an tiefe Verlassenheitsängste heran. Kaum hörte das Monochordspiel, das in ihr Heimatgefühle ausgelöst hatte, auf, fror sie und spürte vor Heimweh körperliche Schmerzen. Dabei erinnerte sie sich an eine Situation aus ihrer frühen Kindheit. Offenbar hatte sie schon als Kleinkind Heimweh gehabt. Anschließende Träume und Therapiestunden brachten zusätzliche Klärungen: als Säugling mußte sie schreckliche Ohnmachtserfahrungen durchlebt haben. Völlig verlassen, im Stich gelassen, allein!

Kurze Zeit, nachdem diese traumatischen Situationen zutage gekommen waren, äußerte die Frau fast nebenbei, ihre beiden Kinder würden erstmals durchschlafen in der Nacht. Jahrelang habe sie jede Nacht mehrmals aufstehen müssen, denn sie habe es nie übers Herz gebracht, ihre Kinder im Schreien allein zu lassen. – Wochen später bestätigte sie, daß sich das Schlafverhalten der Kinder bleibend normalisiert habe. Sind diese Kinder seither entlastet von der Aufgabe, etwas der Mutter selbst Unbewußtes zum Ausdruck zu bringen?

Eine andere Mutter berichtet, daß das krankhafte, störend aggressive Verhalten des ältesten Jungen sich ohne weitere therapeutische Maßnahme beruhigte, nachdem ihr selbst bewußt geworden war, daß sie als wehrloses Kind vom jähzornigen Vater im Rausch verprügelt worden war.

Nur selten lüften sich elterliche Tabus, während ihre Kinder noch Kinder sind. Häufigere Realität für solche Kinder sind leidvolle Bewußtwerdungswege im Erwachsenenalter.

Bei einer von Brustkrebs betroffenen Frau stellte sich in der therapeutischen Arbeit heraus, daß in ihr ein Thema ihrer Mutter gewuchert hatte, nämlich deren Inzestvergangenheit.

Ein Mann wagte nicht wirklich Mann zu sein, weil er geprägt war durch die von Männern traumatisierte Mutter, welche aber ihrerseits nichts davon wußte.

Eine Frau litt an Depressionen, die als Verstimmungen und Lebensmüdigkeit schon in ihrer Kindheit begonnen hatten. Allmählich wurde deutlich, daß nicht primär sie, sondern ihr Vater in der Zeit ihrer Kindheit suizidal gefährdet war, dies aber damals verdrängte.

Nicht mangelnde Ablösung, sondern das den Eltern und dem Umfeld selbst Unbewußte ist das Problem! Ein Traum einer Klientin drückte dies mit eindrücklich klaren Worten wie folgt aus: „Seit Urzeiten geschieht dasselbe. Du und dein Bruder leiden so stark, weil es erst Euch bewußt wird." Dazu sah die Träumerin ein sich drehendes Rad. Über Träume und Körpersymptome wie Lähmungserscheinungen kam sie allmählich ans Thema ihrer frühen sexuellen Mißhandlung durch den Großvater heran.

Solche Menschen gehen wie die Märchenhelden und -heldinnen den beschwerlich langen Weg, den es braucht, bis ein tief verschüttetes Tabu offengelegt und ausgehalten werden kann. Vorher müssen wie im Märchen „99 Kammern gereinigt", „furchterregende Tiere bezähmt, überlistet oder zum Freund gewonnen" werden. Durchgestandene Wege und Strapazen sind in sich Vorbereitung für die Begegnung mit dem Namenlosen. Hat man sich im Vorfeld bewährt, wird auch dem Äußersten standgehalten. Die innere Stärke nimmt zu mit den Wegerfahrungen. Sie zeigt sich in Märchen darin, daß selbst Prüfungen wie „das Tabu verschweigen", „lügen" oder „den lieben Bruder sterben lassen" nun bestanden werden.

Was verbirgt sich in Tabuzimmern? Je näher ein Tabu an das Wesen von Ganzheit rührt, umso tiefer ist es von aller Bewußtwerdung ausgeschlossen. Tabus einer „heiligen Gemeinschaft", „einer seligmachenden Musik", „einer Göttin in ihrer Drangsal oder im Wandel", „eines verschatteten Aspektes in Gott", „der Teufel" sind viel „heißer" und darum tiefer verschattet als Boten aus dem Grenzbereich wie „Menschen in Tiergestalt oder Hexen", „das Verschmutzte", „Sexuelle", „der Zwerg". Hinter allen Tabus liegt ein zentrales Tabu: Ganzheit in ihren für den Menschen zutiefst überfordernden Aspekten: das Heilige und das Gewaltige, vielleicht auch beides in einem.

3.2 Gottesbilder aus der Zeit bewußten Leidens

Gott holt den Menschen ein. Saulus stürzte, umstrahlt von einem Licht vom Himmel, zu Boden und hörte wie eine Stimme zu ihm sagte: Saul, Saul, warum verfolgst du mich? Er antwortete: Wer bist du Herr? Dieser sagte: Ich bin Jesus, den du verfolgst (Apostelgeschichte, 9, 3-5). Jonas wurde auf seiner Flucht vor Gott vom Sturm eingeholt und anschließend vom Fisch verschlungen. Jakob mußte sich im Kampf am Jabbok einem nächtlichen gespensterhaften Gegenüber stellen. Menschen unserer Tage werden gerade im unausweichlichen Leiden an Gott irre. Sie erfahren Gottes unheil- und heilbringende Allmacht und Anwesenheit. Gott, der leiden, warten und sterben läßt, Gott der auf unerwartete Weise heilt, dem Schicksal eine Wende gibt! Wolfgang Borchert läßt einen Kriegsheimkehrer fragen:

Wer hat dich eigentlich so genannt, lieber Gott?
Die Menschen? ... ja, das müssen ganz seltsame Menschen sein, die dich so nennen. Das sind die Zufriedenen, die Satten, die Glücklichen und die, die Angst vor dir haben.... . Aber ich sage nicht *Lieber Gott*, du, ich kenne keinen, der ein lieber Gott ist.... .
Wann bist du eigentlich lieb, lieber Gott? Warst du lieb, als du meinen Jungen, der gerade ein Jahr alt war, ... von einer brüllenden Bombe zerreißen ließest? ... Wo warst du eigentlich, als die Bomben brüllten, lieber Gott? Oder warst du lieb, als von meinem Spähtrupp elf Mann fehlten? ... Warst du in Stalingrad lieb, lieber Gott ...? ... Ach, du bist alt, Gott, du bist unmodern, du kommst mit unseren langen Listen von Toten und Ängsten nicht mit... du bist ein Märchenbuchliebergott. Heute brauchen wir einen neuen... Weißt du einen für unsere Angst und Not. Einen ganz neuen. ... (entnommen aus Drewermann 1989, 211).

Gottesbilder, die aus bewußtem Leiden entstehen, sind eigentlich Gottesbilder unserer Zeit. Leidende Menschen unserer Tage finden sich wieder in Gottesbildern wie:

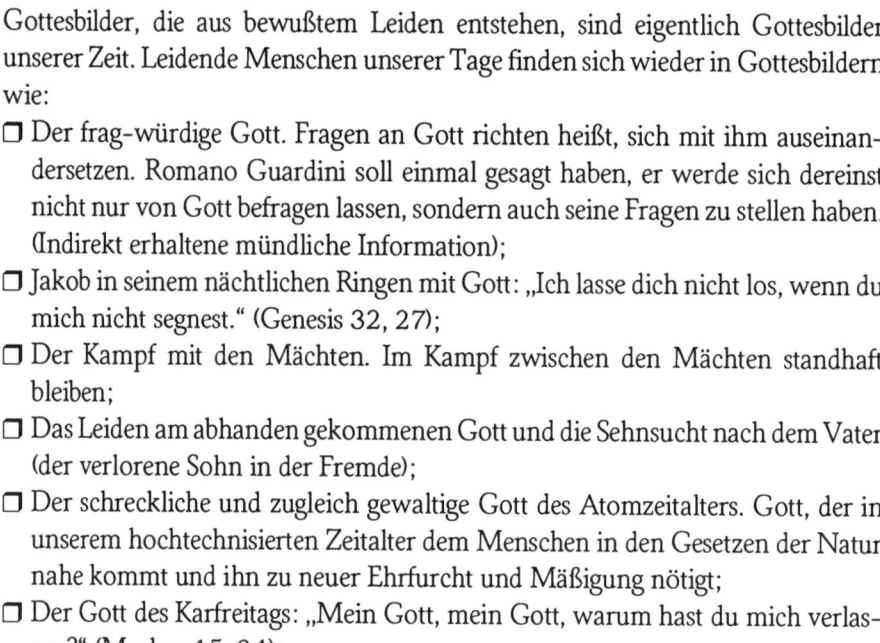

❏ Der frag-würdige Gott. Fragen an Gott richten heißt, sich mit ihm auseinandersetzen. Romano Guardini soll einmal gesagt haben, er werde sich dereinst nicht nur von Gott befragen lassen, sondern auch seine Fragen zu stellen haben. (Indirekt erhaltene mündliche Information);

❏ Jakob in seinem nächtlichen Ringen mit Gott: „Ich lasse dich nicht los, wenn du mich nicht segnest." (Genesis 32, 27);

❏ Der Kampf mit den Mächten. Im Kampf zwischen den Mächten standhaft bleiben;

❏ Das Leiden am abhanden gekommenen Gott und die Sehnsucht nach dem Vater (der verlorene Sohn in der Fremde);

❏ Der schreckliche und zugleich gewaltige Gott des Atomzeitalters. Gott, der in unserem hochtechnisierten Zeitalter dem Menschen in den Gesetzen der Natur nahe kommt und ihn zu neuer Ehrfurcht und Mäßigung nötigt;

❏ Der Gott des Karfreitags: „Mein Gott, mein Gott, warum hast du mich verlassen?" (Markus 15, 34);

❏ Der Gott unseres Schicksals, den wir hinter Zufällen erkennen. Oder dem wir unsere Wut oder Verzweiflung entgegenschreien.

Selbst Wut auf Gott und Verzweiflung an ihm gehören zum Entwicklungsweg vieler Menschen. Wenn es gelingt, auch solchen Gefühlen in der Therapie Raum zu geben ohne zu verschönern, ohne fromme Sprüche oder Umschiffungsmanöver, darf ich immer wieder die Erfahrung machen, daß Wut und Leid nicht das letzte sind. Tragisch, daß Kirchen Wut so wenig zulassen und ernst nehmen! Sie bringen den Leidenden um die Sinn-Erfahrung, daß er gerade durch sein ehrlich gelebtes Leid (dem Wut immer zugehört) dazu beiträgt, daß im Kollektiv Wandlung stattfindet.

IV

Vom Leidensdruck zur Nachreifung

1 Von der Ich-Werdung zur Ganzwerdung

1.1 Das vom Leiden heimgesuchte Ich wendet sich ganzheitlichen Dimensionen neu zu

Leiden können zur Sinn-Erfahrung, Krankheiten zur Chance werden. Durch Nöte hindurch bahnt sich für viele Menschen eine neue Öffnung auf ganzheitliche Dimensionen hin an. Das einseitig Ich-Betonte wird relativiert. Älter werden kann in sich schon Anstoß zur Reifung sein, da dem Tod in der zweiten Lebenshälfte näher ins Auge geschaut wird.

Leidensdruck oder das Näherrücken des Todes drängen zur *Umkehr*. Innerlich gesteht das Ich vor sich selber ein, daß ihm etwas fehlt. So mündet Sucht wieder in Suche, und Bewältigungsmuster werden hinterfragt. Treffender als das Wort Umkehr erscheint mir das Bild der sich erneut öffnenden Spirale. Darin wird ersichtlich, daß sich nach vorn drängende, progressive Kräfte mit den regressiven, welche Ganzheitlichkeit anstreben, finden können: Das Streben gilt nicht dem Urzustand, sondern einem Endzustand neuer Teilhabe und Bezogenheit. Über den Weg des Menschen kann etwas vom unbewußt Ganzen in eine zunehmende Bewußtheit hinein erlöst werden. In kleinsten Dosen kann etwas im Ganzheitlichen Angelegtes vom einzelnen Menschen angeschaut und bearbeitet werden. So mündet das ursprünglich unbewußte Einssein stückweise in bewußte Bezogenheit und Liebe.

Die Wiederannäherung ans Ganze erfordert Mut und Demut zugleich. Mut und Ich-Stärke, um sich auf das ewig zu Große, zu Heiße überhaupt einzulassen! Demut, das Ich in seiner Überwertigkeit und seinen Abwehrmechanismen in Frage zu stellen, etwas davon zu „opfern". Wie ICH dachte, was ICH wollte, wo ICH mich sicher und zu Hause fühlte, was dem ICH Ansehen gab, immer wieder muß etwas, was dieses Ich ausmachte, losgelassen werden. Etwas vom schwierigsten ist das Anschauen der eigenen Lebensgeschichte! Nochmals fühlen, was einst überforderte, verletzte, wie es kam, daß „ICH" so wurde. Umkehr führt nie am Eigenen vorbei, sondern nur durch dieses hindurch! Der neue Weg führt durch die eigene Lebensgeschichte, durch die eigenen Bewältigungsmuster, ja sogar durch das im Zuge des jeweiligen Kollektivs Gewordene hindurch. Er fordert vom Ich die nachträgliche Einwilligung ins eigene Gewordensein, selbst in famliäre und kulturelle Einflüsse. Andere Kulturen können den westlichen Menschen hellhörig machen für das, was ihm fehlt. Es wäre aber ein Trugschluß zu meinen, daß sich über die Zuwendung zum Fremden das Leiden am Eigenen lösen läßt.

Zur Umkehr ein eindrücklicher Traum einer Frau in der Lebensmitte:

„Ich stehe in einem lichten, frühlingshaften Wald. Neben mir liegt ein gewaltiger gefällter Baum wie zum Spalten bereit. Mich befällt ein schreckliches Schuldgefühl: Hier wurde ein Mord an einem Kind begangen, und ich bin die Mörderin. Das Schuldgefühl ist so schrecklich, daß ich nur davonrennen kann, 30 km weit bis zu einer Stadt, in der ich nun wohne. Niemand hat mich erkannt. Nach vielen Jahren treibt es mich, zurückzugehen. Das scheinbar Vergessene läßt sich nicht vergessen. Noch immer der gefällte Baum, noch immer das schreckliche Schuldgefühl! Wieder renne ich fort."

Die Träumerin erwachte und war so voller Schreck, daß sie das Gefühl hatte, so nicht weiterleben zu können. Sie kehrte imaginierend zum schrecklichen Traum zurück:

„Das Gefühl, eine Mörderin zu sein, wird immer unerträglicher. Schlimmeres kann es nicht geben, ich beschließe, zurückzukehren zum Ort der Tat, einfach durch mein Dort-Sein zu bekennen und offen zu lassen, was geschehe. Zu Fuß gehe ich zurück. Jetzt bin ich da in Betroffenheit und Demut, Zeit vergeht. Ich baue hier mit dem immer noch herumliegenden Holz eine Hütte, trauere, warte, lebe. Bisweilen kommen einzelne Menschen, auch die Polizei. Sie erkennen mich, aber weil ich hier sühnend verweile, findet mich niemand ‚gefährlich'. Ich bin in der Hütte daheim und es geht mir gut."

Ihre Assoziation zum ermordeten Kind: „Das ist meine geschändete Naturseele und die im Zuge des Patriarchats vergewaltigte Weiblichkeit. Ich bin dem allgemeinen Zug in die Stadt gefolgt, habe im Leben gemacht, was ‚man' gemacht hat und dabei mein Innerstes verraten."

Jetzt ist die Träumerin aus der inneren Entfremdung umgekehrt und zu sich selbst heimgekehrt.

Zurückgehen zum Ort der ursprünglichen Verwundung heißt auch, *dem Kind wieder begegnen, das man einst war* und das damals vielleicht nicht genügte oder auf schlimme Weise verletzt wurde. Das je eigene Kind muß dort, wo es zurückblieb, nochmals liebevoll abgeholt, umarmt und ins Leben hinein mitgenommen werden. Die kleine Bettina, die kleine Pia, die kleine Anina! Das innere Kind will, daß das erstarkte Ich es endlich versteht, seinen Schmerz von damals mitfühlt, seine Wunden pflegt, seine Reaktionsweise begreift. Das innere Kind, das jetzt endlich erlaubterweise mitleben darf, kann dem erwachsenen Ich helfen, andere Menschen mit ihrem je unerlösten inneren Kind besser zu verstehen, tiefer zu fühlen, zu spielen und zu phantasieren. Gerade es wird kreativ sein im Umfeld der Not, weil damit vertraut und darin gewachsen.

Umkehr führt auch zum Täter in mir. Auch er will in seinen wahren Hintergründen begriffen werden. Aus Leid wuchs Böses oder der Hang, Umwelt böse wahrzunehmen. Friede kann nur einkehren, wo auch das verinnerlichte Böse aus seiner Position befreit wird. Wie kann man mit dem verinnerlichten Bösen umgehen? Was, wenn es nach wie vor nach innen oder außen wütet? Das Märchen vom Rumpelstilzchen (Grimm 1984, Band I) gibt zwei Antworten: Das Rumpelstilzchen kann als das abgespaltene Böse und zugleich Kreative der Müllerstochter betrachtet werden. Gerade dieses versteht es, Stroh zu Gold zu spinnen. Man beachte die außerordentliche Zähigkeit vieler frühgestörter Menschen. Das Böse in uns ist enormes Kraftpotential, es will wie Rumpelstilzchen Anteil haben am Gold unserer Zukunft (vgl. Kindsymbol, das Interesse von Rumpelstilzchen am Kind, am Lebendigen). Dann wird Zähigkeit zur Chance. Das Kraftpotential des Bösen will einfließen in Visionen, die nicht uns selber gelten, sondern einer besseren Welt. Visionen, für die es sich lohnt, das Äußerste an Energie zu investieren. Die zweite Antwort dieses Märchens lautet: Dieser Teil zerreißt sich zu gegebener Zeit selbst. Traummotiv Selbstmord einer Schattengestalt! Dadurch wird das Abgespaltene auf neue Weise teil meiner selbst und steht dem Ich zur Verfügung. Zuvor aber muß das Böse in uns als Rumpelstilzchen erkannt werden, das bedeutet: es kann nur sterben (= sich wandeln), wenn zuvor in seinem Gewordensein gewürdigt. Würdigung im eigenen Bösen ist möglich unter dem liebenden Blick der Großen Mutter, in der Zusicherung, daß auch dem Bösgewordenen in uns diese Uraugen gelten (vgl. Traum. Kap. II, 3.3.9 und 3.3.10).

So wird der Umgang mit dem eigenen Bösen zum äußersten Kampf. „Wie, wie, wie!?" fragte mich Aline bisweilen. Der Kampf beinhaltet nächtelanges Aushalten, Leiden am eigenen Sosein im Wissen um Würdigung und Wandlung und in der Hoffnung auf eine neue Zukunft. Böse Impulse dürfen nicht in die Tat umgesetzt werden. Am einen Tag fällt es leicht, am anderen schwer. Man kann sich selbst einschließlich der bösen Impulse „zuschauen" (= in ständiger Bewußtheit/Wachheit leben!) und dabei wahrnehmen, wie das nicht in die Tat umgesetzte Böse nach einer Weile/am nächsten Morgen/nach drei Tagen abklingt. Erst dann darf die Frage nach konkreter Reaktion, Tat gestellt werden. Solcher Weg ist nicht Schwäche, sondern äußerste Stärke, ein Auf-Sich-Nehmen der Schuld! Dem Täter in uns will Umkehr ermöglicht, das Opfer in uns erhört werden. So finden beide zu ihrer Würde zurück.

Solcher Weg ist Stückwerk. Sehr langsam und in leidvollen Prozessen beginnt das Ich, etwas vom Ausmaß seiner Selbstentfremdung wahrzunehmen. Jedes Stück Bewußtwerdungsarbeit verlangt neue Ich-Stärke, ist neues Wagnis und neue Überraschung. Schritte des Loslassens ins Ungewisse gehen häufig neuen Lösungen voraus. Loslassen – aushalten – neuwerden! Jede Etappe ist Kleinstarbeit und Schwerarbeit! Ganze Weltbilder werden erschüttert, Moralvorschriften geraten ins Wanken, Freundschaften zerbrechen. Der Mensch auf diesem Weg fühlt sich oft mit sich allein. Sein Exil-Dasein wird ihm bewußt.

Und doch wachsen gleichzeitig neue innere und äußere Verbundenheiten. Die neue Öffnung aufs Ganze hin wird konkret in einer neuen Zuwendung zur Natur, zu allem Sein, in einem neuen Körpergefühl, im Zugang zu kosmischen Zusammenhängen, zu meditativer Stille und zum Wissen um den rechten Augenblick (Kairos). Gelebte Gegenwart! Musik wird wieder zur Erfahrung von Raum und Sein, von Not und Geborgenheit; und gleichzeitig bleibt sie dem Kunstschaffenden als Gestaltungsmittel erhalten. Der sich aufs Ganzheitliche hin öffnende Mensch hört auf seine Träume, wird aufmerksam auf Synchronizitäten und kann Außersinnliches stückweise zulassen. Das Psychotische ist nicht mehr gleichermaßen psychotisch. Gott erscheint total anders, außen und innen zugleich unausweichlich. Glauben wird zum Ergriffensein von dem, was uns unbedingt angeht (Tillich 1952, 62f). Das Gespür für innere und äußere Zusammenhänge schenkt eine neue, ungeahnte Sicherheit. In dem Ausmaß, wie sich der einzelne in den Dienst des Ganzen stellt, erfährt er sich in größere Zusammenhänge eingeordnet, im Wesentlichen gemeint und im Urgrund verankert. Daneben bleibt der Alltag zuweilen schwer. Gnade neben Realität.

1.2 Bettina, Julia, Vera: Die neue Verbindung zum Ganzen

Bettina: „Die neue Nabelschnur"

¾ Jahre sind verflossen seit Bettinas Auseinandersetzung mit dem schwarzen Reich, dem Drachen, dem Tamilen und der schwarzen Frau. Die schwarze Frau, mit der sich Bettina damals zögernd anfreundete, kam ihrer Entwicklung zu Hilfe. Mittlerweile scheint die psychotische Phase weitgehend überwunden zu sein. Im Moment freue ich mich über ihre Fortschritte: Bettina kann mir nun widersprechen und sagt klar ‚nein'. Sie verfügt über einen größeren Wortschatz und findet treffende Begriffe. Und sie ist häufiger ‚anwesend' als früher. Trotzdem wird sie im Alltag zeitweilig von Angst eingeholt. Derzeit hat diese den Namen: „Ich bin ja nicht in Ordnung".

Bettina beginnt die Stunde mit den Worten: „Ich freue mich, daß die Krise weiter weg ist und ich selbständiger bin." Ich bestätige dies und füge bei: „Du hast in vielen kleinen Schritten deutliche Fortschritte gemacht." Wir beide freuen uns!
Fünf Minuten lang spielt Bettina auf dem Gong. Sie findet zu ihrem Gefühl im Bauch, das lautet: „Gott gibt dem Menschen die Sonne auf die Erde. Die Kraft der Sonne spüre ich hier im Bauch. Es ist dieselbe Kraft, die mir aus der Krise half."
Zweimal kurz nacheinander formuliert sie jetzt mit eher unsicherer Stimme: „Ich habe Fortschritte gemacht, bin selbständiger geworden." Sie wartet, als ob sie etwas hören wollte. Ich erwidere: „Spüre dem Grund nach, warum Du das zweimal gesagt hast." Antwort: „Ich möchte Bestätigung erhalten." Ich lobe Bettina, daß sie sich nicht schäme, diesen heimlichen Wunsch auszusprechen und frage dann: „Weißt Du, wann Du das letzte Mal von mir eine Bestätigung erhalten hast?" ‚Ja, vor zehn Minuten." Bettina weiß noch genau, was ich sagte. Ich fordere Bettina auf, jene Stelle im Körper zu erspüren, die das weiß. Dann jene Stelle, die immer wieder Bestätigung braucht. Bettina sucht und spürt. Jetzt hält sie die Hand auf den Bauch und sagt: „Der Bauch weiß, daß ich in Ordnung bin." – Stille – Bettinas Augen sind geschlossen. Nach einer Weile meint sie verlegen

und rot im Gesicht: „Ja... der andere Ort... ist das Herz. Es ist, als würde sich das Herz nicht zu schlagen trauen." Sie flüstert mit vorgehaltener Hand und in großer Scham: „Ich bin ja nicht in Ordnung." Ja, denke ich betroffen, wie oft muß Bettina das erfahren! Bettina fällt aus jeder Norm heraus, selbst aus der Norm der Lernbehinderten! In kaum einer irdischen Ordnung ist sie drin. Ich spüre aber auch, daß ihre eigene Antwort im Bauch mittlerweile so sicher ist, daß sie trägt wie ein Stück festes Land. Ich möchte, daß die Antwort in Bettinas Bauch zum Herzen dringt, und rege an: „Versuche zu spüren, ob Du das, was der Bauch weiß, dem Herzen sagen oder zuführen kannst."

Bettina schließt die Augen. Wieder spüre ich Verlegenheit. Röte steigt in ihr Gesicht. – Stille – „Ich kann das nur ganz still machen", meint sie und hält eine Hand auf dem Bauch, die andere dort, wo sie das Herz spürt. Zwei Minuten Stille – „Wie heißt das, was ein Kindlein hat, wenn es zur Welt kommt? Es ist doch wie eine Schnur?" „Nabelschnur heißt das", sage ich. Ihre Verlegenheit wirkt auf seltsame Weise schön. Sie sagt, mit der Hand vom Bauch zum Herz zeigend: „So eine Schnur habe ich da. Diese Schnur sagt meinem Herzen: Du bist in Ordnung, schlage weiter! – Ich sehe jetzt gelb und orange. Das ist meine Farbe des Vertrauens."

Ich staune wortlos. Nach einer Weile der Stille frage ich: „Genügt Dir die Bestätigung aus Deinem Bauch?" „Ja", meint sie (‚ja im Moment' denke ich). Bettina fragt, ob noch Zeit verbleibe, um auf dem Klavier zu spielen. Ich bejahe dies. Sie geht hin und spielt während einer Viertelstunde ‚Großer Gott, wir loben Dich'.

Dies ist in diesem Buch der letzte Abschnitt zu Bettina. Meine Kontakte zu ihr sind mittlerweile umständehalber abgebrochen. Bisweilen denke ich an sie und frage mich, wieweit es ihr gelingt, daß die neue Lebendigkeit, Denkfähigkeit und das Wissen um die „innere Nabelschnur" nicht wieder im rauhen Klima unserer Zeit und unter dem Gesicht der Lernbehinderung verblassen. Allein schon die Tatsache, wie Bettina die Diskrepanz zwischen ihrem inneren Reichtum und den beschränkten Möglichkeiten in der äußeren Welt aushält, hinterläßt in mir Hochachtung vor ihr.

Julia: Relativierung der Urangst

Urangst wandelt sich am äußersten Punkt von selbst. Wirklich gefühlt, geht sie über in ältere Erfahrungen von Vertrauen. So erlebe ich es immer wieder mit Klientinnen. Ein Beispiel: Julia.

In mehreren Klangreisen sah sich Julia einer plattwalzenden Maschine gegenüber. Einmal hatte die Maschine Nägel, ein andermal war diese zugleich der Rachen eines fressenden Tieres. Jedesmal überkam sie fürchterliche Angst. Nix wie weg! Doch die Szenen spitzten sich zu: sie konnte nicht mehr wegrennen, von allen Seiten kamen Maschinen auf sie zu. Was nun? In einer Stunde gelang es Julia, sich einfach einzulassen. Sie erzählt:

„Die Maschinen rollen auf mich zu, der Körper verspannt sich. Angst! Das Grauenhafte geschieht: Nägel durchbohren mich, alles wird schwarz, Lärm dröhnt über mir (bei objektiv sehr leiser Musik!). Ich meine zu sterben." Julia ringt mit sich. Eine Weile später: „Schlimmeres als permanente Angst kann es nicht geben." Wieder kurze Zeit später: „Nun ist es, als würde ‚es' ins Sterben einwilligen. Mein Körper beginnt sich zu entspannen. Wie erstaunlich, statt Nägel sind hier lauter feine Lichtpünktlein, statt Lärm höre ich sphärische Töne. Wunderbar!" Etwas später:

„Doch ich kann diesen Zustand nicht verstehen, wie schrecklich!" Erschreckt darüber, daß die Verwandlung unverständlich ist, verspannt sich Julia wieder, und schon ist die fürchterliche Maschine wieder da. Julia formuliert selber: „Habe ich Angst um mich, ist alles schrecklich. Lasse ich aber geschehen, ohne verstehen zu wollen, im Vertrauen auf was immer kommen mag, so ist dasselbe ein wunderbarer Zustand."

Vera: „Ich kreise um den Drachen, um Gott, den uralten Turm"

Vera, eine junge Frau, hatte im Traum folgende seltsame Zukunftsvision:

> „ ‚Das Papsttum wird abgeschafft! In allen Altersheimen ist dieser Schritt bereits vollzogen.' Ich höre diese Sätze und gewahre gleich darauf meine Füße. Sie sind in einem Plastiksack voller Eis, selbst Eis-kalt, nackt und pink-rot."

In der Therapie imaginiert Vera:

> „Ich sehe eine große schwarze Wolke. Dreckige Luft. Abgas, welches aber nicht stinkt. Bleischwere Atmosphäre. Spannungen. Unstimmigkeiten. Die Wolke nenne ich ‚Kulturwolke' (vgl. Begriff Schwingungsumgebung!). Sie gefällt mir gar nicht. Sie kommt von rechts. Sie bedroht mich und schlägt auf mich mit einem Hammer ein. Da werde ich sehr wütend. Doch wie sehr ich auch versuche, die Wolke zu schlagen, immer treffe ich nur in die Luft, ins Leere. Die Wolke läßt sich nicht einfangen.
>
> Jetzt wechselt die Szenerie. Ich sehe ein 100 m großes Drachenmaul links vor mir. Ich habe fürchterliche Angst und möchte mich schützen. Ich zittere am ganzen Leib. Ich ziehe mich in Embryonalhaltung zusammen. Da werde ich auch zum Baby und bin ganz nackt. In dieser Gestalt bewege ich mich zum Drachenschlund hin. Plötzlich befinde ich mich innerhalb des Maules und gehe auf den Zähnen herum. Seltsam, die Zähne sind riesengroß und ich bin winzig klein. Die ganze Welt scheint nur aus diesem Drachenmaul zu bestehen. Meine größte Angst besteht darin, dieses Maul könnte plötzlich aktiv werden und mich mit seinen Zähnen zermalmen. Hölle! Schließlich wage ich es, das Zahnfleisch des Tieres zu berühren. Ich gebe ihm einen kleinen Stoß. Mich interessiert, wie das Tier reagiert. Da spüre ich, das Tier reagiert gar nicht, es atmet friedlich. In diesem Atmen drin fühlt es sich an wie in einer Höhle mit weichen Wänden oder wie in der Mutter Erde. Im Atemrhythmus dieses Maules entsteht draußen Sommer und Winter, Tag und Nacht. Jetzt setze ich mich auf die Drachenzunge und ruhe aus. Zeitweilig fühle ich mich geborgen, zeitweilig packt mich Angst. Tage vergehen.
>
> Plötzlich kommt ein Impuls: Ich schaue zum Maul hinaus. Ich kann gleichsam um die Ecke schauen, zugleich innen und außen sein, den Drachen von innen fühlen und neu auch etwas von außen sehen. Da werde ich tief bewegt: der Drache hat sehr traurige Augen! Ich berühre sanft seine Augenpartie, wische die Tränen ab, da wird neben der Trauer des Tieres auch ein wenig Freude in seinen Augen sichtbar. Ich sage dem Drachen, daß ich nun gehen müsse. Er scheint es bereits zu wissen. Mittlerweile zum Kind geworden, ziehe ich den Kindermantel an und gehe. Nur die Füße muß ich bei ihm lassen und bekomme Ersatzfüße." In einer späteren Imagination kehrte Vera zum Drachen zurück, diesmal in ihrer Gestalt als erwachsene Frau. Ihre Füße waren zu goldenen Schuppen des Drachens geworden, Schuppen und doch auch Füße, die ihr zur Verfügung standen, sofern sie immer neu um den Drachen herumschritt! Eine Aufforderung, die Beziehung zum Drachen zu pflegen.

In der Nacharbeit verstand Vera das Bild „um den Drachen schreiten" über die Worte von Rilkes Gedicht:

„...Ich kreise um Gott, um den uralten Turm
ich kreise jahrtausendelang.
Und ich weiß nicht, bin ich ein Falke, ein Sturm
oder ein leiser Gesang."

Von der Urangst – zur guten und doch ehrfurchtgebietenden Mutter Erde! Vom Drachen zu Gott selbst!

Warum aber geschieht der Prozeß erst, nachdem mit der Abschaffung des Papsttums begonnen wurde? Veras Assoziation zum Papsttum: Machtgehabe, Hierarchie und Autoritätsgläugigkeit. In diesen Eigenschaften ist ein Ich auf dem Boden von Urangst geworden: es zeugt von Absicherung statt von Vertrauen. Wo sich, wie bei Vera, Urangst stückweise in Urvertrauen wandeln kann, werden auch Machtkampf und übertriebene Autoritätsgläugigkeit hinfällig. Von innen heraus abgeschafft! Der Weg dahin ist allerdings weit. Urangst ist nicht nur bei Vera ausgeprägt: Wie viele bekommen beim Gedanken, das Papsttum in seiner heutigen Form könnte eines Tages abgeschafft werden, vorerst noch kalte Füße ...

1.3 Symbol des aufs Ganze hin offenen Menschen: die Jungfrau

Was häufig in Mythen und Märchen aus der Gewalt des Drachens befreit wird, ist die Jungfrau, das Jungfräuliche im Menschen. Die Jungfrau ist Bild einer Haltung, nicht einer Ent-Haltung (Mulack 1986, 87). Vorerst ist sie Bild für ein noch nicht besetztes empfangsbereites Gefäß, in dem zur gegebenen Zeit neues Leben heranwachsen kann. Symbol künftiger Hoffnung! Weil „nicht mit Menschen und Werten dieser Welt verheiratet", ist sie offen für das Göttliche. Ein Gefäß hält zusammen, hat Form und Begrenzung. Das Jungfräuliche im Menschen zeichnet sich aus durch die Fähigkeit, sich abzugrenzen und durch das Wissen um die eigene Begrenztheit im Gegenüber zum Ganzen. So entgeht das Ich der Gefahr einer Inflation, die an der Grenze zum Ganzheitlichen allgegenwärtig ist. Als mütterliches Gefäß der eigenen Seele ist das Jungfräuliche Ort, wo Prozesse stattfinden können. Eigenes Sterben kann immer wieder zugelassen werden, im eigenen Innern wird daraus zur gegebenen Zeit Neues entstehen. So ist die Jungfrau Gefäß der Wandlung. Im Zeichen des Jungfräulichen kann sich der Mensch mitten in der Hektik unserer Zivilisation auf Stille, Meditation und Träume einlassen.

Das Jungfräuliche zeigt sich manchmal auch darin, daß Menschen träumen, „Maria zu sein". Wer sich nicht auf die äußeren Aussagen zur Lebensgeschichte der Mutter Jesu fixieren läßt, erkennt etwas sehr Stimmiges in den Aussagen „vom Hl. Geist empfangen" und „geboren aus einer Jungfrau namens Maria". Das Jungfräuliche im Menschen läßt sich auf Botschaften aus der Tiefe (Verkündigung durch den Engel) ein. Es begibt sich in den Berührungsbereich zum ganz anderen (Geist wird Dich überschatten). So wird es zum Inbegriff einer Haltung, in der Ich-Stärke und Offenheit auf das Ganze hin zusammenfinden. Nur dank großer Ich-Stärke kann es sich vom Ganzheitlichen berühren lassen, ohne den Realitätsbezug zu verlieren. Es kennt bereits die Mächte und Gefahren der Unterwelt, ist wie im Mythos sogar aus den Klauen des Drachen selbst befreit worden. Andererseits braucht es die Ich-Stärke auch, um das Empfangene in sich wachsen zu lassen, zu schützen und zur gegebenen Zeit in die Welt zu entlassen. Das Jungfräuliche läßt sich nicht an Konventionen binden, sondern ist in sich autonom. So verbinden sich im Symbol der Jungfrau innere Freiheit und Verfügbarkeit.

Konkrete Träume, hinter denen das Motiv der Jungfrau erkannt werden muß, sprechen von Motiven wie:
- Das zugleich starke und schwache Gefäß;
- Die viel zu große Aufgabe, die die Träumerin annimmt, sich aber gleichzeitig auch abgrenzt;
- Gott/Geist bricht ein, vergewaltigt. Das Numinose wird hinter ganz konkreten Einbrechern/Vergewaltigern gefühlt, der Einbruch wird trotz aller Numinosität als nicht verletzend erfahren. Gott bittet um Einlaß;
- 10 000 Bienenstiche;
- „Durch dich wird Karges wieder grün." „Aus Karfreitag wird Ostern."

Nach einem Traum zum Symbol der Jungfrau, der spätestens in der therapeutischen Nacharbeit zur Gotteserfahrung wird, spüren Betroffene zwar die Unbedingtheit einer zu erfüllenden Aufgabe, fragen aber wie Maria nach der Konkretisierung: „Wie soll das geschehen!" „Was muß ich jetzt tun?" „Was heißt das in meinem Leben, was für meine Zukunft?" „Wie verbinde ich das mit Mann und Kind?" Antworten entstehen im gleichzeitigen Warten und Dabeibleiben.

1.4 Künder des Neuen in Symbol und Musik

Symbole „verkörpern" Kräfte, sind Träger von inneren Energien. Welche Symbole wollen Integration durchsetzen?

Ein *Vogel*, ein Rabe vorerst, sucht, im Mythos von der Arche Noah, nach Land. Die Taube bringt dann die Botschaft des Neuen. Ihre Botschaft heißt: Land in Sicht. Gott hat Friede mit den Menschen geschlossen und wird dies in einem Bund besiegeln. Die Taube ist auch Botenvogel der altorientalischen Liebesgöttinnen. In der Taube des Hl. Geistes tritt die Liebesbotschaft Gottes an den Menschen heran. Die Sprache der Vögel zu verstehen und aus der Vogelperspektive zu sehen, bedeutet, an etwas dem Ganzheitlichen Nahes angeschlossen zu sein. Schwarze Vögel werden bisweilen als Todesboten verstanden. Beim genaueren Hineinfühlen wird aber spürbar, daß es (nur) um das Ende der Vorherrschaft des Ichs geht. Vögel leben in der spirituellen Dimension von Luft und Phantasie, auch die „Vögel des Phantasten". Vögel möchten fliegen. Vom Flügellahmen zum Beschwingten!

Menschen träumen bisweilen von *Engeln*, von Geistwesen als Boten Gottes; oder sie hören im Traum eine besonders klar sprechende Stimme. Engel beschränken sich symbolisch nicht auf die Bedeutung des Schutzengels. Drewermann (1988a) deutet die Begegnung mit dem Engel als ein Innewerden der geheimen Führung des eigenen Wesens. Für ihn ist der Engel Wesensbild, Urgestalt der eigenen Person. Im Bild des Engels redet Gott in der Gestalt der eigenen Wesenstiefe zum Menschen (vgl. S. 509f). Das heißt, daß es der innere Engel ist, der sich darum bemüht, daß das im Wesensentwurf Angelegte nicht verfehlt wird. Er tritt dem Menschen aus tiefstem Unbewußten entgegen, mahnt, warnt, deutet und hält von Schaden fern. Wird er erhört? Anscheinend, um diese innere Botschaft zu verstehen, mußte eine Frau im Traum immer wieder „Englisch" lernen.

In seltenen Visionen kündet gar der *Phönix* die Ankunft des Mächtigen an. Er braust wie ein Düsenflugzeug oder kommt als Sonnen- und Aschenvogel. Im Traum einer Frau, die real vor einer schwierigen Aufgabe stand, „suchte der Phönix eine Landefläche bei den Menschen". Der Phönix kann verbrennen und erneuert sich periodisch selbst, indem er aus der eigenen Asche aufersteht. Er kündet Prozesse von Stirb und Werde an, vor allem aber, daß Gott – das äußerst Numinose – mit im Spiele sei. Da ihn die Außenwelt im Diesseits nicht sieht, ist er nicht Bote zwischen zwei Welten, sondern ganz aus der Dimension des Jenseits.

Das *Feuer an der Grenze* steht nicht nur für die Abgrenzung. Es symbolisiert die Grenze zu den heiligen und zugleich gefährlichen Bezirken Gottes und repräsentiert selber ein Stück der ganzheitlichen Energie. Vor dem Feuer gilt es sich zu schützen, zu verhüllen, doch im Feuer kann Erstarrtes auch zum Fließen gebracht werden. Wenn das Ich seinen Weg in die Gottferne gegangen und dabei erstarkt, aber auch erstarrt ist, so bietet sich ihm das Feuer als äußerste Möglichkeit zur Läuterung und Wandlung an (Reinigungsfeuer, Fegefeuer). Das Feuer spendet neue Energie und will als Träger der göttlichen Substanz in Kleinstportion aus dem Drachenschlund mitgenommen werden. Im heiligen Bezirk können Urbotschaften des erlaubten Seins zurückgeholt werden.[1]

---

1   Vgl. Drewermann (1985): Deutung der nackten Füße in der Berufungsgeschichte Mose (Begegnung mit dem brennenden Dornbusch) (S. 386).

Die Traumgestalt des *Jugendlichen* scheint mir zuweilen ,Träger der Visionen der eigenen Jugendzeit' zu sein. Jugendzeit ist nicht nur Krisenzeit, gerade der Jugendliche spürt die wirklich ernst zu nehmende Not der Gesellschaft und Schöpfung. Der Jugendliche in uns findet, notfalls über Rebellion, aus der Begeisterungslosigkeit heraus in eine tiefere Sinnsuche hinein.

Auch die *Spinne* will letztlich Integration, gerade dort, wo sie als Mandalabild erscheint. Aus der Sicht des Ichs ist sie ein umgarnendes, blutsaugendes, lauerndes Muttersymbol. Eine Träumerin beschreibt, eine Spinne komme nachts wie ein schreckliches Ungeheuer aus der schwarzen Sonne herab. Die Spinne ist in der Tat ungeheuerlich, treibt an die Grenze des Wahnsinns oder hält gefangen. Sie kann erst vom starken Ich als positive Helferin erfahren werden und ist dann sinnstiftende Schicksalsspinnerin. Sinn erschließt sich immer erst im Nachhinein! Erst wo Wege schon fast durchgestanden sind, darf die Spinne im Traum offenbaren, daß sie in den Wahnsinn trieb, nicht um das Ich zu plagen, sondern um es an das dahinterliegende Ganzheitliche anzuschließen. Das durchgestandene Leid wird auf eine hintergründig wirksame Kraft und Ordnung durchsichtig, was im Spinnennetz wunderbar zum Ausdruck kommt.

Zur Bedeutung des *Fisches* im Traum hebe ich eine Aussage hervor: Der Fisch erinnert an die eigene embryonale Ausgangslage und stellt so die gefühlsmäßige Verbindung zum eigenen Dasein im Mutterleib, zum Ursprungselement Wasser und zur Nähe des Ganzheitlichen her. Im entzweiten Schwanz oder im aufgeschlitzten Leib kann sich das Leiden am Gespaltensein darstellen. Der im Trockenen zappelnde, nach „Luft" schnappende Fisch greift das Thema Entfremdung – Sehnsucht – Sucht auf. Der stumme Fisch ist Inbegriff eines äußersten, wortlosen Leides, aber auch des Geheimnisvollen. Im Geheimniskündenden ist der Fisch Christussymbol und Zeichen für das heilige Mahl.

Musik kann die ganze Spannweite zwischen Verzweiflung und Hoffnung ausdrücken. Von der Zerreißprobe oder Trauermusik über den Freudentanz bis hin zum glückseligen Verlöschen. Jeder kennt „seine" Musik, die ihn in schlimmen Stunden tröstet und hoffnungsvoll stimmt. Das Spektrum von Musik, das heute in Konzertsälen, Kirchen, Discotheken angeboten wird, umfaßt alles, was Menschen heute bewegt. Musik kann nicht gleichermaßen wie Symbole gedeutet werden, sondern bleibt verschlüsseltes Ganzes. Aussage, die den Bereich des in Worte Faßbaren ergänzt! In der Therapie verliert das Medium Musik an Bedeutung, je eher Worte möglich sind, je bewußter Menschen empfinden. Sie bleibt aber Ausdrucksmöglichkeit für das Unsagbare und macht fühlbar, was ohne sie vielleicht nüchtern bleibt. *In vielen Träumen, die von einer neuen Ganzheitlichkeit künden, erklingt Musik* auf wunderbarste Weise: Dissonanzen finden mit Harmonien zusammen, gregorianische Choräle mit modernem Pop, Alphorn mit

Saxophon, asiatische Klänge mit westlichen. Es ist Musik, die bewirkt, daß die Traumbotschaft der Verheißung Menschen erreicht. Musik ist Stimmung.

1.5 „Wie ist ein Weiterleben für mich möglich?"

Diese Frage stellen mir Klientinnen und Klienten häufig. „Einerseits die Frühstörung, die nicht einfach ausradiert ist. Andererseits meine Grenzerfahrungen, die wie zwischen mir und den anderen liegen. Wie kann ich leben, wenn mir mein Freundeskreis nichts mehr bedeutet? Wie halte ich die vielleicht bleibenden gesundheitlichen Schädigungen, die seelischen Anfälligkeiten, die erhöhte Angstbereitschaft aus? Worin finde ich Gegengewichte? Hat es überhaupt einen Sinn, in diese Welt mit ihren überholten Werten zurückzukommen?"

Grenzerfahrungen sind in der Tat schwer verkraftbar. Die Ich-bezogene Realität erscheint dem Zurück-Kommenden angesichts des ganz anderen sinnlos. Wöller (1989) schreibt treffend: „Das erste Problem des heimkehrenden Heros ist es, daß er nach der Erfahrung der seelenstillenden Vision der Erfüllung die vergänglichen Freuden und Leiden, Banalitäten und lärmvollen Gemeinheiten des Lebens wieder als real betrachten soll" (S. 86). Und doch – soll die Welt ihr Antlitz verändern, braucht sie gerade Menschen, die sich vom ganz anderen berühren lassen und gleichzeitig im Ich standfest sind. Sie braucht Menschen, die die Leiden dieser Welt (= Frühstörungen) kennen und an sich selbst Neuwerdung erfahren haben. Eine neue Welt kann nur durch einen neuen Menschen entstehen (vgl. Dürckheim 1985, 34f), durch ihr Leben und Zeugnis. Mir persönlich und in der Arbeit mit vielen Betroffenen helfen folgende Kerngedanken:

1. Rückkehr gelingt dann, wenn Worte wie Erfüllung, Verheißung, *Vision* nicht nur großartig sein müssen, sondern wenn Berufung auch *im noch so kleinen* erlebt werden darf. Wenn der Alltag auf Sinn hin durchsichtig wird! So wird eine Grenzerfahrung zur Kraftquelle. Der Betroffene steht an anderem Ort, fühlt andere Energie, weiß um seine Sehnsucht. Etwas von der neu erfahrenen Seinsqualität möchte ins hiesige Leben hinein gerettet werden, vielleicht über ein Ritual, über Meditation und eine veränderte Lebensweise. Phasen der Stille, der Besinnung und Beziehung zum Ganzen wollen in den ganz konkreten Tagesablauf/Wochenrhythmus eingebaut sein. Das Ganzheitliche und die dort möglichen heilsamen Erfahrungen sind als Angebot nach wie vor da.

2. Im Alltag, inmitten einer unveränderten Umgebung, bleibt häufig nichts anderes übrig, als vorläufig die Spannung eines *Doppellebens* auszuhalten: Innen ist man dem Neuen verpflichtet, die Realität will gleichzeitig ich-bezogen gemeistert

werden. Und der Umwelt muß in immer wieder zu findender Balance zwischen neuem Geist und altem Realitätsbegriff, zwischen Widersetzung und bewußt gelebter Anpassung begegnet werden. Dazu ein eigener Traum:

„Nach einer abenteuerlichen Berg- und Talfahrt bin ich im Haus, in dem alle Menschen, Tiere und Pflanzen wohnen. Doch die Menschen sehen ausgemergelt und süchtig aus. Auch den verschiedenen Tieren scheint es schlecht zu gehen. Wir können kaum atmen, so schlecht und wütend ist die Luft.

Die Tiere gehen nun in einen Tierraum, ein Kollege und ich folgen ihnen. Wir halten eine Tierversammlung ab inmitten des Notstandes. Alle sitzen im Kreis: Katzen, Hunde, Eidechsen, Käfer, Spinnen, Vögel, Löwen, Schlangen und viele Ratten. Die Tiere singen unglaublich schön das Lied ‚Abendstille überall'. Ich sitze staunend da, bin erschüttert, gehöre dazu, bin drin und doch ich selber, und ich verstehe die Sprache der Tiere. Die Stimmung ist unglaublich schön. Eine blaue Aura umgibt uns. Die Tiere sagen zu mir: ‚Was du suchst, findest du bei uns.' Ich weiß, es dauert eine Weile, bis die große Welt die Tierversammlung begreifen wird. Wer sie bereits, wie ich und mein Kollege, kennt, muß vorerst ein Doppelleben führen: In der großen Welt bestehen und sich aus der Tiergemeinschaft ernähren. Alles Menschenmögliche tun für das Überleben der Schöpfung, der Tiergemeinschaft und ihrer wunderbaren Stimmung."

3. Leben inmitten einer unveränderten Umgebung bedeutet oft *Schweigen*. Tabuisiertes, das von anderen nicht verstanden oder nicht verkraftet werden kann, darf nicht ausgesprochen werden. Dies nicht, um die anderen zu schonen, sondern zum Schutz des Eigenen, um nicht an ihrer Reaktion zugrunde zu gehen. In Therapien tauchen beispielsweise Fragen auf wie: Darf ich dem seinerseits total verdrängenden Großvater mitteilen, daß mir durch jahrelange Symptome und Therapie bewußt wurde, von ihm sexuell mißbraucht worden zu sein? Darf ich meiner Mutter sagen, was ich heute über das in ihr selbst Wortlose weiß und daß ich dies von ihr aufgenommen habe und daran krank geworden bin? Darf ich meinen Berufskollegen mitteilen, daß ich vollständig neue Wege gehe? In solcher Frage begegnen Klientinnen und Klienten häufig dem *Traummotiv des Totstellreflexes*. Sie spüren durch den Traum selbst, daß ihnen nichts anderes übrig bleibt, als vor anderen zu schweigen und gleichzeitig sich selbst gegenüber treu zu bleiben! Würden sie reden, würden sie im Traum erschossen, in der Realität vielleicht kaltgestellt, lächerlich gemacht, ausgestoßen. – Nicht nur über persönliche Bewußtwerdungsschritte, auch über Erfahrungen des zutiefst Religiösen muß häufig geschwiegen werden, da sonst das Geheimnisvolle „profanisiert" wird (vgl. Märchen von Amor und Psyche, in Neumann 1981). Riedel (1985) unterscheidet Märchen, in denen der Tabubruch verschwiegen, bisweilen verleugnet werden muß, von solchen, in denen es darum geht, das Unerhörte auszusprechen. Ob Erlösung im Schweigen oder über das Reden geschieht, entscheidet die Tiefe des Tabuisierten und die Fähigkeit der Umwelt, das Namenlose auszuhalten. In Therapien bitte ich, Träume zu beachten.

4. Erlaubtes Sein bedeutet auch *Erlaubtes Geprägt-Sein*. Dies nicht als Legitimation, um nicht an sich arbeiten zu müssen, wohl aber im Sinne der Freiheit, als der, der man geworden ist, zu leben. Erlaubte Angst, erlaubte Scham, erlaubte Eifersucht, erlaubte Liebe zum Großartigen! All das, sofern auf verantwortbare Weise gelebt. Erst aus solcher Zusage heraus ist es möglich, immer neu über den eigenen Schatten zu springen.

5. Irgendwann, nach langer Arbeit an der eigenen Vergangenheit, nach der Versöhnung mit sich und dem eigenen Gewordensein, tauchen Impulse auf, Träume, die signalisieren, daß nun Vergangenheitsbewältigung übergeht in die Gestaltung einer neuen Zukunft. Dies nicht von außen suggeriert, um Wege der Aufarbeitung abzukürzen, wohl aber als von innen kommende neue Ausrichtung auf das Leben hin. Ich höre heute noch die Worte einer Frau in meinen Ohren: „Ich möchte nicht den Rest des Lebens vom Schlimmen, das war, bestimmt bleiben." Die Aufforderung, den Boden, auf dem sie geworden ist zu verlassen, kam ihr im Traum. Doch auf welchem Grund kann der solchermaßen loslassende Mensch künftig stehen? Einerseits auf dem Boden der eigenen Erfahrungen von Heil und Gnade. Andererseits, wie folgender Traum einer anderen Frau ausdrückt, darf man *nicht zurückschauen*, sondern soll *sich in der Zukunft verwurzeln*.

„Ich sehe meine Agenda vor mir und trage hoffnungsvolle Termine für die nähere und fernere Zukunft ein. – Nun stehe ich vor dem Haus meiner Kindheit. Ich gehe weg, an einem Haus der Demütigungen vorbei, in einen unterirdischen Gang hinein. Ich weiß nur: Ich werde in die Wohnung einer mir bekannten Frau einziehen. Es ist eine Frau, die an mich glaubt! Die Luft hier im Gang ist stickig, kein Tageslicht, ich muß einfach hindurch, hindurch. Da plötzlich stehe ich im Zentrum einer neuen Stadt. Es ist die Stadt der Endzeit. Ich sehe vor mir ein Turmhaus und darin meine zukünftige Wohnung. Ich freue mich riesig und weiß, hier gefällt es mir und meinen Kindern. Nur eines darf ich nicht: zum Haus der Demütigungen zurückschauen!"

6. Nicht zurückschauen, bedeutet *nicht abrechnen*. Nicht recht haben wollen, nicht nach Beweisen studieren, sondern stehen und stehen lassen, sein und sein lassen. Mein Leben leben und anderen das ihre lassen. Susanne sagte, nachdem ihr ein bedeutender Reifungsschritt gelungen war: „Nur ja nicht erklären, warum es jetzt anders ist! Nicht mich rechtfertigen, mir nicht ausdenken, was ich das nächste Mal sagen will, sonst bin ich schon wieder im alten (Bewältigungsmuster) drin! Einfach leben." In dieser Haltung will Zukunft gestaltet werden: im Maß zwischen Ernsthaftigkeit, Verantwortung und Gelassenheit. Biblisch gesprochen ist das ein *Leben im Zeichen des Auferstandenen* und *im Glauben an den Pfingstgeist*. An diesen Geist zu glauben, bedeutet im obigen Traum: der Stimme in mir folgen, die an mich glaubt. In den Worten einer Klientin: „Wenn ich mich seriös auf die Prüfung vorbereite und den Bodenkontakt behalte (= in

der Beziehung zum Ganzen lebe), wird mir geholfen." Oder: „*Er* wird mit anwesend sein, ER wird in schwieriger Stunde aus meinem Munde reden." Es bedeutet ferner, an den Mitmenschen zu glauben, an seinen Weg und sein Geführt-Sein, möge es einem auch unverständlich erscheinen. Mit dem Glauben ist bereits ein Stück Zukunft da. Der Glaube löst zwar keine materiellen Probleme, schafft aber eine neue seelische Grundhaltung des Vertrauens. Ein Glaube nicht aufgrund von Pflicht oder Moral, sondern der eigenen Seele zuliebe! Eine Frau formulierte dies so: „Es genügt nicht, diesen Glauben zu denken, ich muß *fühlenderweise* immer neu darin ankommen, mir Zeit nehmen. Das ist für mich Gebet."

Auch diese Nacharbeit gehört zur ausklingenden Therapie. Sie ist ständige Herausforderung, Rückfälle in alte Probleme, schwierige Gefühle und Reaktionsweisen eingeschlossen. Zeiten, in denen das Neue trägt neben Zeiten, in denen es „zum Verzweifeln wäre". Die Erfahrung, daß das Neue immer stärker wird und länger anhält (!) und die Not – allein schon, weil inzwischen vertraut – absehbarer ist, muß genügen. Der Mensch bewegt sich zwischen äußerster Anstrengung und immer wiederkehrender Erfahrung von Gnade. Indem er sich selbst auf Wandlungsprozesse einläßt und den Schritt nach vorne wagt, kommt ihm Gott und kommt ihm die Welt auf neue Weise entgegen. Herausforderungen im außen und innere Impulse gehen Hand in Hand. Große Not schreit nach Hilfe, und daneben sind innere Antworten einfach so da. In solcher Wegerfahrung zwischen Kampf und erlöstem Dasein sind Begegnungen in therapeutisch begleiteten Gruppen hilfreich. Not und neue Hoffnung finden im gleichen Raum zusammen.

1.6 Gottesbilder einer neuen Zukunft

Neue Menschen brauchen neue Gottesbilder. Neue Gottesbilder bringen neue Menschen hervor. Am Horizont der Gegenwart zeichnen sich Gottesbilder ab, die von einer zunehmenden Reife zahlreicher Menschen zeugen. Gott wird wieder ganzheitlicher und zugleich in einer dem heutigen Menschen entsprechenden Bewußtheit erfahren. Neu sind diese Gottesbilder zwar nur insofern, als wir erst heute (gefühlsmäßig) erfassen, was vor 2000 oder 3000 Jahren ausgesagt wurde. Damals haben nur wenige begriffen. Was Jesus lehrte, ist auf neue Weise attraktiv.

An zukunftsstarken Ganzheitserfahrungen und Gottesbildern wird konkret, wie es möglich ist, daß Ganzheit und das reife Ich zusammenwirken. Wie Übergangsnöte und Urängste in ein neues bewußtes Angeschlossensein ans Ganze münden. Ich denke an:

- Gott/das Ganzheitliche, das dem Menschen vom Ziel her entgegenkommt: der Vater dem verlorenen Sohn, als Kosmischer Christus (Teilhard de Chardin), als Grüner Christus (vgl. Chagall, in Riedel 1985b), als Sophia, die Wohnung unter Menschen sucht (Sirach 24, 7f), für Christen vor allem als menschgewordener Sohn, Christus als letztgültige Wirklichkeit[2]. Der heimgesuchte Mensch findet heim.

- Gott jenseits von Macht, der durch seine Ohnmacht vorerst in seiner Gestalt als Kind, vor allem aber am Kreuz die Gewißheit in die Welt bringt, daß Machtstrukturen und Machtgier nicht das letzte sind. Dies bedeutet ,Auflösung der Erbsünde'. Jenseits von Macht ersteht ein Gott der Liebe und damit eine neue Einheit unter den Menschen.

- Der die eigene Gespaltenheit überwindende Gott. In Träumen moderner Menschen erscheint Gott ebenso dunkel wie hell, gesund wie leidend. In einem Traum eines Mannes war selbst der Gehörnte „eine Gottheit". Im Glaubenssatz „abgestiegen zur Unterwelt" wird Integration darin sichtbar, daß das Verschattete, Untere und damit auch die innere Welt des Unbewußten wieder ins Ganze hineingeholt werden. Die Gottheit, die Konfessionen und Religionen in sich vereint.

- Die Betonung des dynamischen Aspektes im ganzen. Das Zeitalter des Hl. Geistes! Die göttliche Geistkraft bewirkt Liebe, Weisheit, Bewußtheit, Wandlung durch Stirb- und Werdeprozesse hindurch. Ganzheit als prozeßauslösende Kraft.

- Gott, der über die Immanenz *und* die Transzendenz erfahrbar ist. (Vgl. Dialogik, Kap. IV, 3.4)

- Der Gott, der innen *und* außen, im Pantheistischen *und* im Personalen gefunden wird. Der Gott der Mystiker *und* der Denker. Der über Basisgemeinden, Frauen, Dritt-Welt-Länder wiederentdeckte Gott aller.

Auf dem Hintergrund solcher Gottesbilder darf die Bedeutung des Menschen weder über- noch unterschätzt werden. Der Mensch ist und bleibt klein angesichts der Größe und Allgegenwart Gottes. Menschliches Wirken ist losgelöst vom Ganzen nicht verantwortbar (Mißbrauch in Genmanipulation, Atomkraft). Menschliche Macht ist nur dann nicht zerstörerisch, wenn in den Dienst des Ganzen von Schöpfung/Schöpfer und Geschöpf gestellt. Und doch ist der Mensch

---

2 Wöller (1989) weist auf die gleichzeitig notwendige neue Empfangsbereitschaft des Menschen hin. „Eine Theologie der Offenbarung bedarf zur Ergänzung einer Anthropologie des Empfangens, wenn Kommunikation möglich werden soll" (S. 9).

in aller Bescheidung von einmalig großem Wert (Mensch als Ebenbild Gottes, Partner im Neuen Bund).

Inkarniert sich Gott im Menschen? Ist Evolution angetrieben von einem der Ganzheit selbst innewohnenden Drängen nach Bewußtwerdung? Ein Gott, der des Menschen bedarf?

2 Zielzustand ist nicht Urzustand: Was Menschen Sinn gibt

„Was bedeuten diese Dinge und wem dienen sie?" Das ist die Frage, die, so die Gralslegende, gestellt werden muß (entnommen aus Weinrich 1988, 153). Die Frage nach einem letzten Sinn ist die Frage nach Gott. In der Suche nach Hintergründen menschlichen Leidens begegne ich immer wieder der Traumantwort von *einer im ganzen angelegten Spannung, die nach Entwicklung drängt.* Ist es nicht anmaßend, von einem Drängen im ganzen zu sprechen? Ist Gott unfertig?

Teilhard de Chardin[3], Geologe, Paläontologe und Theologe, entwirft ein Bild einer kosmischen Evolution: Allem aufwärtsdrängenden Bewußtsein liegt eine innere Anziehung zugrunde. Sie geht aus von einem ersehnten letzten Ziel und Objekt – Omega/Christus. Die menschliche Energie ist von einer besonderen Art von Strom genährt, von einer „Bewußtseinsspannung", die mehr ist als blind vorantreibender Instinkt. Kein eng zu verstehendes Eingreifen Gottes im Sinn von Fatalismus, wohl aber eine großartige Evolution. Um die menschliche Energie in Gang zu setzen, kann am Ursprung nur diese innere Anziehung stehen, letzte Triebkraft menschlicher Energie. Alle als ein Ganzes begriffenen Bewußtheiten sind von einer Art höherem Bewußtsein „beherrscht, beeinflußt und gelenkt". Es gibt ein Zentrum aller Zentren. Alles hängt mit allem zusammen.

Ich frage: Was macht Ganzheit ganz? Ist Ganzheit im Ursprung identisch mit Ganzheit als Zielzustand? Oder ist es möglich, daß dazwischen ein Weg liegt, Evolution? Mehr noch: daß dahinter ein Drängen nach Bewußtwerdung, ja – mutig formuliert – ein Bedürfnis nach Umwandlung am Werk ist? Wo Schöpfung in Entwicklung begriffen ist, ist auch Ganzheit im Wandel. Ganzheitlichkeit ist nicht Vollkommenheit, sondern Vollständigkeit. Einfach GANZ. Für einen vollkommenen Gott wären Mensch und Schöpfung Spielzeuge, Zufallsprodukte, Nebenerscheinungen. Das – so meine Annahme – kann nicht Hintergrund des gewaltigen evolutiven Bewußtwerdungsprozesses sein. Hingegen wird die Vorstellung einer im Ganzen angelegten Spannung, welche Bewußtwerdung vorantreibt, *zur Sinnerfahrung des einzelnen.* Pia, Bettina, Anina, Esther und viele mehr wollen hören, daß ihr Menschsein mit all seinem Leiden und Aushalten wichtig ist. Nicht nur für sie selbst, für ihre Selbstverwirklichung und ihre Freiheit; sondern wichtig

---

3   Ausführungen entnommen aus Kopp 1961/1967, Teilhard de Chardin 1962/1966, 1948/1973/1975 und Schiwy 1987. Teilhard de Chardin lebte von 1881 bis 1955.

für Mitmenschen, für die Schöpfung und durch all dies hindurch für Gott. Ihr Warum wird zum Wozu. Der Mensch ist Ort, wo Bewußtwerdung geschieht. Er ist als der, der er ist und wird, wesentlich in einem großen Werdeprozeß.

Wer von einem tieferen Sinn hinter dem Leben ausgeht, erfährt sich nur bedingt frei. Eine Klientin formulierte: „Nach jeder Erfahrung aus großer Tiefe wird die Leine, an der ich geführt werde, kürzer." Geulen: „Nur wenn er (der Mensch) freiwillig das wählt, was er unbedingt tun muß, hat er überhaupt einen freien Willen" (entnommen aus Steffen 1982, 25/26). Ohrfeige für den freiheitsliebenden Menschen des 20. Jahrhunderts? Oder Hoffnung, daß menschliche Machtgier und totale Zerstörung nicht das letzte sind? Freiwillige Einordnung ins Ganze statt falsch verstandene Freiheit! Grof und Grof (1990) sprechen von einer stark bewegenden Geist-Kraft und schreiben ihr die „Eigenschaft des Absichtsvollen" zu (S. 105). Gibt es Visionen darüber, wohin ein ganzheitliches Drängen zielt? Was „will" sich durch individuelle und kollektive Bewußtwerdungsprozesse wandeln?

Wenn ich die großräumigen Tendenzen der Entwicklung bedenke, so müßten Antworten etwa lauten: Aus der ursprünglichen Teilhabe wird Beziehung, aus dem Wortlosen der Dialog. Aus dem unbewußten Einssein wird bewußte Liebe[4]. Die Urspannung der ungeschiedenen Gegensätze findet zu bewußten Gegensatzverbindungen. Urkräfte in ihrem verwünschten Zustand drängen nach Erlösung. Gott sucht sich ein Gegenüber; die Göttin in ihrer Verschattung ist selbst zutiefst wandlungsbedürftig[5]. Braucht es hierzu Menschen? Braucht Gott die Schöpfung als Ort eigenen Werdens? Konkretisieren sich Gegensatzverbindungen im und durch den Menschen: in seiner Individuation, in seinen Beziehungen, im Frieden unter Völkern, in der Dialogfähigkeit zwischen Vorgesetzten und Untergebenen, im zärtlichen Umgang mit Natur und Tier?

Mehr als Worte sprechen Traumbilder. Eine ältere Frau berichtet in einem Traumseminar von einem für sie höchst erschütternden Traum, entstanden in einer Zeit harter Schicksalsschläge:

„.... Bald einmal geht es durch ein Tor, hinter dem sich viele fernöstliche Kinder scharen (in der Gruppe gedeutet Unterweltstor). Ich muß wie mich selbst abstreifen, meine Gestalt loslassen. Hinunter geht es durch einen dunklen Gang in eine Halle voll Nebel. Ich bin im Dampf drin. Es ist, als wären die Dämpfe Geister. Jetzt saugt mich etwas wie ein böser Sog fast ein. Mir fällt nur das rettende Wort ‚aussegnen' ein. Ich versuche die Worte des Kreuzzeichens auszusprechen, aber es geht fast nicht. Va-t-er, Sohn, Hei... . Dann bin ich wie aus dem Sog heraus und an der Hand

---

4   Liebe ist nach Teilhard de Chardin (1962/1966) „eine höhere Form der Menschlichen Energie" (S. 196f).

5   Vgl. auch die erlösungsbedürftige Große Mutter in Märchen wie „Von der Schmiedetochter, die schweigen konnte" (Sirovatka et al. 1977), ferner „Die grüne Jungfer" (entnommen aus Kast 1987, 109) oder „Bei der schwarzen Frau" (entnommen aus Riedel 1985, 12).

genommen, von guten Geistern geführt. Schwerelos gleiten wir an verschlossenen Türen vorbei. Zweimal sagt der unsichtbare Führer: ‚Hier nicht'.

Nun bin ich in einem engen Raum mit klarer Sicht. Er ist total ausgefüllt von einer riesigen Hammermaschine. Ich beobachte das Auf und Nieder des gewaltigen Holzhammers, selbst auf einem kleinen Mauervorsprung stehend. Ich frage mich, was geschieht, wenn man unter den Hammer kommt? Um dies auszuprobieren, schiebe ich mit meinem Fuß einen leeren Blechkanister in die Tiefe. Ein Schlag mit dem Hammer, und der Kanister ist plattgedrückt." Kurzes Erwachen. „Ich weiß sofort, das war der Schicksalshammer." (Ich frage: aktivierte intrauterine Befindlichkeiten?)

Ein zweiter Traumteil schließt unmittelbar an den obigen an: „Ich weiß nicht, wo ich bin, höre klare Worte und habe intensive Körpergefühle. Ein Satz ertönt: ‚Das Wesen besteht darin, daß es zwei Spannungen gibt.' Wie um diese Aussage zu verdeutlichen, sehe ich nun meine eigene Hand vor mir mit einer ‚Maßschnur' den Fingerwurzeln entlang. Dazu die Worte: ‚Das ist das kleine Maß.' Es dauert eine Weile und mir ist, als würde mir unsichtbar eine zweite längere Schnur über den Rücken schräg von oben nach unten übers Kreuz gespannt. Ich ‚weiß', das ist das zweite unsichtbare Maß, die zweite Spannung.

Nun ein Bild eines sphärischen Höhenweges. Die Worte, Vater, Sohn, Heiliger Geist, die ich zuvor nicht stammeln konnte, stehen wie Töne im Raum. In einer wunderbaren Melodie höre ich das Amen. Das Glück ist voll."

Erwachend habe ich das Gefühl, als hätten die Höhen und Tiefen Gottes zusammengefunden. Kommentar der Therapeutin in der Traumgruppe: „Das ist zutiefst heiliger Boden!"

Eine Spannung, die sich dem Menschen in je eigener Konkretisierung schicksalhaft „aufs Kreuz" legt? Das kleine Maß oder die kleine Spannung begriff die Träumerin als „handfeste", auch „begreifbare" Spannung. Das Spannungsvolle im eigenen Leben. Doch dieses steht im Zusammenhang mit einer größeren Spannung, die dem Menschen unsichtbar ins Leben mitgegeben ist und übers Kreuz gelegt, auch zum Kreuz des Lebens wird. Der Mensch trägt mit, trägt aus, was im ganzen angelegt ist. Das Kreuz ist dabei einerseits Ort, wo man zentral getroffen werden kann, weil Ort, wo man sich im Übergang einst aufrichtete. Andererseits ist es auch Ort, wo sich Himmel und Erde, bewußt und unbewußt, weiß und schwarz, Mann und Frau, ‚die Höhen und Tiefen Gottes' finden können.

Christoph berichtet aus einer Imagination:

„...Jetzt sehe ich ein bißchen in die schwarze Kugel, ins große geheimnisvolle Zentrum, hinein. Diesmal hat es darin eine durchsichtig hellgrüne Kugel. Diese ist durchzogen von einem Strahl, ebenfalls hellgrün. Der Strahl geht von Pol zu Pol. Es scheint zwei Pole innerhalb des Zentrums zu geben, und wie ich später sehe, auch innerhalb jedes Gegenstandes. *In Bäumen, Menschen, Würmern etc. ist mitten drin eine kleine grüne Kugel mit zwei Polen und einem Verbindungsströmchen.* Jeder Gegenstand ist Abbild der großen Polarität ..."

In einer späteren inneren Reise erfuhr er:

„Diesmal ist das Zentrum ein mächtiger stehender Klang. Daneben höre ich ein feines, spitzes, einsames Tönchen. Offenbar ‚mein Tönchen'. Der mächtige Klang ist nun so laut, daß es mich fast umwirft. Mein kleiner, eigener Ton stützt mich. Er trifft den großen Klang und kann ihn ausgleichen. Mich erstaunt das. Ein alter Weiser, der mich immer begleitet, meint dazu: *Der große Ton will nicht durch alles hindurch und alles übertönen. Er möchte auf einen Gegenton stoßen!* Offenbar soll ich Gegenton sein. Nun wende ich mich dem großen Schall ganz zu und bin gleichzeitig in ihm drin als auch ihm gegenüber. Das Gegenüberstehen ist wirklich schön und macht mich froh."

Eine Frau um 50 träumte:

„Im Kellergeschoß (m)eines alten Hauses stoße ich im Zimmer meiner Tochter auf eine schreckliche Unordnung. Ein absolutes Chaos, durch das ich mich gleichsam hindurchkämpfen muß. Ich stoße vor zu einer Hintertür, die sich in einen Saunaraum hinein öffnet. Mir fährt der Name einer von mir hoch verehrten Frau durch den Kopf. Sie ist hier in der Sauna. Ich sehe aber nur einen Holzrost und darauf so etwas wie ‚ein Häufchen Elend', eingewickelt in ein schwarz-grünes Frottiertuch von unerhörter Leuchtkraft. Ich erschrecke furchtbar und weiß sofort: *Es ist die Göttin selbst im Wandel.* Ich erhalte, ohne zu wissen von wem, den ausdrücklichen Befehl, der Frau kein Wort über das zutiefst Beschämende und Numinose zu sagen."

Eine andere Frau imaginiert zu Klangschalenmusik:

„Über mein drittes Auge bin ich verbunden mit meiner Großmutter. Ich weiß, sie hat mir als Kind in ihrer Verhexung viel Leid angetan. Nun befinden wir uns zu zweit in einem runden Raum. Ein Zaun, bestehend aus Menschen, trennt uns und schützt mich. Ich schließe die Augen, nur das dritte Auge bleibt offen. Jetzt lichtet sich die Szene auf der gegenüberliegenden Seite: Die verhexte Großmutter wird zum Wolkengebilde und dreht sich. Die Drehbewegung spüre ich als Enthexung[6]. Ich bin zutiefst betroffen und weiß: Das ist *die Große Mutter in ihrer Wandlung.* Nun sind zwei Gestalten da. Ich sehe die leibliche Großmutter als Mensch in der Nähe des Zaunes. Die Göttin selber ist nach wie vor geheimnisvolles Zentrum der anderen Raumhälfte. Sie bietet mir eine große, goldene Erdkugel an. Ich schreite auf dieser Kugel und weiß: ‚Dieser Göttin stehe ich zu Diensten.' Ein körperliches Unwohlsein, das mich Wochen begleitete, ist weg."

Ein bewegender heiliger Geist ist zugleich schrecklich und ehrfurchtsgebietend. Darum die immer wiederkehrende biblische Aussage: „Fürchte dich nicht" (Lukas, 1, 13; 1, 30; 2, 10). Neue Ganzheitserfahrung ist für viele heutige Menschen ein Bewegt-Werden vom Geist, wobei beim genauen Hinhören zwischen „guten und bösen Energien" unterschieden werden kann und muß. Eine Klientin nahm plötzlich wahr, daß sie bestimmten Menschen im Zug ausweichen mußte, da „von ihnen eine böse Energie ausgehe." Eine andere formulierte: „Die nächsten Jahre gelten wohl dem Kampf zwischen Gut und Böse. Ich muß aufmerksam sein und nicht zu träge, dann merke ich, wo welche Macht wirkt."

Als Urbild weiblich/göttlicher Geistkraft wird von feministischer Theologie die Sophia, Weisheit, wieder aus der Vergessenheit hervorgeholt. Wöller (1988) schreibt: „Sophia ist weder eine nur himmlische noch nur irdische Gestalt, sie

---

6 Drehbewegungen sind in Wandlungsträumen häufig anzutreffen. Das Verwickelte entwickelt sich!

durchdringt alles" (S. 56). „Von Sophia heißt es ausdrücklich, daß sie sich nur dann in den Himmel und zu den Engeln zurückzieht, wenn sie von den Menschen abgewiesen wird, wenn man ihr eine Wohnung verweigert" (S. 56). Sophia ist nach Wöller göttliche Gastgeberin und Erstgeschaffene vor aller Schöpfung. In ihr wohnt ein vernunftvoller, heiliger Geist, und sie lebt in allem als lebendige Energie.

Die dem Ganzen innewohnende und alles Werden vorantreibende Energie ist der dynamische Aspekt von Gott selbst! Hl. Geist, weibliche wie männliche Urkraft, weibliche Beseelung wie männlicher Drang! Als Geist gestaltet er das Leben mit, inspiriert, motiviert, begeistert, jagt in Abgründe hinein, spendet Kraft und treibt Entwicklung und Bewußtwerdung voran. So wird er gerade für den sich ihm öffnenden Menschen zum Urquell aller Hoffnung auf eine heilere Zukunft.

3 Neue Perspektiven von Heilung und Zukunft

3.1 Heil-werden ist mehr als gesund sein – die Frage nach dem Ziel

Heil-sein ist letztlich Vision! Menschen bleiben immer dahinter zurück. Doch ohne Vision der Heilung bleibt das Leben stehen, einseitig der Lebensbewältigung und nicht auch der Wandlung verpflichtet. Wie jeder Mensch seine eigene Leidensgeschichte hat, so auch seine eigenen Themen im therapeutischen Prozeß und seine ganz eigene Erfahrung von Heil-Werden.

Heil-werden bedeutet nicht nur Vergessen oder Verniedlichung des Leides, sondern *Neuwerden*. Versiegte Quellen können wieder fließen. Das um die immer gleichen Themen Kreisende öffnet sich. Von innen heraus entsteht Lust, das Leben nochmals neu zu beginnen. Eine 75jährige Frau meinte einmal dazu: Es ist nie zu spät! Nicht nur die (Kinder-)tränen, auch die (Kinder-)Freuden fließen wieder (vgl. Freudenbiographie, Kast 1991, 55f). Angst wandelt sich zumindest teilweise in Neugierde.

Im Heil-werden kristallisieren sich neue Schwerpunkte heraus: Leid, das über Macht angetan wurde, kann und will nicht länger mittels Macht besiegt werden. Statt Gegner zu bekämpfen, treten gegensätzliche Positionen miteinander in Dialog. Statt Fragen nach Schuld und letztem Gericht tritt das Gefühl für die eigene Würde. Traumbilder sprechen beispielsweise vom runden Tisch, an dem alle Platz haben und wo jeder auf seine Weise kostbar ist. In äußersten Integrationsschritten finden im Traum selbst Opfer von Gewalt neu mit ihren Tätern zusammen. Auch letztere sind zum Mahl zugelassen, insofern sie nachfühlen, was sie dem anderen angetan haben. Nicht Strafe, sondern Fühlen wird zur Forderung! Und nur im Wissen um Erlösung wird das Fühlen zugelassen. Eine Vision, hinter der Realitäten weit zurückbleiben! Doch ist nicht schon die Vision ein erster Schritt zu einer heileren Zukunft?

Wahre Ich-Stärkung geht immer einher mit Bescheidung, mit Einwilligung in die menschliche Begrenztheit. Sie beinhaltet Abgrenzung vom Inflationären in und um sich herum. Sie strebt Konfliktfähigkeit und Bewußtheit an, statt auf dem Kampf zu bestehen und in der Stimmungsanfälligkeit zu verweilen.

Wohl das Zentralste, da den Ursprung des Leidens überwindend, ist die sich immer wieder erneuernde Beziehung zum Ganzen. Nicht primär Therapie, sondern *erfahrene neue Spiritualität heilt*! Eine Klientin, ehemals Opfer von Gewalt, formulierte das so: In der Therapie tanke ich auf, Konflikte werden mir bewußt,

aber was tief unten (auf den Bauch zeigend) heilt, das sind neue innere *Erfahrungen.*"
Bei ihr waren das Erfahrungen wie: Angst, die sich innerhalb einer Klangreise in
Licht verwandelt. Wut, die – weil endlich erlaubt – zur Kraft wird. Die plötzlich
aufkommende Lust nicht nach Rache, sondern nach Leben. Sie selbst bezeichnete
solche Erfahrungen als „spirituell", weil irrational geschenkt, einfach da. Ein Schritt
zur Heilung mündete bei ihr in einen Traum, der nichts anderes beinhaltete als das
immerselbe Lied: „Von Lieb' bin ich umfangen." (Ganzheitserfahrung B!)

Therapie ist Begleitung, sie führt an den Ort des Leides zurück, an Gefühle heran
und gibt Raum, in dem Betroffene erfahren können, was immer gerade „ist".
Gefühlte (= gefüllte) Gegenwart! Die Therapeutin ist da und übermittelt, was sie
selbst an Urvertrauen spürt. An ihrem Vertrauen wird konkret, daß es dieses Letzte,
auf das der Mensch zählen kann, tatsächlich gibt. Und doch darf auch sie
begrenzter, ringender Mensch bleiben. Heilen kann kein Mensch, sondern nur
etwas, was tiefer greift als alles Leid. Etwas, das in jener Tiefe trägt, die schon vor
der Traumatisierung da war. Therapie wird zum *Ort* der Neubegegnung, doch
wichtigstes Gegenüber, dem in tiefen Erfahrungen neu begegnet wird und an dem
sich Urangst relativieren kann, ist das Ganze. So müssen Psychotherapien gerade
in der Begleitung von früh-geprägten Menschen für religiöse Tiefen offen sein.

Weil jeder Mensch in seinem frühen Drin-Sein ans grundsätzlich Gute angeschlossen war, ist es auch für alle möglich, stückweise zur Qualität des großen Guten
heimzufinden. Das erlittene Leid mag noch so schlimm gewesen sein! Therapie
kann mehr als Symptome bekämpfen! Sie ist mehr als Be-Handlung und Methode.
Sie will und muß im letzten als Begleitung zur Heilung begriffen werden. Selbst
wenn die Wege im Einzelfall immer wieder hinter diesem Ziel zurückbleiben, ist
der Glaube an Heilung wesentlich. Er spendet Mut für den wagnisreichen Schritt
ins Leere. Im Bild von Sperber (1980) gesprochen, baut sich die Brücke, welche es
noch gar nicht gibt, unter dem Schritt dessen auf, der den Mut hat, den Fuß über
den Abgrund zu setzen (S. 22). Dem Menschen im Suchen, im Aushalten, im
inneren Ringen und äußeren Durchstehen kommt die Heilerfahrung entgegen.
Genau dort, wo Schritte ins Ungewisse getan werden, kann plötzlich von innen
heraus große Hoffnung durchbrechen. Wie „es" zuvor tief unten irrational spukte,
erkrankte, zur Sucht trieb, ordnet „es" sich unberechenbar in derselben Tiefe neu
an. Heilung ist immer lang ersehnt und kommt doch unerwartet. Das, worum viele
Betroffene jahrelang gekämpft und vielleicht auch gebetet haben, ergibt sich in
Teilschritten wie von selbst. Alle Heilung ist Gnade. Sie wird überhaupt erst
möglich, wo sich Patient *und* Therapeutin, Kind *und* Eltern auf tiefe Stirb- und
Werdeprozesse einlassen. Dies bedeutet: Loslassen von Bewältigungsmustern und
krankmachenden Lebensweisen, hinschauen, was sich hinter einem Zwang ver-

steckt, auf Flucht verzichten, Nöte aushalten! Die je eigenen Bewältigungsmuster holen einen dabei immer wieder ein. Man erfährt sich immer nur stückweise sich selbst gegenüber ehrlich, nur zeitweise standhaft und im Aushalten stark. Auch Bruchstücke sind Teile des Ganzen. Der Mensch im Aufbruch erfährt Neuwerdung über kleinste Erfolge. Uralte Ganzheitserfahrungen brechen durch und verbinden sich mit neuen und aktuellen Erfahrungen. Mitten im Alltag, in der Natur, in der Atmosphäre eines Meditationsraumes stellt sich das Gefühl ein, in Ordnung zu sein. In der Stimme des Nächsten wird plötzlich das gute Mütterliche empfunden. In seinen Augen wird das ins Leben Rufende geschaut.

Wo der heilsame Kontakt zum Ganzen einmal erlebt wird, muß er immer wieder erneuert werden, ansonsten bricht er wieder ab. Im Nachvollzug von ersten Heilungserfahrungen würde eigentlich der Sinn von religiösen Ritualen liegen. Tragisch, daß Angebote von Kirchen und Institutionen den Menschen in der Regel nicht in dieser Seelentiefe abholen. Auch das ist Vision: eine Kirche, die in ihren Ritualen das Mysterium so umkreist, daß es Menschen ergreift. Menschen, die sich um das Mysterium herum einen. Priester und Priesterinnen, die nicht primär von Gott reden, sondern aus dem eigenen Urvertrauen ins Ganze leben! *Das* hat therapeutische Wirkung. Seelsorge!

Heilung und Therapie geschieht nicht zuletzt innerhalb der eigenen Person im Austausch zwischen dem neu Erstarkten und dem immer noch Verletzten. Das innere Kind möchte in seinen Nachfolgeschäden immer wieder abgeholt werden. Heilungsprozesse sind nie abgeschlossen. Jeder kleinste Schritt in diese Richtung wird zur beglückenden Erfahrung des Heilwerdens. Jeder Teilschritt ist großartig! Um ihn wahrzunehmen und genügend zu würdigen, muß die Heilsvision lebendig sein.

3.2 Vom wortlosen Kinderleid über Musik und Ritual zum Wort – Die Frage nach der Sprache

Der Einbezug religiöser Tiefen in die therapeutische Arbeit setzt eine entsprechende Sprache voraus. Tiefe Seelenschichten sind durch Worte vorerst unerreichbar, es sei denn, es handle sich um „Wirkworte"(Schellenbaum 1990, 28). Das je eigene Kranke muß in seiner Sprache abgeholt werden, ansonsten kommt die Heilsbotschaft nicht an. Das wortlose Kinderleid von damals, welches nach wie vor wortlos weitergeistert, muß in einem nachträglichen Bewußtwerdungsprozeß in den Raum des Erlebbaren geholt werden. Erst wo es gefühlt und verstanden wird, wird es Stück für Stück erlöst.

Was solche tiefe Bewußtwerdungsschritte sind, wurde mir in der Arbeit mit sogenannt lernbehinderten Frauen klar: ein körperlich-seelisch-geistiges Ausbrüten, eine allmähliche Verlagerung von der Musik über Rituale, Bilder, Gebärden, hin zum Wort. Ein immer bewußteres Fühlen, bis endlich Worte gefunden werden!

Musik hinterläßt körperliche Ein-Drücke. Für viele Lernbehinderte wurde genau dies zum Schlüsselerlebnis von Bewußtwerdungsschritten: sie fühlten etwas, wofür sie keine Worte kannten. Manchmal lieh ich ihnen dann Worte aus, das heißt, ich bot Ausdrücke, Assoziationen an (z. B. Tierbezüge, abstrakte Begriffe etc.). Mit Hilfe dieses Angebotes war es Betroffenen häufig möglich, *eigene* Worte zu finden und unzutreffende Vorschläge abzulehnen. Traf ein ausgeliehener Begriff im wahrsten Sinne des Wortes ins Schwarze, so wurde er, für Außenstehende sichtbar, ins Bewußtsein integriert. Selbst abstrakte Ausdrücke wie Aggression, hinterhältig, passiv oder Sätze wie „ich bin irritiert" wurden auf diese Weise begriffen. Die eigens gefundenen oder zutreffend entlehnten Begriffe wurden dann wiederholt, zuweilen 20 mal. Dies nicht als Gedächtnistraining, sondern als Bewußtwerdungsarbeit. Die Begriffe wurden mit geschlossenen Augen, in entsprechenden Körperhaltungen, möglichst im Dämmerzustand des eigenen Geistes ausgesprochen. Dabei ließ ich die Betroffene genau nachspüren, ob der Ausdruck auch nachhaltig stimmte oder ob er sich veränderte. Korrekturen waren ebenso wie Neuerfahrungen jederzeit möglich und erlaubt. Auf diese Weise gefundene Begriffe wurden von den Frauen kaum mehr vergessen. Sie gehörten zu ihrem neuen Wortschatz und wurden später häufig auch in anderen Situationen verwendet. Mehr noch: Mit der Bewußtwerdung einer Energie oder eines Gefühles standen die Energie oder das Gefühl selber konkreter und häufiger im Raum. Die eigene Persönlichkeit hatte emotional und geistig an Profil gewonnen: an Antriebskraft, an vorsichtiger Einschätzung, an Mit-Leiden und Abgrenzung, an Lust oder an Liebe! Es war jetzt mehr vom Wesen der Person und ihrer gegenwärtigen Stimmung zu spüren. Und das einmal erfahrene Leid stand konkreter, nachfühlbar im Raum.

Natürlich dürfen derartige Prozesse nicht zu Manipulationen führen. Im Gegenteil! Es muß trotz der ausgeliehenen Worte erlaubt sein, daß Erfahrungen unbenannt oder intim bleiben. Prozesse auf tiefer Bewußtseinsstufe wie Übergangserfahrungen gehen sehr langsam vor sich. Ganz allmählich, bruchstückhaft, verlagert sich etwas aus dem unbewußten Bereich in einen vorbewußten und vielleicht später in einen bewußten. Wo zur gegebenen Zeit Verbalisierung gelingt, findet eine Persönlichkeitserweiterung statt. Bewußtwerdung ist nicht gleichzusetzen mit dem Lernen von Denkinhalten, sondern mit einem inneren Bewegtsein, mit aufmerksamem Hinfühlen und weiten Wegen! Diffuser Druck wird zum gefühlten Ein-Druck und schließlich zum faßbaren Aus-Druck. Weil innere Wege zurückgelegt werden, fallen einem Worte schließlich wie von außen geschenkt zu.

Musik als jenes Medium, in dem sich Übergang wesentlich abspielte, bietet sich wie kaum ein anderes Medium an, um uralte *Themen neu in den Raum des Erlebbaren zu holen.* Musik erreicht sogar den inneren Säugling und die verinnerlichten Befindlichkeiten aus dem Mutterleib! Im Klang öffnen sich innere und äußere Räume. Im Puls werden uralte und doch neue Verläßlichkeiten erfahrbar. In Rhythmen und Melodien wird die ursprüngliche und doch neue Lebenslust und Liebesbotschaft wach. Urangst wird nachvollziehbar, fühlbar und so auch von innen heraus relativierbar. Älteste Ganzheitserfahrungen wie Zeitlosigkeit, absichtsloses Sein-Dürfen werden in der Musik zur raumfüllenden Atmosphäre des Hier und Jetzt. Die Spannung zwischen dem Urweiblichen und dem Urmännlichen, welche sich in der Musik über das Verhältnis Klang-Rhythmus zeigt, wandelt sich im Laufe eines musiktherapeutischen Prozesses. Einseitigkeiten, sichtbar etwa an der Abwehr von Gongklängen oder an der Unfähigkeit, Rhythmus und Maß zu empfinden, zu spielen, zu leben, können sich normalisieren.

Doch Musik und das Berührt-Sein durch Musik ist nicht das letzte. Therapie darf nicht in medialer Verbundenheit oder in geheimnisvollen Energien steckenbleiben, sondern soll über das bewußte Fühlen Nachreifungsprozesse ermöglichen. Bewußtwerdung ist wichtig!

Eine dem Bewußtsein bereits nähere Sprache als Musik und Körpersignale sind Träume, Symbole, Bilder, Gebärden, Riten. Auch sie werden von tiefen Seelenschichten verstanden. Segnung, Salbung, Mahl halten, Taufe, sakraler Tanz, im richtigen Sinn angewendet, enthalten eine große erneuernde Kraft in sich. Sie wirken wie die Rituale der Urvölker wortlos und werden zum „gefeierten Symbol" (Kassel 1991, 53).

3.3 Versöhnung setzt Wandlung voraus

Innere Versöhnungen gehen äußeren voraus. Das Wort Versöhnung wird leicht mißverstanden. Es erinnert an vorschnelles Verzeihen, Vergessen und hat den Nachgeschmack des moralischen Drucks. Man sagt so leicht ,tut mir leid', und dann darf alles abgehakt werden. Dies bewirkt keine Heilung und holt das Kind von damals nicht aus seiner Verbannung zurück. Es befreit auch die eigene Seele nicht vom Bann des Bösen. Versöhnung meint etwas anderes. Der Begriff kommt von Sühne, setzt also einen langen inneren Weg voraus. Im Wortspiel gesprochen geschehen Gegensatzvereinigung und Friede in der Generation der Söhne. Feinde finden sich nicht in ihrer Urgestalt wieder, dadurch würde nur die ursprüngliche

Verletzung wiederholt. Versöhnung setzt Umkehr und Wandlung, bildlich gesprochen, das Fruchtbar-Werden im Sohn, im von innen heraus neu gewordenen Kind, voraus. Verklärtes Leid (Drewermann 1989, 200)! Dazu ein Traum:

> „Eine frühere Kollegin steht vor mir. Sie hat ähnliche Leidenssymptome wie ich. Im Traum geht sie gebeugt vom Leid. Eine wahre Zumutung! Ich höre die Worte: ‚Ihre Leiden können niemals weggeheilt werden.' Dies macht mich tief traurig.
>
> Doch die Kollegin hat im Traum ein gänzlich gesundes Kind. Das Kind, ein Mädchen, ist mir für eine Weile anvertraut. Ich spiele mit ihm draußen auf einer Treppe. Die Treppe führt vom Haus zur Marktgasse. Die Mutter ist im Marktgeschehen untergetaucht. Immer wieder schaut das Kind nach seiner Mutter und erzählt von ihr. Es liebt seine Mutter sehr. Und wieder höre ich Traumworte: ‚Über das Kind, das die Mutter liebt, ist diese in ihrer Prägung in Ordnung.' Nun kommt die Mutter zurück und weiß alles. Sie fühlt sich trotz ihres Gezeichnet-Seins vom Leid versöhnt (ver-töchtert). Auch sie liebt ihr Kind. Und nun geschieht das Großartige: Die Treppe, auf der wir uns befinden, führt weiter. Ich sehe die Tore zum Garten Eden. Sie sind wieder offen. Dahinter grün!"

Das wiedergeöffnete Paradies? Auch die Beziehung ‚Mensch-Gott' wandelt sich symbolisch „über das neue Kind".

Heilungs- und Versöhnungsschritte sind Ganzheitserfahrungen, Transzendenzerfahrung! Die allzu starre Begrenzung im Ich wird Stück um Stück durchbrochen. Der zuvor ferne Gott rückt näher und wird wieder in der eigenen Seele erfahren. Ganzheit bleibt das zutiefst andere und ist doch unausweichlich nahe. Ihre Botschaft ist unbedingt. Jesus kann nicht nur von seiner Botschaft her als „ganzheitlicher" Mensch erkannt werden. Er wird auch vielen zum inneren Bild dessen, was Heil bringt. In Christus als Menschensohn, Gekreuzigter, Auferstandener, als der, der uns den Geist sendet, verbinden sich Himmel, Erde und Unterwelt. Frühe Ganzheitserfahrungen und Endzeitvisionen! Aber auch Gott und Mensch, Sendung und Weg, göttliches Gnadenangebot und menschliche Konkretisierung. Er ist als *„Sohn"* wirklich Angebot Gottes zur Ver-söhn-ung. Aus der Sicht dieses Modells muß vor allem ein Punkt hervorgehoben werden: in Jesus wird Gott menschliches und somit ein verkraftbares Gegenüber. In ihm kann der Mensch von seiner Gegenüberstörung erlöst werden, im Neuen Bund erlebt er sich als Bundespartner, d.h. wesentlich und personal gemeint. Die Beziehung Christi zu seinem Vater steht psychologisch gesprochen für eine intakte Ich-Selbst-Achse.

3.4 Bund statt Knechtschaft, Beziehungsfähigkeit statt Macht

> „Seht, es werden Tage kommen – Spruch des Herrn –, in denen ich mit dem Haus Israel und dem Haus Juda einen neuen Bund schließen werde, nicht wie der Bund war, den ich mit ihren Vätern geschlossen habe, als ich sie bei der Hand nahm, um sie aus Ägypten herauszuführen. ... Ich lege

mein Gesetz in sie hinein und schreibe es auf ihr Herz. Ich werde ihr Gott sein, und sie werden mein Volk sein. Keiner wird mehr den anderen belehren, man wird nicht zueinander sagen: Erkennt den Herrn! Sondern sie alle, klein und groß, werden mich erkennen – Spruch des Herrn. Denn ich verzeihe ihnen die Schuld, an ihre Sünde denke ich nicht mehr." Jeremias 31, 31-34.

Aus der Not wird das Neue geboren. Dies gilt für die Vision Jeremias von einem künftigen Neuen Bund wie für das Ringen um einen neuen Umgang zwischen Menschen und Menschengruppen, wie ihn die *Dialogik* fordert. Hineingestellt mitten in ein Jahrhundert von Macht und Gewalt wie das unsere? Was ist Dialogik? Herzka (1989) schreibt:

> Die Dialogik postuliert, daß zwei Gedanken, die niemand gleichzeitig denken kann, oder zwei Strebungen, die niemand gleichzeitig verwirklichen kann, oder zwei Begriffe, die sich gegenseitig ausschließen und je einen Bereich für sich bezeichnen, gleichzeitig (d.h. nicht nacheinander) und gleichwertig (d.h. ohne Überlegenheitsanspruch und Unterordnung) gemeinsam ein Ganzes ausmachen (S. 19/20).

Was hat Dialogik mit dem hier vorgestellten Modell menschlicher Entwicklung und seinen Perspektiven menschlicher Reifung zu tun? Was mit dem Bild von einem Neuen Bund?

In einem Urzustand sind äußerste Gegensätze, ja Antinomien neben/in/miteinander da, eins und zugleich ewig unvereinbar. Ruhe und zugleich äußerste Spannung. Die Frage nach den Polaritäten ist eine Frage, die bereits in Gott angesiedelt werden muß, alles menschliche Erfassen ewig übersteigend. Mit dem Herauskristallisieren des Eigenen aus dem Ganzen steht eine Urpolarität Mensch-Gott im Raum, die hintergründig den Schicksalsfaden des menschlichen Lebens spinnt. Im einzelnen Menschen, zwischen Menschen, zwischen Geschlechtern, Rassen, Kultur und Natur, sucht eine Urpolarität immer neue Konkretisierung. Das Gegensätzliche möchte zum fruchtbaren und kreativen Zusammenwirken von Polaritäten finden. Dialogik definiert ein solches Zusammenwirken bei gleichzeitigem Bei-sich-selber-Sein.

Dialogik ist eine Lebenshaltung, in der das Eigene wie das andere gleichzeitig und gleichwertig nebeneinander bestehen. Nicht länger Kampf zwischen Polaritäten, sondern ständiger Einbezug des anderen charakterisieren diese Haltung: Mann *und* Frau, Rhythmus *und* Klang, Weiße und Schwarze. Widersprüche zwischen den Polen, Spannungen im Andersartigen gehören dazu. Weder Machtausübung des einen über den anderen, noch billige Kompromisse, sondern immer neues Suchen, Ringen, Gestalten im Zwischenland der Gegensätze. Wie im Bild der Ellipse zum Ausdruck kommt, entsteht ein neues Ganzes mit zwei Zentren. Die beiden Zentren stehen je für sich und sind doch aufeinander bezogen. Vom Kreis des unbewußten Ineinander zur Spirale bewußtwerdender Bezogenheit.

Der Bedeutung frühester Erfahrungen von Ohnmacht versus Allmacht wurde hier breiter Raum gewidmet. Die Unfähigkeit zu echt dialogischem Verhalten hat etwas mit individuellen und kollektiven Prägungen zu tun, Erziehung zur Dialogik beginnt im Bewußtwerden, Aushalten und Überwachsen von Urangst! Dialogik – wenn sie als Gefühlsqualität betrachtet werden darf – meint Begegnungsfähigkeit, Partnerschaft/Bund, einschließlich des Aushaltens des ewig Größeren.

Vor Jahren hörte ich den Satz: „Das Gegenteil von Liebe ist Macht," verstand ihn aber vorerst nicht. Warum Macht, warum nicht Haß? In der therapeutischen Begleitung von Menschen in ihrem Kinderleid wurde mir später klar, daß sie nicht vorab von Haß geprägt waren, sondern von Machtübergriffen. Das Kind auf dem Pausenplatz wird nicht geplagt, weil es im Moment nicht liebenswert ist, sondern um es zu erniedrigen, um selbst stärker, besser, größer zu sein. Oder um Dritten, Beliebten, Mächtigen zu gefallen und so selbst Anteil an ihrer Macht zu gewinnen. Kinder werden ferner nicht Opfer von Gewalt aus Haß, sondern, was viel schlimmer ist: sie werden – im Übergriff - in ihrer Persönlichkeit gar nicht wahrgenommen. Es geht dem Täter nicht um das Wesen des Kindes, sondern um die eigene Machterfahrung, allenfalls um die Befriedigung einer Sucht. Ähnliches gilt im großen. Im Positionskampf der Geschlechter, der Höheren gegenüber den Niederen etc. Nur tiefgreifende Wandlungsprozesse führen aus solcher Machtfixierung heraus in in eine neue, dialogische Lebenshaltung hinein.

Hat Dialogik etwas mit der Beziehung Mensch-Ganzheit zu tun? Im weitesten Sinn bestimmt. Als neues Gefühl für sich selbst im Schöpfungsganzen. Bei sich, Eigener, und doch im Gegenüber zu vielen konkreten Herausforderungen unserer Zeit und Welt. Dialogik wirbt für ein neues Selbstverständnis des Menschen im Gegenüber zu Schöpfer und Schöpfung. Der Mensch darf in Selbstbewußtheit Eigener sein und ist zugleich Gegenüber. Um das eigene Wohl besorgt und doch achtsam gegenüber der Bedürftigkeit aller Kreatur. So lautet die Konsequenz dieses Modells, das Entwicklung als Übergang und frühe Störung als gestörte Beziehung zum Ganzen begreift: Erst wo sich die Urbeziehung Mensch-Ganzheit, Mensch-Gott wandelt, sind die Voraussetzungen geschaffen, daß die Beziehung zu allem Mitverwünschten (vgl. Auflistung S. 246) erlöst wird.

Dialogik in solcher Konsequenz ist Zukunftsvision, an der jeder einzelne, jede Therapeutin zusammen mit ihrer Klientin arbeitet. Sich selbst im Eigenen kennen, lieben, in die Welt einbringen lernen und gleichzeitig das Bewußtsein für das andere entwickeln. Solche Arbeit setzt auf Neuwerdung, auf Wandlung aus großer Tiefe, die in Liebe mündet.

Die großen Worte von Heilserfahrungen heißen Friede, Vereinigung der Gegensätze, Versöhnung, das Zuhause aller, communio im Heiligen, das Netz der Liebe. Traumbilder dafür sind beispielsweise das Mahl, das Fest, die Hochzeit, die erlöste Tischgemeinschaft, das göttliche Kind. Das Bild vom Neuen Bund vereint viele Aspekte: Eigenverantwortlichkeit neben Respekt vor dem ganz anderen. Verschiedene Talente und doch ein Volk. Gleichwertig und doch so verschieden. Worte, die solchermaßen Neues innerhalb der Beziehung Mensch-Gott zum Ausdruck bringen, heißen etwa: Nicht Knechte, sondern Freunde, nicht Opfer, sondern Liebe, nicht Schuld, sondern Freiheit. Vom blutigen Opfer zum unblutigen. Liebe statt Macht.

3.5 Visionen und Träume von einer künftigen Ganzheit

Träume sind innere Wirklichkeiten, selbst wenn sie Visionen bleiben. Sie ergreifen, beflügeln, begeistern und lassen neu an tragende Lebenshintergründe glauben. Sie sind Motor für die Arbeit am eigenen Prozeß und im Engagement für eine bessere Zukunft. Durch viele Veränderungen in einzelnen Menschen erhalten Träume kollektive Bedeutung. Das kommende Neue im Kollektiv bahnt sich in den Visionen einzelner Menschen an.

Endzeitträume sind Ausdruck dafür, daß etwas im eigenen Unbewußten um eine Erfüllung weiß. Sie werden häufig in Zeiten großer Krise geträumt, wie um Licht ins Dunkel zu bringen. Ein Endzustand ist nach diesem Modell erneut als „ganzheitlich" vorzustellen, doch niemals identisch mit dem Urzustand. Zwischen Anfang und Ende liegt die Evolution, das Leben, der Lebenskampf, die Bewußt-werdung, Gestaltwerdung, Wandlung. Zum neuen Ganzen gehören Ganzheitli-ches *und* Ich-bezogenes. Vom Menschen Erschaffenes, durch sein Leid Gewordenes, das Kausale, die Kultur sind im neuen Ganzen zu einem Stück Ewigkeit geworden. Alle Menschen und Geschöpfe sind gemeint und gewürdigt in genau dem, was sie an Anstrengungen und Wegnöten mitbringen. Keine fade Nivellierung, aber auch keine übertriebene Wertung von Leistungen! Hierarchie und Machtstrukturen fallen weg, und doch gibt es eine Ordnung. Das zutiefst Ersehnte und auf Erden Vermißte stellt sich ein, ohne daß das in der irdischen Realität Gewordene verloren geht. Der Träumende fühlt sich beispielsweise gebor-gen, eins mit allen Menschen und doch als Eigener wesentlich. Gottesbeziehung wird pantheistisch *und* personal erfahren.

Auch das Bild von Spannungen kann in Endzeitvisionen anklingen. Es sind dann gerade Ahnungen darüber, wohin eine im ganzen angelegte Grundspannung letztlich zielt: auf ein Netzwerk der Liebe. Träume finden spielerische Lösungen: Ein Schaukeln zwischen zwei Ebenen, ein Ballspiel zwischen zwei gegensätzlichen Partnern oder ein Zusammenklingen von Harmonie und Dissonanz.

Endzeitträume haben eine große Ausstrahlung und handeln in einer *wunderbaren Stimmung*. Sie stimmen festlich und zutiefst religiös. Das rauschhaft Dionysische findet zusammen mit dem ruhig Beschaulichen, das Außergewöhnliche mit dem Normalen, das 13. mit den 12. Die Stimmung solcher Träume ist nicht zuletzt deshalb so einmalig, weil es darin nichts Verbotenes, noch Verschattetes mehr gibt. Nicht, daß das Traum-Ich alles Tabuisierte hereingeholt und alle Abgründe ausgelotet hätte. Es liegt vielmehr im Wesen dieses Festes oder des ewigen Daheims, daß alles sein darf und seinen von innen her stimmigen Platz hat. Es gibt keinen Grund mehr für das Böse. Es ist, als wäre es überwachsen, als wäre seine Zeit vorbei. Die menschliche Anstrengung, sich ihm zu stellen, zu kämpfen und schließlich sich mit ihm zu versöhnen, ist gewürdigt worden. Endzeitträume verkünden Frieden. „Die Rechnung geht auf", das Unmögliche wird möglich, das ewig Ungerechte ordnet sich in eine größere, eben doch gerechte Ordnung ein. Weihnachten findet statt. Der verlorene Sohn findet nach Hause, der Vater hat ihn sehnlichst erwartet. Der Arbeiter kommt zu seinem Lohn. Der Hungernde erhält Nahrung. Der Ausgestoßene gehört dazu. Der Obdachlose findet Schutz und Heimat. Der Erwachsene findet zu seinem Kind, beide sind gleichwertig anwesend. Nicht selten wird die feierliche Stimmung zusätzlich untermalt durch eine *unglaublich schöne Musik*.

Endzeitträume bleiben Ahnungen von etwas, das letztlich nie eingefangen werden kann. Daneben bleibt Realität hart und Bewußtwerdung Knochenarbeit. Doch die verheißungsvolle Wirkung von solchen Träumen greift ins Hier und Jetzt ein. Julia: „Es ist, als hätte der Traum im Bauch eine Kerze angezündet, mit der ich mich im Alltag besser zurechtfinde." Bettina: „Ich *weiß* jetzt, daß es noch etwas anderes gibt, als was ich sehe." Irene: „Mit diesem Traum im Hintergrund bestehe ich meine Prüfung." Christoph: „Die Imaginationen haben meine Vertrauensbasis verändert." Selbst zu Vertrauenden geworden, werden solche Menschen auch der Umwelt zum Geschenk.

Damit die Botschaft und Ausstrahlung solcher Träume zum Tragen kommt, bedürfen sie intensiver Zuwendung. Ich schließe ab mit einigen Traumbeispielen:

Der Spielgarten aller Menschen:

Eine junge Fraue träumte: „Ich gehe mit meinem Jungen, der sein Zuhause verloren hat, auf die Suche. Wir sind krank, da erkenne ich plötzlich das Leiden, an dem wir und viele andere Menschen schon lange litten: Komische Wetterlagen und extremste Druckverhältnisse. Ich spüre, daß sich zwei Ebenen unterscheiden: der Erdboden ist die eine Ebene, doch die zweite kann ich nicht sehen. Ich spüre nur, wie die Menschen zwischen den beiden hin- und hergeschleudert werden.

Da plötzlich komme ich mit meinem Jungen zum Ziel. Vor mir öffnet sich ein Spielgarten. Es ist das Zuhause aller Menschen, ein Hof, zwischen Häusern. Menschen und Kinder aller Nationen und auch die beiden Ebenen sind da. Nun erkenne ich auch die obere Ebene als ein über die ganze

Erdoberfläche ausgespanntes Leitungsnetz, einem Eisenbahnnetz ähnlich. Und was vorher so schlimm war, nämlich das Hin- und Hergerissensein, ergibt sich jetzt spielend: Mein Junge schaukelt auf einer Hängeschaukel fröhlich zwischen beiden Ebenen hin und her."

Das wunderbare Hochspannungsnetz der weltumspannenden Liebe:

Eine Frau erlebt im Schlußbild einer Imagination, in der sie sich zuvor zum Ort des Todes begeben und sich selbst in die dunkle Bodenschicht gelegt hatte, folgendes:

„Ich spüre mein Daliegen, lange Zeit, dann ist es, als ob sich plötzlich aus den Beckenknochen meines daliegenden Körpers ein riesengroßer, viereckiger, eiserner Turm erheben würde. Ein Aussichtsturm! Jahrtausendelang bleibe ich in meinem Turmdasein sehr einsam, weit und breit allein. Ich warte und warte, Jahreszeiten gehen an mir vorüber, spielende Schulklassen, wirbelnde Herbstblätter, Schneegestöber etc. Die Zeit vergeht. Die Menschen, die um mich herum gingen, sind längst nicht mehr da. Ich spüre, ich bin ein Hochspannungsmast. Erst ganz allmählich wachsen mehr und mehr Masten aus dem Erdboden heraus. Der ganze Erdball ist von Masten übersät. Es entsteht ein wunderbares Hochspannungsnetz, das den Erdball umspannt: so etwas wie ein Kommunikationsnetz weltumspannender Liebe."

„Keiner geht in diesem Bund verloren":

Eine Mutter, die zu jener Zeit nicht mehr über die Probleme ihrer Kinder hinaussah, erlebte in einer Imagination folgendes: „Ich schaue in den Spiegel und sehe mich in festlichem Kleid, und gleich darauf sehe ich mich als arme Bettlerin, mit meinem Kind auf den Rücken gebunden. Als Bettlerin schreite ich mit meiner Last auf dem Rücken durch viele Gassen. Niemand beachtet mich. Nirgends ist Nahrung für mich und mein Kind. Jetzt komme ich zu einem großen, runden Platz. Es geht eine unendlich lange Treppe empor zum Vorhof eines Tempels. Die Tore öffnen sich, eine unsichtbare Prozession tritt in den Tempel hinein, ich weiß, ich bin geladen und schreite mit zum Mahl. Ich erkenne meinen Platz im Halbkreis, setze mich auf den Boden. Jetzt höre ich in gewaltiger Fuge mit sämtlichen Instrumenten vom Alphorn bis zur schränzenden Posaune, immer denselben einen Satz (Einsatz): ,Keiner, keiner geht in meinem Bund verloren.' Harmonie und Dissonanz haben zusammengefunden. Ich weine vor Glück."

Die Tischgemeinschaft – das Dreizehnte in der Zwölf:

Meine eigene schönste Vision, wohl das, was ich unbewußt als Endzeitstimmung in mir trage, erfuhr ich in folgendem Traum. Es war „mein" Traum. Er spricht von „meinen" Sehnsüchten, Nöten und Chancen. Möge jeder Leser „seine", jede Leserin „ihre" Vision träumen!

„Ich muß mich beeilen, zusammen mit einem schattenhaften Begleiter, um noch die letzte Vorstellung des Zirkus Knie zu erreichen. Wie ich durch das Tor in ein großes, mit blauem ätherähnlichen Licht durchtränktes Zelt eintrete, sind alle Besucher bereits an ihren Plätzen. Die Plätze im Zelt, die Gänge und Tische sind spinnennetzförmig um eine Mitte herum angeordnet. Alles ist auf diese Mitte bezogen. Die Mitte selbst besteht nicht aus einem Zirkusgeschehen, sondern aus einer mit bläulichem Licht gefüllten Atmosphäre.

Alle Menschen im Zelt beginnen bei meinem Eintreten zu singen: ,Stille Nacht, Heilige Nacht'. Mein Hereintreten ist mitauslösend für diesen Gesang. Ich fühle mich gemeint, und doch schaut niemand in spezieller Beachtung nach mir. Aufmerksamkeit verdient allein die zentrale Mitte, das blaue Licht, wohl Zentrum des Heiligen.

Ich gehe dorthin, wo mein Platz ist. Der zwölfte Platz an einem Tisch ist noch frei für mich. Ich weise ihn meinem schattenhaften Begleiter zu und setze mich auf einen winzig kleinen Nebensitz. Der Zirkusdirektor kommt mir entgegen, auch er, ohne die Aufmerksamkeit der Singenden auf sich zu lenken. Er bringt mir einen 3 m großen Stuhl, genau so beschaffen, daß es für meinen Rücken gut ist. Ich darf sein, wie ich bin. Selbst mein Leiden darf zu mir gehören. Alle sind, wie sie sind. Die Stimmung ist unbeschreiblich schön."

Zusammenfassender Ausblick: Urangst oder Urvertrauen

Dieses Buch legt eine Gesamtschau menschlicher Entwicklung dar. Es befaßt sich insbesondere mit dem Anfang menschlichen Werdens. Frühe menschliche Entwicklung wird – außerhalb dessen, was derzeit wissenschaftlich erforschbar ist – begriffen als Übergang von einer ganzheitlichen zu einer ich-bezogenen Daseinsweise. Im Ganzheitlichen ist alle Kreatur und Materie Teil des Ganzen, im Ich-bezogenen nimmt der Mensch als Eigener wahr und sendet als Eigener. Übergang findet und fand ontogenetisch im Werden des einzelnen Menschen, phylogenetisch im Laufe der Evolution und partiell auch im Heranreifen von Pflanzen und Tieren statt.

Im Werden des Menschen beginnt der Übergang im Mutterleib mit den ersten Differenzierungen. Übergang meint hier einen inneren Vorgang: mit jeder hinzukommenden Differenzierung verändert sich auch die Wahrnehmung von Realität und Umwelt, von Eigenem und Fremdem. Eine „Ich-Du-Grenze" muß sich überhaupt erst bilden. Aus einem All-eins-sein entsteht eine Frühform von Beziehung zu etwas undifferenziert Umfangendem. Diese wiederum konkretisiert sich mehr und mehr, bis schließlich erste Bezugspersonen als solche erkennbar sind. Innerhalb dieses Prozesses wird in groben Zügen nach einzelnen Stufen der Bewußtwerdung unterteilt (vgl. Kap. II).

Im Übergang verändert sich auch die Grundbefindlichkeit: Das Urvertrauen ins Ganze ist älter als alle Unterscheidung zwischen angenehm und unangenehm, gut und böse. Es ist nicht an Bedingungen oder Umweltgegebenheiten geknüpft, sondern grundsätzlich in jedem Menschen als den ältesten Urerfahrungen zugehörig gespeichert. Doch neben Urvertrauen tritt schon bald Urangst!

Urangst oder Urvertrauen! So lautet die Frage. Urangst gehört zu allem sich seiner selbst bewußt werdenden Leben. Wo Not besonders früh und häufig erfahren wurde, sind Urängste groß und stellen das vorangehende Urvertrauen in den Schatten. So auch in unserer kollektiven Prägung, die im Prozeß der Sozialisation von Generation zu Generation weitergegeben wird! Was ist Urangst? Das Modell sagt: Angst vor dem Nichts wie Angst vor dem Verschlungenwerden! Angst, jenseits von einer Ur-Geborgenheit verloren zu sein, neben Angst vor dem numinosen Gegenüber. Doch was ist das numinose Gegenüber? Und von welchem Nichts ist die Rede? Der Mensch unserer Tage ist weit von seiner Urangst entfernt, umso näher aber unzähligen Leidensformen als Folgeerscheinungen einer uralten Not. In zahlreichen Nachfolgeängsten bleibt die doppelgesichtige Urangst ein Leben lang lebendig. In Frühstörungen werden gerade älteste Nöte hartnäckig manifest. Und wo Menschen und ganze Kulturen das uralt Bedrohliche zu bewältigen versuchen, indem sie es entwerten und tabuisieren, werden sie nur umso mehr eingeholt von immer neuen Leiden an der Entfremdung.

Wie findet der vor seiner eigenen Vergangenheit fliehende Mensch zu sich selbst und zu dem, was durch ihn in diese Welt einfließen will? Wie findet er zu Lebenslust und Sinnerfahrung? Das vorliegende Buch gibt zur Antwort: Durch Prozesse hindurch! Indem er sich einer uralten Not jetzt, aus neuer Position, mit neu gewonnenen Ich-Kräften, nochmals stellt, sie durchleidet und so auf einen tieferen Grund, auf Quellen seines Urvertrauens, seiner Lebenslust und Zukunftshoffnung stößt. Der Weg weist zurück und zugleich nach vorne. Entwicklungspsychologisch betrachtet führt er – durch Urängste hindurch – in älteste Erfahrungen guten Seins zurück. Er macht das, was einst war, neu lebendig. Doch der Weg umfaßt mehr. Er führt auch zur bewußteren Neubegegnung mit dem ewig Größeren. Aus der Angst vor dem Unbedingten kann neues Gemeint-Sein, kann Liebe und neue Verbindlichkeit wachsen. Im Grenzbereich sind Heilungsschritte möglich. Sinn stellt sich ein. Letztlich drängt etwas von Gott selbst im Menschen zur Bewußtwerdung.

So wie Musik wesentliches Medium für früheste Erfahrungen war, eignet sie sich auch später, um frühe Nöte erlebbar zu machen und zu überwachsen. Über Musik sind Botschaften wie: „Du bist zutiefst in Ordnung und geliebt" immer neu erfahrbar.

Aus meiner Lebensgeschichte:
„Deine Krankheit heißt Leben"

Von ungefähr schreibt man in jungen Jahren noch keine Bücher dieser Art. In solche Themen wird man hineingeworfen, in meinem Fall über Leiden und Krankheiten. Ich war über Jahre immer wieder auf neue Weise ernsthaft körperlich krank. Niemand verstand warum. In die Anfangsphase dieser Krankheitszeit fiel folgender Traum, entstanden unter dem Druck einer sehr pessimistischen Diagnose, unheilbar krank zu sein:

> „Ich warte im Sprechzimmer, das steril, leblos, farblos ist, auf den Arzt. Nur ich scheine lebendig zu sein in diesem Raum. Der Arzt kommt herein in weißem Kittel, mit einer Maske vor dem Gesicht. Er reicht mir einen schönen, grünen Apfel. Ich beiße hinein, der Apfel schmeckt sauer. – Stille im Raum - Mitten in diese Stille hinein sagt der Arzt: ,Du bist unheilbar krank!' Wiederum Stille. Dann: ,Deine Krankheit heißt: Leben'. In dem Moment fliegt ein schwarzer Vogel zum Fenster hinaus."

War der Vogel ein Todesbote, gar eine unbewußte Todessehnsucht, die mit diesem Traum von dannen ging? Eine neue Lebensbejahung kündigte sich im Biß in den grünen Apfel an. Ich erwachte mit ungeahnter Hoffnung und tiefgreifender Zuversicht. Etwas in mir fühlte sich neu ans Leben angeschlossen, gleichgültig, welche Diagnose mir gestellt sei.

Die Diagnose im Traum hieß „Leben". Zeichen dafür, daß neue Kräfte in mir leben wollten! Über den Willen hatte ich längst vergeblich versucht, aus meinem Kranksein auszubrechen. Der Traum brachte eine Wende aus einer Seelenschicht, die tiefer wurzelt, als was ein Ich wollen kann. Meine Krankheit entpuppte sich einige Wochen nach dem Traum als heilbar! Ich war glücklich und ahnte noch nicht, wie lang der Heilungsweg noch sein würde und wie viele Male ich noch in solche Tiefen eintauchen müsse. Wandlungsprozesse, die zu den Wurzeln der Lebenskräfte zurückführen, sind kein einmaliges Geschehen. Sie wollen immer neu durchlebt und mit den menschenmöglichen Willenskräften bejaht werden. Verschiedentlich wollten auf tiefster Ebene blockierte Energien freigesetzt und in lebensbejahende Kräfte gewandelt werden. „Unheilbar krank, an einer Krankheit, die Leben heißt." Genau so war es. Im Angesicht der Endgültigkeit des Todes erwachte in mir eine unermeßliche Sehnsucht nach neuer Lebensfülle und Lebensintensität. Ich wollte nicht länger „bewältigen", „überleben", sondern erleben, fühlen, dabei sein. Selbst der Tod wird Teil eines so verstandenen Lebens. Meine Krankheit wurde für mich zur Chance, mich auf seelische Prozesse einzulassen.

Seit eh und je hatte ich eine starke Beziehung zur Musik. Musik hat Farbe, Intensität und eine unbesiegbare Lebenslust in mein Leben hineingebracht. Musik war meine erste Muttersprache. Musikimprovisation war für mich über lange Zeit die aussagekräftigere Sprache als Worte. Es war nicht zuletzt meine Musikverbundenheit, die mich später durch Krisen hindurchtrug. Ich fragte mich, wie es kommt, daß Musik den Menschen so tief berührt? Nicht nur bei mir, auch bei anderen Menschen beobachtete ich, daß Musik in tiefe Seelenschichten eindringt, wo Worte keinen Zugang finden. Auch bei ihnen spürte ich verborgenes Leid, das durch Musik angerührt wurde. Ich wurde hellhörig für tiefes wortloses Kinderleid aus der Frühzeit des Werdens. Und immer brennender fragte ich mich, woran Menschen so tief leiden und so frühe erkranken können? Was hat dazu geführt, daß sie in ihrem Innersten das Leben zuwenig bejahen?

In meinem Studium erhielt ich darauf keine befriedigende Antwort. Und ich selbst war mir nach wie vor ein Rätsel. Immer neue Krankheitssymptome! Gegenüber medizinischer Behandlungen waren sie mehr oder weniger resistent. Eine Gesprächstherapie half nicht weiter, Körpertherapien linderten nur Symptome. Verzweiflung, dumpfe Resignation standen neben dem immer intensiver werdenden Wunsch, gesund zu werden. Ich hatte das große Glück, in meinen wesentlichen Bezugspersonen ein soziales Umfeld vorzufinden, in dem tiefe Regressionen, auch ins vorläufig Leere hinein, möglich waren. Und ich suchte neue therapeutische Begleitpersonen, die sich vor Regressionen und Symbiosen, wie es Krankheiten mit sich bringen, nicht primär ängstigten. Ich bin meinen Therapeuten F. Hegi und M. Scotoni und meiner Therapeutin G.K. Loos dankbar, daß sie sich durch meine eigenen Zeichen (Körpersprache, Träume, Musik, Zeichnungen) leiten ließen. Sie spürten und vertrauten darauf, daß Regressionen heilsam sind. Regression wurde für mich über weite Strecken zum Warten und scheinbar sinnlosem Aushalten. Über Jahre mußte ich im Alltag einfach irgendwie mit meinen Krankheiten leben.

Symptome selbst sind bereits Heilungsversuche. Etwas unfaßbar Hintergründiges wird konkret. Und wo es gelingt, dem Symptom – auch ohne das Wissen um Leidenshintergründe – in der tiefen Ebene der Erkrankung zu begegnen, findet ein Heilungsschritt statt. Dies gelang mir im Umgang mit meinen Rückenproblemen, dem letzten schlimmen Krankheitssymptom in der Reihe. Ich erkrankte fast über Nacht an einer Diskushernie. Von den seelischen Hintergründen, die dieses Leiden auslösten, möchte ich hier nur einen nennen: die zuwenig intakte Rückbindung. Religio – Rückbindung! In einer, offenbar für mich wichtigen, Diskussion war ich mit meinem Bekenntnis zum Glauben an eine höhere Macht auf weiter Flur allein, ohnmächtig gegenüber Argumenten vom blinden Zufall und der rein materialistischen Weltsicht. Noch während des Gesprächs spürte ich, daß meine innere Standfestigkeit mangelhaft, meine eigene Rückbindung zu wackelig war, um das

Alleinsein zu ertragen. Ich ging heim mit starken Rückenschmerzen und mit dem Gefühl, ich müsse wohl noch tiefer tauchen, um für mich selbst überzeugendere Antworten zu finden. Mußte ich dafür lahmgelegt werden? Diagnose wenige Tage später: zweifache Diskushernie mit starken Lähmungserscheinungen im linken Bein.

Bettlägerigkeit! Schmerzen! Zeit ohne Zeit! So würde ich die nachfolgenden Monate betiteln. Es war aber auch eine Zeit wichtiger Heilungserfahrung. Die Situation war zum „Wahnsinnig" werden, ich *mußte* loslassen, und genau darum konnte ich auch loslassen. Die alltägliche Hetze, die innere Unruhe und Stimulationen von außen fielen weg. Ich war viel allein, einfach so da. Andere mußten für mich sorgen, ihre nährende, liebende Gegenwart tat wohl. In mir begann eine Ahnung für einen „Zustand des Seins" zu wachsen. Es war, als kehrte ich zu ganz ursprünglichen Körpererfahrungen und Wahrnehmungsweisen zurück. Einfachste Eindrücke wurden zur Körpererfahrung, zur Reizung und Erregung, zum Druck, verbunden mit erhöhtem Puls oder mit Schweißausbrüchen. Wenn nur die Türe aufging, so spürte ich, daß dies für den Körper „Ein-Druck" und manchmal Erschrecken bedeutete. Das Gefühl für die Zeit und das verarbeitende Denken waren wie ausgeschaltet. Was am ehesten blieb, war ein Gespür für einfachste Rhythmen: Tagesrhythmus, Eßrhythmus, Verdauungsrhythmus.

So wuchs, vorerst über eigene Erfahrungen, mein Verständnis für die Gesetzmäßigkeiten einer anderen Wahrnehmungsweise, wie ich sie im vorangehenden Modell beschrieben habe. Es war wirklich Bewußtseinserweiterung bei gleichzeitiger Bewußtseinseinschränkung. Mir erging es zuweilen so, als hätte ich ein atmosphärisches Zuhause, als spüre ich eine körperhafte Beziehung zu Gott als energetische Kraft. Ich war in der Stille, die zugleich größere Klang-Aura war, drin. Menschliche Stimmen und Geräusche mischten sich mit diesem Grundklang des Seins. Große liebende Mutter! Ich fühlte mich in meinem Da-Sein und So-Sein erlaubt. In Momenten, in denen keine akuten körperlichen Schmerzen oder seelische Verzweiflungen das Dasein unerträglich machten und ich einfach hinnehmen konnte, daß ich liege und versorgt werde, war es bisweilen ein Eintauchen ins Paradies: Liebe und Akzeptanz der Umwelt umgaben mich spürbar, ich mußte nichts beweisen, nichts verdienen, nichts können. Zeit war da, damit neues Leben von innen heraus wachsen konnte.

Doch auch das Umgekehrte erlebte ich: Lange Stunden, die nicht vorbeigingen, Schmerzen, die nicht nachließen, Verzweiflung ohne absehbares Ende. Lebendige Hölle! Loslassen ist nicht immer möglich und schon gar nicht auf Befehl! Einfachste Dinge wurden zum Problem: Wie überstehe ich eine Nacht, ohne mich bewegen zu dürfen? Wie kann ich mich in der Dunkelheit lebendig fühlen? Wie halte ich die Stille oder die plötzlich erdrückend erlebte Masse von Schwingungen aus?

Angst vor dem Nichts neben Angst vor numinoser Fülle! Wie finde ich mich mit der eigenen Hilflosigkeit ab? Lebensbedrohliche Große Mutter!

Eine Kernfrage jeder tiefen Regression lautet: Wie findet der im Vorbewußtsein Dämmernde zur Anwesenheit im Ich zurück? Geschieht das einfach so, wenn die Zeit reif ist? Oder braucht es dazu lebenerweckende Impulse von außen? Heute meine ich: beides! Mich haben vor allem fünf Erlebnisse wachgerufen:

1. Abgrenzung vom unbewußt Schrecklichen in einem Traum:

„ – Dämmerung – . Ich trage einen viel zu großen Rucksack. Die ‚einschneidende' Last schmerzt genau dort, wo ich von der Diskushernie betroffen bin. Ich stehe am Wegrand und stelle den Rucksack ab. Jetzt erst erkenne ich, daß er aus zwei Teilen besteht: unten der im Traum sogenannte persönliche Rucksack, oben, erdrückend schwer, ein sogenannter Kollektivrucksack. Ich trenne die beiden Rucksäcke voneinander. Für den weiteren Weg nehme ich nur noch den persönlichen Rucksack mit, dazu ein Namensschildchen als Erinnerung an beide Rucksäcke."

Noch ahnte ich nicht, was das zu bedeuten hatte. Ursachen meiner Leiden, um die ich heute weiß, kannte ich damals noch nicht. Ich halte es hier auch nicht für notwendig, sie im Detail preiszugeben. Ursachen sind vorerst für Heilungserfahrungen nicht wichtig, sofern Wandlungen in der Tiefenschicht des kindlichen Erlebens stattfinden. Sie werden erst dann als solche offenkundig, wenn seelische Erneuerung schon wesentlich geschehen und Boden für das Verständnis da ist. Nicht Ursachen ermöglichen Heilung! Nein, es ist umgekehrt: Bereits erfahrene Heilungsschritte und Aussichten auf ein freudvolleres Leben ermöglichen das Aushalten der ungeschminkten einstigen Kinderrealität! Zuerst wollen tiefste Kräfte neu angeschlossen und das Schlimme will im noch namen- oder gesichtslosen Zustand ausgegrenzt werden. So bewirkte allein schon die im Traum vollzogene Abgrenzung, daß sich das Gefühl im gelähmten Fuß, bei der Ferse, wieder einstellte. Wieder marschtüchtig?

2. Rhythmus trägt und belebt:

Eines Nachts wollte es nie Morgen werden. Die Zeit war endlos lang, die Verzweiflung groß. Kein Blick auf die Uhr war möglich, keine Drehung zur Seite. Was sollte ich machen inmitten dieser Ohnmacht? Loslassen konnte ich mich nicht, dazu lag ich zu unbequem. Unerwartet kam ein Einfall: zählen. Ich begann zu zählen, eins, zwei drei... bis hundert, dann begann ich von neuem. Vielleicht einhundertmal. Plötzlich war mir, als würde eine Uhr neben mir ticken. Ich spürte die Zeit gemächlich vorbeigehen, im gleichbleibenden Schritt. Mein eigenes Zählen wurde zur Uhr, zum Puls, zum Rhythmus, und ich wußte neu: das ist Leben. Ich bin *getragen von einem größeren Puls* um mich herum, in mir drin. Mein Zählen macht ihn für mich erfahrbar. Und ich hatte unerwartet Lust zu singen. Eine einzigartige Lebendigkeit im Zustand des Krankseins!

3. Schlange, Frau und Baum:

Ein Baum-Erlebnis hat mich aufgerichtet in einem Moment, da die Angst vor bleibenden Lähmungen mich einmal mehr überkam und sich Lebensmüdigkeit einschlich:

In dieser Stimmung schaue ich mit großen Augen in den Baum vor meinem Fenster hinein. Er hat schon immer da gestanden, doch so lebendig habe ich ihn noch nie wahrgenommen. Wie schön und erhaben wiegt der Wipfel hin und her! Jetzt ist mir, als fahre ein Blitz durch meinen Körper: Ich will leben, aufgerichtete Frau sein. Diesen Baum will ich wiedersehen, morgen, im nächsten Frühling. Der ganze Körper nimmt diesen Impuls auf: Der äußere Baum wird zum inneren und verbindet sich mit meinem Rückgrat. Mein Rückgrat fühlt sich weich und biegsam an.

Im Traum der folgenden Nacht wurde der innere Baum zur Schlange. Jetzt war es mir, als würde sich mein Rücken wie eine Schlange hin- und herbewegen.

Noch in derselben Nacht versuchte ich mein Erlebnis zu malen, es entstand die Einheit: Baum/Schlange/Frau. Diese Dreieinheit ist mythologisch älter als der biblische Schöpfungsmythos. Hat mich die Kraft dieses Symbols ein weiteres Stück ins Leben zurückgeholt? Am nächsten Morgen fühlte ich erstmals wieder meinen Rist.

4. Befreiung der Energie des Teuflischen

Es würde nicht mehr so lange dauern, bis ich wieder aufstehen könne, meinte mein Arzt. Wie freute ich mich! Die ersten zehn Minuten, die ich aufstehen durfte, verbrachte ich am Klavier. Endlich durfte ich wieder spielen. Vor lauter Freude am neuen Leben spielte ich und tanzte innerlich dabei mit dem Teufel! Im Nachhinein erschrak ich. Hatte ich recht gesprochen? Tanz mit dem Teufel? So taufte ich das in diesen Minuten entstandene rhythmusgeprägte Stück. Im Bett näherte ich mich diesem Erlebnis nochmals malenderweise an: Ich mußte in die Tiefe des Hexenhaften hinabsteigen und dort Teufelsenergie holen. Die Wirkung war groß. Ich spürte: Jetzt war der Kampf gewonnen. Es/Ich wollte leben. Genesung war nur noch eine Frage der Zeit. Es waren keine neuen Leidenssymptome mehr nötig.

5. Ins Leben hineingeliebt werden:

Heilungsimpulse, wie hier erwähnt, würden sich gar nicht erst einstellen, wenn nicht zumindest die Liebe einer Person den Kranken während seiner ganzen Regression begleitet. Nur auf dem Hintergrund der Liebe keimt überhaupt neue Lebenslust auf. Wo die eigene Hoffnung versagt, müssen andere an genau dieses bedrohte Leben glauben. Wie beim Säugling braucht es einen Menschen, der in Momenten tiefster Not mit seiner ganzen Seele beim anderen ist. Genau dann beginnt die eigene Seele zu glauben, zu staunen und jene Muttermilch des Urvertrauens zu empfangen, welche ihr verloren ging. Es bedarf eines ganzen sozialen Netzwerkes: Menschen, die tragen und glauben, Menschen, die bereit sind zurückzustehen, Menschen oder Institutionen, die bezahlen, kochen, putzen, Termine absagen, Buchhaltung führen etc. Ich bin meinen Eltern und Geschwistern, mei-

nem Mann, meinen Therapeuten, meiner Therapeutin, meinen Freundinnen
außerordentlich dankbar für diese unschätzbare Liebe! – Bald konnte ich wieder
in meinen Alltag zurückkehren. Rückenschmerzen sind viel seltener und dann
jeweils Signal für irgendetwas.

Aus Heilungserfahrungen wuchsen neue Hoffnung und Visionen. Und wo
Visionen wieder leben, können auch Intuitionen und Inspirationen tieferer Art in
der eigenen Seele Fuß fassen. So begann es vor vielen Jahren mit diesem Buch. –
Heute möchte ich es loslassen, in der Hoffnung, daß es da und dort begeistere,
Zuversicht gebe und zum Blick zurück und nach vorne ermutige.

Literatur

Ainsworth, M.D.S., Bell, M.S. (1977): Infant crying and maternal responsiveness. *Child Development*, 48, 1208-1216.

Alvin, J. (1983): Musiktherapie. München: dtv und Kassel: Bärenreiter.

Aries, Ph. (1978): Geschichte der Kindheit. München: dtv Wissenschaft.

Asper, K. (1987): Verlassenheit und Selbstentfremdung. Olten: Walter.

Ausländer, R. (1988): Und preise die kühlende Liebe der Luft. Gedichte 1983-1987. Frankfurt/Main: Fischer.

Balint, M. (1970): Therapeutische Aspekte der Regression. Stuttgart: Klett.

Barz, H. (1989): Die zwei Gesichter der Wirklichkeit. Zürich: Artemis.

—, *Baumgardt, U., Blomeyer, R., Dieckmann, H., Seifert, Th.* (Hrsg.): *Jung, C.G.* (1984/1985): Das Grundwerk von C.G. Jung in neun Bänden. Olten: Walter.

Berendt, J.E. (1985): Nada Brahma, die Welt ist Klang (überarbeitete Neuauflage): Reinbek: Rowohlt Taschenbuch.

Bibel (1980): Einheitsübersetzung, Altes und Neues Testament. Kath. Bibelanstalt GmbH, Stuttgart. (Lizenzausgabe). Freiburg im Breisgau: Herder.

Birnholz, J.C. (1983): The Development of Human Fetal Hearing. *Science.* 222/November. XVIa, XVIb, XVIc.

Bowlby, J. (1983): Verlust: Trauer und Depression. Frankfurt/Main: Fischer.

Bresgen, C. (1977): Im Anfang war der Rhythmus. Wilhelmshaven: Heinrichshofen.

Brinton Perera, S. (1985): Der Weg zur Göttin der Tiefe. Interlaken: Ansata.

Bronfenbrenner, U. (1981): Die Ökologie der menschlichen Entwicklung. Stuttgart: Klett-Cotta.

Buber, M. (1962): Werke, Bd. 1: Schriften zur Philosophie. Heidelberg: Lambert Schneider.

— (1984): Das dialogische Prinzip. Die Frage an den Einzelnen. Elemente des Zwischenmenschlichen. Zur Geschichte des dialogischen Prinzips. Heidelberg: Lambert Schneider.

Canacakis-Canas, J. (1977): Pyrovasie - Musikalische Ekstase und Feuertanz in Griechenland. In: *H. Willms* (Hrsg.): Musik und Entspannung. Stuttgart: Fischer.

DeCaspar, A.J. (1983): The Intrauterine Heartbeat: A Potent Reinforcer for Newborns. *Infant Behavior & Development*, 6, 19-25.

—, *Fifer, W.P.* (1980): Of human bonding: Newborns prefer their mothers' voices. *Science*, 208, 1174-76.

—, *Spence, M.J.* (1986): Prenatal maternal speech influences newborns' perception of speech sounds. *Infant Behavior & Development*, 9, 133-150.

Decker-Voigt, H.H. (Hrsg.) (1983): Handbuch der Musiktherapie. Lilienthal: Eres.

— (1991): Aus der Seele gespielt. Eine Einführung in die Musiktherapie. München: Goldmann.

Dittrich, A., Scharfetter, C. (Hrsg.) (1987): Ethnopsychotherapie: Psychotherapie mittels außergewöhnlicher Bewußtseinszustände in westlichen und indigenen Kulturen. Stuttgart: Enke.

—, —, (1987): Phänomenologie außergewöhnlicher Bewußtseinszustände. In: *A. Dittrich, C. Scharfetter* (Hrsg.): Ethnopsychotherapie (S. 35-44). Stuttgart: Enke.

Dorsch, F. (Hrsg.) (1982): Psychologisches Wörterbuch. Bern: Hans Huber.

Drewermann, E. (1985): Tiefenpsychologie und Exegese. Band II. Olten: Walter.

— (1987): Das Markusevangelium. I. Teil. Olten: Walter.

— (1988a): Tiefenpsychologie und Exegese. Band I. Olten: Walter.

313

— (1988b): Strukturen des Bösen. Band II. Die jahwistische Urgeschichte in psychoanalytischer Sicht. (Sonderauflage, Erstauflage 1977): Paderborn: Schöningh.

— (1989): Ich steige hinab in die Barke der Sonne. Olten: Walter.

— (1991): Milomaki oder vom Geist der Musik. Olten: Walter.

— (1992): Das Matthäus-Evangelium. I. Teil. Olten: Walter.

— (1993): Glauben in Freiheit oder Tiefenpsychologie und Dogmatik. Bd.I. Solothurn: Walter.

—, Neuhaus, I. (1981): Das Mädchen ohne Hände. Märchen tiefenpsychologisch gedeutet. Olten: Walter.

—, Neuhaus, I. (1982): Der goldene Vogel. Grimms Märchen tiefenpsychologisch gedeutet. Olten: Walter.

—, Neuhaus, I. (1985): Die Kristallkugel. Grimms Märchen tiefenpsychologisch gedeutet. Olten: Walter.

Dürckheim, K. (1985): Mein Weg zur Mitte. Gespräche mit Alphonse Goettmann. Freiburg i. Breisgau: Herder.

Ebersoll, B. (1985): Musik der Geister und Menschen in indianischen Heilriten, Teil 1, 2. Musik-therapeutische Umschau, 6, 1-16, 101-120.

Egli, H. (1982): Das Schlangensymbol. Olten: Walter.

Eibl-Eibesfeldt, I. (1973): !Ko - Buschleute - Trancetanz. In: Humanethnologisches Filmarchiv der Max-Planck-Gesellschaft. HF 44, 45, S. 245-252.

Eliade, M. (1957): Schamanismus und archaische Ekstasetechnik. Zürich: Rascher.

Erikson, E.H. (1977): Identität und Lebenszyklus. Frankfurt/Main: Suhrkamp Taschenbuch.

— (1991): Kindheit und Gesellschaft. Stuttgart: Klett-Cotta.

Erni, M. (1982): Zwischen Angst und Sicherheit. Olten: Walter.

Estés, C.P. (1993): Die Wolfsfrau. Die Kraft der weiblichen Instinkte. München: Heyne.

Fagan, J.F. (1977): Infant's recognition of invariant features of faces. Child development, 48, 68-78.

Fend, H. (1988). Sozialgeschichte des Aufwachsens. Frankfurt/M.: Suhrkamp Taschenbuch.

Field, T.M., Woodson, R., Greenberg, R., Cohen, D. (1982): Discrimination and imitation of facial expressions by neonates. Science, 218, 179-181.

Fischer, E.P., Herzka, H.S., Reich, K.H. (Hrsg.) (1992): Widersprüchliche Wirklichkeit. Neues Denken in Wissenschaft und Alltag. München: Piper.

Flatischler, R. (1984): Die vergessene Macht des Rhythmus, Ta ke ti na - Der rhythmische Weg zur Bewußtheit. Essen: Synthesis.

— (1990): Der Weg zum Rhythmus. Essen: Synthesis.

Franz, M.L. von (1980): Das Weibliche im Märchen. Die Frau, die zur Spinne wurde. Stuttgart: Bonz.

Freud, A. (1977): Das Ich und die Abwehrmechanismen. Frankfurt am Main: Fischer.

Freud, S. (1920): Jenseits des Lustprinzips. In: Gesammelte Werke, Bd. 13. Frankfurt/Main: S. Fischer.

— (1971a): Zur Psychopathologie des Alltagslebens. Frankfurt/Main: Fischer Bücherei.

— (1971b): Abriß der Psychoanalyse. Das Unbehagen in der Kultur. Frankfurt/Main: Fischer.

Frohne-Hagemann, I. (Hrsg.) (1990): Musik und Gestalt. Klinische Musiktherapie als Integrative Psychotherapie. Paderborn: Junfermann.

Fromm, E. (1979): Haben oder Sein. Zürich: Buchclub Ex Libris.

Früh, S. (1988) (Hrsg.): Märchen von Drachen. Frankfurt/Main: Fischer Taschenbuch.

Gebert, H. (Hrsg.), (1989): Woher und Wohin? Märchen der Frauen. Weinheim: Beltz.

Gerber, P. (1980): Die Peyote-Religion. Nordamerikanische Indianer auf der Suche nach einer Identität. Zürich: Völkerkundemuseum.

314

Goldschmidt, H.L. (1964): Dialogik - Philosophie auf dem Boden der Neuzeit. Frankfurt/M.: Europäische Verlagsanstalt.

Grabert, W., Mulot, A., Nürnberger, H. (1979). Geschichte der deutschen Literatur. München: Bayrischer Schulbuchverlag.

Green, H. (1978): Ich hab dir nie einen Rosengarten versprochen. Reinbek: Rowohlt Taschenbuch.

Grimm (1984): Kinder- und Hausmärchen gesammelt durch die Brüder Grimm. Bd. 1, 2, 3. Frankfurt/Main: Insel Taschenbuch.

Grof, St. (1991): Geburt, Tod und Transzendenz Reinbek: Rowohlt Taschenbuch.

Grof, St. und Ch. (1990): Spirituelle Krisen. München: Kösel.

Grossmann, E.E., Spangler, P., Stephan, G., Stephan, S. & Suess, G. (1989): Die Bindungstheorie: Modell und entwicklungspsychologische Forschung. In: *Keller, H.* (Hrsg): Handbuch der Kleinkindforschung, S. 31-55. Berlin: Springer.

Gruen, A. (1988): Der frühe Abschied. Eine Deutung des Plötzlichen Kindstodes. München: Kösel.

Hamel, P.M. (1980): Durch Musik zum Selbst. München: dtv/Bärenreiter.

Harner, M. (1991): Der Weg des Schamanen. Reinbek: Rowohlt Taschenbuch.

Hark, H. (1988): Lexikon Jungscher Grundbegriffe. Olten: Walter.

Hayne, H., Rovee-Collier, C., Perris, E.E. (1987). Categorization and memory retrieval by 3 month olds. *Child Development* 58, 750-767.

Hegi, F. (1986): Improvisation und Musiktherapie. Möglichkeiten und Wirkungen von freier Musik. Paderborn: Junfermann.

Hehlmann, W. (1968): Wörterbuch der Psychologie. Stuttgart: Kröner.

Hetmann, F. (1986): Die Göttin der Morgenröte. Frankfurt/Main: Fischer Taschenbuch.

Herderlexikon Symbole (1978): Freiburg in Breisgau: Herder.

Herzka, H.S. (1979): Gesicht und Sprache des Säuglings. Basel: Schwabe.

— (1978): Kinderpsychiatrische Krankheitsbilder. Basel: Schwabe.

— (1984): Das Kind von der Geburt bis zur Schule. Basel: Schwabe.

— (1986): Kinderpsychopathologie. Basel: Schwabe.

— (1989): Die neue Kindheit. Basel: Schwabe & Co. AG.

—, *Reukauf, W.* (1995): Kinderpsychotherapie als dialogischer Prozeß – ein der frühen Mutter-Kind-Entwicklung entsprechendes Konzept. In: *H. Petzold* (Hrsg.): Die Kraft liebevoller Blicke, Psychotherapie & Babyforschung Bd. 2, 289-324. Paderborn: Junfermann.

Hillman, J. (1981): Die Suche nach Innen. Zürich: Daimon.

Hommes, U., Frankl, V.E. (1980): Gespräch mit Viktor E. Frankl. In: *U. Hommes* (Hrsg.): Es liegt an uns. Gespräche auf der Suche nach Sinn. (S. 73-82). Freiburg in Breisgau: Herder.

Hurrelmann, K. (1989): Einführung in die Sozialisationstheorie. Weinheim: Beltz.

Jacobi, J. (1971): Der Weg zur Individuation. Olten: Walter.

— (1978): Die Psychologie von C.G. Jung. Frankfurt a.M.: Fischer Taschenbuch.

Jacobowitz, S. (1994): Die dunkle Nacht des Johannes vom Kreuz. In: *Ch. Scharfetter* (Hrsg.): Der spirituelle Weg und seine Gefahren (S. 76-85). Stuttgart: Enke.

Jaspers, K. (1979): Die geistige Situation der Zeit. Berlin: De Gruyter.

Jaffé, A. (1961): C.G. Jung. Erinnerungen, Träume, Gedanken. Zürich: Ex Libris.

Jung, C.G. (1973): Antwort auf Hiob. Olten: Walter.

— (1972): Psychologie und Alchemie. Olten: Walter.

— (1974): Zivilisation im Übergang. Olten: Walter.

—, *von Franz, M.L., Henderson, J.L., Jaffé, A.* (1977): Der Mensch und seine Symbole. Olten: Walter.

Jung, E., von Franz, M.L. (1980): Die Graalslegende in psychoanalytischer Sicht. Olten: Walter.

Jung, L., Meyer-Grass, M. (Hrsg.) (1987): C.G. Jung. Seminare Kinderträume. Seminare gehalten von C.G. Jung 1936-41. Olten: Walter.

Karbe, K.G., Mueller-Kueppers, M. (Hrsg.) (1983): Destruktive Kulte. Gesellschaftliche und gesundheitliche Folgen totalitärer pseudoreligiöser Bewegungen. Göttingen: Vandenhoeck & Ruprecht.

Kamber, A. (1990): „Wie ein unvergeßliches Lied" - Musiktherapie mit Rita S. Unveröffentlichte Abschlußarbeit, bam (berufsbegleitende Ausbildung für Musiktherapie) Zürich.

Kassel, M. (1980): Biblische Urbilder. München: Pfeiffer.

— (1982): Sei der Du werden sollst. München: Pfeiffer.

— (1986): Das Auge im Bauch. Olten: Walter.

— (1991): Traum, Symbol, Religion. Freiburg in Breisgau: Herder.

Kast, V. (1984): Der Teufel mit den drei goldenen Haaren. 2. Auflage. Zürich: Kreuz.

— (1987): Die grüne Jungfer. In: *M. Jakoby, V. Kast, I. Riedel* (Hrsg.): Das Böse im Märchen (S. 109-129). Fellbach: Bonz.

— (1991): Freude, Inspiration, Hoffnung. Olten: Walter.

Kaufmann, R. (1987/88): Pränatale Wahrnehmungen: Ein Beitrag zum Intrauterinen Hören. Semesterarbeit. Universität ZH, Pädagogisches Institut, Abt. Sozialpädagogik.

Kayser, H. (1989): Akroasis. Die Lehre von der Harmonik der Welt. Basel: Schwabe.

Kehrer, H.E. (1988): Das autistische Syndrom - Symptome, Ursachen und Therapie nach dem heutigen Stand der Forschung. *Musiktherapeutische Umschau*, 9, 20-29.

Kluge, F. (1975): Etymologisches Wörterbuch der deutschen Sprache. Berlin: Walter De Gruyter.

Kohut, H. (1979): Die Heilung des Selbst. Frankfurt: Suhrkamp.

Kolata, G. (1984): Studying Learning in the Womb, *Science*, 225/4695: 302-303.

Kopp, J.V. (1967): Entstehung und Zukunft des Menschen. Pierre Teilhard de Chardin. Luzern: Rex.

Kraft, H. (1990): Die Rituale der Initiation in Schamanismus und Psychotherapie/Psychoanalyse. *Praxis der Psychotherapie und Psychosomatik*, 35, 254-262.

Kuiper, P.C. (1969): Die seelischen Krankheiten des Menschen. Psychoanalytische Neurosenlehre. Bern: Huber und Stuttgart: Klett.

Küng, H. (1981): Existiert Gott? Antwort auf die Gottesfrage der Neuzeit. München: dtv.

— (1990): Projekt Weltethos. München: Piper.

—: Religion – das letzte Tabu? Über die Verdrängung der Religiosität. Unveröffentlicht, undatiert.

Laade, W. (1975): Musik der Götter, Geister und Menschen. Baden-Baden: Körner.

Lazarus, R.S., Launier, R. (1981): Streßbezogene Transaktion zwischen Person und Umwelt. In: *Nitsch, J.R.* (Hrsg.): Streß (S. 213-259). Bern: Hans Huber.

Lempp, R. (1984): Psychische Entwicklung und Schizophrenie. Die Schizophrenien als funktionelle Regressionen und Reaktionen. Bern: Hans Huber.

Lewin, B. (1958): Der Zâr, ein ägyptischer Tanz zur Austreibung böser Geister und seine Beziehung zu Heiltanz-Zeremonien anderer Völker und der Tanzwut des Mittelalters. In *Confinia psychiatrica* 1. Basel.

Lissner, I., Rauchwetter, E. (1982): Der Mensch und seine Gottesbilder. Olten: Walter.

Loos, G.K. (1986): Spiel-Räume. Musiktherapie mit einer magersüchtigen und anderen frühgestörten Patienten. Stuttgart: Gustav Fischer.

Maass, H. (1989): Wach-Träume. Selbstheilung durch das Unbewußte. Olten: Walter.

MacFarlane, J. (1975): Olfaction in the development of social preferences in the human neonate. In: *M. Hofer* (Hrsg.): Parent-infant interaction. Amsterdam: Elsevier.

Maler, Th. (1970): Geisterbeschwörung bei den Digo. In: Vereinigung von Afrikanisten in Deutschland.

Mahler, M., Pine, F. & Bergman, A. (1985): Die psychische Geburt des Menschen. Frankfurt: Fischer Taschenbuch.

Mahns, B. (1988): Musiktherapeutische Ansätze in der Praxis mit autistischen Kindern und Jugendlichen. *Musiktherapeutische Umschau*, 9, 68-79.

Manassi, S. (1987): Pädagogik des Horchens, Einführung in den Klang des Lebens von Tomatis, A.A. Hamburg: Rowohlt, S. 9-34.

Miller, A. (1980): Das Drama des begabten Kindes. Frankfurt Main: Suhrkamp.

Montada, L. (1987): Themen, Traditionen, Trends. In: *Oerter, R., Montada, L.* (Hrsg.): Entwicklungspsychologie (S. 1-86). München: Psych. Verlags Union.

Moody, R.A. (1988): Leben nach dem Tod. Reinbek b. Hamburg: Rowohlt.

Mozarts Briefe, (1988): Zürich: Diogenes DTB Klassiker 21610.

Mulack, Ch. (1986): Maria, die geheime Göttin im Christentum. Stuttgart: Kreuz.

Neumann, E. (1949): Ursprungsgeschichte des Bewußtseins. Zürich: Rascher. (Fischer Taschenbuch 1984/1992).

— (1954): Kunst und schöpferisches Unbewußtes. Umkreisung der Mitte III. Zürich: Rascher.

— (1974): Die Große Mutter. Olten: Walter.

— (1981): Amor und Psyche. Olten: Walter.

— (1985): Das Kind. Fellbach: Bonz.

Nitzschke, B. (1984): Frühe Formen des Dialogs, Musikalisches Erleben - Psychoanalytische Reflexion. *Musiktherapeutische Umschau*, 5, 167-187.

Nöcker-Ribaupierre, M. (1986): Ontogenese des Hörens - Mögliche Konsequenzen für Entwicklungsförderung und Therapie. *Musiktherapeutische Umschau*, 7, 93-101.

— (1992): Pränatale Wahrnehmung akustischer Phänomene. Eine Grundlage für die Entwicklung der menschlichen Bindungs- und Kommunikationsfähigkeit. *Musiktherapeutische Umschau*, 13, 239-248.

Obrist, W. (1988): Neues Bewußtsein und Religiosität. Olten: Walter.

— (1990): Archetypen. Natur- und Kulturwissenschaften bestätigen C.G. Jung. Olten: Walter.

Oerter, R. (1987): Der ökologische Ansatz. In: *Oerter, R., Montada, L.* (Hrsg.): Entwicklungspsychologie (S. 87-130). München: Psych. Verlags Union.

Otscheret, E. (1988): Ambivalenz. Geschichte und Interpretation der menschlichen Zwiespältigkeit. Heidelberg: Asanger.

Otto, R. (1987): Das Heilige (Nachdruck der ungekürzten Sonderausgabe 1979. München: Beck).

Pahlen, K (1974): Was jeder über Musik wissen sollte. *Sonntagsjournal*, Heft 63, Beilage zur Zeitschrift *Sonntag* 11/89, Olten: Walter.

Papoušek, M. (1994): Vom ersten Schrei zum ersten Wort. Anfänge der Sprachentwicklung in der vorsprachlichen Kommunikation. Bern: Hans Huber.

Papoušek, H., Papoušek, M. (1995): Vorsprachliche Kommunikation: Anfänge, Formen, Störungen und psychotherapeutische Ansätze. In: *H. Petzold* (Hrsg.): Die Kraft liebevoller Blicke. Psychotherapie & Babyforschung, Bd. 2 (S. 123-142). Paderborn: Junfermann.

Petzold, H. (1991/1992): Bemerkungen zur Bedeutung frühkindlicher Gedächtnisentwicklung für die Theorie der Pathogenese und die Praxis regressionsorientierter Leib- und Psychotherapie. In: *Gestalt und Integration, Zeitschrift für ganzheitliche und kreative Therapie*, 100-109.

— (1993): Einführung. In: *H. Petzold* (Hrsg.): Frühe Schädigungen - späte Folgen? Psychotherapie & Babyforschung, Bd. 1 (S. 9-18). Paderborn: Junfermann.

— (1995): Entwicklungsorientierte Psychotherapie - ein neues Paradigma. In: *H. Petzold* (Hrsg.): Die Kraft liebevoller Blicke. Psychotherapie & Babyforschung, Bd. 2 (S. 13-22). Paderborn: Junfermann.

—, *Goffin, J.J.M., Oudhof, J.* (1993). Protektive Faktoren und Prozesse. In: *H. Petzold* (Hrsg.): Frühe Schädigungen - späte Folgen? Psychotherapie & Babyforschung, Bd. 1 (S. 345-498). Paderborn: Junfermann.

Portmann, A. (1953): Das Tier als soziales Wesen. Zürich: Rhein.

Pouplier, M. (1986): Traumbild Fisch. Olten: Walter.

Priestley, M. (1983): Analytische Musiktherapie. Stuttgart: Klett-Cotta.

— (1985): Übertragung und Gegenübertragung in der Musiktherapie. *Musiktherapeutische Umschau,* 6, 17-36.

Racker, H. (1978): Übertragung und Gegenübertragung. München: Ernst Reinhardt.

Rauh, H. (1987): Frühe Kindheit. In: *Oerter, R, Montada, L.* (Hrsg.): Entwicklungspsychologie (S. 131-203). München: Psych. Verlags Union.

Renz, M. (1991): Tiefenwirkungen der Musik und ihre Bedeutung in der Musiktherapie mit Kindern. Unveröffentlichte Lizensiatsarbeit, Universität Zürich, Nebenfachbereich Psychopathologie des Kindes- und Jugendalters.

— (1992): Psychotherapeutisch orientierte Musiktherapie mit Kindern im Latenzalter. In: *Informationsblatt des Schweiz. Fachverbandes für Musiktherapie SFMT*, Nov., S. 11-29.

Renz, U. (1992): Gedichte. Unveröffentlichte Gedichtsammlung.

Riedel, I. (1985): Tabu im Märchen. Olten: Walter.

— (1985b): Marc Chagalls Grüner Christus. Olten: Walter.

— (1985c): Formen. Stuttgart: Kreuz.

— : Das Mädchen des Schmieds, das zu schweigen verstand. In: *Jakoby, M., Kast, V., Riedel, I.* (1978): Das Böse im Märchen. Fellbach: Bonz.

Riemann, F. (1975): Grundformen der Angst. München: Reinhardt.

Rilke, R.M. (1987): Rainer Maria Rilke - Die Gedichte. Frankfurt M.: Insel.

Robert, M. (1970): Die Revolution der Psychoanalyse. Leben und Werk von Sigmund Freud. Frankfurt: Fischer.

Roederer, J.G. (1977): Physikalische und psychoakustische Grundlagen der Musik. Berlin: Springer.

Rosenberg, A. (1984/85): Einführung in das Symbolverständnis. Ursymbole und ihre Wandlungen. Freiburg: Herder.

Rovee-Collier, C., Patterson, J., Hayne, H. (1985): Specificy in the reactivation of infant memory. *Developmental Psychology* 18, 559-574.

Rovee-Collier, C. Bhatt, R. (1995): Langzeitgedächtnis im Säuglingsalter. In: *H. Petzold* (Hrsg.): Die Kraft liebevoller Blicke. Psychotherapie & Babyforschung, Bd. 2 (S. 143-166). Paderborn: Junfermann.

Rudhyar, D. (1984): Die Magie der Töne. Bern: Scherz.

Rutz, M. : Jedes Kind ist kreativ. wir *Eltern* 7/80, 16-18.

Ruyseek, E. van, Messing, M. (1993): Das Thomasevangelium. Seine östliche Spiritualität. Solothurn: Walter.

Salk, L. (1973): The Role of the Heartbeat in the Relations between Mother and Infant. *Scientific American*, 228, 24-29.

Satt, B.J. (1984): An Investigation into the Acoustical Induction of Intrauterine Learning. Dissertation, *Abstracts International*, 45 (5-8).

Sauer, G. (1986): Traumbild Schlange. Olten: Walter.

Scharfetter, Ch. (1994): Der spirituelle Weg und seine Gefahren. Stuttgart: Enke.

Schellenbaum, P. (1988): Die Wunde der Ungeliebten. München: Kösel.

— (1990): Gottesbilder. München: dtv.

— (1991): Abschied von der Selbstzerstörung. München: dtv.

Schiwy, G. (1987): Das Teilhard de Chardin Lesebuch. Olten: Walter.

Schlecht, P., Schüttler, K. (1991): Expedition in magische Welten. Länder, Menschen, Abenteuer. Freiburg i. Br: Eulen.

Schneider, M. (1979): Klangsymbolik in fremden Kulturen. Wien: Hans Kayser Institut.

Schnyder, M. (1992): Drogenfeuer. Ein Suchtexperte wird zum Fixer. Bern: Zytglogge.

Schmölz, A. (1989): Entfremdung - Auseinandersetzung - Dialog. Zur Komplexität musiktherapeutischen Beziehungsgeschehens. In: *Mitteilungsblatt der Internationalen Gesellschaft für Kunst, Gestaltung und Therapie.*

Schroer, S. (1992): Gott, die Taube und die Liebe. In: *H. Meesmann* (Hrsg.): Publik-Forum Materialmappe. Oberursel: Publik-Forum

Schwarzer Hirsch (1974): Ich rufe mein Volk. Leben, Visionen und Vermächtnis des letzten großen Sehers der Ogalalla-Sioux. Olten: Walter.

Shakespeare, W. (1951): The complete works. London: Collins.

Simon, A. (1983): Musik in afrikanischen Besessenheitsriten. In: *A. Simon* (Hrsg.): Musik in Afrika (284-297). Berlin: Museum für Völkerkunde.

Sirovatka, O., Luzik, R. (Hrsg.) (1977): Slavische Märchen (4. Aufl.). Hanau: Werner Dausien.

Sperber, M. (1980): Gespräch mit Manès Sperber. In: *U. Hommes* (Hrsg.): Es liegt an uns. Gespräche auf der Suche nach Sinn (S. 15-24). Freiburg im Breisgau: Herder.

Spintge, R., Droh, R. (1992): Musik – Medizin. Physiologische Grundlagen und praktische Anwendungen. Stuttgart: Gustav Fischer.

Spitz, R. (1972): Vom Säugling zum Kleinkind. Stuttgart: Klett.

— (1982): Vom Dialog. Stuttgart: Klett-Cotta.

Steffen, U. (1982): Jona und der Fisch. Der Mythos von Tod und Wiedergeburt. Stuttgart: Kreuz.

— (1984): Drachenkampf. Stuttgart: Kreuz.

Stern, D.N. (1992): Die Lebenserfahrung des Säuglings. Stuttgart: Klett-Cotta.

— (1993): Tagebuch eines Babys. München: Piper.

Strobel, W., Huppman, G. (1978): Musiktherapie – Grundlagen, Forschungen, Möglichkeiten. Göttingen: Hogrefe.

— (1988): Klang-Trance-Heilung. Die archetypische Welt der Klänge in der Psychotherapie. *Musiktherapeutische Umschau*, 9, 119-139.

Strobel, W., Timmermann, T. (1991): Ethnotherapeutische Elemente in der psychotherapeutischen Praxis. Klanggeleitete Trance als Weg zum Unbewußten. In: *W. Andritzky*, (Hrsg.): Jahrbuch für Transkulturelle Medizin und Psychotherapie. Berlin: Verlag für Wissenschaft und Bildung.

Teichmann-Mackenroth, O. (1992): Zum Konzept der hilfreichen Beziehung in der Musiktherapie. *Musiktherapeutische Umschau*, 13, 249-257.

Teilhard de Chardin, P. (1966): Die Menschliche Energie. Olten: Walter.

— (1975): Mein Weltbild. Olten: Walter.

Textor, M.R. (Hrsg.) (1984): Das Buch der Familientherapie. Sechs Schulen in Theorie und Praxis. Eschborn: Fachbuchhandlung für Psychologie.

Tillich, P. (1952): In der Tiefe ist Wahrheit. Religiöse Reden I. Stuttgart.

— (1970): Offenbarung und Glaube. Schriften zur Theologie II. Gesammelte Werke, Band 8. Stuttgart: Evang. Verlagswerk, S. 111.

Timmermann, T. (1987): Musik als Weg. Das Erfahren des Seins mit dem Klang. Zürich: Pan.

Tomatis, A. (1987): Der Klang des Lebens. Vorgeburtliche Kommunikation - Die Anfänge der seelischen Entwicklung. Reinbek: Rowohlt.

Vince, M.A. (1985): Maternal Vocalisations and Other Sounds in the Fetal Lamb's Sound Environment. *Early Human Development*, 11, 179-190.

Vogel, B. (1987): Der Pränatalraum. *Musiktherapeutische Umschau*, 8, 204-224.

— (1987): Musik hören und spüren – Der Pränatalraum für Schwerst- und Mehrfachbehinderte. *Musiktherapeutische Umschau*, 8, 204-210.

Voss, J. (1988): Das Schwarzmond-Tabu. Die kulturelle Bedeutung des weiblichen Zyklus. Stuttgart: Kreuz.

Walter, K. (1992): Chaosforschung und I Ging und Genetischer Code. München: Diederichs.

Walter, S. (1984): Stern in der Kugel. Olten: Walter.

Waiblinger, A. (1986): Große Mutter und göttliches Kind. Zürich: Kreuz.

Weinrich, H. (1988): Der Kelch und die Schlange. Selbstfindung in der Therapie. Olten: Walter.

Wilber, K. (1984): Halbzeit der Evolution. München: Scherz.

Wilms, H. (1977): Musik und Entspannung. Stuttgart: Fischer.

Winnicott, D. W. (1953): Transitional objects and transitional phenomena. *International Journal of Psychoanalysis*, 34. Dtsch.: (1969) Übergangsobjekte und Übergangsphänomene, *Psyche* 23, 666-682.

— (1984): Reifungsprozesse und fördernde Umwelt. Frankfurt: Fischer.

Wirz, U. (1991): Seelenmord. Inzest und Therapie. Stuttgart: Kreuz.

Wöller, H. (1988): Sophia (Weisheit). In: *M. Kassel* (Hrsg.): Feministische Theologie. Stuttgart: Kreuz.

— (1989): Ein Traum von Christus. Stuttgart: Kreuz.

Zimmer, H. (1972): Indische Mythen und Symbole. Düsseldorf: Eugen Diederichs.